LA FORCE
DE
L'ORTHOGRAPHE

Brret Henri, *Savoir accorder l'adjectif*. Règles, exercices et corrigé.

Brret Henri, *Savoir accorder le verbe*. Règles, exercices et corrigé.

Cellard Jacques, *Le subjonctif*. Comment l'écrire, quand l'employer ?

Colignon Jean-Pierre, Berthier Pierre-Valentin, *La pratique du style*. Simplicité, précision, harmonie.

Colignon Jean-Pierre, Berthier Pierre-Valentin, *Pièges du langage*.

Englebert Annick, *Accorder le participe passé*. Les règles illustrées par l'exemple.

Grevisse, *Savoir accorder le participe passé*. Règles, exercices et corrigé.

Grevisse, *La force de l'orthographe*. 3e édition revue par André Goosse. 300 dictées progressives commentées.

Grevisse, *Quelle préposition ?*

Thyrion Francine, *La dissertation*. Du lieu commun au texte de réflexion personnelle.

Warnant Léon, *Orthographe et prononciation en français*.

LA FORCE DE L'ORTHOGRAPHE

300 dictées progressives commentées

• Grevisse •

3ᵉ édition
revue par André Goosse

en conformité avec la 9ᵉ édition (1992-)
du Dictionnaire de l'Académie française

© Duculot s.a. 1996   3ᵉ édition.
   Fond Jean-Pâques, 4   B - 1348 Louvain-la-Neuve

Toute reproduction d'un extrait quelconque de ce livre, par quelque procédé que ce soit, et notamment par photocopie ou microfilm, est strictement interdite.

Printed in Belgium

D 1996/0035/19   ISBN 2-8011-1124-4

Préface

Est-ce parce que les linguistes considèrent l'oral comme le véritable objet de leur science, l'écrit ne représentant qu'un phénomène secondaire et une transposition souvent peu fidèle ? Ou bien parce que l'air du temps était contre toutes les disciplines et que l'orthographe symbolisait l'ordre bourgeois, paraissait un moyen de discrimination et de sélection contraire à l'égalité ? L'orthographe, je veux dire l'enseignement de l'orthographe, a traversé une crise : le bon ton voulait qu'on la traitât avec dédain ou avec mépris. Quelques enseignants en étaient même venus à baisser les bras, soit parce qu'ils se décourageaient dans ce climat, soit qu'ils fussent tout heureux de pouvoir consacrer leurs forces à des tâches qu'ils jugeaient plus nobles ou plus séduisantes. Une échappatoire : certains pensaient transformer en linguistes leurs élèves qui ignoraient encore le ba-be-bi-bo-bu.

La dictée, tout particulièrement, était tenue pour un exercice barbare et cruel : en accumulant à plaisir des difficultés imaginées par le sadisme des grammairiens, on voulait rejeter de la société et de la culture les malheureux qui n'entraient pas dans le moule de l'ordre reçu ; on tuait aussi la spontanéité de l'enfant.

Des positions aussi radicales n'ont plus guère de défenseurs aujourd'hui.

Des linguistes eux-mêmes ont trouvé de l'intérêt à étudier le code écrit, à en établir les principes — qui permettent mieux qu'une écriture strictement phonologique de recouvrir un oral variant à travers la francophonie —, à en décrire les particularités, qui s'expliquent par l'histoire, voire à en dénoncer les anomalies. Sans chercher à établir un palmarès, il convient de citer au moins le nom de Nina Catach.

L'orthographe n'est pas la langue : c'est un simple vêtement, parfois gauchement taillé. Mais il serait incommode, malséant, ou peu seyant, de renoncer à se vêtir, et ceux qui ne veulent pas se singulariser adoptent les modes de leur temps. Si l'on tient à bien se faire comprendre de ceux qui vous lisent, il faut accepter un certain nombre de conventions. On peut imaginer un meilleur système, on peut souhaiter, en tout cas, que des améliorations, et notamment des simplifications, soient apportées à celui qui existe. En attendant, il est sage d'appliquer celui-ci le mieux possible, tout en sachant distinguer l'essentiel de l'accessoire.

Cette connaissance est utile dans bien des professions. Le patron choisira une secrétaire qui sauvegarde, sur ce point modeste, le renom de la firme. Il arrive d'ailleurs plus d'une fois que l'ignorance de l'orthographe se combine avec d'autres lacunes, dans la connaissance de la langue d'une façon plus générale, dans l'aptitude à raisonner et à organiser sa pensée. Des cris d'alarme se font entendre jusque dans l'université, même dans les facultés où l'on étudie les sciences exactes : on a dû y proposer des remèdes à des négligences antérieures.

De ce prestige qu'a retrouvé l'orthographe, on citera pour preuve les étonnants championnats organisés chaque année en Belgique depuis 1972 et qui attirent des centaines de candidats, de tous âges et de toutes classes sociales. Le déplacement, la perte d'un jour de congé, la dépense de l'inscription ne font pas reculer ces amateurs, qui briguent la satisfaction, presque entièrement platonique, de se voir proclamer lauréats...

Défié par Joseph Hanse, Bernard Pivot a lancé en 1985 les championnats de France d'orthographe, devenus depuis championnats du monde. Les prix sont sans commune mesure avec ceux qui sont proposés dans l'épreuve belge. Les difficultés aussi... Mais elles n'arrêtent pas les candidats, qui se comptent par dizaines de milliers (266 000 en 1995).

Ce retour de faveur se manifeste aussi dans certains divertissements à la mode, les mots croisés et le scrabble par exemple, et dans certains jeux de la télévision.

Faut-il dès lors plaider pour la dictée ?

Mettons à part la dictée performance, comme celles des championnats que patronne Bernard Pivot, comme celles que l'on trouvera dans le dernier chapitre de ce livre, à titre de divertissements, de jeux de société. Écrire sans faute des textes truffés de mots rares et de difficultés grammaticales parfois exceptionnelles suppose une mémoire hors du commun, et il serait absurde de jouer là-dessus le destin de celui qui aspire à un diplôme ou à une fonction.

La dictée concours a pour objet de vérifier la compétence d'un candidat normal et non d'un prodige. Cela se fera de préférence d'après un texte courant, tiré d'un livre ou d'un périodique d'aujourd'hui. Ainsi procède-t-on aux championnats belges d'orthographe.

La dictée vérification ou exercice a une autre fonction : il s'agit d'améliorer la performance des usagers, en leur faisant apprendre ou en leur rappelant des mots ou des règles qu'ils ignorent ou connaissent mal. Il serait illusoire de compter pour cela sur les textes rédigés par les élèves eux-mêmes.

Ces dictées grammaticales, qui constituent la grosse partie de ce livre, ne sauraient rivaliser avec une anthologie, où les difficultés d'orthographe ne pourraient être que clairsemées. Mais quoi ! le jeune pianiste doit commencer par faire des gammes et se livrer à des exercices qui ne préfigurent Chopin que bien modestement ! Il faudra plus de patience encore à celui qui a choisi le violoncelle !

La première édition de cet ouvrage était une refonte des Dictées françaises de Maurice Grevisse (qui, elles-mêmes, avaient connu dix éditions). Quelles étaient les principales innovations (maintenues ou accentuées dans les deuxième et troisième éditions) ?

Un chapitre entièrement neuf : le premier, qui réunit des extraits récents de périodiques, et non de livres (certains auteurs d'articles pouvant légitimement prétendre au titre d'écrivain), afin d'aborder les problèmes qui intéressent le lecteur d'aujourd'hui.

Dans les autres chapitres, des textes ont été introduits : auteurs actuels, sujets de notre temps. Ce dernier souci justifie des suppressions, ou, pour les textes fabriqués, des modifications. On n'a pourtant pas écarté tout ce qui n'est plus conforme aux idées du jour : il est bon de ne pas ignorer les certitudes d'hier ou d'avant-hier, de les juger d'un œil critique, de relativiser nos certitudes d'aujourd'hui. Les dictées qui ont fait l'objet d'examens ou d'épreuves diverses ont été renouvelées.

On a eu le souci de s'ouvrir à la francophonie entière — quoiqu'on n'ait pas reçu partout l'accueil qu'on espérait.

Les commentaires ont été rajeunis, notamment pour être mis en harmonie avec les nouvelles éditions des ouvrages que l'auteur a publiés chez le même éditeur [1]. La part de l'étymologie a été restreinte : s'il est utile, pour écrire correctement dahlia, fuchsia, forsythia, de savoir qu'ils contiennent les noms des botanistes Dahl, Fuchs et Forsyth, il ne faut pas exagérer l'importance, de ce point de vue, des racines latines ou grecques (les familiers du grec sont d'ailleurs devenus moins nombreux).

---

1. *Le bon usage*, refondu par André Goosse, 13e édition, 1993 (abréviation : *Bon us.*) ; en collaboration avec André Goosse, *Nouvelle grammaire française*, 3e édition, 1996 (abréviation : *N. gramm.*).

Depuis la deuxième édition (1989), deux évènements, qui, bien que liés, n'ont pas provoqué le même bruit dans les médias, ont exigé une mise à jour systématique de ce recueil de dictées.

Alors que nous étions réduits à citer la 8ᵉ édition (1932-1935), l'Académie a fait paraître (ou paraitre) en 1992 le premier volume de la 9ᵉ édition (jusqu'à enzyme), suivi, au moment où j'écris (juillet 1996), de huit fascicules (jusqu'à grammaire), publiés dans les Documents administratifs *annexés au Journal officiel de la République française. Le rajeunissement est considérable, tant dans la nomenclature que dans le contenu et l'organisation des articles. Mais les nouveautés orthographiques requièrent surtout notre attention, puisque, dans ce domaine, l'ouvrage représente la norme reçue. Certaines sont dues à l'initiative de l'Académie, comme les majuscules maintenant accordées à* Moyen Âge *et l'accent supprimé sur* a priori. *Mais la plupart s'inspirent du* Rapport du Conseil supérieur de la langue française sur les rectifications de l'orthographe française, *texte publié lui aussi dans les* Documents administratifs *du* Journal officiel, *le 6 décembre 1990. C'est le second évènement.*

Ce rapport, qui propose non une véritable réforme, mais le redressement de certaines anomalies et incohérences, a suscité des commentaires passionnés, souvent mal informés sur le contenu du document comme sur l'histoire du français, exagérant la portée et le nombre des rectifications, confondant l'orthographe et la langue, faisant croire aux usagers qu'on voulait les contraindre à changer leur manière d'écrire. Ce n'est pas le lieu de mettre les choses au point [1]. *Je rappellerai seulement que les propositions ont reçu un avis favorable des Conseils de la langue du Québec et de la Belgique francophone, ainsi que du Conseil international de la langue française.*

L'Académie française a été associée à toutes les étapes : son secrétaire perpétuel, qui la représentait au Conseil supérieur, a suivi de près l'élaboration du document, dont il a présenté officiellement au Premier ministre la forme définitive ; les propositions avaient été soumises à la Commission du Dictionnaire de l'Académie, puis à l'Académie dans son ensemble, qui a donné son approbation, à l'unanimité, le 3 mai 1990, moyennant quelques amendements.

Conséquente avec elle-même, l'Académie mentionne, dans la neuvième édition du Dictionnaire, toutes les rectifications (sauf quelques omissions accidentelles), mais sous deux formes différentes : certaines sont pour ainsi dire imposées, les autres permises, mais intitulées recommandations. *Le texte (pour la première catégorie) et les commentaires des dictées devaient évidemment tenir compte de cette situation*

---

[1]. Voir A. Goosse, La « nouvelle » orthographe. Exposés et commentaires. Louvain-la-Neuve, Duculot, 1991 ; Les rectifications orthographiques : essai de bilan, dans Enjeux (Namur), mars 1995, pp. 90-96.

nouvelle. Il a paru nécessaire de présenter aussi les choses d'une manière systématique, dans un appendice joint à la présente édition.

Le bon sens demande que tout cela soit appliqué avec souplesse et que ne soient considérées comme fautives ni les formes nouvelles ni les anciennes, comme d'ailleurs des variantes traditionnelles, comme clé et clef, ou mentionnées encore par des dictionnaires récents, comme gaîment, quoique l'Académie y ait renoncé depuis pas mal de temps. L'orthographe du français recèle suffisamment de difficultés pour qu'on ne regrette pas que quelques-unes soient en quelque sorte neutralisées.

Quant à l'arrêté Leygues de 1901, plus ou moins rajeuni par l'arrêté Haby du 28 décembre 1976, on n'a pas cru devoir en tenir compte : il s'agit de documents mal informés et mal rédigés, qui ont suscité des critiques sévères [1].

André GOOSSE,
de l'Académie royale de langue
et de littérature françaises.

---

[1]. Voir J. Hanse, *Modifications orthographiques et tolérances grammaticales*, dans le *Bulletin de l'Académie royale de langue et de littérature françaises* (Bruxelles), tome LV, 1977, n° 1.

Avant-propos

Une dictée ne portera tous ses fruits que si elle est bien préparée. Or il convient, à mon sens, de la préparer, non au moment même où elle va être faite, mais plusieurs jours d'avance. De quoi s'agit-il, en effet ? D'inculquer aux élèves une bonne orthographe d'usage et une bonne orthographe de règle, c'est-à-dire de graver dans leur mémoire l'image correcte des mots et de leur faire appliquer avec sûreté et rapidité les règles grammaticales.

Il semble que la meilleure méthode pour graver dans l'esprit des élèves l'image des mots soit de faire concourir à ce résultat leur mémoire visuelle, leur mémoire auditive et leur mémoire motrice. Je recommanderais donc volontiers aux professeurs de relever soigneusement, dans le texte à dicter, les mots difficiles (ils sont, dans le présent ouvrage, imprimés en caractère gras), de les écrire ensuite au tableau, et de préférence dans un coin — où ils resteront plusieurs jours, jusqu'au moment même de la dictée —, puis de les faire lire à haute voix par un ou plusieurs élèves, ou même simultanément par la classe entière, enfin de les faire copier par chaque élève dans son journal de classe[1], par exemple, ou dans un petit carnet ad hoc. Cette dernière pratique n'est pas négligeable : outre qu'elle permet de faire rapidement une revision toujours profitable des mots difficiles rencontrés au cours d'une période, elle enferme en quelque sorte dans les muscles des doigts l'image des mots. Qui n'a remarqué que tel élève, hésitant sur l'orthographe d'un mot, l'écrivait d'une main rapide une fois, deux fois, trois fois, dans un coin de sa feuille ou sur son buvard, laissant aux muscles des doigts le soin d'en retracer tout seuls l'image correcte, mal conservée par l'œil ?

---

1. Selon la terminologie en usage en Belgique. En France, on dit *cahier de textes*.

Cette mémorisation par l'œil, par l'oreille et par le sens musculaire pourra assez souvent, surtout dans certaines classes, être confirmée par le recours à l'étymologie [1].

Quant à l'orthographe de règle, elle est affaire de jugement et de raisonnement : il s'agit ici de bien savoir ses règles et de les appliquer avec discernement. Il serait donc opportun d'indiquer aux élèves, plusieurs jours d'avance, les règles à revoir, et de les avertir qu'elles seront à appliquer dans la prochaine dictée.

Ainsi entendue et pratiquée, la dictée ne saurait manquer d'apprendre aux élèves à mettre l'orthographe ; elle développera du moins leur attention et leur esprit d'observation, deux qualités qui sont de si grande importance dans les études et dans la vie tout entière.

M. G.

Je n'ai pas jugé nécessaire de faire suivre chaque dictée de questions d'analyse grammaticale, de justifications diverses, d'exercices d'homonymie, de synonymie, de dérivation, etc. Il sera facile d'approprier à chaque texte des questions ou exercices de ce genre et d'en adapter à la classe l'espèce et la difficulté.

N.B. *Les textes étant généralement trop longs pour être dictés en une seule leçon, nous les avons scindés de telle sorte que chacun d'eux puisse, en principe, offrir la matière de deux dictées (parfois de trois). S'il arrive que l'on juge trop courte la première partie d'un texte, il sera facile de prendre quelques phrases de la seconde partie.*

Dans la plupart des textes, la seconde partie peut être considérée comme indépendante de la première ; dans certains cas cependant où l'on ne dicterait que la seconde partie du texte, on veillera à faire la petite accommodation nécessaire pour que la première phrase soit parfaitement explicite.

---

1. Par exemple : *concurrent* (latin *concurrens*) ; *irascible* (latin *irascibilis*, de *ira*, colère) ; *professeur* (emprunté au latin *professor*, de *profiteri*, au sens d'« enseigner en public ») ; — *mythe* (du bas latin *mythus*, grec *mythos*, légende) ; *atmosphère* (formé avec le grec *atmos*, vapeur, et *sphaira*, sphère) ; *philanthrope* (grec *philanthrôpos*, de *philein*, aimer, et *anthrôpos*, homme) ; — *rhéteur* (emprunté au latin *rhetor*, grec *rhêtor*, maître d'éloquence).
Mais il faut, dans ce recours à l'étymologie, une certaine circonspection ; ainsi *honneur* vient du latin *honor* ; — *poids* vient du latin *pensum*, participe passé de *pendere*, peser, mais il a été indûment rattaché à *pondus* par le pédantisme des clercs ; — dans *dompter*, le *p* est adventice : le mot vient du latin *domitare*.

I

PRESSE

1   Comment les anciens Égyptiens voyaient la mort

Peuple gai et optimiste, les Égyptiens croyaient que la vie menée sur terre se prolongeait dans l'au-delà, après la mort.

Il importait, pour assurer ce passage vers un bonheur éternel, de bien se conformer à toutes les prescriptions de la religion.

En effet, on considérait que le double, ou l'âme, de chaque défunt était appelé à vivre éternellement au royaume du dieu des morts Osiris.

Ce double se détachait du corps au moment du décès, mais sans l'abandonner complètement. Il revenait ensuite visiter le corps terrestre dans son tombeau. Il fallait absolument qu'il **pût** se poser sur celui-ci.

La dépouille du défunt devait donc rester intacte. C'est pourquoi on la transformait en momie en l'embaumant ; on aménageait ensuite le tombeau comme un appartement, avec le mobilier du défunt et des provisions.

De petites statuettes étaient **censées** [1] exécuter les travaux de la vie future à la place du défunt, qui était ainsi libre de goûter [2] tous les plaisirs et toutes les joies de l'autre monde auprès d'Osiris.

Dans *Egypte* (Le Caire), printemps 1996.

ORTHOGRAPHE ET GRAMMAIRE

1. **Censé** (participe de l'ancien verbe *censer*, lat. *censere*, estimer, juger) : supposé. A distinguer de *sensé*, raisonnable, qui a du bon *sens*.
2. **Goûter** ou *gouter*, selon les *Rectifications* : cf. Appendice, § 4.

2 Les difficultés de la démocratie en Afrique

a) Lorsque les premières **bourrasques** [a] de la démocratie balayèrent la dictature de Ceausescu [b] en Roumanie, le monde occidental se mit à espérer que son système de gouvernement serait adopté par tous les États du monde moderne.

Effectivement, après les pays d'Europe de l'Est, l'ouragan gagna rapidement le continent africain en proie à une crise d'identité et à des difficultés sans nombre.

La démocratie apparaissait pour ces peuples sans voix comme la délivrance. Ainsi ont-ils saisi la balle au bond pour organiser, souvent dans la précipitation, leur Conférence nationale visant à instaurer ce nouveau mode de vie politique dont les anciens colonisateurs disaient le plus grand bien.

b) Au sortir de la Conférence nationale, la démocratie était instituée au Niger, du moins sur le papier. En réalité, les résultats frisaient déjà la **catastrophe**. Non seulement le Nigérien moyen percevait la démocratie comme la liberté de se conduire en anarchiste, mais le fait que personne n'ait travaillé pendant trois mois a rendu **exsangue** [c] un État déjà très pauvre. L'Occident, qui avait encouragé le processus de démocratisation, regardait d'un œil amusé les tentatives de mise en marche d'un bébé visiblement sous-alimenté, en expliquant qu'il s'agissait d'une période d'apprentissage.

Les Nigériens avaient réussi à instituer la démocratie sous sa forme la plus élaborée (?) pour une population qui n'avait même pas les moyens de s'offrir un repas par jour. La situation était condamnée d'avance.

Issoufou DIAWARA, dans la *Gazette* (Paris), avril-mai 1996.

VOCABULAIRE

a) **Bourrasque** : coup de vent brusque et violent ; ici, au figuré.
b) **Ceausescu** (prononcer *tchawsèskou*) : dernier président de la République populaire de Roumanie, renversé en 1989 et exécuté. On écrira ce mot au tableau.
c) **Exsangue** (du latin *exsanguis*, composé de *ex*, hors de, et de *sanguis*, sang) : qui a perdu beaucoup de sang ou, au figuré, de force, de vitalié. Prononcer *èks*.

3 Le Québec défend sa langue

a) Non seulement nous avons besoin de parler français, mais nous avons besoin « du français pour parler ». Peuple francophone dans une Amérique anglophone, nous sommes plus vulnérables [a], exposés que nous sommes [1] à la langue la plus **influente** au monde.

Cette situation particulière a mené le Québec à se doter d'instruments puissants, entre autres [2] dans le domaine de l'éducation et des communications, et à adopter une législation qui assure nos droits linguistiques fondamentaux et qui rappelle que le français est, au Québec, « la langue normale et habituelle du travail, de l'enseignement, des communications, du commerce et des affaires ».

b) À quoi servirait de reconnaître [3] au français un statut primordial [(b)] dans l'aménagement [(c)] linguistique du Québec si, ce faisant, de larges secteurs d'activités devenaient **inaccessibles** à une grande partie de la population qui ne possèderait [4] pas les connaissances linguistiques suffisantes ? Le Conseil croit que les efforts de l'État en faveur du français — particulièrement dans la francisation des milieux de travail — ont rendu nécessaire une plus grande maîtrise [5] de la langue française et, dans certains cas, ont créé de nouveaux besoins.

Et l'école dans tout cela ? Le temps est venu d'agir. Déjà, le ministère de l'Éducation [6] du Québec a posé des jalons : nouveaux programmes, nouveaux examens. Il lui faut faire plus, car c'est justement au système scolaire que revient la responsabilité de permettre au plus grand nombre possible de jeunes de posséder une solide formation de base en français et de maîtriser [5] la langue technique de leur domaine.

Mais l'école n'est pas l'unique maître [5] d'œuvre [(d)] ; les parents, les médias [7], les entreprises ont tous un rôle essentiel à jouer.

Robert L'HEUREUX, dans *Bulletin du Conseil de la langue française* (Québec), automne 1987.

VOCABULAIRE

a) **Vulnérable** : qui peut être blessé ; au figuré, qui peut être attaqué (ici, dans sa langue).

b) **Primordial** : particulièrement important (au sens propre, qui existe dès l'origine).

c) **Aménagement** : ici, règlementation.

d) **Maître d'œuvre** : celui qui dirige un chantier ; ici, pris au figuré, celui qui réalise une entreprise.

ORTHOGRAPHE ET GRAMMAIRE

1. **Exposés que nous sommes** : épithète détachée mise en évidence et reprise par *que* attribut. (*N. gramm.*, § 417, b, Rem. 2 ; *Bon us.*, § 1059, b.)
2. **Entre autres** : notamment. *Autres* est toujours au pluriel dans cette expression. (*Bon us.*, § 712, b, 3°.)
3. **Reconnaître** ou *reconnaitre*, selon les *Rectifications* (notre Appendice, § 4).
4. **Possèderait** : voir Appendice, § 1. L'auteur a écrit *posséderait* (avec accent aigu), selon l'usage d'alors.

5. **Maîtrise, maîtriser, maître** ou *maitrise, maitriser, maitre* ; cf. note 3.
6. **Éducation** : on écrit ordinairement avec majuscule le nom désignant le domaine traité par un ministre ou un ministère ; mais *ministère* lui-même n'a pas besoin de majuscule.
7. **Médias** : c'est l'orthographe la plus courante aujourd'hui ; mais on a écrit d'abord *les* media (sans accent et sans *s*).

4   À quoi peut servir un terrain de golf enneigé ?

Je vous recommande de vous promener une **demi-heure** [1] sur le terrain de golf de Crans [a], un des dix-huit trous [b] les plus anciens et les plus prestigieux d'Europe. Il est en activité tant en hiver qu'aux saisons douces. Mais maintenant, en mars, il devient un théâtre extraordinaire de la nouvelle comédie humaine : des bambins adorables s'y initient maladroitement au ski sur des pistes miniatures ; lorsqu'ils tombent, les adultes applaudissent.

D'autres enfants s'**agglutinent** [c], avec leur babil [d] d'oiseau et leurs bonnets de laine multicolore [2], autour du point de départ de la course traditionnelle des chiens de traîneau [3]. Ces charmants fauves aux yeux bleus hurlent à la mort [e] aussi longtemps que leurs dompteurs [4] s'activent à leur harnachement [f] : ce n'est qu'un cri d'impatience. En retrait, quelques dames en vison et en léopard, coiffées de chapeaux de cow-boy [5] ou de toques à queue fourrée (comme Davy Crockett [g] !), s'évertuent à contenir leurs bassets et leurs lévriers **afghans** [h].

Dans *Vingt-quatre heures* (Lausanne), 2 mars 1994.

VOCABULAIRE

a) **Crans** (prononcer : *cran*) : Crans-sur-Sierre, station suisse de sports d'hiver.
b) **Trou** : dans lequel le joueur de golf doit envoyer la balle ; *un dix-huit trous*, synonyme de *terrain de golf*.
c) **S'agglutiner** : se réunir de façon à former une masse compacte.
d) **Babil** (la prononciation *babi* est archaïque) : synonyme de *babillage*, bavardage ; se dit aussi du chant de certains oiseaux.
e) **À la mort** : d'une manière plaintive (comme, dit-on, quand un chien sent la présence de la mort).
f) **Harnachement** : action de harnacher, de mettre le *harnais*, équipement en cuir d'un cheval, parfois d'un autre animal.
g) **Davy** (prononcer *dévi*) **Crockett** : pionnier américain dont la coiffure est restée célèbre.
h) **Afghan** : originaire d'*Afghanistan*, pays d'Asie centrale.

> **ORTHOGRAPHE ET GRAMMAIRE**

1. **Demi** : placé devant le nom est invariable et suivi d'un trait d'union (*N. gramm.*, § 201, *a*).
2. On acceptera *leurs babil, d'oiseaux, leur bonnet* (*N. gramm.*, § 232), *laines multicolores*.
3. **Traîneau** ou *traineau*, selon les *Rectifications* (cf. Appendice, § 4). D'autre part, on acceptera le pluriel.
4. **Dompteurs :** la prononciation traditionnelle est *donteur ;* mais il n'est pas incorrect de prononcer le *p*. D'autre part, on acceptera *leur dompteur s'active*.
5. **Cow-boy** ou *cowboy,* selon les *Rectifications* (cf. Appendice § 7). D'autre part, on acceptera le pluriel : *cow-boys* ou *cowboys*.

5 Les enfants de parents divorcés

La banalisation des ruptures, qu'on la déplore ou non, a au moins une retombée positive : les innocents ne sont plus montrés du doigt. Les enfants du divorce ne subissent plus l'injustice de la honte. Par contre, ils sont bien souvent piégés, ainsi que leurs parents, par d'autres préjugés, d'autres réflexes **aberrants** (a), d'autres comportements inadaptés du milieu social. La justice, à quelques notables exceptions **près,** est sans doute un des bastions (b) les plus tenaces où prolifèrent (c) ces **chausse-trapes** [1].

Face à la mésentente **conjugale**, la **voie** judiciaire **pèche** en effet souvent par précipitation, ne se soucie guère de la singularité des situations et met peu de zèle à s'**acquitter** réellement de sa délicate mission de **conciliation** (d). Dans la majorité des cas, en fonction d'un dogme assez discutable confondant stabilité affective et enracinement géographique, le juge choisit de simplifier les problèmes en confiant le sort des enfants à un des deux parents (en général la mère).

S'ajoutant au choc de la séparation, cette formule marque d'une croix indélébile (e) supplémentaire la vie des enfants, en créant un déséquilibre brutal dans le partage des responsabilités entre parents. Sans compter le peu de chances que cela offre encore de préserver un minimum de respect mutuel entre l'adulte « gagnant » et le « perdant », sur la question pourtant si fondamentale de leur complémentarité psycho-éducative.

Thierry POUCET, dans la *Cité* (Bruxelles), 23 mars 1989.

> **VOCABULAIRE**

a) **Aberrant** : absurde, insensé.
b) **Bastion** : au sens propre, partie avancée dans une fortification ; au figuré (comme ici), ce qui résiste le mieux.
c) **Proliférer** : se multiplier.

d) **Conciliation** : action de *concilier*, de mettre d'accord.
e) **Indélébile** : ineffaçable.

> **ORTHOGRAPHE ET GRAMMAIRE**

1. **Chausse-trappe :** au sens propre, a désigné diverses sortes de pièges ; il ne s'emploie plus qu'au figuré : ici, difficulté imprévue. L'auteur a écrit *chausse-trapes*, selon l'orthographe d'alors ; l'Académie écrit depuis 1992 *une chausse-trappe, des chausse-trappes*, tout en acceptant, selon les *Rectifications*, *une chaussetrappe* (en un mot) : cf. notre Appendice, §§ 14 et 6.

6 Un grand concours européen pour la rénovation des villes

Un **raz de marée**[a] a soulevé les jeunes architectes du continent avec le quatrième concours Europan [1]. Deux mille quatre cent soixante-neuf [2] équipes, de Séville à Helsinki, de Nicosie à Manchester, de Rouen à Sofia [3], ont manifesté leur **enthousiasme** par l'envoi de projets de rénovation urbaine. La Suisse a pris la tête de tous les pays par le chiffre proportionnel de sa participation : deux cent quatre-vingt-huit [2] ateliers ont envoyé des plans.

Des maîtres [4] d'œuvre [b], souvent des collectivités publiques [c], mettent à disposition des terrains dans les treize pays partenaires. Cette fois-ci le thème fut « Construire la ville sur la ville ». Nous ne vivons plus l'époque des cités **satellites** [d]. La crise économique, venant après une prospérité anarchique, a laissé en plein espace urbain des **cicatrices** et des friches [e]. Le défi, aujourd'hui, c'est de restructurer l'existant.

Bertil GALLAND, dans le *Nouveau quotidien* (Lausanne), 4 juillet 1996.

> **VOCABULAIRE**

a) **Raz de marée** (certains dictionnaires donnent aussi *raz-de-marée*) : vague très haute pénétrant profondément dans les terres ; au figuré, bouleversement profond.

b) **Maître d'œuvre** : normalement, celui qui est responsable d'une construction ; l'expression semble être employée ici au lieu de *maître de l'ouvrage*, la personne ou l'organisme qui commande une construction.

c) **Collectivités publiques** : terme englobant l'État, les pouvoirs régionaux (en France, les départements ; en Belgique, les provinces ; etc.), les pouvoirs locaux (communes) et en général les organismes publics (banque nationale, etc.).

d) **Satellite** : corps céleste gravitant autour d'une planète ; dit au figuré des villes modernes qui se sont développées autour des grandes villes traditionnelles.

e) **Friche** : terrain non cultivé à la campagne ; appliqué ici aux propriétés laissées à l'abandon dans les villes.

ORTHOGRAPHE ET GRAMMAIRE

1. Écrire ce nom au tableau.
2. Demander que l'on écrive ces nombres en toutes lettres. *Cent* ne varie pas quand il ne termine pas le numéral. Pour les traits d'union, la règle traditionnelle est d'en mettre entre les numéraux qui sont l'un et l'autre inférieurs à cent ; mais les *Rectifications* recommandent le trait d'union entre tous les éléments d'un numéral composé : voir Appendice, § 8.
3. On acceptera la prononciation à la française de tous ces noms étrangers. *Séville* se prononce comme *brille* ; *Rouen* comme *an*.
4. **Maître** ou *maitre*, selon les *Rectifications* (cf. Appendice, § 4).

7   Une ville qui a perdu le nord

Depuis 350 ans, Montréal demeure la seule grande ville sur le continent où l'on trouve le nord [1] à l'ouest de la ville. Prenez n'importe quelle carte du centre-ville de Montréal : vous y verrez l'illusion que le nord est en haut alors qu'il est plutôt à droite, soixante degrés à l'est !

Le boulevard Saint-Laurent [2] est un exemple parfait du problème. C'est l'artère la plus importante puisqu'elle divise l'est de l'ouest de la ville depuis 1905. Contrairement à ce qu'on perçoit, Saint-Laurent n'est pas nord-sud mais est-ouest. Le soir, après le travail, les automobilistes roulent vers ce qu'ils croient être le nord en affrontant le soleil couchant qui les aveugle à l'horizon. Le soleil se couche pourtant à l'ouest, non ?

Ce sont les Français qui sont responsables de cette illusion, depuis leur arrivée en 1642. Ils ont cartographié les premières habitations en bordure du fleuve Saint-Laurent de façon à lire la carte à l'horizontale.

L'emplacement du nord sur une carte est un caprice du géographe jusqu'au XVIIe siècle [3]. On a même trouvé des cartes où le nord était au sud ! Le nord s'est fixé au bon endroit plus par imitation que par convention.

Dans le *Devoir* (Montréal), 5 juin 1992.

ORTHOGRAPHE ET GRAMMAIRE

1. **Nord** : *les* noms des points cardinaux s'écrivent par une minuscule, sauf quand ils désignent une région.
2. **Saint** : s'écrit avec une majuscule et est suivi d'un trait d'union quand on désigne non le saint lui-même, mais une église, une rue (ici), un cours d'eau (plus loin).

3. **XVIIᵉ** : on écrit le plus souvent les ordinaux indiquant les siècles en chiffres romains, avec la dernière lettre un peu au-dessus de la ligne ou à la rigueur sur la ligne. Usage non admis : *XVIIème*. Usage aberrant : *XVII°* (dans *n°* ou *1°*, on garde la dernière lettre de *numéro* ou de *primo*).

8 Notre langage nous engage

a) Notre langage nous engage : la rime de cette formule souligne très heureusement le **faisceau** de vérités qui s'y trouvent exprimées [1]. Encore convient-il d'en préciser quelque peu les termes et leur portée.

Le marché de l'emploi de notre époque nous a familiarisés avec certaines exigences des employeurs : ceux-ci demandent un *curriculum vitae* [a] (ils précisent souvent « manuscrit »), des certificats, des références et, de plus en plus souvent, nous voyons apparaître [2] cette mention : « joindre photo récente ». Cela signifie que notre aspect physique joue un rôle certain dans le marché : c'est tout le côté « visuel » de la personne qui est mis en valeur. N'est-il pas courant de parler d'un physique, d'un visage **engageants** [b] ?

Or, nous en sommes, aujourd'hui, au règne de l'audiovisuel et si nous pouvons établir un rapport entre la photographie et la personnalité, nous ne devons pas ignorer celui qui lie l'individu à la façon dont il s'exprime. La photo est un document muet que l'on souhaite voir compléter [3] par le reflet sonore de la personnalité. Sans vouloir jouer au prophète, il y a gros à parier que, d'ici peu, se répandra l'habitude de demander, en annexe au curriculum, non plus seulement une photo, mais aussi un enregistrement sonore de la voix, un échantillon du langage du candidat.

b) Tout ce que nous avons dit des traits physiques peut être répété si l'on envisage la voix, la parole, l'expression ; répété, mais aussi largement dépassé. Car le document aura sans doute plus de chance d'être plus authentique, plus fidèle qu'une photographie qui peut avoir connu le coup de pouce flatteur d'un photographe habile ou nous offrir le fade sourire de circonstance de celui qui se sent visé par l'objectif [c] ! Que le message soit lu ou improvisé, son enseignement peut être aussi précieux et, osons le dire, aussi dangereux.

Mais, à la différence des traits du visage, notre façon de nous exprimer est **susceptible** d'amélioration, elle peut faire l'objet d'une éducation, d'un travail. Si nous ne parvenons pas à nous muer en basse quand nous sommes ténor [d], au moins avons-nous tout pouvoir sur la **pose** [4] de la voix, sur notre débit, sur notre articulation, sur la clarté, la simplicité de notre message. Et c'est en quoi l'analyse du document sonore qui nous représente permet des conclusions bien plus sérieuses que l'examen d'une simple photo.

Certains s'arrêteront déjà à la voix, qui, dans certaines carrières, tant commerciales qu'artistiques, peut être d'une grande conséquence, de même que dans le monde des médias [5], où, depuis longtemps, le journal a cessé d'être uniquement écrit.

On l'a déjà dit, mais il est bon de le répéter : une articulation nette, une prononciation distincte constituent la politesse du langage. Fort heureusement, la façon dont on s'exprime est perfectible [e] : il suffit de se connaître [6] et de vouloir s'améliorer.

c) Ce qui est vrai pour l'expression orale ne l'est pas moins pour l'écrit. Un écrit est toujours un document qui reflète notre degré d'instruction. En écrivant, malgré nous, nous nous livrons largement à celui qui reçoit notre message. Celui-ci peut en effet, être jugé selon plusieurs critères : la clarté, le ton, le niveau [f] de langue, le style, la correction de la langue, la correction orthographique.

J'espère n'étonner personne en révélant que beaucoup d'employeurs vont plus loin encore : ils ont un **graphologue** [g] à leur service pour étudier l'écriture elle-même. Mais ceci sort de notre propos.

Notre langage, c'est notre façon de nous servir de la langue, et l'emploi que nous faisons de celle-ci reflète notre personnalité dans des proportions que le grand public imagine difficilement. **Au-delà** du message que l'on veut transmettre, que ce soit oralement ou par écrit, la façon dont il est exprimé porte toujours notre marque et, dans une certaine mesure, nous révèle et nous engage.

Albert DOPPAGNE, dans l'Ethnie française (Bruxelles), mars 1984.

VOCABULAIRE

a) **Curriculum vitae**, formule latine (prononcer *kurikulom' vité*) : notice biographique d'un candidat.

b) **Engageant** : attirant, aimable. (L'auteur pense en même temps à *engager*, prendre dans un service, une administration, etc.)

c) **Objectif** : ensemble des lentilles d'un appareil photographique ; par extension, cet appareil lui-même.

d) **Ténor** : chanteur qui a la voix la plus haute (*basse* est l'extrême opposé).

e) **Perfectible** : qui peut se perfectionner.

f) **Niveau de langue** : variation dans le langage d'après l'instruction des locuteurs ou d'après les circonstances de la communication. Dans ce dernier cas, on dit plutôt *registre*. (Cf. *Bon us.*, § 13, *b* ; *N. gramm.*, § 4). Par exemple, dans une langue écrite soignée, on évite les tours familiers (*on* pour *nous*) et surtout les mots vulgaires.

g) **Graphologue** : celui qui décèle le caractère d'une personne d'après son écriture.

> **ORTHOGRAPHE ET GRAMMAIRE**
>
> 1. **S'y trouvent exprimées** : l'auteur considère que l'antécédent de *qui* est *vérités*. Le singulier ne serait pas fautif ; dans ce cas, l'antécédent serait *faisceau*. Mais, comme *faisceau* signifie « ensemble », il est assez proche des indications de quantité (comme on dirait : « les diverses vérités »), et le premier accord est préférable. (Cf. *Bon us.*, § 422 ; *N. gramm.*, § 358.)
> 2. **Apparaître** ou *apparaitre*, selon les *Rectifications* (notre Appendice, § 4).
> 3. **Compléter** ou *complété*.
> 4. **Pose** : distinguer *pause,* arrêt, interruption, et *pose,* action de poser (ici, de poser la voix, c'est-à-dire de la dominer, de l'utiliser efficacement dans toute son étendue).
> 5. **Médias** : c'est l'orthographe la plus courante aujourd'hui ; mais on a écrit d'abord *les media* (sans accent et sans *s*).
> 6. **Connaître** ou *connaitre*, selon les *Rectifications* (voir Appendice, § 4).

9 L'Égypte aux portes du XXIe siècle

   a) L'Égypte est appelée à restructurer son commerce extérieur au cours des quelques prochaines années. En effet, celui-ci doit contribuer, d'une manière effective, au développement du pays. De même, il devra activer le passage d'une société de consommation à une société de production. Ceci dit, et à la veille du XXIe siècle [1], le producteur égyptien ne peut plus se contenter de moyens de production **archaïques**. Aujourd'hui, priorité est donnée à la technologie. Notre pays peut continuer à exporter la pomme de terre, le coton et le textile, mais cela ne suffit plus. L'exportation d'ordinateurs, d'équipements de bureau, de matériel de transmission et d'appareils de haute précision (ce qui suppose leur production) est obligatoire si nous voulons réellement rattraper le cours du développement.

   b) Nous devons non seulement profiter du progrès mais aussi participer à sa réalisation. En effet, il n'est point possible de **cueillir** les fruits du progrès en Europe sans avoir une base solide pour les absorber. Nous devons donc veiller à acquérir le savoir-faire nécessaire en matière de technologie. En d'autres termes, nous devons réfléchir au « transfert de technologie ». Les États-Unis doivent nous y aider soit par le **biais**[(a)] du commerce, soit à travers l'investissement ou encore par un soutien financier et technique. Si ces derniers n'arrivent pas à satisfaire nos besoins, nous devrons regarder du côté des autres partenaires. Du moins ceux qui auraient atteint le même niveau de progrès technologique, industriel et commercial. Ceci dit, nos propres efforts pour établir la base nécessaire à l'assimilation de ce progrès restent une condition incontournable.

c) « Le XXIe siècle sera celui de la révolution technologique et cela dans tous les domaines », telle est l'idée sur laquelle s'entendent les diverses opinions, toutes spécialités confondues. Aussi devrions-nous nous préparer à vivre cette **ère**$^{(b)}$ dans toutes ses dimensions. Nous en sommes parfaitement capables. Pour preuve, il suffit de passer en revue notre **potentiel** $^{(c)}$ d'hommes de science et nos centres d'études scientifiques et technologiques pour être confiants **quant** à l'avenir de l'Égypte.

Sur le plan de la concurrence économique, la révolution technologique apportera beaucoup de changements sur le prix et la qualité des produits. Une nouvelle génération de consommateurs naîtra ^{2}. La **concurrence** atteindra son apogée$^{(d)}$. Il est donc normal que nous nous préparions à assumer cette concurrence et à assumer les besoins de nos futurs consommateurs.

Ibrahim NAFIE, dans Al-Ahram hebdo (Le Caire), 14-20 février 1996.

VOCABULAIRE

a) **Biais** : moyen ingénieux, indirect ou détourné ; ici, simplement, moyen, intermédiaire.

b) **Ère** : période. On attirera l'attention sur les divers homonymes.

c) **Potentiel** : ensemble des capacités.

d) **Apogée** : le plus haut degré.

ORTHOGRAPHE ET GRAMMAIRE

1. **XXIe** : on écrit ordinairement les ordinaux indiquant les siècles en chiffres romains, avec le *e* final au-dessus de la ligne ou, à la rigueur, sur la ligne. Usage non reçu : *XXIème*. Usage absurde : *XXI°* (*1°* et *n^o* gardent la dernière lettre de *primo* et de *numéro*).

2. **Naîtra** ou *naitra*, selon les *Rectifications* (cf. Appendice, § 4).

10 Les piqûres de guêpes

Un beau bouton bien rouge et bien douloureux, c'est la réaction la plus banale et la plus normale à une **piqûre** ^{1} de guêpe.

Si le **symptôme** prend de l'importance : élargissement de l'œdème$^{(a)}$ local, apparition d'une urticaire $^{(b)}$ généralisée, de malaises..., cela signifie que vous êtes **allergique** au venin de ces insectes.

L'accident le plus redoutable est le « choc » allergique et son cortège de troubles : baisse de la tension artérielle, perte de connaissance, **voire** ^{2} arrêt cardiaque. Ce choc survient le plus souvent après la deuxième ou la troisième piqûre ^{3}. Il faut donc être particulièrement attentif aux réactions d'une personne ayant déjà été piquée une première fois même si alors il n'y a pas eu de réactions allergiques [4].

Si vous êtes sujette [5] aux réactions allergiques importantes, il faut toujours avoir à portée de la main une trousse médicale prête à l'emploi, contenant les divers produits d'urgence indispensables.

Si vous n'êtes pas allergique au venin d'hyménoptères [c] : faire sauter le **dard** de l'insecte avec une aiguille plutôt qu'une pince à épiler (celle-ci fait se déverser tout le poison qui peut rester à l'intérieur de l'aiguillon [d] ; calmer la douleur en frottant le bouton avec un glaçon, ou une pommade **anesthésiante** [e].

Ce qu'il ne faut pas faire : ressembler à une fleur. Alors ne portez pas de parfum trop lourd [6] ni de tenues trop bigarrées. Les guêpes adorent ça.

Véronique Duclos, dans Femme pratique (Paris), août 1985.

VOCABULAIRE

a) **Œdème** (prononcer *édèm* et non *eu-*) : gonflement dû à l'infiltration d'un liquide.

b) **Urticaire** (le mot est féminin) : éruption comparable à celle que produit l'ortie. (Cf. lat. *urtica*, ortie.)

c) **Hyménoptères** : ordre d'insectes auquel appartiennent les guêpes et les abeilles, et qui se caractérise par des ailes membraneuses (du grec *hymen*, membrane, et *ptéron*, aile).

d) **Aiguillon** (prononcer comme *aiguille*) : dard.

e) **Anesthésiant** : qui supprime la sensibilité à la douleur.

ORTHOGRAPHE ET GRAMMAIRE

1. **Piqûre** ou *piqure*, selon les *Rectifications* (notre Appendice, § 4).

2. **Voire** : et même. Ne pas confondre avec l'infinitif *voir*.

3. **La deuxième et la troisième piqûre** : le nom qui n'est exprimé qu'une fois doit rester au singulier. On dirait, avec un pluriel distinct pour l'oreille, « le deuxième et le troisième *cheval* ». (Cf. *Bon us.*, § 499, *d.*)

4. **Réactions allergiques** : on admettra aussi le singulier. (Cf. *Bon us.*, § 499, *c.*)

5. **Sujette** : l'article est tiré d'un périodique s'adressant, en principe, aux femmes.

6. **Parfum lourd** : on admettra aussi le pluriel (comme le singulier *tenue bigarrée*).

11 Rome

    Rome est un **théâtre**. Tout est spectacle, représentation, comédie et les Romains sont tous des acteurs. Au long de son histoire, Rome a connu de prestigieux spectacles, mis en scène par des artificiers [a] et des acteurs de génie. Néron, Michel-Ange, le Bernin [b], Fellini. Ville où l'on dressait des arcs de triomphe, où l'on représentait des batailles navales, des combats de dieux et de héros, où les feux d'artifice pétaradaient à tous les coins de rue. L'Église [1] catholique a joué sa partie dans ce prodigieux spectacle et, à l'intérieur des temples, elle a dressé des décors gigantesques, multiplié les **allégories** [c] et les **catafalques** [d], mis en branle d'extraordinaires machines. Les fontaines de la ville, dont la plus célèbre est celle de Trevi, sont des spectacles grandioses figés dans la pierre.

Michel MOHRT, dans le Figaro (Paris), 9 septembre 1981.

VOCABULAIRE

a) **Artificier** : proprement, celui qui fabrique des pièces d'artifice, organise ou tire des feux d'artifice.

b) **Le Bernin** : peintre, sculpteur et architecte italien (1598-1680), à qui on doit, notamment, le portique de Saint-Pierre de Rome et des fontaines.

c) **Allégorie** : expression d'une idée par une image, un tableau, un être vivant, etc. ; œuvre littéraire ou artistique utilisant cette forme d'expression.

d) **Catafalque** : estrade décorée sur laquelle on place un cercueil ; décoration funèbre au-dessus du cercueil.

ORTHOGRAPHE ET GRAMMAIRE

1. **L'Église** : avec une majuscule, s'agissant d'une société ou institution. (*N. gramm.*, § 33, *b*, 3°.) — À distinguer de l'*église*, pour un bâtiment.

12 Une Canadienne revendique son appartenance à la francophonie

    a) Un jour, j'étais à déjeuner avec des grands de ce monde. Il y avait un cardinal, un ministre, des humbles mortels comme moi aussi, et le ministre a dit — parce qu'il y avait à table un Sénégalais et moi — au cardinal qui, lui, était d'un autre pays : « C'est extraordinaire, et je suis ravi de voir ces gens qui viennent du Sénégal ou du Canada et qui parlent notre langue si bien, alors que ce n'est pas leur langue ». Bien sûr, j'ai été obligée de dire, je n'avais pas le choix : « Pardon, monsieur le ministre [1], je n'ai pas d'autre langue, comme dirait Molière [a], que celle que j'ai dans la bouche. Je suis née avec cette langue et je crois même, monsieur le ministre, que je suis née avant vous avec cette langue. » Cette langue est à nous. Ce n'est pas parce qu'on est parti [2] de là-bas que notre héritage a été diminué ; notre langue est la même, elle nous appartient tout autant et il faudrait arrêter d'avoir ce complexe, cette espèce de **syndrome**[b] de l'éternel déporté, exilé, **immigrant**[c]. Nous ne sommes ni des immigrants, ni des déportés — c'est fini, ça [3] — ni des exilés, nous sommes des francophones à part entière et Molière nous appartient. C'est à nous tous. Partageons nos richesses...

b) Est-ce qu'on a le droit, après ça, de se mépriser, de se diminuer, de ne pas aller jusqu'au bout ? Est-ce qu'on a le droit, quand on regarde ce que fait le saumon, le symbole du peuple canadien français ? Vous avez déjà vu des poissons remonter des rapides, ce n'est pas facile : c'est ça que la francophonie, qui a quitté la France il y a trois ou quatre siècles, a dû faire. Il a fallu tout le temps aller contre le courant...

Ce n'est peut-être pas si mauvais que nous **ayons** [4] eu à lutter, à nous battre, à aller contre les courants et à être forcés de garder la mémoire contre tout le monde. Si ça avait été trop facile, on aurait tout oublié. Quand on pense que Rabelais[d] a écrit son œuvre avec cent mille [5] mots environ et qu'un siècle après lui Racine[e] a écrit toute son œuvre, lui, avec moins de cinq mille [5] mots. Où sont passés les quatre-vingt-quinze mille [5] autres ? Chez nous! Voilà où ils sont passés...

Antonine MAILLET, dans *Vie Richelieu* (Ottawa), printemps-été 1996.

VOCABULAIRE

a) **Molière** : écrivain français du XVIIe siècle.

b) **Syndrome** : ensemble des traits caractéristiques d'une maladie ou, au figuré, d'une situation défavorable.

c) **Immigrant** : celui qui est établi dans un pays qui n'est pas le sien. À distinguer d'*émigrant*, celui qui quitte son pays pour s'établir à l'étranger.

d) **Rabelais** : écrivain français du XVIe siècle, auteur de récits (*Pantagruel*, *Gargantua*) au vocabulaire très riche.

e) **Racine** : Jean Racine, écrivain français du XVIIe siècle, auteur de tragédies qui, selon les principes du classicisme, ne se caractérisent pas par les recherches de vocabulaire.

ORTHOGRAPHE ET GRAMMAIRE

1. **Monsieur le ministre** : on peut écrire *Monsieur le Ministre* quand on reproduit des paroles. En revanche, plus haut, l'usage ordinaire ne met pas de majuscule à *ministre*, à *cardinal*.

2. **Parti** : c'est la forme exigée par les grammairiens rigoureux, mais *partis* ne serait pas vraiment fautif (*B.us.*, § 429, *b*,1°).

3. **Ça** : pronom démonstratif, à distinguer de *çà*, adverbe (*çà et là*) ; le texte, étant celui d'une conférence, est proche de la langue parlée, dans laquelle *ça* est plus courant que *cela*. Autre exemple :

Antonine Maillet comme beaucoup de Canadiens, supprime souvent le *ne* de la négation (ce qui n'apparaît pas dans le texte reproduit).

4. **Ayons** : la 1^(re) personne du singulier du subjonctif présent se termine par *-ions*, sauf *ayons* et *soyons*.

5. **Cent mille, cinq mille, quatre-vingt-quinze mille** : faire écrire les nombres en lettres. Selon la règle traditionnelle, on met un trait d'union entre les numéraux inférieurs tous deux à cent ; mais selon les *Rectifications*, on peut le mettre entre tous les éléments des numéraux composés (cf. Appendice, § 8) ; *cent-mille*, etc. — *Vingt* multiplié ne prend la marque du pluriel que quand il termine le numéral. — On observera que *nonante*, courant en Belgique et en Suisse, usité aussi dans certaines régions de France, n'est pas employé au Canada.

13 Un charbonnage au début du XIXe siècle : Le Grand-Hornu (Hainaut).

Les alignements des quatre cent vingt-cinq [1] maisons ouvrières forment un **quadrilatère** de cinq cents mètres sur quatre cents, englobant l'usine. Les rues sont larges, tirées au cordeau [a] et pavées. Toutes les maisons sont à peu près identiques : deux niveaux, six pièces au total, plus une cave voûtée [2] et un jardinet. Chaque ensemble de dix logements disposait d'un puits et d'un four. Des lavoirs et des bains étaient alimentés en eau chaude par l'usine. Des magasins fournissaient les familles des ouvriers « au meilleur prix ». La Cité était aussi pourvue d'une bibliothèque gratuite et de locaux de réunion. Et la **fanfare** des ouvriers donnait fréquemment [3] des concerts sur les deux places de ce village, que l'on retrouve aujourd'hui presque [4] intact. On est ébloui par sa géométrie (même si on ne doit pas s'illusionner sur les conditions de travail).

Aux lignes pures des **alignements** de la Cité, en périmètre, répondent les courbes de l'usine, en forme d'ellipse (cent quarante mètres sur quatre-vingts [5]). Tout autour de cette grande cour se répartissaient les réserves et les magasins (sous les arcades), les ateliers, la charpenterie, la **scierie** et, se faisant face, les bureaux et les grands ateliers de construction mécanique. Dans des forges et des fonderies, dont il ne subsiste rien aujourd'hui, était fabriqué tout le matériel de fond [b] et de surface. On peut parler ici **d'autarcie** [c].

Ivan GUILLAUME, dans *Intermédiaire* (Bruxelles), 10 avril 1989.

VOCABULAIRE

a) **Cordeau** : corde que l'on tend entre deux points pour obtenir une ligne droite, notamment dans les travaux de jardinage ; au figuré, *tirés au cordeau*, parfaitement alignés.

b) **Fond** : fond de la mine.

c) **Autarcie** : état d'un pays, ici d'une société, qui produisent tout ce dont ils ont besoin.

ORTHOGRAPHE ET GRAMMAIRE

1. **Quatre cent vingt-cinq** : *cent* multiplié ne varie que s'il termine le déterminant numéral, ce qui est le cas plus bas (*cinq cents, quatre cents*). D'autre part, selon les *Rectifications* (notre Appendice, § 8), on met des traits d'union, non seulement entre les numéraux inférieurs tous deux à cent (règle traditionnelle), mais entre les termes de n'importe quel numéral composé (sauf avant et après *million, milliard*) ; cela vaut aussi pour *cent quarante* plus bas.
2. **Voûté** ou vouté, selon les *Rectifications* (notre Appendice, § 4).
3. **Fréquemment** : un *e* dans la 2e syllabe comme dans *fréquent*.
4. **Presque** : ne s'élide que dans *presqu'île*.
5. **Quatre-vingts** : *vingt* suit la même règle que *cent* (voir la note 1).

14 La magie comme sujet d'étude

La magie constitue un exemple saisissant du tort que les a priori [1] peuvent faire à l'avancement de la connaissance. Ensemble de pratiques et de croyances fort éloigné [2] de nos conceptions actuelles, nous avons pour elle du mépris.

Pour comprendre son importance, comprendre l'utilité de son étude, se rendre compte de son extension actuelle, il faut que nous sachions nous **abstraire** [a] de bien des conceptions qui **obnubilent** [b] notre jugement ; il faut que nous essayions [3] de placer le problème sur un terrain que n'embroussaillent pas nos sentiments ou nos pseudo-vérités [4] sociologiques.

Nous avons l'intuition que le cerveau humain contient en puissance des possibilités d'action que nous ne pouvons saisir, que nous ne pouvons encore observer par les procédés de notre logique et les méthodes de notre science.

Albert MARINUS, dans *Invitation au folklore* (Bruxelles), 1er trimestre 1989.

VOCABULAIRE

a) **S'abstraire de quelque chose** : s'en dégager.

b) **Obnubiler** : obscurcir (à propos de l'esprit) (du latin *obnubilare*, couvrir de nuages). Le mot a pris récemment le sens d'obséder ; emploi à éviter.

> **ORTHOGRAPHE ET GRAMMAIRE**

1. **A priori** : cette locution latine s'écrit aujourd'hui sans accent sur *a* (Académie, 1992). Comme nom, selon les *Rectifications*, on soude les éléments : *un apriori* (voir l'Appendice, § 6, *b*).
2. **Éloigné** : le féminin pluriel *éloignées*, c'est-à-dire l'accord avec *pratiques* et *croyances*, est tout à fait acceptable.
3. **Essayions** : distinguer ce subjonctif (désinence *-ions*) de l'indicatif présent ou de l'impératif *essayons* (désinence *-ons*). (Cf *N. gramm.*, § 303, Rem.)
4. **Pseudo-vérité** : cet élément de composition est suivi d'un trait d'union lorsqu'il se joint à un mot. (Mais *pseudonyme*.)

15   Le Sénégal va mieux

a) De l'aéroport à la ville, tout au long de l'autoroute, petites maisons, villas plutôt cossues, ensembles **résidentiels** [a], dévorent progressivement les terrains vagues. Bientôt, la grande carcasse du stade de foot [b] sera encerclée. Un peu plus loin, en bord de mer, ce sont les petits palais, avec leur étonnant mélange de styles, tunisien, européen [1]..., qui prolifèrent. En ville, les nouveaux immeubles sortent de terre. Le marché est en reconstruction. Les commerçants mauritaniens sont revenus. Deux casinos ont ouvert. On se prélasse dans de superbes restaurants. La **léthargie**[c] des dernières années, cette glu [d] de fatalisme [e] qui paralysait le pays, a disparu. Dans les grandes banlieues, dans les bidonvilles, on ne mange toujours qu'une fois par jour. Et dans la capitale, les mendiants, les estropiés, et tous ces gamins qui tendent la main, sont là pour rappeler que le Sénégal est un pays pauvre. Mais, dans les bureaux ministériels, on sent, pour la première fois depuis longtemps, un souffle d'optimisme. En 1995, le pays a enregistré une croissance de près de cinq **pour cent**. Les finances publiques ont été assainies. L'État ne fait plus face à des fins de mois difficiles. La dévaluation a fouetté certains secteurs de l'économie : l'immobilier, alimenté par l'argent des émigrés, la cimenterie, qui tourne à plein régime pour tous les pays de la région, la pêche...

b) La vie politique continue d'être trépidante. Le pays affronte le grand défi de la régionalisation. En novembre prochain, les Sénégalais éliront des exécutifs et des assemblées régionaux. La démocratie en sortira grandie. L'opposition veut assurer sa **mainmise**[f] sur les villes. Et, au sein du Parti [2] socialiste, les élections permettront d'arbitrer, pour un moment, les toujours vivaces conflits de personnes. Trois quotidiens, très indépendants, des radios privées, des journalistes confirmés, couvrent[g] toute cette agitation.

Et pourtant, quelque chose ne tourne pas rond. Malgré une situation politique saine et un redémarrage de l'économie, personne ne veut investir.

Pas un projet sérieux depuis quatre ans ! Les candidats **potentiels**[h] sont unanimes : s'installer au Sénégal relève du défi. L'administration est **tatillonne**[i], bureaucratique et désorganisée. L'impartialité de l'État est mise en cause.

Au Sénégal, dans la course au développement, c'est l'État lui-même qui est à la traîne [3].

Zyad LIMAN, dans Jeune Afrique (Paris), 3-9 juillet 1996.

VOCABULAIRE

a) **Résidentiel** : qui sert d'habitation de luxe.

b) **Foot** : cette réduction familière de *football* se prononce comme la première syllabe de celui-ci.

c) **Léthargie** : état anormal caractérisé par un sommeil profond et prolongé ; ici, au figuré.

d) **Glu** : matière collante extraite du houx et du gui et servant notamment à piéger des oiseaux ; ici, au figuré, ce qui empêche d'agir.

e) **Fatalisme** (prononcer *s* et non *z*) : acceptation passive des évènements.

f) **Mainmise** : action de *mettre la main*, d'exercer une domination.

g) **Couvrir** a ici un sens particulier, venu de l'anglais : assurer l'information au sujet de.

h) **Potentiel** : possible.

i) **Tatillon** : attaché aux détails des règlements.

ORTHOGRAPHE ET GRAMMAIRE

1. **Tunisien, européen** : *styles* est un pluriel formé par l'addition de singuliers, *le style tunisien, le style européen*, etc. (accord *distributif* : voir *Bon us.*, § 419).

2. **Traîne** ou *traine*, selon les *Rectifications* (Appendice, § 4).

16 Dans la paix des bois

a) Les chemins forestiers, derrière chez moi [1], grimpent jusqu'à Saint-Cergue. Souvent doux et délicatement brumeux, l'arrière-automne [a] s'y est cette année montré enchanteur, changeant les pentes boisées en tableaux de Klimt [b] : troncs gris, tachés d'argent, nettement dessinés sur tapis de feuilles rousses, lumière violine [c].

J'y marchais l'autre jour du pas sportif qu'il faut pour précipiter le **souffle** et rudoyer un peu la bête [d], engourdie par des mœurs [2] trop **sédentaires** [e]. L'effort est d'abord souffrance — puis, s'il dure assez longtemps et si le **rythme** est bon, vient la détente. L'esprit encombré de préoccupations quotidiennes se dévide comme un écheveau [f], du mouvement naît ³ une harmonie, une disponibilité qui **accueille** tout ensemble les impressions reçues du monde extérieur et ces obscurs mouvements intérieurs à travers lesquels nous saisissons, parfois, ce que nous sommes.

b) Parvenue au but fixé, transpirant un peu, je me laissai tomber sur une souche humide. L'air léger était frais comme une boisson. Familier et tranquille, ce coin de terre banal, bientôt noyé de brume, s'accordait avec grâce au plaisir de l'instant. Les yeux perdus dans la ramure d'un arbre dénudé, dessinée sur le ciel transparent, je me trouvai soudain envahie par une bouffée d'enfance, bouquet d'émotions **indicibles** [g], délicieuses, nostalgiques et fugitives.

Prenant la mesure de ce contentement primordial [h] et pensant, non moins soudainement, à ce qui venait d'être publié sur l'état lamentable des forêts suisses, je me mis à comprendre à quel point j'avais besoin de croire en une nature forte, indestructible, dotée d'un pouvoir de régénération [i] infini. Une nature selon la vision romantique, à la fois maternelle et indifférente, **nourricière** et meurtrière, dépassant toujours l'homme, ses rêves de maîtrise ³ comme sa folie destructrice.

c) Rien n'est plus éloigné de cette vision que le discours actuel sur l'environnement, nourri d'une science capable de mesurer toujours plus précisément le poids du fardeau que l'homme impose à sa **planète.** Cette science aidant, nous n'avons plus l'excuse de l'ignorance et nous sommes appelés à vivre dans cette situation éminemment ⁴ inconfortable où la conscience des dangers croît ⁵ en même temps que les dangers. En bonne logique, il faudrait du matin au soir avoir la peur au ventre. Personne ne peut le supporter.

Le discours scientifique, l'information, sont indispensables tant qu'il est question d'agir. Ne commettons par l'erreur de croire qu'ils nous aident à vivre. Pour vivre — et pas seulement dans la terreur de tous les maux qui nous guettent — nous avons besoin de visions, d'espérance, de poésie. Promenez-vous dans les bois, mais n'y emportez pas de microscope, des rêves seulement. Qui sait s'ils ne font pas du bien aux arbres ?

Françoise BLASER, dans le *Journal de Genève*, 27 décembre 1986.

VOCABULAIRE

a) **Arrière-automne** : fin de l'automne (mot de la langue littéraire).

b) **Klimt** : peintre autrichien (1862-1918).

c) **Violine** : comme nom, produit violet dérivé de l'aniline ; aujourd'hui, surtout usité comme adjectif (invariable comme les autres noms servant d'adjectifs de couleur : cf. *N. gramm.*, § 197, b ; *Bon us.*, § 541, b).

d) **La bête** : le corps.

e) **Sédentaire** : de quelqu'un qui se déplace peu (originairement, qui reste assis).
f) **Écheveau** : assemblage de fils (de laine, etc.) lié par un fil.
g) **Indicible** : qu'on ne peut exprimer.
h) **Primordial** : fondamental, profond. (Au sens premier, qui existe dès l'origine.)
i) **Régénération** : reconstitution naturelle de ce qui est mort.

ORTHOGRAPHE ET GRAMMAIRE

1. Tenir compte du fait que l'auteur est une femme.
2. **Mœurs** : l'*s*, étant l'*s* du pluriel, ne devrait pas se prononcer ; mais, comme le mot ne s'emploie qu'au pluriel, l'*s* perd sa justification et est souvent articulé.
3. **Naît** ou *nait*, **maîtrise** ou *maitrise*, selon les *Rectifications* (voir l'Appendice, § 4).
4. **Éminemment** : avec *e* dans la 3e syllabe, malgré la prononciation, comme dans *éminent* (cf. *N. gramm.*, § 382 ; *Bon us.*, § 931, *d*).
5. **Croît** : du verbe *croître*, grandir. À distinguer de *croit* (sans accent), de *croire*. Cf. *Bon us.*, § 763, *d* ; voir aussi l'Appendice, § 4 et note.

17 Controverses autour de l'automobile

Il y a **d'abord** ce prétendu match qui opposerait l'écologie à l'économie. Ce Salon [1] est déjà un démenti convaincant [2] puisqu'il présente lui-même, implicitement [a] ou explicitement, les progrès obtenus dans les techniques de protection de l'environnement relatives à la motorisation. Sans doute, ces progrès ne doivent pas tout à l'économie de marché. Il y **eut** certaines contraintes extérieures et certaines servitudes découlant directement des prescriptions de l'État [3]. Il n'empêche que l'économie est le véritable pionnier de ces innovations.

La nécessité — celle de l'écologie donc — a offert une chance avant que de [4] faire une loi. Rien de très nouveau à cela, le phénomène est assez typique de l'histoire économique de notre pays : combien d'idées avant-gardistes, combien d'**innovations** ont-elles [5] vu le jour, pour la seule raison que nous n'avions pas d'autres [6] choix ? Je vous le demande donc : où est la guerre de religion ? En réalité, ce n'est même pas une alternative [b]. L'écologie et l'économie ne sont pas des contraires qui s'excluent. Leur complémentarité est manifeste. Elle est précisément à l'origine d'une croissance quantitative profitable à tous.

Je souhaite qu'on cesse de gaspiller de l'énergie dans des combats sectaires. L'économie sait qu'elle ne peut se passer d'**éthique**[c]. L'économie sait qu'elle doit avoir des égards pour l'homme et la nature si elle ne veut pas devenir une fin en soi, très vite détestable. C'est dans cet esprit qu'il faut laisser à l'économie une marge de manœuvre aussi large que possible, qui lui permette de satisfaire toujours mieux les besoins de l'homme, avec tous les égards dus [7] à son environnement.

Jean-Pascal DELAMURAZ, président de la Confédération helvétique,
discours prononcé à l'inauguration du Salon de l'auto de Genève,
cité dans *Journal Touring-Secours* (Bruxelles), 1er avril 1989.

VOCABULAIRE

a) **Implicitement** : sans être formellement exprimé. Le contraire est *explicitement*.

b) **Alternative** : choix entre deux solutions. Le mot est souvent pris abusivement dans le sens « solution, éventualité, opposées à une autre ». Ici, on a sans doute le sens régulier.

c) **Éthique** : morale.

ORTHOGRAPHE ET GRAMMAIRE

1. **Salon** : on acceptera *salon* avec minuscule.
2. **Convaincant** : adjectif, à distinguer de *convainquant*, participe présent ou gérondif. (Cf. *N. gramm.*, § 352, b, 2° ; *Bon us.*, § 887, b.)
3. **État** : s'écrit par une majuscule quand il désigne un pays particulier ou son organisation.
4. **Avant que de** : dans l'usage ordinaire, on dit *avant de*. (Cf. *Bon us.*, § 991, Rem. 1.)
5. On dit aussi, sans reprendre le sujet par un pronom personnel : « Combien d'idées ont vu le jour ? » (Cf. *Bon us.*, § 388, b, 1°.)
6. **Autres** ou *autre* (cf. *Bon us.*, § 499, c).
7. **Dus** : le participe passé *dû* perd son accent au pluriel, ainsi qu'au féminin (*due*).

18 Un professeur de français découvre Québec

Qu'éprouve-t-on lorsque l'on met pour la première fois le pied sur le continent américain, précisément à Québec ? L'étrange sensation d'être simultanément ailleurs et chez soi. Ailleurs, parce que tout vous semble démesuré, le Saint-Laurent, la forêt qui talonne [(a)] la ville, les autoroutes, les automobiles, les tours qui ont des dimensions... américaines ; ailleurs, parce que chaque cottage [(b)] joyeusement coloré est planté sur des pelouses sans clôtures [1], ouvertes au voisin ; ailleurs, parce que la ville **enguirlandée** [(c)], **oriflammée** [(d)] et dominée par les toits de cuivre du château Frontenac ressemble à une construction de conte de fées. Mais vous êtes aussi chez vous, parce que vous retrouvez, sur les enseignes, dans les publicités, sur les tombes des cimetières, votre propre nom de famille, qu'on parle français, avec un accent savoureux qui ne parvient pas à entraver l'intercompréhension, qu'on défend vigoureusement le français — « En français, S.V.P. ! » proclament les tee-shirts [(e)] des étudiants de l'Université Laval, qui vient de vivre sa semaine culturelle — et que, lorsque vous déambulez en ville, votre macaron [f] « Vivre le français » bien en vue, les **Québécois** vous abordent : « Vivre le français, qu'est-ce que c'est ?... Vous êtes français ? Professeur de français ? Bienvenue chez nous ! »

F. TSOUNGUI, dans *Langues et terminologies* (Paris), juillet 1984.

VOCABULAIRE

a) **Talonner** : suivre de très près, sur les talons ; ici, emploi figuré.

b) **Cottage** (ce mot anglais peut être prononcé à la française ; à l'anglaise : *kotèdj*) : maison de campagne dans les pays anglo-saxons.

c) **Enguirlandé** : orné de guirlandes.

d) **Oriflammé** (mot rare) : orné *d'oriflammes (nom* féminin désignant des bannières).

e) **Tee-shirt** (mot anglais, prononcé *ticheurt'*) : maillot de coton, souvent à manches courtes (primitivement en forme de T).

f) **Macaron** : insigne de forme ronde.

ORTHOGRAPHE ET GRAMMAIRE

1. **Sans clôtures** ou *clôture* au singulier. (Cf. *Bon us.*, § 499, c.)

19 Vivre au village

Entre les travaux d'**élagage** [a] et d'abattage [1] en forêt, les travaux des champs, la fenaison avec les femmes pareilles à de lourdes fleurs d'angélique [b] et cette sueur sur leurs épaules changée en liqueur de soleil, on a des moments **en aparté** [c], des moments d'évasion, des interludes [d] de réflexion et de rêve, des pertes de pesanteur : on est ému par le trille [2] d'une grive musicienne, un nid de **bergeronnette,** les cinq pétales [3] de la mauve, le museau glacé d'un veau, l'odeur des foins coupés. On sait alors, d'une certitude incrustée [e] de terre, comme dans les *Feuilles d'herbes* de Whitman [f], que l'on n'est pas [4] tout entier compris entre son chapeau et ses chaussures.

Jean-Pierre OTTE, dans la *Libre Belgique* (Bruxelles), 10 septembre 1981.

VOCABULAIRE

a) **Élagage** : action d'élaguer, dépouiller un arbre des branches superflues.

b) **Angélique** (on acceptera le pluriel) : grande ombellifère aromatique dont la tige et les pétioles sont utilisés en confiserie.

c) **En aparté** : à part soi, pour soi-même, dans son for intérieur.

d) **Interlude** : intermède, courte pièce entre deux parties d'un spectacle ; ce qui interrompt quelque chose, sépare dans le temps deux choses de même nature.

e) **Incrusté** : portant des fragments d'une matière insérée, adhérant fortement.

f) **Walt Whitman** (prononcé wit-man) : poète américain (1819-1892). Son livre unique, *Leaves of Grass*, a été traduit sous le titre *Feuilles d'herbes* (noter le pluriel du complément).

ORTHOGRAPHE ET GRAMMAIRE

1. **Abattage** : l'orthographe avec un seul *t* est désuète.
2. **Trille** : battement rapide et ininterrompu sur deux notes voisines. Le mot est masculin.
3. **Pétale** : noter que le mot est masculin.
4. **L'on n'est pas** : attention à la négation. Comp. : « L'homme n'est pas... »

20 Un Allemand à Paris en été 1789

Joachim Heinrich Campe, quarante-trois ans, précepteur [a], arrive à Paris le 3 août [1] 1789, flanqué [b] de deux anciens élèves d'une vingtaine d'années qui ne s'estiment pas beaucoup. Mais peu importe [2] les relations des trois Allemands ; ce qui est essentiel ici, c'est la découverte émerveillée du Paris révolutionnaire par Campe. Ayant « presque désappris à dormir », il est là où bouge l'histoire, notamment à l'Assemblée nationale, où il assiste avec passion aux débats. Il se fait même passer pour député quand il accompagne les représentants des trois ordres [c] à une cérémonie en présence du roi : « Combien j'étais fier en cet instant que mes amis et moi puissions nous considérer comme les députés de l'humanité ! » **Exalté**, Campe, c'est certain. Et cependant très attentif à tout ce qu'il voit dans les jardins du Palais-Royal, dans les églises [3], dans les rues de Paris, ainsi qu'à Versailles. Dans neuf lettres, l'Allemand, par ailleurs très épris de Jean-Jacques Rousseau, se fait le reporter spontané et chaleureux de la Révolution. Malheureusement il repart pour l'Allemagne dès le 26 août [1].

Bernard PIVOT, dans *Lire* (Paris), avril 1989. (Ces lettres sont traduites et préfacées par Jean Ruffet : *Eté 89, lettres d'un Allemand à Paris*. Éditions du May.)

VOCABULAIRE

a) **Précepteur :** professeur particulier. À distinguer de *percepteur*, celui qui perçoit (par exemple, les impôts).

b) **Flanqué** : accompagné (avec une nuance péjorative).

c) **Les trois ordres** : la noblesse, le clergé et le *tiers état* (bourgeois, artisans et paysans), sous l'Ancien Régime.

ORTHOGRAPHE ET GRAMMAIRE

1. **Août** ou *aout*, selon les *Rectifications* (voir Appendice, § 4). Rappelons que les noms de mois s'écrivent par une minuscule.
2. **Peu importe** : dans cette expression, ainsi que dans *qu'importe*, le verbe suivi d'un sujet au pluriel reste assez souvent au singulier. Le pluriel est préférable. (Cf. *Bon us.*, § 901, b.)
3. **Église** : s'écrit par une minuscule quand il désigne un bâtiment ; mais on met une majuscule quand il s'agit de la société.

21 Les bébés en savent plus que l'on ne croyait

Berry Brazelton, un **pédiatre** [a] de Boston, a troqué sa trousse d'urgence contre une cloche, des grains de riz ou une boule rouge et a révélé ce qu'aucune mère n'avait encore jamais osé avouer à son médecin : les bébés ont bel et bien les cinq sens ! Dès sa naissance, Bébé [1] entend en stéréo [b], après quelques heures, il sent les bonnes et les mauvaises odeurs et il voit, même si son champ visuel et son aptitude à percevoir ne sont corrects que vers cinq mois ; en quarante-huit heures Bébé est un **tournesol** [c], il se tourne **immanquablement** vers la source de lumière la plus proche ; à deux jours Bébé peut garder un événement [2] en mémoire pendant dix heures, son grand frère de vingt jours pendant dix jours, celui de onze semaines pendant un mois. Non, n'essayez pas de vous souvenir de vos premiers jours, tous et toutes avons [3] été frappés d'« amnésie [d] infantile », cet oubli inéluctable [e] au fond d'un cerveau **rudimentaire** que Freud et ses disciples tentent en vain, d'après les neurologues [f], de faire resurgir[4].

Pascal DIBIE, dans *Magazine littéraire* (Paris), septembre 1986.

VOCABULAIRE

a) **Pédiatre** : médecin spécialisé dans les soins aux enfants (du grec *pais*, enfant, et *iatros*, médecin). Le mot s'écrit sans accent sur le *a*. À distinguer des mots ayant le suffixe *-âtre* (*verdâtre*, plutôt vert, etc.).

b) **Stéréo**, réduction de *stéréophonie* : proprement, reproduction des sons permettant de donner à l'auditeur l'impression de relief acoustique (c'est-à-dire l'impression qu'il y a des sources sonores distinctes, réparties dans l'espace).

c) **Tournesol** : plante dont la fleur se tourne vers le soleil.

d) **Amnésie** : perte de la mémoire.

e) **Inéluctable** : inévitable.

f) **Neurologue** : médecin spécialisé dans les maladies du système nerveux.

> **ORTHOGRAPHE ET GRAMMAIRE**
>
> 1. **Bébé**, employé sans article et sans autre déterminant, devient une sorte de nom propre et s'écrit souvent par une majuscule.
> 2. **Événement** : l'Académie (1993) accepte et même préfère, notamment dans les autres articles où elle emploie le mot, la graphie *évènement*, plus conforme à la prononciation (voir Appendice, § 1).
> 3. L'usage ordinaire reprendrait plutôt les sujets *tous et toutes* par le pronom *nous*. Le verbe s'accorde avec l'idée de première personne du pluriel (vous et moi) présente dans l'esprit de l'auteur. (Cf. *Bon us.*, § 894, Rem.)
> 4. **Resurgir** ou *ressurgir*, l'usage n'est pas bien fixé. (Cf. *Bon us.*, § 172, 8, a.)

22 L'orthographe

a) Il est bon ton dans certains milieux, même et surtout d'enseignants, de considérer l'orthographe comme un luxe dont se prévaut[a] une élite et qu'il faut se garder de généraliser. Parce qu'elle est difficile, trop souvent **incohérente**, parce que la réforme généralement souhaitée se fait attendre et n'est même plus prévisible, on renonce trop souvent à exiger des élèves qu'ils apprennent **patiemment** [1] et progressivement à écrire sans fautes [2].

Et pourtant il est incontestable qu'une bonne orthographe reste un solide atout dans la vie. Elle facilite considérablement la communication, à tous les niveaux ; elle est requise à juste titre dans un grand nombre de professions et elle le restera, même si on a la sagesse de renoncer à en faire un rigoureux **contrôle** de **sélection** pour des emplois où elle n'a que faire[b].

b) Son apprentissage, bien dirigé, est d'alleurs loin d'être sans intérêt et sans utilité pour l'esprit et la mémoire.

Le succès, depuis plus de dix ans, des championnats nationaux d'orthographe, celui des mots croisés et des jeux de **scrabble**[c] dans un grand nombre de quotidiens et périodiques, celui de diverses émissions télévisées attestent heureusement que la passion de l'orthographe reste vive dans le grand public. Nombreux sont les gens de toutes conditions [3] qui gardent le souci d'améliorer leur vocabulaire et leur orthographe, et prennent à le faire un vif plaisir, combiné avec celui de la lecture et de la consultation des dictionnaires.

Joseph HANSE, dans la Revue des postes belges, 1983.

> **VOCABULAIRE**
>
> a) **Se prévaloir** : tirer vanité.
> b) **N'avoir que faire** : n'avoir pas d'intérêt.
> c) **Scrabble** : on acceptera la prononciation à la française *skrabl(e)*.

ORTHOGRAPHE ET GRAMMAIRE

1. **Patiemment** : de *patient*, s'écrit donc *-emment*, malgré la prononciation (*N. gramm.*, § 382).
2. **Sans fautes** ou *sans faute*.
3. **Toutes conditions** ou *toute condition*.

23 La pyramide du Louvre

a) Le symbole du musée nouveau, la pyramide d'acier et de verre, haute de vingt et un ^{1} mètres, composée de six cent ^{2} soixante-quinze losanges et de cent dix-huit triangles d'un verre spécial, se dresse au milieu de la cour Napoléon. Symbole du nouveau musée, c'en est aussi la porte triomphale. Si ce n'était que cela, ce serait l'entrée la plus chère du monde : deux milliards de francs pour la première tranche des travaux ; la deuxième, qui doit s'achever dans quatre ans, coûtera ^{3} plus de trois milliards de francs, sans compter le parking souterrain et ses accès : plus de huit cents millions de francs. Pour ce prix, quand même la réfection totale des façades du palais est entreprise.

b) Mais il s'agit d'autre chose : d'une véritable agora [a] souterraine composée d'un hall [b] d'accueil vaste comme un porte-avions ^{4}, équipé de quinze moniteurs [c] vidéo^5 qui permettront de repérer les salles **immanquablement** fermées ; mais aussi d'une immense librairie — la plus grande librairie d'art, disent fièrement les responsables du musée — ; de deux cafés, d'une brasserie, d'un restaurant de luxe et de plusieurs boutiques. Un espace ouvert tard le soir, qui fera oublier le sinistre parking et le bosquet miteux [d] qui végétaient au centre du palais. C'est aussi une salle d'exposition temporaire de douze cents mètres carrés et une autre consacrée à l'histoire du château, et un auditorium [e] de quatre cent vingt places qui a l'ambition de devenir une véritable « salle parisienne ».

Frédéric ÉDELMANN et Emmanuel de ROUX, dans le *Monde* (Paris), 31 mars 1989.

VOCABULAIRE

a) **Agora** (nom féminin) : place publique, dans la Grèce antique.

b) **Hall** (prononcer *ôl* ; c'est un *h* dit aspiré : *le hall*) : grande salle à l'entrée d'un bâtiment.

c) **Moniteur** : dispositif assurant la coordination (sens repris à l'anglais).

d) **Miteux** : d'apparence misérable, minable.

e) **Auditorium** (prononcer *-om'*) : salle spécialement conçue pour les auditions musicales.

ORTHOGRAPHE ET GRAMMAIRE

1. **Vingt et un** : selon la règle traditionnelle, on met un trait d'union entre les numéraux tous deux inférieurs à *cent*, sauf quand ils sont joints par *et ;* mais on peut écrire *vingt-et-un*, selon les *Rectifications* (voir Appendice, § 8).
2. **Cent** varie quand il est multiplié, sauf quand il ne termine pas le déterminant numéral, comme ici. Mais *douze cents* plus bas, ainsi que *huit cents millions (million* est un nom). D'autre part, selon les *Rectifications* (cf. Appendice, § 8), on peut mettre un trait d'union entre les éléments de tous les numéraux composés : *six-cent-soixante-quinze, cent-dix-huit*, etc. Mais *milliard* et *million*, qui ne sont pas des déterminants, mais des noms, ne sont ni précédés ni suivis d'un trait d'union : plus loin dans le texte, *trois milliards, huit cent millions* (ou *huit-cents millions*).
3. **Coûtera** ou coutera, selon les *Rectifications* (voir l'Appendice, § 4).
4. **Un porte-avions** : graphie traditionnelle. Selon les *Rectifications* (voir l'Appendice, § 7), ce qui compte, c'est le nombre d'objets désignés par le composé lui-même : *un porte-avion, des porte-avions*.
5. **Vidéo** : qui concerne un système où les images et les sons sont enregistrés ensemble. Quand le mot est employé comme adjectif, il reste d'habitude invariable. C'est une forme verbale latine (« je vois ») qui nous est venue par l'anglais.

24 Comment se débarrasser de ses déchets ?

Regardons comment la nature se **débarrasse** de ses déchets : elle les recycle continuellement là où ils sont produits. Normalement, elle ne les accumule pas. Pensons aux organismes vidangeurs [a] (corbeaux, corneilles, **goélands** [b], insectes, vers, etc.) qui se **nourrissent** de déchets et les font disparaître [c] aussitôt. Pensons aussi aux agents de décomposition (bactéries [d], champignons, etc.) qui terminent le travail des vidangeurs et remettent en circulation les éléments de base qui deviennent réutilisables.

De plus, la nature, habituellement, ne concentre pas les déchets en un seul lieu. Ils sont recyclés localement et donc plus facilement réutilisés, parce que répartis en petites quantités.

Je crois que cette observation de la nature peut guider notre gestion des déchets en général. 1) Les déchets ne doivent pas être **accumulés,** ni concentrés en un seul lieu ; autrement la quantité risque d'être trop grande et on ne pourra plus en venir à bout. 2) Chaque localité, dans la mesure du possible, doit s'occuper de ses propres déchets. Il y a là une responsabilité sociale importante à prendre dans notre société de consommation où on est prêt à profiter de tous les avantages de cette société en consommant beaucoup, mais en envoyant chez les voisins les inconvénients de son excès de consommation. 3) La seule façon de ne pas être envahis par les déchets, c'est de les recycler continuellement. En réutilisant ainsi les matériaux de base, on évite d'épuiser les ressources. C'est ce que les usines de recyclage commencent à faire.

Gérard DRAINVILLE, dans la *Presse* (Montréal), 7 octobre 1988.

> **VOCABULAIRE**
>
> a) **Vidangeur** : celui qui fait la vidange des fosses d'aisance ; au Québec, celui qui est chargé de l'enlèvement des ordures ménagères ; le second sens explique l'emploi qu'on a ici.
> b) **Goéland** : oiseau de mer.
> c) **Disparaître**, ou *disparaitre*, selon les *Rectifications* (Appendice, § 4).
> d) **Bactérie** : micro-organisme unicellulaire.

25 Les poètes égyptiens de langue française

Dans ce milieu cosmopolite [a], la littérature de langue française se développe, soumise à l'individualité des écrivains locaux, **autochtones** [b] ou étrangers, mais aussi à l'écoute des mouvances [c] de la mode parisienne. Une réceptivité, une **malléabilité** [d], que ne dément pas un examen plus attentif des genres. La poésie fait intrusion [e] dans un pays riche déjà d'une longue tradition lyrique en langue arabe, dont elle ne manquera pas de s'enrichir.

Romantique par essence, la poésie arabe a préparé les esprits aux déferlements [f] hugoliens et aux langueurs [g] lamartiniennes ; les **chefs-d'œuvre** de nos génies **essaimeront** [h] au long du Nil des **prosélytes** [i] passionnés. La période parnassienne [j] n'est pas en reste ; la constante pudeur des sentiments qui animent la poésie arabe explique la parfaite adhésion de celle-ci aux idéaux d'un Heredia, ou d'un Leconte de Lisle.

C'est dans le dernier quart du XIXe [1] que paraissent en Égypte les premiers poètes locaux d'expression française. Ils traverseront le symbolisme [k], puis le surréalisme [l], mais devront attendre l'entre-deux-guerres pour découvrir sur les bords du fleuve l'inspiration qu'ils cherchèrent longtemps chez des maîtres excessivement vénérés. L'œuvre des meilleurs poètes d'Égypte est centrée sur la vallée du Nil. Il semble aujourd'hui que ce mouvement local ne poursuive que modestement sa route : s'ils n'ont pas entièrement disparu, les genres lyrique et folklorique [2] sont à présent dominés par une poésie qui s'adresse moins au cœur qu'à l'esprit.

Victor COURTOIS, dans *Qui-vive international* (Paris), novembre 1985.

> **VOCABULAIRE**
>
> a) **Cosmopolite** : où l'on trouve des gens de divers pays.
> b) **Autochtone** : issu du pays où il habite.

c) **Mouvance** : ici, mouvement, évolution.

d) **Malléabilité** : caractère de ce qui est *malléable*, c'est-à-dire, ici, influençable.

e) **Intrusion** : le fait de s'introduire, ordinairement de façon illégitime (nuance absente ici).

f) **Déferlement** : le fait de se répandre avec impétuosité ; appliqué ici à la poésie de Victor Hugo.

g) **Langueur** : mélancolie douce et rêveuse ; appliqué ici à la poésie de Lamartine.

h) **Essaimer** : au sens propre, verbe intransitif signifiant quitter la ruche en essaim pour aller s'établir ailleurs ; au sens figuré, verbe transitif signifiant envoyer à l'extérieur.

i) **Prosélyte** : personne récemment ralliée à une doctrine.

j) **Parnassien** : en rapport avec le Parnasse, école poétique dont font partie *Heredia* (dont le nom s'écrit sans accents) et *Leconte de Lisle*. Elle prônait l'impassibilité.

k) **Symbolisme** : école poétique (fin du XIXe siècle) dont font partie notamment Verlaine, Rimbaud, Mallarmé.

l) **Surréalisme** : école poétique (XXe siècle) dont André Breton a été le chef.

ORTHOGRAPHE ET GRAMMAIRE

1. **XIXe** : c'est ainsi qu'on écrit *dix-neuvième* en chiffres, avec la dernière lettre au-dessus de la ligne (ou sur celle-ci). Ne sont pas réguliers : *XIXème* et surtout *XIXè* et *XIX°*, tous deux absurdes (dans *1°*, *n°*, on a la dernière lettre de *primo*, *numéro*).

2. **Les genres lyrique et folklorique.** C'est ce qu'on appelle un accord distributif : les épithètes s'accordent non pas avec le nom au pluriel, mais avec chacun des noms singuliers qui constituent ce pluriel. La formule équivaut en effet à « Le genre lyrique et le genre folklorique ». De même « Les *dix-neuvième* et *vingtième* siècles ». (Cf. *Bon us.*, § 331.)

26 Un réfugié sur deux est un enfant

a) Le visiteur qui découvrirait un camp de réfugiés en Afrique, en Asie ou en Amérique centrale [1] pourrait aisément s'imaginer que la mission première du Haut Commissariat des Nations unies [2] pour les réfugiés est de s'occuper des enfants. La moitié des réfugiés du monde — soit environ six millions — ont [3] moins de 18 ans ; leurs espoirs et leurs attentes occupent une place primordiale [a] dans notre conscience.

Cette forte proportion d'enfants parmi les réfugiés s'explique autant par les **schémas** [b] démographiques du monde en **développement** [c] que par les circonstances dans lesquelles ils ont **dû** abandonner leurs foyers. Lorsque des réfugiés fuient [4] des conflits armés, ce sont souvent les enfants qui réussissent à s'échapper alors que les adultes sont tués, emprisonnés ou restent en arrière pour se battre.

On s'est longtemps intéressé aux réfugiés adultes, dont la réinsertion [d], espérait-on, bénéficierait aussi à leurs enfants. Mais, au fil des années, nous nous sommes aperçus [5] que les enfants réfugiés ont des besoins **spécifiques** [e], physiques, sociaux et psychologiques, qu'il faut prendre en compte.

b) La vulnérabilité [f] physique est une première caractéristique des enfants réfugiés, et peut créer des problèmes **extrêmement** graves. Les jeunes enfants sont particulièrement sujets à des maladies provoquées par la malnutrition [g] et par les changements de climat, de régime alimentaire, d'eau et de conditions sanitaires [6]. Le stress [h] permanent de la séparation, l'épuisement causé par le voyage depuis la fuite des réfugiés, et un premier séjour dans des locaux exigus et surpeuplés, sont autant de facteurs qui amplifient les risques de contagion.

Plus grave [7] encore, les parents réfugiés ne remarquent pas toujours chez leurs enfants les signes de la maladie. À la maison, avec une vie réglée, une mère détecte [i] habituellement les moindres changements dans les habitudes ou attitudes de son enfant ; mais, dans la tourmente de la fuite et de l'exil dans un nouvel environnement, l'état de santé de l'enfant risque d'être négligé. Et même si les parents décèlent [8] une maladie, ils ont rarement eux-mêmes les médicaments qu'il faudrait.

c) Leurs problèmes psychologiques rendent aussi les enfants réfugiés plus vulnérables que les autres devant les hauts et les bas de la vie. Ils commencent leur existence avec un lourd handicap. Ils sont doublement dépendants : dépendants des parents ou des autres adultes qui subviennent à leurs besoins, qui dépendent eux-mêmes de l'aide extérieure pour être protégés et secourus. Il n'est pas difficile d'imaginer le **traumatisme** [j] que subit un jeune enfant brutalement déraciné de son univers familier ; la fuite, souvent précédée ou accompagnée de violence [9] ; l'étrangeté d'un nouvel environnement inconnu : enfin l'incertitude de l'exil et de la réadaptation. L'enfant s'inquiète de l'avenir et n'est guère rassuré par ses parents, qui semblent partager les mêmes peurs et transmettent leur angoisse aux enfants. Comme en témoignent les récits et les dessins de beaucoup d'enfants déracinés, la vie de l'enfant réfugié devient un cortège de peurs et de **cauchemars** ; même en dormant, il ne peut se soustraire aux périls de la journée.

Arthur E. DEWEY, haut commissaire adjoint des Nations unies pour les réfugiés, dans *Réfugiés* (Genève), juin 1988.

VOCABULAIRE

a) **Primordial** : particulièrement important (au sens propre, qui existe dès l'origine).

b) **Schéma** : description globale que l'on peut faire pour une réalité en évolution (ici, pour la démographie, c'est-à-dire la population du point de vue quantitatif).

c) **En développement** (on dit aussi : *en voie de développement*) : dont le niveau économique est moins élevé que celui de l'Europe et de l'Amérique du Nord.

d) **Réinsertion** : fait d'introduire de nouveau (ici, dans une société normale).

e) **Spécifique** : particulier.

f) **Vulnérabilité** : fait d'être facilement atteint par un mal.

g) **Malnutrition** : fait d'être mal nourri.

h) **Stress** (mot anglais) : action brutale sur un organisme humain (du point de vue physique, comme une décharge électrique, ou du point de vue psychologique, comme ici).

i) **Détecter** : déceler, découvrir.

j) **Traumatisme** : trouble profond résultant d'un choc émotionnel ; comp. *stress* utilisé plus haut.

ORTHOGRAPHE ET GRAMMAIRE

1. **Amérique centrale** : dans les désignations géographiques, les noms d'organismes et de sociétés, etc., l'adjectif qui suit le nom ne prend pas de majuscule, sauf s'il y a un trait d'union comme dans *les États-Unis, les Pays-Bas*, etc., et sauf si l'adjectif accompagne, comme terme caractéristique, un nom *commun* géographique, comme dans *la mer Noire, les montagnes Rocheuses,* etc. ; dans ce cas, le nom commun garde la minuscule (Cf. *N. gramm.*, § 33, *c* ; *Bon us.*, § 99, *a.*)

2. **Nations unies** : quoiqu'il ait ici un flottement particulier dans l'usage, on préfèrera suivre la règle donnée dans la note 1.

3. **Ont** : l'accord se fait souvent avec le complément des noms de fractions parce que ces noms sont assez proches des déterminants numéraux. (Cf. *Bon us.*, § 422, *c*, 4°.)

4. **Fuient** : dans ce verbe, on ne remplace *i* par *y* que quand il y a la semi-voyelle qu'on appelle yod : *nous fuyons, je fuyais, fuyant*. (Cf. *Bon us.*, § 763, *a* ; *N. gramm.*, § 315, *b*, 3°.)

5. **Nous nous sommes aperçus** : dans *s'apercevoir*, le pronom est inanalysable et on accorde le participe passé avec le sujet (qui est ici un vrai pluriel, l'auteur parlant au nom de l'organisme qu'il dirige).

6. **Conditions sanitaires** : on acceptera *condition sanitaire*.

7. **Grave** : n'est pas ici une épithète détachée. *Plus grave encore* est une incidente et l'adjectif est un neutre : on pourrait dire *chose plus grave encore*. Cf. *Bon us.*, § 372, *e*.

8. **Décèlent** : *celer* et les verbes de sa famille prennent un accent grave sue le *e* devant une syllabe contenant un *e* muet. (*N. gramm.*, § 315, *b*, 1°.)

9. **Violence** ou *violences*.

27 Les fils d'Abraham

Quand paraitra [1] cette livraison de la *Revue générale*, l'évènement [2] qui nous frappe aujourd'hui, l'assassinat d'Itzhak Rabin[a], sera déjà vieux de quelques semaines, et la paix de Noël, au contraire, toute proche... Mais ne **sera-ce** pas l'occasion, précisément, d'accorder une pensée à celui qui vient de payer de sa vie son engagement pour la paix ?

Parmi les discours qui, lors des funérailles, ont rendu hommage au défunt, quelques mots du roi Hussein de Jordanie m'ont frappée. Évoquant « les trois religions **monothéistes**[b] », il a regardé l'assemblée et, s'adressant visiblement à tous, il a dit : «Nous, les fils d'Abraham... » Voilà qu'est, par ces quelques mots, remise à sa place d'ancêtre unique et toujours présent la personnalité majeure des religions juive, chrétienne et islamique [3]. Abraham, le père commun. Nous voulons être unis ? Remontons à la source : nous, les fils d'Abrahma, sommes tous frères et l'heure est venue de faire la paix.

A-t-il souri, sur les balcons du ciel, l'homme mort pour la paix ? Je le crois. Ils étaient là, nombreux, les fils d'Abraham à fouler le sol d'Israël pour la première fois de leur vie. Ils étaient là, nombreux, à savoir que cette mort est à la fois **symbole** et ferment [c]. Ils étaient là, nombreux, à se ressentir[d] frères. « Comme Moïse, il ne verra pas la paix... », a dit le président du Comité de coordination des organisations juives en Belgique. Croyez-vous ? Je pense, moi, qu'il l'a vue, comme jamais encore, se profiler enfin à l'horizon. Et comme nous la verrons, avec les bergers, avec les rois mages, penchés sur l'Enfant [4] qui nous naitra [5] bientôt. Et que sa paix soit sur tous les fis d'Abraham, amen [e] !

France BASTIA, dans la *Revue générale* (Bruxelles), décembre 1995.

VOCABULAIRE

a) **Itzhac Rabin** (le *n* se prononce) : Premier ministre israélien, assassiné par un compatriote qui espérait empêcher que son pays fasse la paix avec les Palestiniens.

b) **Monothéiste** (du grec *monos*, unique, et *theos*, Dieu) : qui croit en un seul Dieu.

c) **Ferment** (prononcer *fèrman*) : ce qui favorise un changement.

d) **Ressentir** : la prononciation régulière est *re-sentir*.

e) **Amen** (prononcer *amèn*) : mot hébreu signifiant « que les choses soient ainsi ! ».

ORTHOGRAPHE ET GRAMMAIRE

1. **Paraitra** : la forme traditionnelle est paraîtra ; la *Revue générale* applique depuis 1991 les *Rectifications* (voir Appendice, § 4). On constatera par un texte comme celui-ci combien elles sont peu déroutantes.

2. **Évènement** : orthographe enregistrée par l'Académie depuis 1993 à côté d'*événement*, avec une nette préférence pour la première (voir Appendice, § 1).
3. **Religions juive, chrétienne et islamique** : le pluriel *religions* résulte de l'addition de trois singuliers, *la religion juive, la religion chrétienne et la religion islamique* ; c'est ce qu'on appelle un accord distributif (*Bon us.*, § 419).
4. **Enfant** : on acceptera évidemment *enfant* sans majuscule.
5. **Naitra** : la forme traditionnelle est *naîtra* ; voir la note 1.

28 Le choix d'une tondeuse à gazon

a) Pour les petites pelouses (moins de deux ares), une tondeuse à main ou une petite tondeuse électrique conviennent bien. Si la surface est plus grande (jusqu'à six ares), mieux vaut opter pour une grande tondeuse électrique (encore que la longueur du **câble** puisse constituer un obstacle) ou pour un modèle à essence. Si la surface est plus grande encore, une tondeuse autotractée — c'est-à-dire dont le moteur sert non seulement à faire tourner le couteau, mais aussi à faire avancer la machine, qu'il faut seulement diriger — n'est certainement pas un luxe inutile et, à partir de dix ares, on peut éventuellement envisager l'achat d'une tondeuse de type tracteur sur laquelle on s'assied. Ce type d'appareil est cependant très cher.

b) S'il y a beaucoup d'obstacles (arbres, buissons, etc.), une tondeuse électrique n'est pas recommandée, car le cordon peut s'avérer [1] gênant. Mieux vaut opter pour une tondeuse à essence dont le bac ou le sac récolteur [2] se trouve à l'arrière et non sur le côté. De plus, si vous devez pouvoir tondre en dessous [3] d'arbustes, il importe que le manche soit réglable en hauteur. Enfin, si la pelouse comporte des pentes relativement importantes, les tondeuses à coussin d'air ne sont nullement à conseiller. En fait, aucune tondeuse n'est à conseiller si les pentes sont vraiment fortes (mieux vaut y planter des arbustes).

Dans la grande majorité des cas, l'herbe ne doit pas être coupée à moins de deux centimètres et demi [4] du sol et une tondeuse à couteau rotatif [a] remplit bien son rôle (c'est d'ailleurs ce type de machine qui est de loin le plus répandu). Par contre, pour le gazon très fin (gazon **d'apparat** [b] et plus cher sur lequel on ne marche pas), une tondeuse à cylindre est préférable car elle assure une finition plus uniforme.

Dans *Test-Achats magazine* (Bruxelles), avril 1989.

VOCABULAIRE

a) **Rotatif** : qui tourne autour d'un axe.
b) **D'apparat** : de luxe, destiné surtout à être montré. (Le mot inclut d'habitude une nuance de solennité qui est absente ici.)

> **ORTHOGRAPHE ET GRAMMAIRE**
>
> 1. **S'avérer** au sens d'apparaître et suivi d'un attribut est un tour assez récent que l'Académie a accepté en 1992.
> 2. **Récolteur,** ou *récolteurs,* si on l'accorde avec les deux noms.
> 3. **En dessous d'arbustes** : il est préférable de dire *au-dessous.* (Cf. *Bon us.,* § 1022, *a.*)
> 4. Si on écrit d'une manière abrégée, « 2,5 cm », sans point après *cm* parce que cette façon d'écrire est considérée comme un symbole et non comme une abréviation. (Cf. *Bon us.,* § 112 ; *N. gramm.,* § 43.)

29 Les méfaits de l'amiante et les compagnies d'assurance

a) Après le sang contaminé [a], l'amiante [b] ? Dans le monde de l'assurance, la plainte contre X [c] pour empoisonnement déposée par l'Association des victimes de l'amiante a ravivé de contrariants souvenirs. Il y a quelques années en effet, les démarches des **hémophiles** [d] avaient abouti à la constitution d'un fonds [1] d'indemnisation [2] (1,7 milliard [3]), essentiellement alimenté par les assureurs.

Évalué à deux mille [4] morts en France rien qu'en 1996, le bilan pourrait grimper à près de dix mille [4] victimes en 2010, selon des épidémiologistes [e] britanniques et français. Car les cancers de l'amiante mettent de vingt à quarante ans à se déclarer. Or ce **sympathique** minéral, utilisé surtout comme isolant et matériau [5] de construction, a connu son heure de gloire dans les années soixante et soixante-dix.

Pour l'instant, les malades sont, en principe, pris en charge pas la Sécu [f]. Mais ils pourraient vite exiger plus qu'un simple remboursement des soins. En réclamant, par exemple, des dommages et **intérêts** de leur employeur ou du propriétaire des locaux. Lesquels se retourneraient **illico** vers leurs assureurs.

b) L'addition ne se limitera pas aux requêtes des victimes. L'élimination de l'amiante dans tous les bâtiments gangrenés [g] devrait coûter [6], selon les professionnels, entre trente-cinq et soixante-dix milliards. Qui paiera [7] ?

Là encore, les rois du risque font le gros dos [h]. Dans son rapport, publié il y a quelques jours, la Fédération française des sociétés d'assurances ne consacre pas une ligne aux sinistres liés à l'amiante. Une **bricole** [i] pour laquelle, semble-t-il, pas un sou n'est provisionné [j]. En revanche, le rapport insiste lourdement sur la non-« assurabilité [8] » (sic) de certains risques que l'état de la science ne permettait pas de déceler à certaines époques.

Exemple : l'assurance de responsabilité civile[k] d'un constructeur ayant édifié un immeuble amianté, en 1965, ne devrait pas aujourd'hui couvrir ce risque, car il y a trente ans les connaissances en ce domaine étaient plus limitées. Seul problème : l'affection **pulmonaire**[l] liée à l'amiante, est reconnue comme maladie professionnelle (notamment dans le bâtiment) depuis 1947.

Jean-François JULLIARD, dans le Canard enchaîné, 3 juillet 1996.

VOCABULAIRE

a) **Contaminé** : susceptible de transmettre une infection, une maladie. Allusion au fait que des transfusions sanguines avaient été faites avec le sang de gens porteurs du sida.
b) **Amiante** : minéral *incombustible*, qui ne brûle pas.
c) **Contre X** : lorsque la personne visée n'est pas identifiée.
d) **Hémophile** : personne dont le sang ne peut coaguler et qui a besoin de fréquentes injections de sang.
e) **Épidémiologiste** (d'*épidémie*) : celui qui étudie les influences exercées sur la diffusion et les caractéristiques des maladies par le milieu naturel ou social, le mode de vie, etc.
f) **Sécu** : équivalent familier de *Sécurité sociale*, lois régissant l'assurance maladie, etc.
g) **Gangrené** : infecté, corrompu.
h) **Faire le gros dos** : par analogie avec les réactions d'un animal qui cherche à se protéger des coups, ne faire semblant de rien.
i) **Bricole** : chose sans importance.
j) **Provisionné** : mis en réserve.
k) **Responsabilité civile** : celle qui oblige à dédommager la victime ; s'oppose à *responsabilité pénale*, qui a pour effet une peine, une sanction.
l) **Pulmonaire** : qui concerne les poumons.

ORTHOGRAPHE ET GRAMMAIRE

1. **Fonds** : capital réservé pour une destination particulière. À distinguer de *fond*, partie inférieure de quelque chose.
2. **Indemnisation** : prononcer *-dèm-* ; la prononciation *-dam-* est vieillie.
3. **1,7 milliard** : quoique ce soit plus qu'un milliard, l'addition d'une fraction ne fait pas un pluriel grammatical (voir *Bon us.*, § 436, c).
4. **Deux mille, dix mille** (à écrire en lettres) : *mille* est invariable. Les *Rectifications* recommandent le trait d'union entre tous les éléments d'un numéral composé (voir Appendice, § 8). Cela ne s'applique pas à *milliard*, qui est un nom.
5. **Matériau** : singulier tiré de *matériaux* par le français moderne.
6. **Coûter**, ou *couter*, selon les *Rectifications* (notre Appendice, § 4).
7. **Paiera** (prononciation *pèra*) ou *payera* (prononc. *pèy'ra*) : voir *N. gramm.*, § 315, *b*, 3°.

8. **Non-assurabilité** : le fait de ne pas pouvoir être assuré. — L'auteur a mis un *sic* (mot latin signifiant « ainsi ») pour faire remarquer que le mot *assurabilité*, jugé inconnu à l'usage, n'est pas de lui ; les guillemets ont le même rôle. — *Non* placé devant un nom n'est plus adverbe et est suivi d'un trait d'union (*N.gramm.*, § 77, a).

30   Plaidoyer pour les services publics

a) Notre réflexion sur les services publics a été largement centrée sur l'Europe, parce qu'il nous est apparu que c'était le combat principal qui devait nous mobiliser ici et maintenant. Il ne faut pas se dissimuler **néanmoins** que l'enjeu est planétaire[a] ; l'Europe elle-même est poussée dans le dos et sommée par les États-Unis et les sociétés transnationales de démanteler ses services publics de télécommunication et les monopoles nationaux en charge des services d'intérêt général, d'ouvrir ses marchés publics de renoncer à l'« exception culturelle[b] ». La mondialisation, qui est en marche, est en fait synonyme d'américanisation du monde.

b) La francophonie [1] manquerait gravement à sa vocation si elle se limitait à un simple combat linguistique contre l'**hégémonie** de l'anglo-américain [2], qui est l'idiome du néolibéralisme [3] triomphant : elle doit être une force de mobilisation pour la diversité des cultures et des langues, aussi précieuse et aussi menacée que la diversité des écosystèmes [c], pour le droit des autres peuples à parler, écrire, créer, découvrir, « télécommuniquer [d] » dans leur propre langue pour d'autres modes de vie et de pensée, une conception élevée de l'État [4] et le service public « à la française », et enfin une pratique généreuse des relations avec le Sud [5], fondée sur le respect de la souveraineté des peuples et la recherche de coopérations avantageuses aux deux parties.

c) Partout, c'est l'État, cette forme supérieure d'organisation des rapports sociaux qui a pour fonction de donner aux hommes la maitrise [6] collective de leur destin, qui est remis en cause : les souverainetés se morcèlent à l'infini sous des prétextes ethniques ou religieux ; des pays entiers au Sud [5], les banlieues déshéritées des métropoles du Nord [5] basculent et se transforment en zones de non-droit [7] et de sauvagerie, livrées aux grands et petits seigneurs de guerre, aux mafias [8] et aux **trafiquants** de stupéfiants. La « main invisible [e] » tant vantée produit inexorablement le désordre et l'anarchie ; les riches et les puissants se retranchent dans les villas de leurs quartiers **résidentiels** et derrière les frontières de leurs États-gendarmes, protégés contre l'**irruption** des miséreux par des policiers, des chiens et des **clôtures** électrifiées.

Les pages de nos quotidiens, les images des actualités télévisées nous apportent tous les jours les signes d'une réalité qui devrait crever les yeux : tout recul de la solidarité, de la « sécurité sociale » au sens large se paie [9] d'un recul de la sécurité tout court, celle des personnes et des biens ; l'affaiblissement de l'État et des services publics rend les riches plus riches, les puissants plus puissants, l'humanité moins humaine, et nous ramène à la guerre de tous contre tous.

J-F. G., dans *Diagnostic* (Bruxelles), juin 1996.

VOCABULAIRE

a) **Planétaire** : concernant toute la terre.

b) **Exception culturelle** : principe selon lequel ce qui concerne la culture (notamment, le cinéma, la télévision) ne devrait pas être soumis à la libre concurrence internationale.

c) **Écosystème** : milieu particulier, par exemple la forêt, avec tout ce qui y vit.

d) **Télécommuniquer** (mis entre guillemets comme néologisme) : communiquer à distance. *Télécommunication* est plus connu, surtout au pluriel.

e) **La main invisible** : la libre concurrence internationale, la loi du marché, que ses partisans considèrent comme synonyme de progrès et de prospérité.

ORTHOGRAPHE ET GRAMMAIRE

1. **Francophonie** : on acceptera la majuscule.
2. **Anglo-américain** : sans majuscule, car il s'agit de la langue.
3. **Néolibéralisme** (prononcer *-isme* et non *-izme*) : on acceptera aussi *néo-libéralisme*, mais la tendance actuelle, encouragée par les *Rectifications* (voir Appendice, § 15,c), est pour la soudure dans ce genre de mots.
4. **État** : prend une majuscule quand il désigne un pays particulier, son organisation, etc.
5. **Sud, Nord** : avec majuscule, car ces mots désignent ici une région, l'hémisphère sud ou nord, et pas une simple direction.
6. **Maitrise** : la forme traditionnelle est *maîtrise* ; la revue *Diagnostic* applique les *Rectifications* (voir Appendice, § 4) depuis 1991. Ce texte montre combien elles sont peu déroutantes.
7. **Non-droit** : absence de droit, de règlement. *Non* précède ici un nom ; il n'est pas adverbe dans ce cas et il est suivi d'un trait d'union.
8. **Mafia** ou *maffia*.
9. **Paie** ou paye, car deux prononciations sont possibles : *pè* ou *pèy* (*N. gramm.*, § 315, *b*, 3°).

II

LITTÉRATURE

31 Les arbres *

Les arbres s'enfoncent dans la terre par leurs racines comme leurs branches s'élèvent vers le ciel. Leurs racines les défendent contre les vents et vont chercher, comme par de petits **tuyaux** souterrains, tous les sucs [a] destinés à la nourriture de leur tige. La tige elle-même se revêt d'une dure écorce qui met le bois tendre à l'abri des injures [b] de l'air. Les branches distribuent en divers canaux la sève que les racines avaient réunie dans le tronc.

FÉNELON.

* Ce texte a servi de base à deux importantes enquêtes sur l'orthographe, en 1873-1877 et en 1986-1987 : voir A. Chervel et D. Manesse, *La dictée. Les Français et l'orthographe.* Paris, I.N.R.P./Calmann-Lévy, 1989.

VOCABULAIRE

a) **Suc** : ici, liquide contenu dans un organisme (végétal ou animal) (sens vieilli). — À distinguer de *sucre*.
b) **Injure** : dommage.

32 L'enfant triste

Pierre avait douze ans, et il avait le cœur gros de chagrin parce qu'on se disputait à la maison. Son père et sa mère se disputaient entre eux et sa grand-mère [1] pleurait souvent à genoux dans sa chambre, et il y avait une tante qui disait des choses terribles au grand-père, et, quand elle les disait, elle était tellement en colère qu'elle tremblait. Si Pierre, qui était doux et bon, laissait couler des larmes en silence à cause de la peine qu'il avait de voir et d'entendre des personnes qu'il aimait devenir ainsi mauvaises les unes pour les autres — un jour, il ne l'oubliera jamais, sa tante avait refusé au grand-père de lui donner un bol de lait —, si Pierre laissait couler des larmes qui rendaient son pain amer, on le grondait et on le **giflait**. Il lui tardait [a] que le déjeuner fût fini [2] pour prendre son sac d'écolier et s'en aller de cette maison, la poitrine et la gorge serrées. Il **s'asseyait** en classe parmi des camarades qui avaient l'air heureux.

Francis JAMMES.

VOCABULAIRE

a) **Il lui tardait que** : *tarder* exprime l'impatience de faire, de voir se produire quelque chose.

ORTHOGRAPHE ET GRAMMAIRE

1. **Grand-mère** : avec trait d'union ; l'apostrophe est d'une orthographe ancienne et non justifiée : *grand* est une ancienne forme du féminin. (*Bon us.*, §106, Hist.)
2. **Que le déjeuner fût fini** : subjonctif après il *me tarde*, verbe exprimant un sentiment. (*Bon us.*, §1072, c.)

33 Voisinage

En ce temps-là [1], deux dames habitaient la même maison que nous, deux dames vêtues, l'une tout [2] de blanc, l'autre tout de noir (...). Ma mère, fort **occupée**, et qui n'aimait pas à voisiner [a], n'allait guère chez elles. Mais j'y allais souvent, moi, surtout à l'heure du goûter [3], parce que la dame en noir me donnait des gâteaux. Donc, je faisais seul mes visites. Il fallait traverser la cour. Ma mère me surveillait de sa fenêtre et frappait sur les vitres quand je m'oubliais [b] trop longtemps à contempler le cocher qui **pansait** ses chevaux [c]. C'était tout un travail de monter l'escalier à rampe de fer, dont les hauts degrés n'avaient point été faits pour mes petites jambes. J'étais bien payé de ma peine dès que j'entrais dans la chambre des dames, car il y avait là mille choses qui me plongeaient dans l'**extase**. Mais rien n'égalait les deux magots [d] de porcelaine qui se tenaient assis sur la cheminée, de chaque côté de la pendule. D'eux-mêmes, ils hochaient la tête et tiraient la langue. J'appris qu'ils venaient de Chine et je me promis d'y aller.

Anatole FRANCE (*Le livre de mon ami*).

VOCABULAIRE

a) **Voisiner** : visiter, fréquenter ses voisins (sens vieilli).
b) **S'oublier** : ne pas penser à l'heure ou à ses obligations.
c) **Panser un cheval** : le soigner, le nettoyer.

d) **Magot** : statuette, trapue et souvent grotesque, originaire de l'Extrême-Orient. Le magot est, proprement, un singe du genre macaque ; par extension, le mot a désigné un homme très laid.

ORTHOGRAPHE ET GRAMMAIRE

1. **En ce temps-là** : ne pas omettre le trait d'union.
2. **Tout de blanc** : l'auteur a fait de tout un adverbe (« entièrement ») ; mais on pourrait avoir aussi un adjectif (*l'une toute de blanc...*).
3. **Goûter** ou *gouter*, selon les *Rectifications* (Appendice, § 4).

34 Un enfant se réveille dans la nuit

    La respiration **sifflante** et pressée de mon père **rythmait** le silence nocturne de la chambre. Le monde de mon enfance fut rassuré, protégé, par ce **souffle d'asthmatique** [1] qui dissipait les **frayeurs** de mes réveils solitaires. Lorsque la lune haute s'**engouffrait** dans l'étroite impasse, l'inquiétude de la nuit s'arrêtait aux barreaux de la fenêtre dont l'ombre tournante **quadrillait** [a] le mur. Je n'aimais pas fixer la chambre engluée [b] de noir, qui **gonflait** les vêtements accrochés aux clous [2], derrière la porte fermée, bouchait la glace de l'armoire et se diluait [c] bleu près de la fenêtre. Je maintenais mes paupières fermées et rapidement m'endormais. Je veux m'en souvenir : ma vie connut des jours d'innocence où il me suffisait de fermer les yeux pour ne pas voir.

Albert MEMMI (La statue de sel, Gallimard, édit.).

VOCABULAIRE

a) **Quadriller** (prononcer *cadriyer*) : diviser en carrés.
b) **Engluer** : couvrir de glu (matière collante dont on se sert pour prendre les oiseaux) ; ici, au figuré.
c) **Se diluer** : s'affaiblir, s'atténuer (ici, le noir passant au bleu).

ORTHOGRAPHE ET GRAMMAIRE

1. **Asthmatique** : prononcer *asmatik*.
2. **Aux clous** : on acceptera *au clou*.

35 Les feuilles mortes

    Les **coteaux** ont **dépouillé** la rousse **fourrure** de l'automne, et les dernières feuilles rouges, fanées, détachées depuis longtemps de la branche, courent dans les chemins creux avec un froissement de papier sec, ou montent en tourbillons, comme des papillons morts, pour aller retomber un peu plus loin, roulées, tourmentées par le souffle âpre [a] de la bise [b] qui s'en fait un jouet. Une seule reste encore au bout d'un rameau, **affolée, palpitante**, ne tenant plus que par la nervure [c] de sa tige, déjà grillée et cuite par les premières gelées blanches. Elle danse éperdument, battue par des vents contraires. Une **rafale** plus forte que les autres l'enlève, et la voilà qui s'envole pour rejoindre ses sœurs et **pourrir** au pied de l'arbre dont elle était le frais honneur et l'ornement.

Théophile GAUTIER.

VOCABULAIRE

a) **Âpre** : qui a une rudesse désagréable.
b) **Bise** : vent sec et froid, du nord ou du nord-est. Ne pas confondre avec *brise,* vent peu violent, frais et doux.
c) **Nervure** (de *nerf*) ; ligne saillante sur une surface.

36 Coucher du soleil au désert

Le vélum [1] de sombres nuages, qui nous avait couverts pendant la journée, s'est légèrement soulevé, détaché de l'**horizon,** du côté **occidental,** et le soleil couchant, énorme et rouge, est descendu dans cette étroite ouverture, tout bas, tout au ras des étendues **terrestres...**

Maintenant, le soleil est à demi [2] plongé derrière le désert ; on ne voit que la moitié de son disque de feu rouge, comme en mer les soirs de calme, mais ses rayons ont assez de force encore pour **dessiner** nos ombres, qui sont de longues **raies parallèles,** des raies infinies sur la plaine. Et une grande chamelle blanche, seule debout parmi notre caravane couchée, les contours sertis [a] d'une ligne d'or, fait sa bête [b] géante, en **silhouette** contre la lumière qui va s'éteindre. Elle pousse un long cri mélancolique vers ce soleil qui **s'abîme** [c] là-bas, dans sa pleine splendeur ; en elle peut-être s'ébauche quelque **rudimentaire** [d] tristesse, quelque contemplation qui ne se définit pas.

Puis la nuit vient. On ne distingue plus que le vaste cercle noir de l'étendue, au milieu duquel nos feux de veille s'allument en flambées soudaines, avec un **crépitement** d'incendie.

Pierre LOTI (*Le désert*).

VOCABULAIRE

a) **Sertir** : en joaillerie, encastrer une pierre dans une monture ; en broderie, poser un fil, dit *de sertissage,* autour d'un motif déjà brodé.
b) **Faire sa** (ou *la*) **bête** : *faire* au sens de « remplir le rôle de ».
c) **S'abîmer** : se plonger (dans quelque chose de profond). On peut écrire *abimer,* selon les *Rectifications* (voir l'Appendice, § 4).

d) **Rudimentaire** : qui est à l'état de rudiment, qui n'a atteint qu'un développement très limité.

ORTHOGRAPHE ET GRAMMAIRE

1. **Vélum** : mot latin signifiant « voile » ; grande pièce d'étoffe servant à tamiser la lumière ou à couvrir un espace sans toiture. On écrit aussi *velum*, sans accent. On prononce *vélom'*, avec *o* ouvert.
2. **À demi** : locution adverbiale, invariable et sans trait d'union. (*N. gramm.*, § 201, *a.*)

37 La rentrée

Lorsque nous rentrions des grandes vacances, tout le pays déjà sentait l'automne. Je ne sais quelle nonchalante mélancolie m'envahissait. Aucun regret pourtant ; à mesure que le train nous ramenait chez nous, mon plaisir augmentait. J'étais sûr de retrouver le jardin plein d'herbes [1] avec son massif de **chrysanthèmes** [2] et de **dahlias** [3], son bosquet de lilas, ses **sureaux**[4], son **tilleul.** J'y allais aussitôt faire un tour afin de m'imprégner de son morne abandon. C'était une sensation si puissante que j'en dormais à peine la première nuit. Il me semblait entendre chaque arbre s'**effeuiller** dans un **chuchotement** et, si la pluie tombait, j'éprouvais une immense douceur à l'écouter frapper les persiennes [a] de la chambre.

Oh ! ce bruit d'eau, ce ruissellement [5] léger, cette note musicale et chantante des gouttes sur la toiture en zinc de l'**appentis** [b] ! Le lendemain, l'air avait une fraîcheur [6] délicieuse et la vie reprenait, plus intime, plus savoureuse encore. Nous allions acheter chez le libraire des cahiers, du papier buvard en attendant de faire **emplette** des livres de cours prescrits par le nouveau **professeur.** Nous nous demandions, perplexes, s'il serait plus indulgent que celui de l'année précédente. Les tintements de la cloche du collège étaient clairs, presque joyeux, et, pour peu qu'un des camarades entre lesquels nous prenions place fût[7] **sympathique**, la rentrée des classes s'opérait sans ennui.

Francis CARCO.

VOCABULAIRE

a) **Persienne** : châssis extérieur et mobile, muni d'un panneau à claire-voie, qui sert à protéger une fenêtre du soleil et de la pluie.

b) **Appentis** : petit bâtiment adossé à un grand et servant de remise.

ORTHOGRAPHE ET GRAMMAIRE

1. **Herbes** : on acceptera *herbe* au singulier.
2. **Chrysanthème** : du grec *khrysos*, or, et *anthemon*, fleur. Le mot est masculin.

3. **Dahlia** : du nom du botaniste suédois Dahl.
4. **Sureau** : sans accent circonflexe.
5. **Ruissellement** ou *ruissèlement*, selon les *Rectifications* (notre Appendice, § 3).
6. **Fraîcheur** ou *fraicheur*, selon les *Rectifications* (voir l'Appendice, § 4).
7. **Fût** : subjonctif dans la subordonnée de condition introduite par *pour peu que*. (*N. gramm.*, § 443, *a*.)

38 Passage des saisons

Depuis la fin de juin, les jours cessent de **croître** [1], et même **raccourcissent** déjà. Mais ce commencement de vieillesse de l'année attire à peine l'attention, comme celui de la vie humaine, et ne crée pas la tristesse. L'élan des beaux jours est pris. Tous ceux qui viennent en troupe serrée ont pour devoir d'être pleins et magnifiques. On ne les chicane pas sur la frange de crépuscule qu'ils traînent [2] après eux. Ce qu'il leur arrive de perdre en durée, ils le **rattraperont** en maturité et en force. De même quand les fruits ont fini de grossir, leur vie reste réjouissante, car la nature continue à travailler sur leur substance, à la parfaire et à l'enrichir.

Ce n'est que plus tard que le déclin de l'année s'annoncera, par quelques signes rapides et pénétrants. Soudain, dans les premières heures brumeuses d'une matinée, dans la manière **frissonnante** dont une journée de pluie se termine, l'on se découvre face à face avec l'automne, et, le cœur mi-navré [a], mi-attendri [3], l'on voit se creuser devant soi, comme un entonnoir où tournoient [4] des vents et des nuées sombres, le **raccourci** de l'année qui va droit sur Noël.

Jules ROMAINS (*Les hommes de bonne volonté*, Flammarion, édit.).

VOCABULAIRE

a) **Navré** : profondément attristé.

ORTHOGRAPHE ET GRAMMAIRE

1. **Croître** : selon les principes des *Rectifications*, on devrait écrire *croitre* (cf. notre Appendice, § 4 et note).
2. **Traînent** ou *trainent*, selon les *Rectifications* (cf. Appendice, § 4).
3. **Mi-navré, mi-attendri** : *demi*, *semi* et *mi*, devant un adjectif, sont invariables et suivis d'un trait d'union. (*N. gramm.*, § 201, *a*.)
4. **Tournoient** : verbe en *-oyer*, changeant y en i devant un *e* muet, c'est-à-dire quand on n'a pas le son appelé yod. (*N. gramm.*, § 315, *b*, 3°.)

39 Les fleurs de magnolia

Quand l'été était chaud, on voyait ces fleurs se former et s'épanouir en une journée. Elles **apparaissaient** le matin, pareilles d'abord à des œufs éclatants de blancheur et posés sur la branche dans un équilibre parfait, puis, vers midi, le haut de la coque semblait s'ébrécher [a] et, quand le soleil avait lui **constamment**, la fleur, vers le soir, avait tout à fait [1] changé de forme ; c'était un calice qui s'entrouvrait [2] au crépuscule pour **recueillir** les douceurs de la nuit.

Le lendemain était la gloire de cette fleur ; ses pétales [3] étaient **desserrés**, mais n'avaient pas encore perdu le pli harmonieux du bouton, et elle semblait sculptée dans un marbre d'une légèreté **inouïe**. Pourtant, à la fin de cette même journée, elle commençait à défaillir, et les pétales, rigides tout à l'heure, s'épanouissaient en désordre. Alors une senteur suave se répandait tout autour de l'arbre, comme s'il y eût eu [4] non loin de là un bassin d'eau parfumée.

Le matin du troisième jour, la fleur était plus penchée encore et elle apparaissait légèrement brunie sur les bords. Puis, rapidement, elle devenait comme roussie au feu, et, quatre jours après sa naissance, elle n'était plus qu'une petite boule **recroquevillée** [b] qui ne se distinguait pas d'une feuille prématurément morte. Mais, à côté, d'autres œufs posés sur les branches par le même prodige commençaient à **éclore**.

Jacques de LACRETELLE (Sabine. Gallimard, édit.).

VOCABULAIRE

a) **Ébrécher** : endommager un objet en faisant, sur le bord, une *brèche*, petite entaille d'où s'est détaché un éclat.
b) **Recroquevillé** : replié et racorni.

ORTHOGRAPHE ET GRAMMAIRE

1. **Tout à fait** : sans trait d'union, comme *tout à coup, tout à l'heure*.
2. **S'entrouvrait** : l'Académie soude les éléments composant ce verbe.
3. **Pétale** : nom masculin.
4. **Comme s'il y eût eu** : *comme si* peut être suivi du subjonctif plus-que-parfait (plutôt littéraire). Cf. *Bon us.*, § 1097, *b*, Rem. 4.

40 Le chanteur ambulant

Un dimanche d'hiver, les habitants de la cité mercantile [a] s'étaient calfeutrés [b] dans leurs demeures. Il dégelait. Une bruine [c] intense filtrait d'un ciel en grisaille, froide, menue, **enveloppant** la ville comme d'une fumée. La chair heureuse, l'esprit tranquille [1], sans **préoccupations** ni rêves, les bourgeois glissaient à une somnolence [d] animale, lorsqu'une [2] voix élimée [e], **chevrotante** [f], se mit à chanter dans la rue aux pavés luisants. Les gens furent stupéfaits : on faisait de la musique ! Pendant un long moment, ils restèrent figés sur leurs chaises, ahuris [g], la bouche ouverte, les yeux **écarquillés** [h]. Puis, soudain, ils se précipitent dans la rue et se trouvent face à face avec un aveugle qui s'apprêtait à recommencer sa romance, sans hâte, comme on exécute une besogne ennuyeuse. Son habit pelé semblait couvrir son corps depuis un temps indéfini ; sa casquette, enfoncée jusqu'aux oreilles, laissait passer deux ou trois mèches de cheveux qui se collaient à la peau plissée du cou ; ses paupières dessillées [i] et **sanguinolentes** [3] faisaient une bordure rouge à ses yeux morts. Un bâton de chêne pendait à son bras par une lanière de cuir et il s'était attaché en sautoir [j] la laisse de son chien, un **griffon famélique** dont les poils **agglutinés** formaient des stalactites [4] crasseuses, qui s'entrechoquaient à chacun de ses mouvements.

Hubert KRAINS.

VOCABULAIRE

a) **Mercantile** : qui a la passion âpre du gain.

b) **Se calfeutrer** : se tenir étroitement enfermé.

c) **Bruine** : petite pluie fine et souvent froide, qui résulte de la condensation du brouillard.

d) **Somnolence** : demi-sommeil, assoupissement peu profond, mais insurmontable.

e) **Élimé** : usé par le frottement, à force d'avoir servi ; se dit d'ordinaire d'une étoffe, d'un vêtement.

f) **Chevrotant** : qui *chevrote*, parle ou chante d'une voix tremblotante (*chevroter* au sens premier = bêler, en parlant de la *chèvre*).

g) **Ahuri** : fortement surpris au point de sembler stupide.

h) **Écarquillé** : ouvert démesurément, d'ordinaire en parlant des yeux.

i) **Dessiller** : ou *déciller*, selon l'Académie 1992 (cf. notre Appendice, § 14) : dérivé de *cil* ; au sens premier, séparer les paupières d'un oiseau de proie, qu'on avait cousues lors du dressage ; le sens actuel est « ouvrir », ordinairement au figuré (*dessiller les yeux de quelqu'un*, lui révéler, lui faire découvrir quelque chose). L'auteur semble ici conserver quelque chose du sens premier concret.

j) **En sautoir** : proprement, autour du cou, en long collier sur la poitrine ; mais on rencontre souvent cette expression avec le sens de « en bandoulière ».

ORTHOGRAPHE ET GRAMMAIRE

1. **Tranquille** : prononcer *trankil*.

2. **Lorsqu'une** : dans *lorsque*, on peut toujours marquer l'élision dans l'écriture. Devant *un*, cela est admis par tous les grammairiens. (*N. gramm.*, § 24, *b*, 1° ; *Bon us.*, § 45, *b*, 4°.)

3. **Sanguinolent** : le groupe *gu* se prononce sans faire entendre le *u*.
4. **Stalactite** : est féminin (concrétion pendant à la voûte d'une grotte), de même que *stalagmite* (concrétion s'élevant en colonne sur le sol).

41 Ce coin de terre t'appartient...

Toi qui crois [1] connaître [2] ton pays pour l'avoir cent fois traversé, la main au volant d'une rapide voiture, toi qui n'emploies [1] plus les mots de promenade, de flânerie, arrête-toi et gravis avec moi ce **coteau**. Ce coin de terre t'appartient, quoi que tu en préjuges [a]. À toi le dessin de ce tertre [b], ses formes un peu molles dont la vue mène l'esprit à d'**harmonieux concepts** [c] ; emplis-en ton regard, tu te sentiras meilleur et la vie t'**apparaîtra** [2] facile à vivre dans sa simplicité. À toi ces jeux spectaculaires de la nature que tu vas admirer sur l'écran rigide du cinéma, et qu'on t'offre ici dans la beauté du vrai. À toi — ploie les genoux, courbe la tête — à toi les fourmis et le singulier exemple qu'elles donnent d'une société austère d'où les loisirs sont bannis.

Toi qui bâilles [3] ta vie, qui t'ennuies à longueur de journée quand les vacances t'amènent aux champs, cite-moi un spectacle citadin qui vaille les activités d'un jeune couple de pies montant leur ménage entre les branches **faîtières** [2] d'un pin : elles se pourvoient de bois épineux, elles **enchevêtrent** des rameaux secs, dont les doigts les plus habiles ne feraient rien qui se tînt [4].

Ô **coteaux** de mon pays ! qui dira ce que chacun de vous offre à ceux qui se croient dépourvus parce que les aveugles arrêts du destin leur ont refusé le **superflu** de l'existence, les ont écartés des **jouissances** du luxe ?

Maurice BEDEL *(Géographie de mille hectares,* Grasset, édit.).

VOCABULAIRE

a) **Préjuger** : porter un jugement prématuré sur quelque chose. Selon l'usage classique, on écrit *préjuger quelque chose ;* c'est la construction que l'on a ici, où *quoi* est complément d'objet direct. Mais *préjuger de quelque chose* est aujourd'hui courant : cf. *Bon us.,* § 280, *b,* 6° ; si l'on avait cette construction, *quoique* devrait s'écrire en un mot, ce qu'on ne considèrera donc pas comme une faute.

b) **Tertre** : petite éminence isolée à sommet aplati.

c) **Concept** : idée, objet conçu par l'esprit.

ORTHOGRAPHE ET GRAMMAIRE

1. **Crois, emploies** : attention aux finales de la 2e personne du singulier, comme l'antécédent de *qui.* De même plus loin : *bâilles, ennuies.*

2. **Connaître, apparaîtra, faîtier** (dérivé de *faîte*, sommet) ou *connaitre, apparaitra, faitier* (et *faite*), selon les *Rectifications* : cf. notre Appendice, § 4.
3. **Bâiller sa vie** : vivre dans l'ennui. Attention à l'accent circonflexe sur le *a* (anc. franç. *baailler*).
4. **Qui se fînt** : subjonctif dans une relative après un verbe négatif. (*N. gramm.*, § 419, *b*, 1°.)

42 Le guêpier et la ruche

a) Les enfants ont découvert un **guêpier** [a] dans l'un des tilleuls qui verdoient [1] près de la maison. Le jardinier, pour défendre notre clan [b] contre l'offensive des bestioles, a dit qu'il détruirait le guêpier à la nuit tombante. Il est venu, porteur d'une **mèche soufrée** [c] qu'il a placée à l'entrée de la citadelle. Le nid s'est pris à flamber et nous regardions tomber les rayons [d], l'un après l'autre, sur le gazon de la pelouse. J'en ai **recueilli** quelques-uns dans une assiette que j'ai posée sur ma table. Ils semblent faits d'un carton léger. Les alvéoles [e] sont disposés comme ceux des abeilles. On **aperçoit** encore, ici et là, des larves ou même des guêpes surprises par le gaz mortel. Comment, devant cette ruine encore tiède, comment ne pas songer à l'immense et ancienne civilisation des **hyménoptères** [f] ? Comment ne pas **imaginer** aussi ce que pourraient devenir nos civilisations humaines ?

b) Qu'à l'origine de la ruche il y ait [2] une ou plusieurs mutations [g], c'est-à-dire une ou plusieurs modifications anatomiques et **physiologiques** [h] tout de suite héréditaires, c'est fort probable ; mais que ces incitations aient eu pour résultat d'enlever précisément à la majeure partie des individus composant la collectivité la faculté de se reproduire, que les êtres ainsi asexués gardent pourtant le goût [3] de la vie, et même l'ardeur au travail, qu'ils se montrent capables de soigner avec diligence et d'élever les larves puis les insectes encore imparfaits, voilà qui doit déconcerter tout autant les partisans du **hasard** et ceux de l'anti-hasard.

Georges DUHAMEL (*Manuel du protestataire*, Mercure de France, édit.).

VOCABULAIRE

a) **Guêpier** : nid de guêpes. S'emploie souvent au figuré pour désigner une situation difficile dans une affaire ou parmi des gens qui cherchent à nuire.

b) **Clan** : groupe social dont les membres sont unis par des liens rappelant ceux de la famille.

c) **Soufré** : enduit ou imprégné de soufre.

d) **Rayon** : gâteau de cire formé par les abeilles, les guêpes, et compartimenté en alvéoles contenant le miel ou le couvain.

e) **Alvéole** : chacune des petites cellules de cire des rayons faits par les abeilles ou les guêpes. — Pour les dictionnaires en général, *alvéole* est un masculin. Mais il est, en fait, d'un genre indécis : Robert donne les deux genres, en présentant le masculin comme vieilli. On ne considèrera donc pas le féminin comme fautif.

f) **Hyménoptères** : ordre d'insectes dont les quatre ailes sont fines et membraneuses (abeilles, guêpes, fourmis, bourdons...). Le mot est formé des mots grecs *hymen,* membrane, et *pteron,* aile.

g) **Mutation** : en biologie, changement brusque d'un caractère héréditaire dans une espèce ou une lignée.

h) **Physiologique** : relatif à la *physiologie* (lat. *physiologia,* du grec *physis,* nature, et *logos,* discours), partie de la biologie qui traite des fonctions des organes chez les êtres vivants dans l'état normal.

ORTHOGRAPHE ET GRAMMAIRE

1. **Verdoient** : les verbes en *-oyer* changent l'*y* en *i* devant un *e* muet, c'est-à-dire quand on ne prononce plus de yod *(N. gramm.,* § 315, *b,* 3°.)
2. **Qu'il y ait** : la désinence normale de la 3e pers. du sing. du subjonctif présent est *-e ;* avoir et *être* font exception et se terminent par *t : qu'il ait, qu'il soit.* La proposition conjonctive sujet est souvent au subjonctif : *N. gramm.,* § 424, *c.*
3. **Goût**, ou *gout,* selon les *Rectifications* (notre Appendice, § 4).

43 En plein ciel

J'avoue sans fausse honte le plaisir que je prends aux prodiges de notre temps, et je rends grâce [1] au ciel [2] de m'avoir laissé une fraîcheur [3] d'âme qui ne me permet pas d'en être blasé. Monter en **Caravelle** [a] à Rome vers la fin de l'après-midi, une demi-heure après **envelopper** d'un coup d'œil la Corse comme une lourde corbeille assombrie sur la **frissonnante** nappe bleue de la plus belle mer du monde, puis reconnaître [3] Nice, voir monter à l'horizon le mur farouche des Alpes, le franchir à l'heure rouge où les rayons rasants [4] du couchant font flamber les rochers et les glaciers, puis redescendre par la Bourgogne invisible sur l'**Île-de-France** [b] étoilée de feux, et se retrouver brusquement dans la nuit illuminée de Paris, cette **prouesse** [c] aujourd'hui banale, je ne laisse pas de la sentir comme plaisante et merveilleuse, et songeant aux millions de morts qui sont poussière au-dessous de moi, mêlés à la terre qu'ils n'ont su que piétiner, je me réjouis d'être en plein ciel un demi-dieu vivant.

Pierre-Henri SIMON (Ce que je crois, Grasset, édit.).

VOCABULAIRE

a) **Caravelle** : type d'avion commercial à réaction, moyen courrier, créé en France en 1955.

b) **Île-de-France** (ou *Ile-de-France* : cf. Appendice, § 4) : région de la France limitée au sud par la Seine, à l'ouest par l'Oise, au nord par l'Aisne et à l'est par la Marne.

c) **Prouesse** (dérivé de *preux*) : acte de courage, d'héroïsme ; ici, par extension, exploit, action remarquable.

ORTHOGRAPHE ET GRAMMAIRE

1. **Rendre grâce** ou *grâces* : l'Académie admet le singulier et le pluriel.
2. **Ciel** : pour *ciel* désignant la Divinité, on met (l'usage est indécis) la majuscule ou la minuscule. (*Bon us.*, § 98, b.)
3. **Fraîcheur, reconnaître** ou *fraicheur, reconnaitre*, selon les *Rectifications* (notre Appencide, § 4).
4. **Rasants** : adjectif verbal, variable (on marque *l'état*) ; cf. *N. gramm.*, §§ 352-353.

44 Le pouvoir des mots

a) L'homme qui pense avec les mains, ouvrier, jongleur [a], gymnaste [b], déplace des objets pesants et résistants : des briques, des balles ou sa propre personne. L'homme qui pense avec les mots ne déplace plus que des sons ou des signes. Cela rend l'action singulièrement facile. Vous êtes le matin à l'hôtel ; vous sonnez et prononcez le mot : « Thé ». Quelques minutes plus tard viennent se placer devant vous, comme par miracle, une tasse, une soucoupe, une **cuiller** [1], du pain, du lait, de la confiture, un pot de thé, de l'eau chaude.

b) Imaginez la complexité des actions réelles qui ont été nécessaires pour que ces choses vous soient [2] ainsi données. Évoquez des Chinois cultivant ce thé, choisissant ces feuilles, le bateau anglais [3] qui les a transportées, le capitaine et son équipage pendant ce typhon [c] auquel ils durent tenir tête, ce vacher du **Périgord** [d] qui mena les bêtes au pré, les ramasseurs de lait, le mécanicien [e] du train, le boulanger qui pétrit ce pain, les filles espagnoles [3] ou provençales [3] qui **cueillirent** les oranges dont fut faite cette marmelade... Une syllabe a mis à votre service tous ces êtres.

André MAUROIS (Un art de vivre, Plon, édit.).

VOCABULAIRE

a) **Jongleur** : personne qui amuse les spectateurs en jouant avec des boules ou d'autres objets qu'il lance en l'air et attrape adroitement.

b) **Gymnaste** (racine : grec *gymnos*, nu) : personne pratiquant la gymnastique, particulièrement en compétition ou en spectacle.

c) **Typhon** : cyclone dans les mers de Chine et dans l'océan Indien.

d) **Périgord** : région de l'ouest de la France.

e) Suivant l'usage de France, celui qui dirige une locomotive s'appelle *mécanicien*. En Belgique, on l'appelle couramment *machiniste*.

ORTHOGRAPHE ET GRAMMAIRE

1. **Cuiller** : on écrit aussi *cuillère*, mais il y a une seule prononciation.
2. Après un passé dans la principale, on a ici un *présent* du subjonctif, parce que le fait d'« être donné » se situe dans le moment même où l'on s'exprime. (*Bon us.*, § 869, c, 1° ; *N. gramm.*, § 346, Rem. 2.)
3. Le mot ne prend pas la majuscule, parce qu'il est adjectif.

45 Paysage de Lorraine

a) En flânant, en rêvant, on gagne le Signal, le mamelon herbu qui marque le plus haut point de la **colline** [a].

Ici l'immense horizon imprévu, la griserie de l'air, le désir de retenir tant d'images si pures et si pacifiantes obligent à faire halte. C'est une des plus belles stations de ce **pèlerinage.** On passerait des heures à entendre le vent sur la friche [b], les appels lointains d'un laboureur à son **attelage,** un chant de coq, l'immense silence, puis une reprise du vent éternel. On regarde la plaine, ses mouvements puissants et paisibles, les ombres de **velours** que mettent les collines sur les terres labourées, le riche tapis des cultures aux couleurs variées.

b) Aussi loin que se porte le regard, il ne voit que des ondulations : plans successifs qui ferment l'horizon ; routes qui **courent** [1] et se croisent en suivant avec **mollesse** les **vallonnements** du terrain ; champs incurvés [c] ou bombés comme les **raies** qu'y **dessinent** les **charrues** [2]. Et cette multitude de courbes, les plus aisées et les plus variées, ce motif [d] indéfiniment repris qui meurt et qui renaît [2] sans cesse, n'est-ce pas l'un des secrets de l'agrément, de la légèreté et de la paix du paysage ? Cette souplesse et le ton [e] salubre d'une **atmosphère** perpétuellement agitée, analogue à celle que l'on peut respirer dans la haute **mâture** d'un navire, donnent une divine **excitation** à notre esprit, nous dégagent, nous épurent, nous disposent aux navigations de l'âme.

Maurice BARRÈS (La colline inspirée, Plon, édit.).

VOCABULAIRE

a) La colline de Sion-Vaudémont, en Lorraine.
b) **Friche** : terre laissée un certain temps sans culture.
c) **Incurvé** : courbé du dehors au dedans. S'oppose ici à *bombé*.
d) **Motif** : dans une œuvre d'art, sujet à développer. Ici, la nature ayant pris pour sujet la ligne courbe, traite ce sujet de mille façons.
e) **Ton** : caractère stimulant. On dit couramment : « un air tonique ».

ORTHOGRAPHE ET GRAMMAIRE

1. **Courir** et les verbes de sa famille n'ont deux *r* de suite qu'au futur simple et au conditionnel présent. Remarquez l'ancien infinitif *courre* (encore employé dans *chasse à courre*), du lat. *currere*.
2. **Renaît** ou *renait*, selon les *Rectifications* (notre Appendice, § 4).

46 Portrait de l'avare Grandet

a) Au **physique** [1], Grandet était un homme de cinq pieds [a], **trapu**, carré, ayant des **mollets** de douze pouces de circonférence, des **rotules** [b] noueuses et de larges épaules ; son visage était rond, tanné, marqué de petite vérole [c] ; son menton était droit, ses lèvres avaient l'expression calme et dévoratrice [d] que le peuple accorde au **basilic** [e] ; son front, plein de lignes transversales, ne manquait pas de **protubérances** [f] significatives ; ses cheveux, jaunâtres et **grisonnants**, étaient blanc et or [2], disaient quelques jeunes gens qui ne connaissaient pas la gravité d'une plaisanterie faite sur Monsieur Grandet. Son nez, gros par le bout, supportait une **loupe** [g] veinée que le vulgaire disait, non sans raison, pleine de malice.

b) Cette figure annonçait une finesse dangereuse, une probité sans chaleur, l'égoïsme d'un homme habitué à concentrer ses sentiments dans la jouissance de l'avarice et sur le seul être qui lui fût [3] réellement quelque chose, sa fille Eugénie, sa seule héritière. Attitude, manières, démarche, tout en lui, d'ailleurs, attestait cette croyance en soi que donne l'habitude d'avoir toujours réussi dans ses entreprises. Aussi, quoique de mœurs [4] faciles et molles en apparence, Monsieur Grandet avait-il un caractère de bronze.

Honoré de BALZAC (*Eugénie Grandet*).

VOCABULAIRE

a) **Pied** : ancienne mesure de longueur équivalente à 32,4 cm. Le pied contenait 12 pouces : le *pouce* équivalait donc à 2,7 cm.
b) **Rotule** : petit os à angles arrondis qui forme la partie avant du genou.
c) **Petite vérole** : nom vulgaire de la variole, maladie infectieuse, caractérisée par une éruption de boutons pustuleux, qui laissent ordinairement de petits creux dans la peau après la guérison.
d) **Dévorateur** : mot peu usité ; on dit ordinairement : *dévorant*.
e) **Basilic** : sorte de lézard auquel on attribuait anciennement la faculté de tuer par son seul regard.
f) **Protubérance** : saillie en forme de bosse à la surface d'un corps. Selon la *phrénologie*, les protubérances du crâne sont les indices des diverses facultés ou dispositions de l'esprit humain.

g) **Loupe** : excroissance sous la peau, tumeur indolore, le plus souvent enkystée (c.-à-d. enfermée dans une sorte de poche).

ORTHOGRAPHE ET GRAMMAIRE

1. **Physique** : emprunté du lat. *physicus* (du grec *physis*, nature).
2. **Blanc et or** : lorsque, pour désigner la couleur, on emploie un adjectif complété de quelque façon que ce soit, l'ensemble de l'expression reste invariable ; ses cheveux étaient *blanc et or* = d'une couleur où *le blanc* et *l'or* se mêlaient. (*Bon us.*, § 541, *a*, et *N. gramm.*, § 197, *a*.)
3. Subjonctif dans une proposition relative dont l'antécédent est accompagné de *le seul*. (*Bon us.*, § 1063, *b*, 1° ; *N. gramm.*, § 419, *b*, 2°.)
4. **Mœurs** : la prononciation *meur* semble plutôt vieillie ; dans l'usage ordinaire, on fait entendre l'*s*, quoique ce soit l'*s* du pluriel.

47 Tante Martine

Avant de la connaître [1], il m'arrivait souvent de me demander qui était et comment elle était cette Tante Martine... J'en étais réduit à **l'imaginer...**

À mon sens ce devait être une petite femme, frêle, vive, malicieuse. Elle avait forcément des cheveux gris, des cheveux bien lissés et tirés en arrière qu'elle coiffait d'un bonnet de piqué [a]. La bouche, je la voulais mince, le nez **effilé**, les yeux gris, des yeux aigus, rapides et nets.

Tout cela, je le voyais bien, mais je n'entendais pas la voix. Il ne me manquait que la voix dans ce personnage inventé. Car telle que je l'avais faite elle convenait à mon goût [1]. Mais j'aurais voulu l'entendre parler... Cette présence imaginaire je ne sais pourquoi gardait le silence, et cela me peinait beaucoup.

Pourtant j'étais persuadé qu'elle aurait eu un grand plaisir si je lui avais tenu compagnie. J'avais tellement de choses à lui demander ! Et elle savait tant de choses ! de ces choses que les vieilles gens [2] aiment à confier longuement aux enfants quand les enfants ont de bonnes oreilles. Et l'on voit vite s'ils en ont... Sur ce point, pendant les dix ans que nous avons vécu [3], tous les quatre, en famille, j'eus mille preuves que Tante Martine devinait instantanément à quelles oreilles elle avait à faire [4].

Henri BOSCO (*Tante Martine*, Gallimard, édit.).

VOCABULAIRE

a) **Piqué** : étoffe épaisse, de coton, de soie, de nylon, etc., dont le tissage forme des côtes ou des dessins géométriques, et donne l'illusion de deux tissus piqués l'un sur l'autre.

ORTHOGRAPHE ET GRAMMAIRE

1. **Connaître, goût** ou *connaitre, gout*, selon les *Rectifications* (voir Appendice, § 4).
2. **Vieilles gens** : précédé immédiatement d'un adjectif ayant une terminaison différente pour chaque genre, *gens* veut au féminin cet adjectif. (*N. gramm.*, § 162, b.)
3. **Vécu** : le pronom *que* qui précède est non pas complément d'objet direct, mais complément adverbial ; il n'influe pas sur l'accord du participe.
4. **Avoir à faire**, *avoir affaire* : les deux façons d'écrire sont bonnes, mais la seconde est la plus fréquente. (*Bon us.*, § 283, *e*, Rem.)

48 La cathédrale de Malines

a) La **cathédrale** de Malines est **badigeonnée** de blanc à l'intérieur et encombrée des fantaisies étranges de l'art au dix-huitième [1] siècle. En revanche, l'extérieur est prodigieux. Sa tour **terrifie**. J'y suis monté. Trois cent soixante-dix-sept [2] pieds [a] de haut, cinq cent cinquante-quatre marches. Presque le double des tours de Notre-Dame. Cette œuvre monstrueuse est **inachevée.** Elle devait être surmontée d'une flèche de deux cent soixante pieds de haut, ce qui lui **eût** fait passer de plus de cent pieds la grande **pyramide** de Gizeh [b]. Les Hollandais [3] en ont été jaloux : une tradition du pays dit que ce sont eux qui ont emporté en Hollande les pierres destinées à parfaire la grande tour.

À chaque face de cette tour, il y a un cadran de fer doré de quarante-deux pieds de diamètre. Tout cet énorme édifice est habité par une horloge ; les poids montent, les roues tournent, les pendules [c] vont et viennent, le carillon chante, c'est de la vie, c'est une âme.

b) Le chant du carillon se compose de trente-huit cloches, toutes frappées de plusieurs marteaux, et des six gros bourdons [d] de la tour qui font les basses. Ces six bourdons sont d'accord, **excepté** le maître [4] bourdon, qui est maintenant fêlé, et qui pèse dix-huit mille huit cents livres [e]. La plus petite de ces six cloches pèse trois mille quatre cents [f]. Le **cylindre** de cuivre du carillon pèse cinq mille quatre cent quarante-deux livres. Il est percé de seize mille huit cents trous d'où sortent les becs de fer qui vont mordre d'instant en instant les fibres du carillon.

Victor HUGO (France et Belgique).

VOCABULAIRE

a) **Pied** : ancienne mesure de longueur équivalente à 32,4 cm. En réalité, la tour de la cathédrale de Saint-Rombaut a 97 mètres de haut. Les tours de Notre-Dame de Paris ont une hauteur de 68 mètres.

LITTÉRATURE

b) **Gizeh** : il y a à Gizeh, en Égypte, un groupe de neuf pyramides, dont la plus grande a actuellement une hauteur de 138 mètres.

c) **Pendule** : balancier d'horloge. Faire remarquer le genre : dans ce sens, *un pendule*.

d) **Bourdon** : très grosse cloche à son grave.

e) **Livre** : ancienne unité de poids, qui valait à Paris environ 490 grammes. De nos jours, la livre vaut 500 grammes.

f) Il s'agit de 3 400 livres.

ORTHOGRAPHE ET GRAMMAIRE

1. **Dix-huitième** : pour les siècles, on écrit souvent en chiffres romains ; on acceptera *XVIIIe* et *XVIIIe* (avec la dernière lettre), mais non *XVIIIème*, ni encore moins *XVIIIè*, *XVIII°*, qui sont absurdes, la dernière lettre n'étant ni è ni o (contrairement à *numéro* ou *primo*, qu'on écrit légitimement *n°* et *1°*).

2. En dehors du cas traité dans la note précédente, on demandera que les nombres soient écrits en lettres, ce qui est l'occasion de rappeler que *mille* est invariable, que *cent* multiplié ne prend *s* que quand il termine le déterminant numéral. Quant aux traits d'union, on ne les met, traditionnellement, qu'entre les numéraux inférieurs tous deux à cent ; mais les *Rectifications* conseillent de le mettre dans tous les déterminants numéraux composés : *trois-cent-soixante-dix-sept*, etc. (notre Appendice, § 8).

3. **Hollandais et Hollande** : l'*h* est aspiré ; donc pas de liaison.

4. **Maître** ou *maitre*, selon les *Rectifications* (voir l'Appendice, § 4).

49 Saison des foins, saison des blés

a) La récolte des foins venue, la vie des campagnes n'était plus qu'une fête. C'était le premier grand travail en commun qui fît [1] sortir les attelages au complet et réunît [1] sur un même point un grand nombre de travailleurs.

J'étais là quand on fauchait, là quand on relevait les **fourrages** et je me laissais **emmener** par les **chariots** [2] qui revenaient avec leurs immenses charges. Étendu tout à fait [3] à plat sur le sommet de la charge, comme un enfant couché dans un énorme lit, et balancé par le mouvement doux de la voiture roulant sur des herbes coupées, je regardais de plus haut que d'habitude un horizon qui me semblait n'avoir plus de fin. Je voyais la mer verdoyante des champs ; les oiseaux passaient plus près de moi ; je ne sais quelle **enivrante** [4] sensation d'un air plus large, d'une étendue plus vaste, me faisait perdre un moment la notion de la vie réelle.

b) Presque [5] aussitôt les foins rentrés, c'étaient les blés qui jaunissaient. Même travail alors, même mouvement, dans une saison plus chaude, sous un soleil plus **cru** [a] : des vents violents alternant [6] avec des calmes plats, des midis accablants, des nuits belles comme des aurores, et **l'irritante** électricité des jours orageux. Moins d'ivresse avec plus d'abondance, des monceaux de gerbes tombant sur une terre lasse de produire et **consumée** (b) de soleil : voilà l'été.

Eugène FROMENTIN (*Dominique*).

VOCABULAIRE

a) **Cru** : au sens figuré de « que rien n'atténue » ; la lumière du soleil d'été est vive, elle éclaire violemment les objets.

b) **Consumé** : détruit par le feu. Le soleil ronge en quelque sorte les champs et la nature. Ne pas confondre avec *consommé*.

ORTHOGRAPHE ET GRAMMAIRE

1. **Fît, réunît** : deux imparfaits du subjonctif (notez l'accent circonflexe). On a le subjonctif dans une proposition relative dont l'antécédent est accompagné de *le premier*. (*N. gramm.*, § 419, b, 2°.)
2. **Chariot** : le seul des mots de la famille de *char* qui s'écrit par un seul *r*. Aussi, les *Rectifications* le corrigent-elles en *charriot* (voir Appendice, § 14).
3. **Tout à fait** s'écrit sans traits d'union. De même : *tout à coup, tout à l'heure.*
4. **Enivrante** : s'écrit par un seul *n* (de *en* et *ivre*). Prononcer : *an-nivrante*.
5. **Presque** : l'*e* ne se remplace par l'apostrophe que dans *presqu'île*.
6. **Alternant** : participe présent, donc invariable. Mais dans « des midis *accablants* », on a un adjectif verbal, variable. Cf. *N. gramm*, §§ 352-353.

50 Namur

a) **Certes** [1], la Meuse, en son cours, reçoit d'autres rivières. Mais nulle, comme la Sambre, ne s'unit à elle de cette manière bien **personnelle** et comme **réticente** (a). D'une manière si réticente, en vérité, que, loin encore en plein flot vert, le noirâtre affluent prolonge sa pointe obstinée. On dirait presque d'un [2] mariage forcé.

D'ailleurs, ne suffit-il pas de **parcourir** les quais sordides (b) de la vieille Sambre — rue des Moulins [3], par exemple, ou rue des Brasseurs — pour que jaillisse le contraste ? Sur le versant de Meuse, c'est la nature qui triomphe : jardins et **coteaux**. Les rochers eux-mêmes se vêtent de lierre, ou de mousse. Et, à partir de Profondeville surtout, c'est la plus molle courbe qui dessine le bassin du fleuve.

b) Ici, du côté sambrien, les hommes ont construit, chétivement (c), des **masures** (d) que le temps fit branlantes. Il a fallu, pour **étayer** (e) les façades, fixer, en travers de la rue, des madriers (f) : sinon, elles crouleraient comme capucins de cartes (g). Des lessives douteuses (h) pendent à des ficelles. Les enfants sont pâles ; les chats maigres. Sur la rivière, d'infâmes badigeons montrent des croûtes [4] lépreuses et toute la détresse du propriétaire. Mais telle fenêtre en arcade a de la noblesse. Les commères sont fortes du bec[i]. Et **l'orchestrion** [j] du café chantant moud [k], quand même, « Li bia bouquet [l] ».

Fernand DESONAY (Images et visages de Meuse, Casterman, édit.).

VOCABULAIRE

a) **Réticent** (dérivé régressif de *réticence, de la famille* du latin *tacere, se taire*) : au sens propre, qui montre de l'obstination à se taire. Mais, ainsi qu'on peut le constater ici, *réticent*, comme *réticence*, tend à s'écarter de sa signification étymologique pour prendre celle de *résistant*.

b) **Sordide** : sale, repoussant. (Depuis, la ville a amélioré ce quartier.)

c) **Chétivement** : par la figure de style appelée *hypallage* (*Bon us.*, § 223), l'auteur rapporte au verbe ce qui concerne le nom complément ; ce sont les masures qui sont *chétives*, petites et peu solides.

d) **Masure** : habitation délabrée, misérable.

e) **Étayer** : soutenir à l'aide d'*étais*, pièces de bois placées provisoirement pour soutenir une construction. Synonyme d'*étançonner*.

f) **Madrier** : planche très épaisse.

g) **Capucins de cartes** : cartes que les enfants pliaient longitudinalement pour les faire tenir droites et dont chacune avait une entaille en angle aigu relevée de façon à figurer le capuchon des religieux appelés capucins. Ces « capucins », rangés en une file assez serrée, tombent les uns sur les autres quand on fait tomber le premier.

h) **Douteux** : qui manque de netteté, de propreté.

i) **Être fort du bec** (plus souvent, *en bec*) : parler avec facilité et hardiesse.

j) **Orchestrion** : sorte de piano mécanique.

k) **Moudre** : jouer (un air) sur un instrument à manivelle.

l) **Li bia bouquet** (« Le beau bouquet ») : chant populaire de Namur.

ORTHOGRAPHE ET GRAMMAIRE

1. **Certes**, avec *s* adverbial. (*Bon us.*, § 923.)

2. **On dirait d'un mariage forcé** : tour littéraire. Le tour habituel se passe du *de*.

3. Dans les désignations comme *rue des Moulins*, les noms *rue, avenue*, etc. restent des noms communs et prennent une minuscule.

4. **Croûte** ou *croute*, selon les *Rectifications* (cf. notre Appendice, § 4).

51 Un paradis pour les oiseaux

Le jardin n'est pas bien grand, quatre cents [1] mètres carrés à peine ; il interpose quand même son tampon de silence et de verdure entre la rue et le **pavillon**. Deux tilleuls, quelques rosiers, un carré de gazon et même un coin de **broussaille** [2] sauvage que Colette a baptisé la **jungle** [a], et auquel elle tient plus qu'à ses plus somptueuses Meilland [b] : voilà un paradis pour les oiseaux, et ils en profitent, moineaux citadins, merles et pinsons, bien sûr, et le rouge-gorge de famille, mais aussi des campagnards plus farouches, fauvettes, mésanges, **voire** [3], occasionnellement, au printemps, un bouvreuil en habit d'**apparat** [c], cape noire et **jabot** [d] de feu [e], qui pleure après sa femelle. Les mésanges surtout sont la grande attraction. Il y en a d'au moins deux sortes, les charbonnières à casque de **jais** [f] et ventre de **soufre**, et les fines mésanges bleues, si légères et sautillantes qu'elles ressemblent à des jeux du vent dans les feuilles.

Roger IKOR (Le tourniquet des innocents, Albin Michel, édit.).

VOCABULAIRE

a) **Jungle** (la prononciation *jon-* vieillit) : proprement, plaine marécageuse couverte de hautes herbes, de broussailles et d'arbres, et où vivent les grands fauves.
b) **Meilland** : nom d'une variété de roses. Invariable (*Bon us.*, § 512, *a*).
c) **Habit d'apparat** : habit de cérémonie.
d) **Jabot** : ornement de dentelle, de mousseline, attaché à la base du col d'une chemise ou d'une blouse.
e) **De feu** : couleur de feu.
f) **Jais** : matière d'un noir luisant dont on fait des colliers, des bracelets, etc. Ne pas confondre avec *geai*, oiseau dont le plumage est bigarré.

ORTHOGRAPHE ET GRAMMAIRE

1. **Quatre cents** ou *quatre-cents*, selon les *Rectifications* (voir l'Appendice, § 8).
2. **Broussaille** : ici au singulier ; s'emploie le plus souvent au pluriel, ce qu'on acceptera, avec les accords que cela amène.
3. **Voire** : ne pas confondre avec le verbe *voir*. La conjonction *voire*, dans l'usage ordinaire, signifie « et même ».

52 Le canal et son quai

a) Des **barriques** étaient rangées, au long du quai, les unes couchées, les autres debout [1] et toutes laquées d'or par la lumière déclinante. Sur l'onde visqueuse et trouble, de larges moires [a] bronzées se dilataient et se **resserraient** en mesure, selon un **rythme** régulier et dansant. Des barques, mollement, se balançaient. Quelques-unes avaient des **mâts** croisés. Vieilles ou neuves, rongées par les flots marins ou vernissées, horizontalement rayées de noir, de rouge, de blanc ou de vert, elles se soudaient à leurs reflets mobiles, faisaient corps avec eux. Plusieurs étaient allongées sur les dalles huileuses, pêle-mêle [2] avec des **charrettes** à bras **dételées** et des poutres mal **équarries** [b].

b) De grandes maisons noires et jaunes, que surmontait une haute cheminée, fermaient le fond de la rue. La fumée se délayait dans le ciel, mêlée à des nuages frottés d'orange et de **soufre**. Toutes ces façades étaient semblablement rébarbatives [c], anciennes et sombres, tachées de linges qui pendaient à leurs fenêtres. Des **rez-de-chaussée**, servant de magasins, avaient des portes brunes et rondes, à marteaux [d] rouillés [2]. On **apercevait**, par les vitres verdies, de vastes salles, vides ou encombrées de tonneaux. Tout avait un air abandonné, solitaire vétuste [e] et triste, comme si le commerce qui se faisait là ne se fût [3] entrepris qu'avec des morts ou avec des ombres [f].

Edmond JALOUX (*Le reste est silence...*, Plon, édit.).

VOCABULAIRE

a) **Moire** : étoffe à reflets chatoyants ; par extension, reflet chatoyant.
b) **Équarrir** (prononcer *éca-*) : rendre carré.
c) **Rébarbatif** : qui a un aspect rude et peu engageant.
d) **Marteau** : sorte d'anneau ou de battant métallique attaché à une porte extérieure, et avec lequel on frappe pour se faire ouvrir.
e) **Vétuste** : vieux et en mauvais état.
f) **Ombre** : en poésie, et dans certaines religions, *l'ombre* d'une personne est ce qui survit de cette personne, le simulacre de son corps après que son âme en a été séparée par la mort.

ORTHOGRAPHE ET GRAMMAIRE

1. **Debout** est adverbe et toujours invariable.
2. **Pêle-mêne** ou *pêlemêle*, selon les *Rectifications* (notre Appendice, § 6, *a*).
3. On admettra aussi le singulier : *à marteau rouillé*.
4. **Ne se fût entrepris** : subjonctif plus-que-parfait au lieu de l'indicatif plus-que-parfait après *comme si* (langue littéraire). (*Bon us.*, § 1097, *b*, Rem. 4.)

53 Le repas des travailleurs

a) À dix heures et demie [1], on arrêtait le travail, et, sous quelque [2] **ponceau** [a] dont la voûte [3] gardait encore ses **cintres** [b] de bois, à côté d'une source jaillie entre les framboises, les hommes mangeaient et se reposaient pendant une heure.

Du pain noir à la croûte [3] frottée d'ail, une petite marmite de **châtaignes** froides, une salade **cueillie** au moment du repas, **violemment** [4] assaisonnée, garnie avec des oignons et des concombres, et, parfois, un morceau de fromage de chèvre, sec et jaune, composaient tout leur ordinaire [c]. Ils mangeaient lentement, du bout des doigts, mais avec puissance, en tenant solidement chaque morceau, en l'écrasant presque.

b) Allongés à plat ventre, disposés en étoiles, leurs têtes rapprochées et se touchant du bout des cheveux, ils causaient par petits groupes. Des herbes fines s'écrasaient sur leurs visages, l'odeur sèche de la terre se plaquait à leurs narines, et, là, sans témoins, ils parlaient librement des affaires municipales [d] ou de celles de l'État [5], mais sans jamais perdre entièrement leur prudence de petits travailleurs de terre, d'hommes sans appui.

André CHAMSON (*Les hommes de la route*, Grasset, édit.).

VOCABULAIRE

a) **Ponceau** : petit pont.
b) **Cintre** : appareil de charpente sur lequel les maçons bâtissent une voûte.
c) **Ordinaire** (pris substantivement) : ce qu'on a coutume de servir pour un repas.
d) **Municipal** : qui concerne l'administration d'une commune.

ORTHOGRAPHE ET GRAMMAIRE

1. **Demie** ; placé après le nom ; accord en genre seulement.
2. **Quelque ponceau :** singulier (langue littéraire). Le sens est : *un* certain ponceau.
3. **Voûte, croûte** ou *voute, croute*, selon les *Rectifications* (voir Appendice, § 4).
4. **Violemment** : dérivé de *violent* ; donc un *e* devant les deux *m*, malgré le son *a (N. gramm., § 382, 3°)*.
5. **État** : quand ce nom signifie « nation formant un corps politique », il s'écrit par la majuscule.

54 Un beau jardin

a) Voici un très beau jardin. Au centre, abrupte [a], **déchiquetée**, une haute **colline** de verdures [1]. Deux arbres seulement la forment : un grand cèdre [b] noir ; et un arbre de la Californie mexicaine, objet d'émerveillement, le seul de son espèce qu'on ait [2] pu **acclimater** en France : un tronc couleur de bitume [c] et, tout autour, la convulsion et les replis de mille branches au feuillage épais, d'un vert tendre, branches qui se retournent dans le sol de la pelouse, qui se traînent [3] sous le gazon, et qui, plus haut, se courbent en S comme des lanières immobilisées en plein élan. Ces deux créatures géantes, mêlant leurs frondaisons [d], répandent l'ombre et la **fraîcheur** [3] dans le jardin.

b) Il n'est pas très grand, ce jardin ; mais il est beau comme ceux de l'Asie Mineure [4], au milieu des régions désolées. La pelouse, avec ses rideaux de bambous [e], **enserre** une pièce d'eau [f] profonde, toujours agitée par un jet d'eau en gerbe. Et autour de la pelouse, l'unique allée tourne, ombragée de palmiers, de cèdres et de **micocouliers** [g]. Une grille en fer, revêtue de lierre, cachée par des haies de lauriers, protège l'allée contre les tourbillons de poussière qui s'élèvent des rues blanches, et limite [5] le jardin. Au milieu des bambous, le buste d'un poète languedocien [h] sur une **colonne** de marbre.

Valery LARBAUD (*Enfantines*, Gallimard, édit.).

VOCABULAIRE

a) **Abrupt** : dont la pente est raide.
b) **Cèdre** : conifère de grande taille, à rameaux étalés, à feuilles persistantes.
c) **Bitume** : matière minérale, liquide et jaunâtre, ou solide et noire ; on l'utilise comme revêtement des chaussées et des trottoirs.
d) **Frondaison** : ensemble des branches et des feuilles des arbres et des arbustes.
e) **Bambou** : graminée originaire de l'Inde, à tige ligneuse, avec nœuds cloisonnants ; le bambou peut atteindre 30 mètres de hauteur. On admettra le singulier.
f) **Pièce d'eau** : grand bassin ou petit étang, pour l'embellissement d'un parc, d'un jardin.
g) **Micocoulier** : arbre du genre de l'orme, commun dans le sud de la France.
h) **Languedocien** : du *Languedoc*, région du sud de la France.

ORTHOGRAPHE ET GRAMMAIRE

1. **Verdures** : on admettra le singulier, d'ailleurs plus courant.
2. La 3e personne du singulier du subjonctif présent se termine par -e. Exceptions : *qu'il ait, qu'il soit*.
3. **Traîner, fraîcheur**, ou *trainer, fraicheur*, selon les *Rectifications* (voir Appendice, § 4).
4. **Asie Mineure** : l'adjectif prend la majuscule dans cette désignation traditionnelle. (*Bon us.*, § 99, a, 1°.)
5. **Limite** au singulier : c'est la *grille*, en effet, qui limite le jardin.

55 Les vieux souliers

L'autre semaine [1], j'ai repéré sur le dessus d'une poubelle une paire de **brodequins** [(a)] crevés, déchirés, brûlés [2] par la sueur, humiliés de surcroît [2] parce qu'avant de les jeter on avait récupéré leurs lacets, et ils **bâillaient** [3] en tirant la languette et en écarquillant les œillets vides. Mes mains les ont cueillis avec amitié, mes pouces cornés ont fait ployer les semelles — caresse rude, mais affectueuse —, mes doigts se sont enfoncés dans l'intimité de l'**empeigne** [(b)]. Ils semblaient revivre, les pauvres **croquenots** [(c)], sous un toucher aussi compréhensif, et ce n'est pas sans un pincement au cœur que je les ai replacés sur le tas d'**immondices** [4].

Michel TOURNER (*Le roi des aulnes,* Gallimard, édit.).

VOCABULAIRE

a) **Brodequin** : forte chaussure de cuir, à tige montante, se laçant sur le cou-de-pied.
b) **Empeigne** : partie de la chaussure qui recouvre le dessus du pied.
c) **Croquenot** : en langage populaire, gros soulier.

ORTHOGRAPHE ET GRAMMAIRE

1. **L'autre semaine** : *autre* indique parfois un passé plus ou moins récent (*l'autre jour, l'autre fois, l'autre année,* etc.) ; ici *l'autre semaine* = la semaine dernière.
2. **Brûler, surcroît** ou *bruler, surcroit,* selon les *Rectifications* (voir l'Appendice, § 4).
3. **Bâiller** (accent circonflexe sur *a*) : appliqué à une chose, être largement ouvert. Une même image explique *lorgnette* et *œillet,* rapprochés de leur sens primitif par les verbes.
4. **Immondices** (s'emploie surtout au pluriel) : ordures ménagères, résidus du commerce et de l'industrie. Le mot est féminin.

56 Delphine, Marinette et le chien aveugle

a) Delphine et Marinette revenaient de faire des commissions pour leurs parents, et il leur restait un kilomètre de chemin. Il y avait dans leur **cabas** [(a)] trois morceaux de savon, un pain [(b)] de sucre, une fraise [(c)] de veau, et pour quinze sous de clous de **girofle.** Elles le portaient chacune par une oreille et le balançaient en chantant une jolie chanson. À un tournant de la route, et comme elles en étaient à « Mironton, mironton, mirontaine », elles virent un gros chien **ébouriffé** [(d)] et qui marchait la tête basse. Il paraissait de mauvaise humeur ; sous ses **babines** [(e)] retroussées luisaient des crocs [1] pointus, et il avait une grande langue qui pendait par terre [2].

b) Soudain, sa queue se balança d'un mouvement vif et il se mit à courir³ au bord de la route, mais si maladroitement qu'il alla donner de la tête contre un arbre. La surprise le fit reculer, et il eut un grondement de colère. Les deux petites filles s'étaient arrêtées au milieu du chemin et se serraient l'une contre l'autre, au risque d'écraser la fraise de veau. Pourtant, Marinette chantait encore : « Mironton, mironton, mirontaine », mais d'une toute petite voix qui tremblait un peu.

— N'ayez pas peur, dit le chien, je ne suis pas méchant. Au contraire. Mais je suis bien ennuyé, parce que je suis aveugle.

Marcel AYMÉ (Les contes du chat perché, Gallimard, édit.).

VOCABULAIRE

a) **Cabas** : panier ou sac à provisions.
b) **Pain de sucre** : le sucre se vendait sous la forme de blocs coniques appelés *pains*.
c) **Fraise** : terme de boucherie désignant la membrane qui enveloppe les intestins du veau et de l'agneau (le mot savant est *mésentère*).
d) **Ébouriffé** : dont les cheveux (ici les poils) sont en désordre.
e) **Babine** (se dit généralement au pluriel) : lèvre pendante de certains animaux. S'emploie familièrement en parlant de personnes, surtout dans l'expression *se lécher les babines*.

ORTHOGRAPHE ET GRAMMAIRE

1. **Croc** : le *c* ne se prononce pas.
2. **Par terre.** Selon Littré, on dit *à terre* quand ce qui tombe ne touchait pas le sol auparavant, et *par terre* quand ce qui tombe touchait le sol auparavant. Mais cette distinction n'est pas ratifiée par l'usage, qui emploie librement *à terre* ou *par terre*. (Bon us., § 1000, e.)
3. **Courir** n'a deux *r* de suite qu'au futur simple et au conditionnel présent. À remarquer l'ancien infinitif *courre* (encore employé dans *chasse à courre*), du lat. *currere*.

57 Le grenier

Vous autres, gens de Paris, vous ne savez pas ce qu'est un grenier. Dans mon village, chaque maison avait le sien, paradis profond, mystérieux, plein de merveilles imprévues. Greniers à foin des grosses fermes, propres aux cachettes, aux escalades et aux chutes. Grenier du marchand de blé avec son bataillon ordonné de sacs rebondis⁽ᵃ⁾, derrière lesquels **couraient** ¹ des souris que nous poursuivions avec des cris de **Sioux** ⁽ᵇ⁾ sur le sentier de la guerre. Grenier du **quincaillier** ² rempli d'ustensiles de ménage, de marteaux, de cisailles ⁽ᶜ⁾, de **faux**, d'outils de jardinage, de pots de couleurs. Greniers-conservatoires, où les familles économes rangeaient avec soin les vieilles boîtes [3] remplies de bouts de ficelle, les papiers d'emballage, les costumes **râpés** et troués, après nombre de **raccommodages** [4], les chiffons, les morceaux de tapis, les caisses, les chaises branlantes, les tables **boiteuses** [5], les miroirs fendus, les manches de plumeaux dépourvus de plumes, les vieux **journaux**, les meubles encombrants qu'on n'avait su [6] où caser et dont les tiroirs recelaient [7] des assiettes fêlées et des couteaux orphelins [(d)].

Pierre GAXOTTE (*Mon village et moi*, Flammarion, édit.).

VOCABULAIRE

a) **Rebondi** : de forme arrondie, parce que bien rempli.

b) **Sioux** : groupe de Peaux-Rouges réputés ardents au combat et très rusés.

c) **Cisailles** (ordinairement au pluriel même pour un seul instrument) : grands ciseaux servant à couper les métaux, à tailler les haies, etc.

d) **Orphelins** : restant seuls de la série (de la famille) à laquelle ils appartenaient.

ORTHOGRAPHE ET GRAMMAIRE

1. **Couraient** : *courir* n'a deux *r* de suite qu'au futur simple et au conditionnel présent. À remarquer l'ancien infinitif *courre* (encore employé dans « chasse à *courre* »), du lat. *currere*.

2. **Quincaillier** ou *quincailler*, selon les *Rectifications* (notre Appendice, § 11).

3. **Boîte** ou *boite*, selon les *Rectifications* (Appendice, § 4).

4. **Raccommodage** : deux *c* et deux *m* (cf. *commode*).

5. **Boiteux** : pas d'accent circonflexe.

6. **On n'avait su** : bien mettre la négation *n'* (cf. : « l'homme n'avait su »).

7. **Receler** ou *recéler*, selon les *Rectifications*, conformément à la prononciation générale (cf. Appendice, § 2) et à un usage reçu déjà par le dictionnaire de Robert, etc.

58 Les fenêtres de Rotterdam

Le train pénètre dans la ville sur un pont métallique qui fraye [1] sa voie en pleine vie humaine, à hauteur des seconds étages, par une étroite tranchée ouverte entre les hautes maisons qui s'adossent au chemin de fer. À dix heures du soir, toutes ces fenêtres sont éclairées, rectangles réguliers de lumières montant aussi haut que l'on peut voir par la vitre du wagon [2]. Toutes ces maisons, habitées du haut en bas, ont leurs croisées [(a)] soigneusement voilées ; je ne suis jamais passé entre leurs deux falaises de vies superposées sans écraser mon front à la vitre, cherchant à lire dans leur déroulement le message de la ville énorme ; mais elles étaient trop près de moi, elles passaient trop vite comme un texte trop rapproché, et mes yeux s'y acharnaient vainement, avec le léger effort douloureux de la **presbytie** [b]. Chaque tour de roue fauchait ainsi vingt visions obturées de destins inconnus, vingt fenêtres fermées tantôt de stores épais, tantôt de rideaux légers, mais toujours impénétrables ; et les plus ténus [c], ceux qui ne faisaient qu'une légère muraille de gaze [d] blanche, juste assez dense pour n'être plus transparente, étaient les plus **irritants**.

Marcel THIRY (*Récit du grand-père*, dans Nouvelles du Grand Possible, Marabout).

VOCABULAIRE

a) **Croisée** : châssis vitré, ordinairement à battant, qui ferme une fenêtre. Par extension, la fenêtre elle-même. De même, *fenêtre* désigne à la fois l'ouverture et ce qui la ferme.

b) **Presbytie** (du grec *presbytês*, vieillard) : défaut d'un œil qui distingue mal les objets rapprochés. La finale se prononce -*issi*.

c) **Ténu** : très mince, très fin. Antonymes : *épais, gros*.

d) **Gaze** : tissu léger de soie, de lin ou de laine ; voile transparent. À distinguer de *gaz*.

ORTHOGRAPHE ET GRAMMAIRE

1. **Fraye** ou *fraie* (N. gramm., § 315, b, 3°) ; la finale se prononce *èy* ou *è*.
2. **Wagon** : se prononce *vagon*.

59 Les oies sauvages

a) Ils écoutèrent tous, et entendirent, du côté du sud [1], un grand bruissement d'ailes et le **papotage** [a] de forts oiseaux qui grasseyaient [b] : « Couâ, couâ, couâ ». Presque [2] aussitôt, passant au-dessus du rideau de peupliers de la rivière, une troupe d'oies sauvages traversa [3] le ciel de la prairie. Elles volaient serrées l'une contre l'autre, juste à la distance qu'il fallait à chacune pour étendre ses grandes rames [c] de plumes, et leur bande formait un dessin très net [4], un arc, étroit d'abord, et qui s'élargissait en arrière, comme la gueule fermée d'un poisson.

b) Toutes ces bêtes à l'**essor** [d], le cou tendu, grises, **excepté** sur la tranche [e] que blanchissait encore la lumière du soleil, avançaient avec une vitesse telle qu'en deux secondes elles furent rendues [f] au bout du pré, en trois secondes au bout des champs de la ferme, et qu'on ne distingua bientôt plus qu'un petit nuage plat filant au-dessus des ruches de la Genivière [g], **au-dessus** du jardin, de la maison et des grands noyers, vers la forêt où il y avait des étangs.

Mais le père avait eu le temps de montrer aux enfants le manège des éclaireurs de la troupe. Lorsque ces perce-vent [5], ces oies de tête qui font le dur métier d'ouvrir aux autres la route de l'air, se sentent épuisés [6], ils se laissent tomber d'un mètre environ au-dessous de la troupe en voyage, et vont se placer à l'arrière, dans le sillage [h].

René BAZIN (*Il était quatre petits enfants*, Mame, édit.).

VOCABULAIRE

a) **Papotage** : bavardage.
b) **Grasseyer** : proprement, parler avec une prononciation gutturale ou peu distincte des *r*. Le verbe garde l'*y* dans toute sa conjugaison.
c) **Rame** : longue pièce de bois qui sert à manœuvrer une embarcation. Ici le mot désigne figurément les ailes des oies : les oies fendent l'air avec leurs ailes comme on fend l'eau avec des rames.
d) **Essor** : élan d'un oiseau dans l'air.
e) **Tranche** : désigne ici le bord des ailes, par analogie avec la tranche d'un livre.
f) **Rendu** : arrivé où l'on voulait aller.
g) **La Genivière** : nom d'une ferme.
h) **Sillage** : ligne que trace un navire dans l'eau qu'il traverse. Le mot est employé ici par analogie.

ORTHOGRAPHE ET GRAMMAIRE

1. **Sud** : avec minuscule (le mot ne désigne pas une région). (*N. gramm.*, § 33, *b*, 3°.)
2. **Presque** : l'*e* n'est remplacé par une apostrophe que dans *presqu'île*.
3. **Traversa** : accord avec le collectif sujet.
4. **Net** : le *t* se prononce.
5. **Perce-vent** : mot fabriqué par l'auteur et de sens transparent. Au pluriel invariable adopté par l'auteur, les *Rectifications* feraient préférer *perce-vents* : cf. Appendice, § 7.
6. Accord avec *se*, représentant *perce-vent* (*ces oies* n'influe pas sur l'accord, parce que c'est une simple apposition).

60 La vraie grandeur de l'homme

a) Je dis que la grandeur de l'homme, c'est justement d'avoir, à travers des siècles d'effort et de génie, inventé quelque chose qui se place **au-dessus** de l'ordre naturel.

Si l'homme est grand, s'il mérite une place **exceptionnelle** au milieu de la création, ce n'est pas parce qu'il peut, à l'occasion, se comporter comme les **caïmans** [a] et les requins, c'est parce qu'il lui arrive de penser comme François d'Assise et Vincent de Paul ^(b). Si l'homme est grand, ce n'est pas parce qu'il a inventé les canons, l'avion ou les paquebots à turbine ^(c), c'est parce qu'il est capable de surmonter ses passions et d'humilier ses **instincts**. Si l'homme est grand, c'est parce qu'à travers mille expériences douloureuses, il s'est élevé, degré par degré, vers l'idée de Dieu.

b) Il a d'abord dit, comme les animaux : « Œil pour œil, dent pour dent. » Puis il a marqué, sans doute, un grand progrès quand il a découvert cette autre maxime : « Ne fais pas à autrui ce que tu ne voudrais pas que l'on te **fît** à toi-même. » Puis il a quitté la nature, la nature farouche et brutale, pour proclamer cet étonnant précepte : « Rends le bien pour le mal. »

Si l'homme est grand, ce n'est pas parce qu'il est une des forces de la nature imbécile [1] et violente, mais c'est parce qu'il est de taille à mépriser la nature et à lui imposer silence ; c'est parce qu'il peut pardonner, faire abnégation ^(d) de soi-même, soigner et honorer des vieillards inutiles, laisser vivre des infirmes.

Georges DUHAMEL (Positions françaises, Mercure de France, édit.).

VOCABULAIRE

a) **Caïman** : crocodile des fleuves de l'Amérique du Sud, dit aussi *alligator*.
b) **Saint François d'Assise** et **saint Vincent de Paul** : modèles de douceur et de bonté.
c) **Turbine** : dispositif rotatif, destiné à utiliser la force vive d'un fluide et à transmettre le mouvement au moyen d'un arbre.
d) **Abnégation** : renoncement, sacrifice.

ORTHOGRAPHE ET GRAMMAIRE

1. **Imbécile** s'écrit par un seul *l* (quoique emprunté au lat. *imbecillus*, faible). Mais le nom *imbécillité* a deux *i* ; aussi les *Rectifications* proposent-elles *imbécilité* pour supprimer la contradiction : cf. notre Appendice, § 14.

61 Mariette aime conserver

a) Mariette ne conserve pas tout, comme certaines [1]. Ainsi parmi les papiers, elle ne garde que le kraft ^(a) d'emballage, les sulfurisés, les **paraffinés** qui sont plus blancs à la pliure, le papier doré (pour **envelopper** les surprises de l'arbre de Noël), le papier cristal et le papier d'étain, aplati au préalable avec un dos de cuiller [2].

Elle conserve les sacs de **plastique** [3], s'ils ont une fermeture-glissière.

Elle conserve les boîtes [4] de carton, qu'elle encastre les unes dans les autres, par ordre de taille, quand elle ne sait qu'en faire, afin d'en faire quelque chose quand elle saura. Nous mangeons beaucoup de gâteaux secs, remarquablement quelconques [5], mais qu'une maison locale empile encore, sur huit couches, dans de grandes boîtes de **fer-blanc** [6]. C'est ainsi que sont nées la boîte à gâteaux du savon, la boîte à gâteaux des sardines, **anchois** et miettes de thon, la boîte à gâteaux du cirage.

b) Elle conserve tout ce qui se dénoue : le cordon de tirage [(b)], le bolduc [(c)], le ligneau [(d)], le **raphia** [(e)] et toutes les ficelles plates, rondes ou tressées.

— Ne coupe pas ! crie-t-elle, si je suis là quand arrive un paquet. Des pires nœuds elle triomphe toujours et hop ! ça fera une **pelote** de plus dans une quatrième boîte à gâteaux, sans étiquette spéciale, mais facile à trouver, en haut, à droite, sur la dernière planche du placard fourre-tout, à laquelle on accède en montant sur une chaise.

Mariette ne résiste pas non plus devant les rubans, vite transformés en cylindres de soie. Elle conserve les boutons : les petits dans une série de tubes d'aspirine, les gros **en vrac** [(f)] dans un ancien bocal de prunes dont la transparence permet en principe de savoir, sans tout étaler sur la table, s'il y en a un qui correspond au bouton manquant de son manteau.

Hervé BAZIN (Le matrimoine, Édit. du Seuil).

VOCABULAIRE

a) **Kraft** : papier d'emballage, très résistant.
b) **Cordon de tirage** : cordon servant à tirer des rideaux.
c) **Bolduc** : ruban étroit, employé surtout pour ficeler les paquets (altération de *Bois-le-Duc*, ville des Pays-Bas où se fabriquait ce type de ruban).
d) **Ligneau** (français régional) : fil grossier de lin.
e) **Raphia** : lien fait des fibres longues et solides d'un certain palmier d'Afrique et d'Amérique.
f) **En vrac** : entassés, sans tri et sans emballage.

ORTHOGRAPHE ET GRAMMAIRE

1. Comme nominal, le féminin *certaines* est assez rare : cf. *Bon us.*, § 716, b.
2. **Cuiller** ou *cuillère*.
3. On distingue : le *plastique,* matière plastique susceptible d'être étirée ou moulée ; — le *plastic,* masse d'explosif ayant la consistance du mastic.
4. **Boîte** ou *boite*, selon les *Rectifications* : cf. notre Appendice, § 4.
5. **Quelconque** est ici adjectif qualificatif et signifie « tout à fait ordinaire, banal, médiocre ».
6. **Fer-blanc** s'écrit avec un trait d'union.

62 La verrue de Monsieur Ratin

Cette **verrue** [a] était de la grosseur d'un pois chiche [b] et surmontée d'une petite houppe de poils très délicats, très **hygrométriques** [c] aussi : car j'avais remarqué que, selon l'état de l'**atmosphère**, ils étaient plus roides [d] ou plus bouclés. Il m'arrivait souvent, durant mes leçons, de la considérer le plus naïvement du monde, comme un objet curieux, sans aucune idée de moquerie ; j'étais, dans ces cas-là, brusquement **interpellé** [1], et **tancé** [e] vertement sur ma distraction. D'autres fois, plus rarement, une mouche voulait obstinément s'y poser, malgré l'impatiente colère de mon maître [2], qui pressait alors l'explication, afin que, attentif au texte, je ne m'aperçusse point de cette lutte singulière [f]. Mais cela même m'avertissait qu'il se passait quelque chose, en sorte qu'une curiosité irrésistible me faisait lever furtivement les yeux sur son visage. Selon ce que j'avais vu, le fou rire commençait à me prendre, et, pour peu que la mouche insistât [3], il devenait irrésistible aussi. C'est alors que M. Ratin, sans paraître [2] concevoir le moins du monde la cause d'un pareil scandale, tonnait contre le fou rire en général, et m'en démontrait les épouvantables conséquences.

Le fou rire est néanmoins une des plus douces choses que je connaisse. C'est fruit défendu, partant [g] exquis. Les harangues [4] de mon maître [2] ne m'en ont pas tant guéri que l'âge. Pour *fou rire* [h] avec délices [5], il faut être écolier, et, si possible, avoir un maître qui ait [6] sur le nez une verrue et trois poils **follets** [i].

Rodolphe TOEPFFER (La bibliothèque de mon oncle).

VOCABULAIRE

a) **Verrue** : excroissance sur la peau.
b) **Pois chiche** : graine comestible d'une plante (aussi appelée *pois chiche*) originaire de la région méditerranéenne.
c) **Hygrométrique** : sensible au degré d'humidité de l'air.
d) **Roide** : variante littéraire de *raide*.
e) **Tancer** : gronder.
f) **Lutte singulière** : forgé par plaisanterie sur *combat singulier*, duel (lat. *singularis*, seul).
g) **Partant** : par conséquent (mot de la langue écrite).
h) **Fou rire** : ordinairement locution nominale, est ici, par plaisanterie, employé comme locution verbale.
i) **Poils follets** : poils légers et capricieux (*follet* est dérivé de *fou*).

ORTHOGRAPHE ET GRAMMAIRE

1. **Interpeller** ou *interpeler*, selon les *Rectifications* (cf. notre Appendice, §13) ; il se conjugue comme *appeler* (voir l'Appendice, § 3).

2. **Maître, paraître** ou *maitre, paraitre,* selon les *Rectifications* (voir l'Appendice, § 4).
3. **Insistât** : la proposition de condition introduite par *pour peu que* a son verbe au subjonctif. (*N. gramm.*, § 443, *a.*)
4. **Harangue** : l'*h* étant aspiré, prononcer sans faire la liaison. Une harangue est un discours solennel.
5. **Délices** : on ne considèrera pas le singulier comme fautif.
6. Ait et *soit* sont les seuls subjonctifs qui, à la troisième personne, se terminent par *t* et non par *e*. — On met le subjonctif dans la relative quand on ne s'engage pas sur la réalité du fait (ce qui est le cas après *il faut*). Cf. *N. gramm.*, § 419, *b.*

63 Insomnie en avion

Je [1] consulte ma montre à la furtive [a] lueur du **plafonnier** [b] que je viens d'allumer. Quatre heures. À travers le **hublot** [c], la nuit, qu'éclaire seulement l'éclat **soufré** [d] des réacteurs, est encore noire, mais une bande corail [2] souligne l'horizon au hublot d'en face et se **dissout** [3] dans un ciel turquoise [e] d'une pureté minérale [f]. Un inconfortable sommeil a jeté mes voisins dans toutes les **poses** [4], des coussins encombrent l'allée centrale. Je resserre autour de moi l'étoffe rugueuse de la couverture que l'hôtesse a proposée hier soir à chaque passager. Malgré mes courbatures [g], je me sens lovée [h] dans un bien-être où l'excitation du départ s'est un peu assoupie. Les yeux perdus dans la nuit, j'attends vaguement que s'illumine mon côté de ciel.

France BASTIN (*L'herbe naïve,* Édit. Duculot).

VOCABULAIRE

a) **Furtif** : discret, qui passe presque inaperçu.
b) **Plafonnier** : appareil d'éclairage fixé directement au plafond.
c) **Hublot** : petite fenêtre dans un bateau ou un avion.
d) **Soufré** (un seul *f* !) : qui a la couleur du soufre, jaunâtre.
e) **Turquoise** : pierre précieuse d'un bleu tirant sur le vert ; ici, employé adjectivement (et dès lors invariable, comme *corail* plus haut).
f) **Minéral** (adjectif) : comme la pureté d'un minéral.
g) **Courbature** : sensation de fatigue douloureuse.
h) **Lové** : roulé sur soi-même, pelotonné.

ORTHOGRAPHE ET GRAMMAIRE

1. Le narrateur est une femme.
2. **Corail** : matière utilisée en bijouterie et de couleur vermeille ; ici, employé comme adjectif de couleur *invariable*. (*N. gramm.*, § 197, *b.*)

3. **Se dissout** : attention à l'orthographe. Les verbes en -*soudre* n'ont un *d* que devant *r* : cf. *N. gramm.*, § 325, *b*.
4. **Pose** : position, attitude. À distinguer de *pause,* arrêt, repos.

64 Maurice Béjart

a) Qu'apporte de neuf Béjart avec ses **Ballets** [1] du XXe [2] siècle ? La modernité, bien sûr, comme le laisse entendre ce titre. Mais encore ? C'est ici qu'il nous faut écouter Béjart. Il a écrit, dans son carnet de notes : « La danse est de la musique visuelle. » Et, se référant [a] à « l'être humain primitif » — l'adjectif n'a, pour lui, aucun sens péjoratif —, il précise : « Probablement les deux sont nés [3] ensemble. » Il est significatif que le **chorégraphe** [b], sans faire aucun complexe, ni **ethnique** [c], ni national, proclame l'égalité, mais solidaire, de la danse et de la musique. C'est la raison pour laquelle, sans mépriser le folklore [4], tout au contraire, il fait surtout appel aux plus grands musiciens du monde, et de préférence à leur musique **scénique** [d].

b) Le génie de Maurice Béjart ne réside pas moins dans la variété de son inspiration — des œuvres, des auteurs ou des danseurs qu'il choisit — que dans l'originalité, et l'**authenticité** en même temps, de sa danse. Tout d'abord, il a mis de côté l'attirail de la danse classique, avec son tutu [e] et ses **chiffons froufroutants** [f], pour lui substituer le corps nu. Et sans doute a-t-il pensé à ces corps nus, grands, élancés et noirs, tels qu'on les voit sous le soleil de l'Afrique, quand il a adopté le collant ou le maillot pour ses danseurs et danseuses. C'est que celui-ci, loin de les cacher ou seulement de les atténuer, souligne les lignes, en courbes longues, des corps humains qui dansent, qui aiment, qui prient, qui se perdent dans la beauté de l'amour.

Léopold Sédar SENGHOR (*Ce que je crois,* Grasset, édit.).

VOCABULAIRE

a) **Se référer à** : prendre comme source d'inspiration.
b) **Chorégraphe** (prononcer *ko-*) : celui qui dirige les pas et les figures des danses destinées à la représentation.
c) **Ethnique** : qui a rapport à la race.
d) **Scénique** : qui accompagne une représentation.
e) **Tutu** : jupe courte de danseuse.
f) **Froufroutant** : se dit du bruit produit par des étoffes (ici désignées par le mot un peu péjoratif de *chiffons*) que l'on frôle ou froisse.

ORTHOGRAPHE ET GRAMMAIRE

1. **Ballet** : danse figurée, exécutée par plusieurs personnes. À distinguer de *balai,* instrument servant à balayer.

2. **XXe** ou *XXe* (*e* étant la dernière lettre du numéral écrit en lettres), mais non *XXième* ou *XXème*, ni surtout *XXè* ou *XX°* (dans *n°* ou *1°*, on a la dernière lettre de *numéro* ou de *primo*).

3. **Nés** : l'auteur pense sans doute à un masculin comme *arts*. Mais, dans le contexte, *nées*, d'après *danse* et *musique*, serait plus satisfaisant.

4. **Folklore** : l'Académie écrivait en 1932 *folk-lore*, orthographe qu'elle a abandonnée en 1995, conformément à l'usage général.

65 Quand le printemps s'annonce, au Québec

Maria entendit en ouvrant la porte au matin un son qui la figea [1] quelques instants sur place, immobile, prêtant l'oreille. C'était un mugissement lointain et continu. Le tonnerre des grandes chutes qui étaient restées glacées et muettes tout l'hiver.

« La glace descend, dit-elle en rentrant. On entend les chutes. »

Alors ils se mirent tous à parler une fois de plus de la saison qui s'ouvrait et des travaux qui allaient devenir possibles. Mai amenait une alternance de pluies chaudes et de beaux jours ensoleillés qui triomphait [2] peu à peu du gel **accumulé** du long hiver. Les souches basses et les racines **émergeaient** [1], bien que l'ombre des sapins et des **cyprès** serrés **protégeât** [1] la longue agonie des plaques de neige ; les chemins se transformaient en fondrières [a] ; là où la mousse brune se montrait, elle était toute gonflée d'eau et pareille à une éponge. En d'autres pays c'était déjà le renouveau, le travail ardent de la sève, la poussée des **bourgeons** et bientôt des feuilles, mais le sol canadien, si loin vers le nord [3], ne faisait que se **débarrasser** avec effort de son lourd manteau froid avant de songer à revivre.

Dix fois, au cours de la journée, la mère Chapdelaine ou Maria ouvrirent la fenêtre pour goûter [4] la tiédeur de l'air, pour écouter le **chuchotement** de l'eau courante en quoi [5] s'évanouissait la dernière neige sur les pentes, et cette autre grande voix qui annonçait que la rivière Péribonka s'était libérée et **charriait** joyeusement vers le grand lac les bancs de glace venus du nord [3].

Louis HÉMON (*Maria Chapdelaine*, Grasset, édit.).

VOCABULAIRE

a) **Fondrière** : trou plein d'eau ou de boue.

ORTHOGRAPHE ET GRAMMAIRE

1. **Figea, émergeaient, protégeât** : les verbes en *-ger* prennent un *e* après le *g* quand la désinence commence par *a* ou *o*. (Cf. *N. gramm.*, § 315, *a*, 2°.)

2. **Triomphait** : on acceptera le pluriel.
3. **Nord** : quand il désigne la direction, ne prend pas de majuscule.
4. **Goûter** ou *gouter*, selon les *Rectifications* (notre Appendice, § 4).
5. **Quoi** avec un nom de sens précis comme antécédent appartient à la langue littéraire. (Cf. *N. gramm.*, § 273, *b* ; *Bon us.*, § 691, *b.*) — La dernière neige disparaît (*s'évanouit*) sous forme d'eau courante.

66 Un désir d'enfant

a) La rue des Arts [a], que l'on a défigurée **aujourd'hui**, était une de ces calmes petites vieilles rues qui rôtissent au soleil leurs chapeaux d'ardoises cabossés [1]. Elle montrait aux passants quelques images d'Épinal qu'elle semblait lire avec les **bésicles** [b] de ses devantures.

Mais ce qu'elle exposait de plus mirifique [c] à mes yeux, c'était, du côté opposé à l'école Letourneau, les **joyaux** d'un magasin de **bric-à-brac** [d]. Et, parmi ces joyaux, celui que je tenais pour l'honneur de la rue, qu'elle portait en **bandoulière** [e], qui faisait battre mon cœur d'un désir sans nom, qu'aucune émeraude [f] des Mille et une Nuits [g] n'égalait, c'était une pauvre boîte [2] verte de naturaliste [h].

b) On m'avait expliqué son usage, qui était de renfermer les insectes et les fleurs de Dieu qui vivent dans la fraîcheur [2] des bois ou dans les prairies ruisselantes de soleil. Il y avait donc des hommes assez privilégiés pour posséder un tel ustensile, s'en aller par la campagne à la recherche des capricornes [i] et des **myosotis** [j] ! Ah ! j'aurais voulu qu'un cri jaillît [3] de ma poitrine, fît [3] connaître [2] mon désir insensé de posséder ce **cylindre mirobolant.**

Mais c'est en vain qu'il m'appela, durant des mois, de toute la force de sa couleur forestière. Je ne lui répondis point. Mes parents, n'étant pas riches, m'habituaient à refréner [4] mes fantaisies. Et, d'ailleurs, il est, de par le monde, des beautés qui ne sont dignes que des princes.

Francis JAMMES (*De l'âge divin à l'âge ingrat*, Plon, édit.).

VOCABULAIRE

a) **La rue des Arts**, à Pau, où Francis Jammes (prononcer *fran-sis' jam*), enfant, suivait les cours des demoiselles Letourneau. Remarquer la minuscule de *rue*.

b) **Bésicles** : anciennes lunettes rondes. Le mot s'emploie encore par plaisanterie pour *lunettes*. La forme originale est *besicles*, mais l'Académie a adopté en 1992 la graphie *bésicles*, d'après la prononciation actuelle (notre Appendice, § 2).

c) **Mirifique** (mot familier) : fait pour émerveiller.

d) **Bric-à-brac** : vieux objets, vieilles ferrailles, vieux cuivres, vieux tableaux, etc. ramassés de-ci de-là pour les revendre.

e) **En bandoulière** : suspendu à une bande, d'étoffe ou de cuir, qui traverse le corps de l'épaule à la hanche. L'enfant applique l'expression à la rue.

f) **Émeraude** : pierre précieuse, diaphane, de couleur verte.

g) **Les Mille et une Nuits** : titre d'un recueil de contes orientaux. On accepte *nuits* avec une minuscule.

h) **Naturaliste** : celui qui s'adonne à l'étude de l'*histoire naturelle*, c'est-à-dire des sciences de la nature (botanique, zoologie, géologie, minéralogie, biologie).

i) **Capricorne** : insecte coléoptère, à longues antennes articulées, recourbées comme des cornes.

j) **Myosotis** (emprunté au lat. *myosotis*, du grec *myosôtis*, proprement « oreille de souris », à cause de la forme des feuilles) : prononcer l'*s* final.

ORTHOGRAPHE ET GRAMMAIRE

1. **Cabossés** : masculin, car il se rapporte à *chapeaux* (et non à *ardoises*). On acceptera *leur chapeau cabossé* : cf. *Bon us.*, § 592 ; *N. Gramm.*, § 232.

2. **Boîte, fraîcheur, connaître**, ou *boite, fraicheur, connaitre*, selon les *Rectifications* (notre Appendice, § 4).

3. **Jaillît, fît** : attention à l'accent circonflexe du subjonctif imparfait !

4. **Refréner** ou *réfréner*, selon les *Rectifications* (notre Appendice, § 2), d'après la prononciaiton la plus courante.

67 Message printanier

La fauvette à tête noire est un de nos premiers chanteurs d'avril. Son nom seul évoque le souvenir des plus douces émotions **printanières** : les premières pousses vertes des lilas, la mielleuse odeur des **chatons** [a] du saule, les boutons roses des pêchers en fleurs [1] et la sonnerie des cloches de Pâques. Lorsque la leste et courte chanson de la fauvette égaye [2] les **noisetiers** et les cerisiers du verger, les écoliers se disent : « Voilà l'hiver passé ! » Et mis soudain en humeur d'école **buissonnière**, ils s'en vont par bandes à travers bois, frétillant au soleil comme des **lézards**, cherchant des nids et se taillant des sifflets dans les branches de saules [3] tout [4] humides de sève.

Pour mon compte, je n'ai jamais pu entendre le chant de la fauvette sans repenser à la série de rustiques [b] plaisirs que ce refrain de bon **augure** [c] annonçait à mon enfance turbulente.

Souvent, il est vrai, cette première promesse du printemps était suivie d'amères déceptions, et nous étions **leurrés** [d], la fauvette et moi.

« Il n'est, dit le proverbe, si joli mois d'avril qui n'ait [5] son chapeau de grésil [e]. »

André THEURIET (*Les enchantements de la forêt*).

VOCABULAIRE

a) **Chaton** : dans certains arbres (saules, noisetiers, etc.), assemblage de petites fleurs, disposées autour d'un axe allongé qui rappelle la queue d'un chat.

b) **Rustique** : qui appartient aux choses de la campagne.

c) **Augure** : dans l'Antiquité, présage tiré du vol, du chant des oiseaux. Au figuré, ce qui fait pressentir quelque chose, présage. Attention au genre : masculin.

d) **Leurrer** : en termes de fauconnerie, faire revenir l'oiseau de proie en lui jetant le *leurre*, c'est-à-dire le morceau de cuir rouge façonné en forme d'oiseau auquel on attachait un appât. Au figuré : attirer par un artifice, tromper en faisant miroiter quelque vaine espérance.

e) **Grésil** (prononcé *gré-zi*, ou *gré-zil'*) : grêle fort menue.

ORTHOGRAPHE ET GRAMMAIRE

1. On écrit aussi *en fleur*.
2. **Égaye** (prononcé *é-ghèy'*), ou *égaie* (prononcé *é-ghè*, sans *yod*).
3. On pourrait écrire aussi : *les branches de saule*.
4. **Tout**, jouant le rôle d'adverbe, ne varie que devant un adjectif féminin commençant par une consonne articulée ou un *h* dit aspiré. (*Bon us.*, § 955 ; *N. gramm.*, § 245, e.)
5. La 3ᵉ personne du singulier du subjonctif présent se termine par *-e*. Exceptions : *qu'il ait, qu'il soit*.

68 Les jouets en bois

Les jouets courants sont d'une matière ingrate, produits d'une chimie, non d'une nature. Beaucoup sont maintenant moulés dans des pâtes compliquées ; la matière plastique y a une apparence à la fois grossière et **hygiénique,** elle éteint le plaisir, la douceur, l'humanité du toucher. Un signe consternant, c'est la disparition progressive du bois, matière pourtant idéale par sa fermeté et sa tendreur [a], la chaleur naturelle de son contact ; le bois ôte, de toute forme qu'il soutient, la blessure des angles trop vifs, le froid chimique du métal ; lorsque l'enfant le manie et le cogne, il ne vibre ni ne grince, il a un son sourd et net [1] à la fois ; c'est une substance familière et poétique, qui laisse l'enfant dans une continuité de contact avec l'arbre, la table, le plancher. Le bois ne blesse, ni ne se détraque ; il ne se casse pas, il s'use, peut durer longtemps, vivre avec l'enfant, modifier peu à peu les rapports de l'objet et de la main ; s'il meurt, c'est en diminuant, non en se gonflant, comme ces jouets mécaniques qui disparaissent sous la hernie [b] d'un ressort détraqué. Le bois fait des objets essentiels, des objets de toujours. Or il n'y a presque plus de ces jouets en bois, de ces bergeries **vosgiennes,** possibles, il est vrai, dans un temps d'artisanat [2]. Le jouet est désormais chimique, de substance et de couleur ; son matériau[3] même introduit à **une cénesthésie** [c] de l'usage, non du plaisir. Ces jouets meurent d'ailleurs très vite, et une fois morts, ils n'ont pour l'enfant aucune vie **posthume** [d].

Roland BARTHES (*Mythologies*, Éditions du Seuil).

VOCABULAIRE

a) **Tendreur** : mot archaïque ; on dit ordinairement *tendreté* pour désigner la qualité de ce qui est *tendre* au sens propre, ce qui se laisse entamer facilement.

b) **Hernie** : au sens propre, médical, saillie d'un organe hors de la cavité qui le contient. Par analogie, on parle, par exemple, de la hernie d'une chambre à air. — Remarquer l'*h* aspiré.

c) **Cénesthésie** (du grec *koinos,* commun, et *aisthesis,* sensibilité) : impression générale d'aise ou de malaise résultant d'un ensemble de sensations internes non spécifiques.

d) **Posthume** : qui a lieu après la mort de quelqu'un ; ici, de quelque chose.

ORTHOGRAPHE ET GRAMMAIRE

1. **Net** : le *t* se prononce.
2. **Artisanat** : un seul *n,* comme dans le féminin *artisane*.
3. **Matériau** : toute matière servant à construire ; nom masculin singulier refait à la fin du XIX[e] siècle d'après le nom jusqu'alors uniquement pluriel *matériaux.*

69 Condor défendant son nid

a) La mère [1] **condor** [a] fondit sur moi. Avec une brutalité **inouïe.** Les serres [b] ouvertes crissèrent [c] contre mon coude levé, le choc du bec contre mon épaule me meurtrit à travers [2] le cuir. D'un coup de reins, je portai ma tête à la hauteur du nid broussailleux, allongeai ma main droite pour saisir l'un des petits, le faire crier en le serrant un peu. Ça [3] n'était presque pas la peine. Cette femelle était vaillante. D'elle-même, à de courts **intervalles,** elle revenait furieusement à la charge, cherchant chaque fois mes yeux, ma poitrine. Mais la tactique est élémentaire ; je collais à la roche du plus près qu'il m'était possible ; elle ne pouvait me frapper que le dos, même pas la nuque, protégée qu'elle était [4] par mon col et par le bord de mon chapeau.

b) Mais quels coups, par Jupiter ! Rien que ses claquements d'ailes, à bout portant, m'ébranlaient de la tête aux pieds, me décollaient parfois du roc où je revenais me cogner en me meurtrissant les genoux. Je cherchai un point d'appui, engageai mon pied gauche dans une fissure que je pus élargir un peu, à la pointe de mon **brodequin** (d) clouté. Ce n'était pas de luxe, le condor multipliait ses coups. Ses grandes ailes **étalaient** des plumes aussi raides que des lattes de bois. Je le surveillais sans arrêt. Je savais que mes yeux avaient pris une fixité dure, mon visage une ardeur tendue, un peu cruelle, surtout résolue.

Maurice GENEVOIX (Laframboise et Bellehumeur, Flammarion, édit.).

VOCABULAIRE

a) **Condor** : oiseau rapace de grande taille, dont le plumage est noir, frangé de blanc aux ailes. Les condors vivent en bandes sur les sommets de la cordillère des Andes.
b) **Serres** : griffes des oiseaux de proie (de *serrer*).
c) **Crisser** : produire un grincement analogue à celui que font les dents glissant les unes sur les autres.
d) **Brodequin** : chaussure d'étoffe, de peau couvrant le pied et le bas de la jambe. Au sens moderne, se dit d'une sorte de forte chaussure montante.

ORTHOGRAPHE ET GRAMMAIRE

1. **Mère condor** : comme *condor* n'a pas de forme spéciale au féminin, on doit, pour désigner la femelle, joindre à *condor* un mot indiquant le sexe.
2. **À travers**, comme locution prépositive, ne demande jamais *de*, à la différence de *au travers*, qui veut toujours *de*. Les deux expressions sont synonymes. (*Bon us.*, § 1022, *a.*)
3. **Ça** est aujourd'hui largement installé dans l'usage général ; il est en concurrence avec *cela* et avec *ce*. Ne pas confondre avec *çà*, adverbe ou interjection. (*N. gramm.*, § 263, *c.*)
4. **Protégée qu'elle était** : épithète détachée accompagnée d'une relative. (*N. gramm.*, § 417, Rem. 2.) Nuance de cause : parce qu'elle était protégée.

70 Quand tante Madeleine chantait

Cette gravité de ma tante Madeleine, quand elle commençait d'une voix tout [1] unie (a) et presque basse : « Voici l'hiver et son triste cortège », par quel mystère, passant en nous, devenait-elle une joie qui nous gonflait le cœur ? La chanson, lentement, décrivait des misères pires que celles que nous avions connues, nous obligeait tout le temps qu'elle se développait à les ressentir [2]. La longue phrase douloureuse **évoquait** (b) tout ce que, dans l'ordinaire de la vie, nous **craignions** [3] et haïssions. Mais son **rythme** même nous contraignait, nous soumettait, nous transformait, nous donnait comme d'autres mesures, d'autres ressources, une autre force. Nous devenions miraculeusement riches d'une richesse, d'un amour sans pareil, et, quand ma tante Madeleine, avec l'autorité d'un prophète, énonçait la sentence finale : « Qui donne aux pauvres prête à Dieu »[c], pas un de nous ne doutait que ce ne fût [4] un ordre à lui adressé [5] personnellement et auquel il avait tous moyens [6] d'obéir. Nous étions dans un autre monde.

Jean GUÉHENNO (Changer la vie, Grasset, édit.).

VOCABULAIRE

a) **Voix unie** : sans modulations.

b) **Évoquer** : faire venir à l'esprit.

c) Vers de Victor Hugo (Voix intérieures, Dieu est toujours là, 2).

ORTHOGRAPHE ET GRAMMAIRE

1. **Tout unie** : tout signifiant « entièrement », est adverbe et invariable, sauf devant un adjectif féminin commençant par une consonne ou un h aspiré. (N. gramm., § 245, e.)
2. **Ressentir** : prononcer re-sentir.
3. **Nous craignions** : bien mettre, après gn, la terminaison -ions de l'indicatif imparfait. Craignons est l'indicatif présent, ou l'impératif.
4. **Fût** : imparfait du subjonctif ; donc un accent circonflexe.
5. **À lui adressé** : la préposition à est requise. (Cf. Bon us., § 638, b, 4°.)
6. **Tous moyens** : on peut admettre aussi le singulier tout moyen.

71 Initiation à la poésie

a) Et c'est ici que commence l'**initiation** [a] poétique, dans cette école primaire [b], sur ce banc, vers la gauche, en regardant la porte d'entrée.

Un livre est ouvert devant moi. Et soudain, sans qu'on m'en ait [1] prévenu, je vois et j'entends que ses lignes sont vivantes, que deux à deux elles se répondent par la rime comme des oiseaux ou des vendangeurs, et que ce qu'elles racontent nous enchante à la manière des êtres et des choses qui n'ont pas besoin qu'on les traduise. Il y a dans cette poésie un chien qui s'appelle Mouffetard.

b) Dussé-je [2] être, encore une fois, la risée des esprits forts [c], j'avoue que je fus tellement pris par ces vers que l'on m'avait donné [3] à apprendre que, le soir, mon père m'ayant demandé de les répéter avec lui, au coin du vieux foyer, un grand sanglot me secoua, je ne pus parvenir au bout de ma leçon. Je venais de recevoir du ciel ce roseau [d] aigu et sourd, bas et sublime, triste et joyeux, plus âpre que le dard [e] d'un sauvage, plus doux que le miel.

Je m'y exerçai peu de jours [4] après. Mon père fut étonné de mes essais, me marqua plus de tendresse qu'il ne m'en avait témoigné [5] jusqu'alors. Ses yeux scrutaient les miens. Sans doute y recherchait-il, sensible lui-même aux **poètes,** cette ombre qui souvent attriste les jours de ceux que Dieu — qu'il soit béni ! — a marqués du signe.

Francis JAMMES [6] (*De l'âge divin à l'âge ingrat*, Plon, édit.).

VOCABULAIRE

a) **Initiation** (cf. latin *initium,* commencement) : connaissance préliminaire d'une science, d'une profession, d'un art.

b) Il s'agit de l'école primaire que fréquenta Francis Jammes à l'âge de 8 ans (en 1876).

c) **Esprit fort** : personne qui se pique de ne pas ajouter foi aux dogmes de la religion, et, en général, quiconque veut se mettre au-dessus des opinions et des maximes reçues.

d) **Roseau** : désigne ici figurément le talent du poète, l'art des vers. Les poètes rustiques, à l'origine, se servaient, pour accompagner leurs vers, d'une flûte (ou *flute*, selon les *Rectifications*) faite d'un roseau.

e) **Dard** : flèche.

ORTHOGRAPHE ET GRAMMAIRE

1. La 3e personne du singulier du subjonctif présent se termine par -*e*. Exceptions : *qu'il ait, qu'il soit.*

2. **Dussé-je** : devrais-je, même si je devais ; l'*e*, quoique surmonté de l'accent aigu, se prononce *è* ; aussi, pour adapter l'écriture à la prononciation, les *Rectifications* proposent-elles d'écrire *dussè-je* (cf. notre Appendice, § 1).

3. **Donné** : on pourrait écrire aussi *donnés*. L'analyse est ainsi : « on m'avait donné *que* (c'est-à-dire les vers) à apprendre » : dans ce cas, *que* est complément d'objet direct du participe, ou bien : « on m'avait donné à apprendre *que* (c'est-à-dire les vers) » : dans ce cas, c'est l'expression *à apprendre* qui est complément d'objet direct du participe. (*Bon us.*, § 915, Rem. 2 ; *N. gramm.*, § 377, Rem. 2.)

4. Ne pas faire la liaison par *s*, cela serait pédant.

5. **Témoigné** : selon la règle, le participe passé reste invariable quand il est précédé du complément d'objet direct *en*. (*N. gramm.*, § 378 ; *Bon us.*, § 910.)

6. Prononcez : *fran-sis' jam'.*

72 Misères de la société au Moyen Âge [1]

Lorsque [2] enfin, au Xe [3] siècle, la dernière bande de Barbares [4] eut trouvé sa litière et fait sa **bauge** (a), la condition des hommes ne parut pas devenir meilleure. Les chefs barbares, devenus **châtelains** féodaux, se battaient entre [5] eux, pillaient les paysans, brûlaient [6] les récoltes, détroussaient [(b)] les marchands, volaient et maltraitaient à plaisir leurs misérables **serfs** [7]. Les terres restaient en friche [(c)] et les vivres manquaient. Au XIe siècle, sur soixante-dix ans, on compte quarante années de famine. Un moine, Raoul Glaber, raconte qu'il était passé en usage de manger de la chair humaine ; un boucher fut brûlé [6] vif pour en avoir exposé à son étal.

Ajoutez que, dans la **saleté** et la misère universelles [8], par l'oubli des règles les plus ordinaires de l'**hygiène**, les pestes, la lèpre, les épidémies s'étaient **acclimatées** comme sur leur terrain.

Hippolyte TAINE (Philosophie de l'art).

VOCABULAIRE

a) **Bauge** : lieu fangeux où le sanglier se retire. Le mot est employé ici figurément. On peut trouver que le tableau présenté par ce texte est noirci.

b) **Détrousser** : dépouiller par la violence (surtout un voyageur, un passant).

c) **En friche** : sans culture.

ORTHOGRAPHE ET GRAMMAIRE

1. **Moyen Âge** : en 1932, l'Académie écrivait *moyen âge*. En 1992, elle a opté pour les majuscules.

2. **Lorsque enfin** : selon Littré, l'*e* de *lorsque* ne s'élide que devant *il(s), elle(s), on, un(e)*. Mais, en fait, il s'élide souvent devant un mot quelconque commençant par une voyelle ou par un *h* muet, pourvu qu'il n'y ait aucune pause à faire. (*N. gramm.*, § 24, *b*, 1° ; *Bon us.*, § 45, *b*, 4°.)

3. **X^e** ou *Xe* (*e* est la dernière lettre du numéral écrit en lettres), mais non *Xième* ou *Xème* ou *Xme*, ni surtout *Xè* ou *X°* (dans *n°* ou *1°*, on a la dernière lettre de *numéro, primo*).

4. **Barbares** : en 1992, comme dans le texte, l'Académie met une majuscule à ce nom quand il désigne les peuples étrangers au monde grec et romain. En 1932, c'était une minuscule.

5. **Entre eux** : pas d'apostrophe. En revanche, en 1992, l'Académie a adopté « à titre définitif » l'agglutination sans apostrophe dans tous les mots composés de *entre* + voyelle : *s'entraimer*, etc. ; pour quelques-uns, elle accepte aussi l'apostrophe. Voir Appendice, § 15, *b*.

6. **Brûler** ou *bruler*, selon les *Rectifications* (voir Appendice, § 4).

7. **Serf** : l'*f* se prononce, ou non.

8. **Universelles** : accord avec les deux noms.

73 Souvenir d'enfance

Le plus souvent, je partais pour le collège à jeun [1], l'estomac et la tête vides. Quand ma grand-mère [2] venait nous voir, c'étaient [3] les bons jours : elle m'enrichissait de quelque petite monnaie. Je calculais alors sur la route ce que je pourrais bien acheter pour tromper ma faim. Le plus sage **eût** été d'entrer chez le boulanger ; mais comment trahir ma pauvreté en mangeant mon pain sec devant mes camarades ? D'avance, je me voyais exposé à leurs rires, et j'en frémissais.

Pour **échapper** aux **railleries**, j'imaginai d'acheter quelque chose d'assez **substantiel** pour me soutenir, et qui ressemblât [4] pourtant à une friandise. Le plus souvent, c'était le pain d'épice [5] qui faisait les frais de mon **déjeuner** [1]. Il ne manquait pas de boutiques en ce genre sur mon chemin.

Pour deux sous, on avait un morceau magnifique, un homme superbe, un géant par la hauteur de la taille ; en revanche, il était si plat que je le glissais dans mon carton [a], et il ne le gonflait guère. Pendant la classe, quand je sentais le vertige me saisir et que mes yeux voyaient trouble [6] par l'effet de l'**inanition** [b], je lui cassais un bras, une jambe, que je grignotais **à la dérobée**. Mes voisins ne tardaient guère à surprendre mon petit manège. « Que manges-tu là ? » me disaient-ils. Je répondais, non sans rougir : « Mon dessert. »

Jules MICHELET.

VOCABULAIRE

a) **Carton** : carton d'écolier ; on dit *cartable*, aujourd'hui.

b) **Inanition** : état résultant d'un manque de nourriture.

ORTHOGRAPHE ET GRAMMAIRE

1. **À jeun, déjeuner** : sans accent circonflexe.

2. **Grand-mère** : avec un trait d'union, et non l'apostrophe, qui est d'une orthographe désuète et, historiquement, injustifiée, cf. *Bon us.*, § 529, Rem. 2 et Hist.

3. **C'étaient** : avec *ce* (*c'*) sujet, l'attribut pluriel commande ordinairement le verbe au pluriel ; mais on trouve aussi le singulier. (*N. gramm.*, § 361.)

4. **Ressemblât** : subjonctif dans la proposition relative, quand le locuteur ne s'engage pas sur la réalité du fait (*N. gramm.*, § 419, *b* ; *Bon us.*, § 1063, *b*, 3°).

5. **Pain d'épice** : on écrit aussi *pain d'épices*.

6. **Trouble** : adjectif employé adverbialement, donc invariable (*N. gramm.*, § 199).

74 Souvenir d'été

Je me **rappelle** les eaux noires du lac, les sapins verts, le troupeau qui **descendait** boire jusqu'au bord **pierreux,** tu entrais pieds nus dans l'eau glacée, puis nous allions nous asseoir [1] au café à côté des petites barques, parmi les mangeurs de framboises et de crème [2] du **pâturage**, nous regardions le vent du soir soulever des milliers de petites vagues argentées comme des couteaux hors de la surface. Des cars brillaient au dernier soleil, la foule des touristes s'entassait [3] derrière leurs vitres poussiéreuses et nous restions seuls, un soir encore, nous regagnions [4] le chalet flottant sur son éperon [a] entre l'ombre de la vallée et la **phosphorescence** [b] du crépuscule ; c'était l'heure où le grand duc [c], tu t'en souviens, chassait souverainement autour de l'**auvent** [d], et nous avions coutume de regarder son passage comme un présage de bonheur.

Jacques CHESSEX (Portrait des Vaudois, Cahiers de la Renaissance vaudoise, édit.).

VOCABULAIRE

a) **Éperon** : avancée en pointe, saillie d'un contrefort montagneux.
b) **Phosphorescence** : éclat semblable à celui du *phosphore*, qui dégage une faible lumière dans l'obscurité.
c) **Grand duc** : très grand hibou ; *duc* désigne trois espèces de hiboux : grand duc, moyen duc, petit duc.
d) **Auvent** : petit toit en saillie, servant à garantir de la pluie une porte, une fenêtre.

ORTHOGRAPHE ET GRAMMAIRE

1. **Asseoir** ou *assoir,* selon les *Rectifications* (notre Appendice, § 14).
2. **Crème** : prendre garde à l'accent grave (et non circonflexe).
3. **S'entassait** : accord du verbe avec le collectif ; les touristes sont considérés comme un ensemble. (*N. gramm.*, § 358.)
4. **Regagnions** : c'est l'indicatif imparfait, à distinguer du présent *nous regagnons*.

75 L'homme dans la nature

Comme tout animal supérieur, l'homme est un **agrégat** [a] de plusieurs **trillions** [b] de cellules, dont chacune représente un assemblage de molécules diverses. En fin de compte, il apparaît [1] comme un édifice prodigieusement complexe d'électrons [c], qui doivent à la forme particulière de leur groupement le singulier privilège de pouvoir affirmer leur existence. En ce qui concerne la pensée, **orgueil** principal de l'homme, les pièces maîtresses [1] de l'architecture organique sont constituées par les cellules de l'écorce **cérébrale** (d). C'est là, dans cette pellicule, que se produisent les réactions chimiques et les transformations d'énergie qui donnent lieu à ce que nous appelons la conscience, et dont nous ne savons rien, sinon qu'elle [2] est indissolublement liée à ces réactions et à ces transformations. C'est là que se préparent les plus hautes manifestations de l'esprit : le génie d'un Newton (e), les angoisses d'un Pascal (f).

Que les cellules du cerveau se trouvent pendant quelques minutes privées d'**oxygène**, et la conscience, immanquablement [3], s'évanouit. Que la privation d'oxygène **persiste** [4] un petit quart d'heure, et, par suite des changements **irréversibles** (g) qu'entraîne [1] l'**asphyxie** cellulaire, la conscience aura disparu [5] de façon définitive.

Jean ROSTAND (Pensées d'un biologiste, Stock, édit.).

VOCABULAIRE

a) **Agrégat** : assemblage produit par la réunion de diverses parties cohérentes entre elles.

b) **Trillion** : Ce mot a signifié d'abord « mille milliards ». Dans l'usage recomandé par les scientifiques d'aujourd'hui, il signifie « un milliard de milliards » (cf. *Bon us.*, § 580, a).

c) **Électron** : particule élémentaire chargée d'électricité négative.

d) **Cérébral** : qui a rapport au cerveau (lat. *cerebrum*). Ne pas confondre avec *cervical*, qui a rapport à la nuque (lat. *cervix, cervicis*).

e) **Newton** : mathématicien, physicien et astronome anglais (1642-1727) ; il a découvert les lois de l'attraction universelle. On prononce d'habitude, à l'anglaise : *niou-ton'*.

f) **Pascal** : mathématicien, physicien et écrivain français (1623-1662). Auteur des *Pensées* et des *Provinciales*.

g) **Irréversible** : qui ne peut se produire que dans un seul sens, sans pouvoir être renversé.

ORTHOGRAPHE ET GRAMMAIRE

1. **Apparaître, maîtresse, entraîner,** ou *apparaitre, maitresse, entrainer,* selon les *Rectifications* (notre Appendice, § 4).

2. **Sinon que.** Expression synonyme : *si ce n'est que.*

3. **Immanquablement.** Prononciation : *in-man-ka-ble-man.*

4. **Persister.** Prononciation : *per-sis-té* (et non *per-zis-té*).

5. **Aura disparu** : l'auxiliaire *avoir*, parce qu'on marque l'action. — On pourrait dire : *sera disparue* ; on marquerait alors l'état résultant de l'action accomplie, mais cela est peu courant. (*Bon us.*, § 783.)

76 La conscience

Pourquoi le **remords** est-il si terrible qu'on préfère de [1] se soumettre à la pauvreté et à toute la rigueur de la vertu plutôt que [2] d'acquérir des biens illégitimes ? Pourquoi y a-t-il une voix dans le sang, une parole dans la pierre ? Le tigre déchire sa proie, et dort ; l'homme devient homicide, et veille...

Ô **conscience** ! ne serais-tu qu'un fantôme de l'imagination ou la peur des **châtiments**[3] des hommes ? Je m'interroge, je me fais cette question : Si tu pouvais par un seul désir tuer un homme à la Chine [4] et hériter de sa fortune en Europe, avec la conviction surnaturelle qu'on n'en [5] saurait jamais rien, consentirais-tu à former ce désir ?

J'ai beau m'exagérer mon indigence, j'ai beau vouloir **atténuer** cet homicide en supposant que, par mon souhait, le Chinois meurt **tout à coup** [6] sans douleur, qu'il n'a point d'héritier, que même à sa mort ses biens seront perdus pour l'État[7] ; j'ai beau me figurer cet étranger comme **accablé** de maladies et de chagrins ; j'ai beau me dire que la mort est un bien pour lui, qu'il l'appelle lui-même, qu'il n'a plus qu'un instant à vivre ; malgré mes vains **subterfuges** [a], j'entends au fond de mon cœur une voix qui crie si fortement contre la seule pensée d'une telle supposition, que je ne puis douter un instant de la réalité de la conscience.

CHATEAUBRIAND (*Génie du christianisme*).

VOCABULAIRE

a) **Subterfuge** : moyen détourné et artificieux pour se tirer d'embarras.

ORTHOGRAPHE ET GRAMMAIRE

1. **Préférer de** avec un infinitif est une construction vieillie. De nos jours, on dirait ordinairement : *on préfère se soumettre*. (*Bon us.*, § 875.)
2. L'usage actuel admettrait aussi : *On préfère se soumettre ... que d'acquérir...* (*Bon us.*, § 1076, *a*, Rem. 2.)
3. **Châtiment** : l'accent circonflexe indique la suppression d'un *s* (anciennement, *chastiement* ; cf. lat. *castigare*). À remarquer : pas d'*e* après l'*i*.
4. **À la Chine** : tour ancien. On dit aujourd'hui : *en Chine*. (*Bon us.*, § 1003, *a*, 1°, Hist.)
5. Après *on*, ne pas omettre la négation *n'* (cf. : « il n'en saurait rien »).
6. **Tout à coup**, *tout à fait, tout à l'heure* s'écrivent sans traits d'union.
7. Quand ce nom signifie « nation formant un corps politique », il prend la majuscule.

77 Les faucheurs

a) Dix hommes, dix paysans, **échelonnés** de **biais**, fauchaient d'une allure égale, chacun taillant comme une marche d'escalier dans la tranche d'herbe mûre qui diminuait devant eux. Ils lançaient en même temps leurs dix **faux**, ils ployaient le **torse** [a] en même temps ; ils avaient le même mouvement circulaire pour retirer la lame de dessous les jonchées grises qu'ils laissaient en arrière, et l'éclair de l'acier jaillissait en même temps aux dix points de la ligne. Depuis une semaine ils ne s'arrêtaient pas. Leurs genoux ne quittaient pas les crêtes de fleurs et de graines.

b) Des femmes **ratissaient** [1] la récolte à peine tombée à terre, et la chargeaient sur des **charrettes**. Mais, si âpre qu'**eût** été [2] leur travail, il devenait de plus en plus probable qu'ils n'auraient pas le temps d'achever la fenaison. Car ils n'avaient encore fauché qu'une moitié de l'immense prairie qui s'amorçait bien loin aux **collines** couturées [b] de haies, et ils approchaient de cette partie déprimée du sol que les eaux devaient **envahir** avant longtemps. Par les canaux, au milieu des plantes de marais et des joncs, la Loire mauvaise s'avançait et les guettait.

René BAZIN (*De toute son âme*, Calmann-Lévy, édit.).

VOCABULAIRE

a) **Torse** : tronc d'une statue ou d'une personne vivante.
b) **Couturer** : marquer d'inégalités semblables à des coutures.

ORTHOGRAPHE ET GRAMMAIRE

1. **Ratisser** : dérivé de l'ancien verbe *rater*, tiré de *rature* et signifiant « gratter ». Sous l'influence du mot *râteau*, a pris la signification de « passer au râteau ». À remarquer : pas d'accent circonflexe.
2. **Eût été** : selon la règle, les propositions de concession ont leur verbe au subjonctif (*Bon us.*, § 1093.)

78 La fête du printemps

a) Déjà, les perce-neige [1] et les **crocus** [a] du jardin se **fanaient** au soleil d'avril. Les derniers bouquets vieux rose du bois joli [b] pâlissaient au long des tiges, mais leurs fleurs gardaient encore un **subtil** et pénétrant parfum.

Au bord des chemins éclatait le jaune clair des **jonquilles** [c]. Gonflés de sève, les plus gros bourgeons des lilas s'**entrebâillaient**, laissant pointer un **thyrse** [d] minuscule, et les **groseilliers** [2] sanguins s'allumaient de grappes rouges. Çà et là, se groupaient des **prunus** (e) blancs ou roses dont les pétales **essaimaient** (f) à la brise.

b) Tous les oiseaux du parc, mêlant aux premiers parfums leurs chansons neuves, faisaient fête au printemps. Optimiste, le merle, depuis les premiers beaux soirs de février, l'annonçait d'une **cime** [3]. Aujourd'hui, le pinson chantait inlassablement dans le verger sa ritournelle, et des **étourneaux,** sifflant sans mesure, disputaient aux moineaux les corniches du vieux toit. On était au milieu du mois des pervenches.

Le merle cependant s'inquiétait. Perché au sommet d'un hêtre, d'un platane, à la pointe d'un grand sapin, il inspectait l'horizon. Visiblement, ce maître [4] de cérémonies **printanières** attendait encore, pour l'annoncer d'une aubade, un invité du soleil. Et soudain, avec des cris d'allégresse, il plongea dans les **cytises** (g) : une hirondelle — la première — glissait au-dessus des pelouses. D'un vol savant, elle contournait les massifs, virait aux angles des chemins, frôlait les branches.

Adrien de PRÉMOREL (*Cinq histoires de bêtes pour mes cinq fils,* Collection Durendal).

VOCABULAIRE

- a) **Crocus** (prononcez l'*s*) : plante bulbeuse à feuilles très étroites, à fleurs de couleurs vives (violettes, panachées ou jaunes), paraissant au début du printemps.
- b) **Bois joli** : arbrisseau à fleurs rose mauve très odorantes.
- c) **Jonquille** : plante du genre des narcisses.
- d) **Thyrse** : grappe de fleurs de forme pyramidale.
- e) **Prunus** : nom latin des arbres du genre prunier.
- f) **Essaimer** : sortir en essaim ; ici, au figuré.
- g) **Cytise** : arbuste ornemental à grappes de fleurs jaunes. Le mot est masculin.

ORTHOGRAPHE ET GRAMMAIRE

1. **Les perce-neige** ou *les perce-neiges,* selon les *Rectifications* (notre Appendice, § 7). — Le nom est féminin pour la plupart des dictionnaires ; toutefois l'usage lui donne généralement le genre masculin. (*Bon us.*, § 466, b.)
2. **Groseillier** : les noms d'arbres, d'arbrisseaux ou d'arbustes dont la syllabe finale se prononce *yé* s'écrivent par *-ier.* Excepté *cornouiller* et quelques noms d'arbres en *-yer* (*cacaoyer, copayer, noyer, papayer, rocouyer*).
3. **Cime** : pas d'accent circonflexe.
4. **Maître** ou *maitre,* selon les *Rectifications* (Appendice, § 4).

79 L'arrivée à l'hôtel

Au soir de ces journées qui passent si vite mais que rétrospectivement [a] leur plénitude fait paraître [1] très longues, j'aime l'arrivée à l'hôtel. C'est souvent, au fond d'une cour, ou dans un jardin, ou au bord d'une rue paisible, une jolie vieille maison ; ou à l'écart de la ville c'est au milieu d'un parc un ancien château, c'est un moulin au bord de l'eau.

J'avance, dans le tiède silence des corridors, bordés de portes closes sur des vies étrangères, curieuse [2] d'ouvrir celle de ma propre chambre. Le décor inattendu, souvent charmant, dans lequel je m'installe, est dans ma vie comme une **parenthèse** ; je suis chez moi, dans la solitude et le silence d'un intérieur protégé par des murs, avec quelques objets qui m'appartiennent ; et pourtant mon vrai foyer est loin, je suis ailleurs. Je regarde de ma fenêtre une place provinciale, des murs couverts de lierre, ou des parterres, ou une rivière qui n'appartiennent pas à ma vie. Je me réveille dans un lieu qui m'est déjà familier, mais qu'aussitôt [3] je quitte. Le départ ouvre une journée que **clôturera** une autre arrivée ; il me semble que c'est moi qui déroule la suite des heures au lieu d'être **assujettie** [b] à leur cours.

Simone de BEAUVOIR (*Tout compte fait*, Gallimard, édit.).

VOCABULAIRE

a) **Rétrospectivement** : en regardant vers le passé.
b) **Assujettir** : soumettre.

ORTHOGRAPHE ET GRAMMAIRE

1. **Paraître** ou *paraitre*, selon les *Rectifications* (voir l'Appendice, § 4).
2. **Curieuse** : avertir que c'est Simone de Beauvoir qui parle d'elle-même ; d'où le féminin.
3. **Aussitôt**, en un mot quand le sens est « dans le moment même », — *aussi tôt*, en deux mots quand l'expression s'oppose à *aussi tard*.

80 Un prodigieux génie

Il y avait un homme qui, à douze ans, avec des barres et des ronds avait créé les **mathématiques** [a] ; qui, à seize, avait fait le plus savant Traité des **coniques** [b] qu'on eût vu depuis l'Antiquité ; qui, à dix-neuf, réduisit en machine [c] une science qui existe **tout** [1] entière dans l'entendement [d] ; qui, à vingt-trois, démontra les phénomènes de la pesanteur de l'air, et détruisit une des grandes erreurs de l'ancienne **physique** [2] ; qui, à cet âge où les autres hommes commencent à peine de naître, ayant achevé de **parcourir** le cercle des sciences humaines, **s'aperçut** de leur néant et tourna ses pensées vers la religion ; qui, depuis ce moment jusqu'à sa mort, arrivée dans sa trente-neuvième année, toujours infirme et souffrant, fixa la langue que parlèrent Bossuet et Racine, donna le modèle de la plus parfaite plaisanterie, comme du raisonnement le plus fort ; enfin, qui, dans les courts **intervalles** de ses maux, résolut, par distraction, un des plus hauts problèmes de la géométrie [e], et jeta sur le papier des pensées qui tiennent autant du dieu que de l'homme.

Cet effrayant génie se nommait Blaise Pascal.

CHATEAUBRIAND (Génie du christianisme).

VOCABULAIRE

a) Selon Mme Périer, sa sœur, Pascal aurait, en géométrie, poussé ses recherches si avant qu'il en vint, sans manuel ni professeur, jusqu'à la 32e proposition du premier livre d'Euclide. Ce témoignage est contredit par celui de Tallemant des Réaux : le jeune garçon aurait avoué à son père qu'il avait lu en cachette les six premiers livres d'Euclide.

b) **Coniques** : courbes qui résultent des diverses sections du cône, à savoir le cercle, l'ellipse, l'hyperbole et la parabole. — À remarquer : pas de circonflexe sur l'o de conique.

c) La célèbre *machine arithmétique* que Pascal inventa pour simplifier les calculs de son père.

d) **Entendement** : ensemble des facultés intellectuelles.

e) Le problème de la *roulette* ou de la *cycloïde* (courbe décrite par l'entière révolution d'un point appartenant à une circonférence qui roule sur un plan).

ORTHOGRAPHE ET GRAMMAIRE

1. **Tout entière** : *tout,* adverbe, ne varie que devant un mot féminin commençant par une consonne (ou un *h* aspiré). (*N. gramm.*, § 245, *e.*)
2. **Physique** : du latin *physica,* grec *physikê* (de *physis,* nature).

81 La peur d'affronter la nuit

Il était pourtant des moments où Catherine ne se sentait pas grande du tout ; c'était le soir, lorsqu'à [1] nuit noire, la vaisselle lavée et mise en place, il lui fallait regagner la maison-des-prés [2]. Les premiers jours, son père ou sa mère venaient [3] la chercher, puis ils lui avaient dit : « Maintenant, tu connais le chemin, tu ne peux pas te perdre, tu ne risques rien... » Elle avait **dû** affronter seule, la nuit, la plainte des arbres sombres dans le vent, les formes inquiétantes du brouillard qui se levait dans la prairie le long du ruisseau, le bruissement des **fourrés** [a] au passage de quelque **sauvagine** [b], l'envol et le cri des chouettes, la clarté **maléfique** [c] de la lune. Catherine marchait vite, vite ; elle faisait claquer le plus fort possible les sabots que lui avait donnés la patronne, afin que les puissances hostiles en entendant ce bruit pussent penser que c'était là une forte personne, sûre d'elle-même et courageuse et décidée qui s'avançait dans la nuit, et non cette minuscule fillette terrorisée — car elle avait l'impression alors de ne pas être plus haute qu'un poussin juste [4] sorti de l'œuf et qui file de toute la vitesse permise par ses frêles petites pattes à la recherche de sa mère.

Georges-Emmanuel CLANCIER (*Le pain noir*, Laffont, édit.).

VOCABULAIRE

a) **Fourré** : massif épais et touffu d'arbrisseaux, d'arbustes à branches basses, de broussailles.

b) **Sauvagine** : ensemble des oiseaux de mer, d'étang et de marais dont la chair a ce qu'on appelle le « goût sauvagin ». Normalement, ce nom est collectif ; ici il désigne un seul oiseau ; ce doit être un usage régional.

c) **Maléfique** : doué d'une action néfaste et occulte.

ORTHOGRAPHE ET GRAMMAIRE

1. **Lorsqu'à nuit noire** : selon certains grammairiens, *lorsque* ne subit l'élision dans l'écriture que devant *il(s), elle(s), on, un(e), ainsi*. Mais l'usage est fréquent de mettre une apostrophe devant une voyelle quelconque. Cf. *Bon us.*, § 45, *b*, 4°.

2. **La maison-des-prés.** On a mis ici les traits d'union, parce qu'il s'agit d'une appellation désignant, comme une espèce de lieu dit, une maison bien particulière.

3. **Venaient** : le singulier est possible en principe (*N. gramm.*, § 367), mais il serait en contradiction avec la suite (*ils avaient*).

4. **Juste** est adverbe ; le sens est : tout récemment sorti.

82 Une grande forge au XIXe siècle

a) D'abord, le bruit, un bruit effroyable, **assourdissant**, trois cents [1] marteaux retombant en même temps sur l'enclume, des sifflements de lanières, des déroulements de poulies, et toute la rumeur d'un peuple en activité, trois cents [1] poitrines haletantes et nues qui s'**excitent**, poussent des cris qui n'ont rien d'humain, dans une ivresse de force où les muscles semblent craquer et la respiration se perdre. Puis, ce sont des **wagons** [2], chargés de métal **embrasé**, qui traversent la halle en roulant sur des rails, le mouvement des ventilateurs agités comme des forges, soufflant du feu sur du feu, alimentant la flamme avec de la chaleur humaine. Tout grince, gronde, **résonne,** hurle, aboie. On se croirait dans le temple farouche de quelque [3] idole **exigeante** et sauvage.

b) Aux murs sont accrochées des rangées d'outils façonnés en instruments de **tortionnaires** (a), des **crocs** 4, des tenailles, des pinces. De lourdes chaînes 5 pendent au plafond. Tout cela dur, fort, énorme, brutal ; et tout au bout de l'atelier, perdu dans une profondeur sombre et presque religieuse, un marteau-pilon gigantesque, remuant un poids de trente mille 6 kilogrammes, glisse lentement entre ses deux montants de fonte, entouré du respect, de l'admiration de l'atelier, comme le **Baal** (b) luisant et noir de ce temple aux dieux 7 de la force. Quand l'idole parle, c'est un bruit sourd, profond, qui ébranle les murs, le plafond, le sol, fait monter en tourbillons la poussière du **mâchefer** (c).

Alphonse DAUDET (Jack).

VOCABULAIRE

a) **Tortionnaire** : celui qui donne la torture. On acceptera le singulier.
b) **Baal** : dieu suprême de la religion phénicienne. Il personnifie les forces de la nature. On lui sacrifiait des taureaux et parfois aussi de petits enfants.
c) **Mâchefer** : résidu qui sort du fer à la forge. Ne pas dire : *des mâchefers*.

ORTHOGRAPHE ET GRAMMAIRE

1. **Trois cents** ou *trois-cents*, selon les *Rectifications* (notre Appendice, § 8). *Cent* multiplié prend la marque du pluriel quand il termine le déterminant numéral.
2. **Wagon** : prononcer *vagon*.
3. **Quelque idole** : l'*e* final de *quelque* n'est remplacé par l'apostrophe que dans *quelqu un, quelqu'une*.
4. **Croc** : le *c* final ne se prononce pas.
5. **Chaîne** ou *chaine*, selon les *Rectifications* (Appendice, § 4).
6. **Trente mille** ou *trente-mille* : cf. note 1. Le numéral *mille* est toujours invariable.
7. **Dieux** : avertir que ce mot est au pluriel. Le mot s'écrit par une minuscule ; la majuscule s'impose pour les religions qui ne croient qu'à un seul Dieu.

83 Travaux champêtres

Tout **concourait** 1 à multiplier sur ces terrains complaisants l'ardeur des travaux champêtres. Dans les jardins, dans les vergers et, **passé** 2 le hameau, à droite ou à gauche, dans les herbages et les cultures, Florent ne voyait partout que des gens occupés à sarcler, à repiquer, à fumer, à **butter** (a) les pommes de terre, à effeuiller les pêchers, à écheniller les vignes. La terre recommençait son **commerce** (b) avec l'homme. Les avoines étaient encore debout 3, mais on fauchait les trèfles et les **luzernes**, qui séchaient rapidement au soleil. Leurs parfums puissants, troués parfois d'une bouffée de fumier, se répandaient sur la plaine et semblaient l'odeur même du labeur humain. Tant d'effort [4] répandu, tant de richesse spontanée, tant de fructueuse lumière, évoquaient les **allégories** [c], les **apothéoses** [d] de Cérès [e] et de Pomone [f], les triomphes de la Paix [5]. Florent de la voix et de la main, saluait les cultivateurs les plus proches de son passage ; il se sentait leur ami et se disait que la France est une grande nation.

Philippe HÉRIAT (Famille Boussardel, Gallimard, édit.).

VOCABULAIRE

a) **Butter** : protéger une plante en entourant le pied de terre.

b) **Commerce** : pris ici au sens de « relations » ou de « rapports ».

c) **Allégorie** : procédé consistant à présenter un objet à l'esprit de façon qu'il évoque l'idée d'un autre objet.

d) **Apothéose** : action de mettre au rang des dieux.

e) **Cérès** : dans la mythologie romaine, déesse de l'Agriculture.

f) **Pomone** : dans la mythologie romaine, déesse des Fruits et des Jardins.

ORTHOGRAPHE ET GRAMMAIRE

1. **Concourait** : *courir* et les verbes de sa famille n'ont deux *r* de suite qu'au futur simple et au conditionnel présent. (Cependant : chasse à *courre*.)

2. **Passé** : participe passé attribut d'une proposition absolue et laissé d'ordinaire invariable. (*N. gramm.*, § 370, *a* ; *Bon us.*, § 257, *b*, 2°.)

3. **Debout** : adverbe, toujours invariable.

4. **Tant d'effort.** On admettra aussi le pluriel *tant d'efforts*. De même pour *tant de richesse*.

5. **Paix** : la majuscule, parce que la paix est considérée ici comme une déesse.

84 Retour à l'art du vitrail

a) Une lampe éclairait la vaste pièce du **rez-de-chaussée.**

— Vous voyez bien, reprit-il avec un sourire, que vous êtes chez un artisan. Voici mon atelier.

Un atelier, en effet, le caprice d'un garçon riche qui se plaisait au côté métier, dans la peinture sur verre. Il avait retrouvé les anciens procédés du treizième [1] siècle, il pouvait se croire un de ces verriers primitifs, produisant des **chefs-d'œuvre** [2], avec les pauvres moyens du temps. L'ancienne table lui suffisait, enduite [a] de craie fondue, sur laquelle il **dessinait** en rouge, et où il découpait les verres au fer chaud, dédaigneux du diamant.

Justement, le **moufle** [3], un petit four reconstruit d'après un dessin, était chargé ; une cuisson s'y achevait, la réparation d'un autre vitrail de la **cathédrale** ; et il y avait encore là, dans des caisses, des verres de toutes les couleurs qu'il devait faire fabriquer pour lui, les bleus, les jaunes, les verts, les rouges, pâles, jaspés [b], fumeux, sombres, nacrés [c], intenses. Mais la pièce était tendue d'admirables étoffes, l'atelier disparaissait sous un luxe merveilleux d'ameublement. Au fond, sur un antique tabernacle [d] qui lui servait de piédestal [e], une grande Vierge [4] dorée souriait, de ses lèvres de pourpre.

— Et vous travaillez, vous travaillez ! répétait Angélique avec une joie d'enfant.

b) Elle s'amusa beaucoup du four, elle exigea qu'il lui expliquât [5] tout son travail : comment il se contentait, à l'exemple des maîtres [6] anciens, d'employer des verres colorés dans la pâte, qu'il ombrait simplement de noir ; pourquoi il s'en tenait aux petits personnages distincts, accentuant les gestes et les draperies ; et ses idées sur l'art du verrier, qui avait décliné dès qu'on s'était mis à peindre sur le verre, à l'émailler, en dessinant mieux ; et son opinion finale qu'une verrière devait être uniquement une mosaïque transparente, les tons les plus vifs disposés dans l'ordre le plus harmonieux, tout un bouquet délicat et éclatant de couleurs.

Émile ZOLA (*Le rêve*).

VOCABULAIRE

a) **Enduire** : recouvrir d'une matière plus ou moins molle.

b) **Jaspé** : dont la couleur, la bigarrure évoquent le *jaspe*, pierre présentant divers tons de rouge, jaune, brun, noir.

c) **Nacré** : qui a l'apparence, l'éclat de la *nacre*, substance irisée produite par certains mollusques à l'intérieur de leur coquille.

d) **Tabernacle** : dans une église, sorte d'armoire où l'on conserve l'eucharistie.

e) **Piédestal** : support assez élevé sur lequel se dresse une colonne, une statue ou un élément décoratif.

ORTHOGRAPHE ET GRAMMAIRE

1. **Treizième** : pour les dates, on utilise couramment les chiffres romains, avec le *e* final du numéral, *XIII*^{e} ou *XIIIe* (mais non *XIIIème*, *XIIIième*, *XIIIme*, ni encore moins *XIIIè* ou *XIII*^{o} — dans *1°*, *n°*, on a le *o* final de *primo*, *numéro*).

2. **Chefs-d'œuvre** : nom + nom complément, le premier élément seul varie.

3. **Moufle** : quel que soit le sens (sorte de gant ; assemblage de poulies ; four), s'écrit avec un seul *f*.

4. **Vierge** : avec majuscule ou plus rarement minuscule, quand on envisage une représentation de la mère de Jésus. (Cf. *Bon us.*, § 98, *a*, 2°, Rem. 2.)

5. **Expliquât** : subjonctif après un verbe exprimant la volonté ; ne pas confondre avec un passé simple.

6. **Maître** ou *maitre*, selon les *Rectifications* (voir l'Appendice, § 4).

85 La mère

Pour filer, elle n'avait rien que ses mains — et ses orteils. Mais son agilité et sa patience étaient telles qu'on eût [1] juré qu'elle avait cent doigts doués d'un mouvement de bielles [a]. Les pelotes de laine s'enroulaient, grossissaient, **croissaient** en nombre autour d'elle. Et, ce faisant, elle soliloquait [b], fredonnait, riait comme une enfant heureuse qui n'était jamais sortie de l'**adolescence** fruste [2] et pure et ne deviendrait jamais adulte, en dépit de n'importe quel événement [3] — alors que, la porte franchie, l'Histoire [4] des hommes et leurs civilisations muaient, faisaient craquer leurs carapaces, dans une jungle [5] d'acier, de feu et de souffrances. Mais c'était le monde extérieur. Extérieur non à elle, à ce qu'elle était, mais à son rêve de pureté et de joie qu'elle poursuivait tenacement depuis l'enfance. C'est cela que j'ai puisé en elle, comme l'eau enchantée d'un **puits** très, très profond : l'absence totale d'angoisse ; la valeur de la patience ; l'amour de la vie chevillé [c] dans l'âme.

Driss CHRAÏBI (La *civilisation, ma mère !* Denoël, édit.).

VOCABULAIRE

a) **Bielle** : tige rigide, articulée à ses deux extrémités et destinée à la transmission du mouvement entre deux pièces mobiles.

b) **Soliloquer** : se parler à soi-même.

c) **Cheviller** : joindre, assembler des pièces à l'aide de *chevilles*, tiges de bois ou de métal ; au figuré, attacher solidement.

ORTHOGRAPHE ET GRAMMAIRE

1. **Qu'on eût juré** : *eût* avec l'accent circonflexe du subjonctif plus-que-parfait ; emploi littéraire à la place du conditionnel passé. (*N. gramm.*, § 338, *b*, Rem.)

2. **Fruste** (et non *frustre* !) : le sens propre est « usé, effacé » (par exemple, d'une médaille) ; l'usage admet le sens qu'on a ici : « rude, non raffiné ».

3. **Événement** : l'Académie donne (1992) aussi *évènement* et le préfère même (cf. notre Appendice, § 1)..

4. **Histoire** : parfois avec majuscule dans le sens (qu'on a ici) « passé, évolution (de l'humanité) ».

5. **Jungle** : la prononciation *jon-* vieillit.

86 Dans la foule

Il avançait [1] lentement. Les Noirs qu'il repoussait de part et d'autre ne protestaient pas, mais ils ne faisaient rien non plus pour lui faciliter le passage ; ils ignoraient ou affectaient [a] d'ignorer sa présence ; et il arrivait que Clarence demeurât [2] bloqué durant de longs moments, tantôt derrière un dos plus robuste qu'il ne savait comment contourner, tantôt entre deux hanches qu'il ne parvenait plus à **desserrer**. Il se sentait pris alors dans cette foule comme dans une eau subitement figée ou dans un sable vaguement mouvant, et il lui semblait qu'il perdait souffle [b], mais peut-être s'endormait-il simplement : il émanait [c] de ces hommes étroitement **agglomérés** sous le ciel d'Afrique une odeur de laine et d'huile, une odeur de troupeau, qui plongeait [3] l'être dans une espèce [4] de sommeil. Certainement Clarence dut s'endormir plusieurs fois. Puis petit à petit il émergeait [3] de sa torpeur, soit que l'odeur fût [5] devenue moins forte, soit pour tout autre motif ; et il reprenait sa marche en avant.

Camara LAYE (Le regard du roi, Plon, édit.).

VOCABULAIRE

a) **Affecter de** : feindre de, faire semblant de.
b) **Perdre souffle** ou *perdre le souffle* : perdre la respiration. (On dit couramment *reprendre souffle, reprendre son souffle*.)
c) **Émaner** : se dégager, s'exhaler.

ORTHOGRAPHE ET GRAMMAIRE

1. **Avançait** : verbe en *-cer*, avec la cédille sous le *c* devant *a*. (*N. gramm.*, § 315, *a,* 1°.)
2. **Demeurât** : avec l'accent circonflexe du subjonctif imparfait, après le verbe impersonnel *il arrivait*, car le fait est considéré comme ne se réalisant pas toujours. (*Bon us.*, § 1073, *a,* 2°.)
3. **Plongeait, émergeait** : verbes en *-ger*, avec *e* devant *a*. (*N. gramm.*, § 315, *a,* 2°.)
4. **Une espèce de** : et non *un espèce*. (Cf *Bon us.*, § 422, *a,* 1°, Rem.)
5. **Fût devenue** : avec l'accent circonflexe du subjonctif, dans une proposition de condition introduite par *soit que*. (*N. gramm.*, § 443, *a.*)

87 À propos d'un biberon

Le riche aliment sort d'une bête **nourricière**, symbole animal de la terre féconde, qui donne aux hommes non seulement son lait, mais plus tard, quand ses pis se seront définitivement épuisés, sa maigre chair, et finalement son cuir, ses tendons et ses os dont on fera de la colle et du noir animal [a]. Elle mourra [1] d'une mort presque toujours atroce, arrachée aux prés habituels, après le long voyage dans le wagon [2] à bestiaux qui la **cahotera** vers l'abattoir, souvent meurtrie, privée d'eau, effrayée en tout cas [3] par ces secousses et ces bruits nouveaux pour elle. Ou bien, elle sera poussée en plein soleil, le long d'une route, par des hommes qui la piquent de leurs longs aiguillons [b], la malmènent si elle est rétive ; elle arrivera **pantelante** [c] au lieu de l'exécution, la corde au cou, parfois l'œil crevé, remise entre les mains de tueurs que brutalise [d] leur misérable métier, et qui commenceront peut-être à la **dépecer** pas **tout à fait** [4] morte. Son nom même, qui devrait être sacré aux hommes qu'elle nourrit, est ridicule en français, et certains lecteurs de ce livre trouveront sans doute cette remarque et celles [5] qui précèdent également ridicules.

Marguerite YOURCENAR (Souvenirs pieux, Gallimard, édit.).

VOCABULAIRE

a) **Noir animal** (nom + adjectif) : poudre obtenue par la calcination des os à l'abri de l'air et utilisée comme décolorant, matière filtrante, etc.

b) **Aiguillon** : bâton muni d'une pointe de fer. Le groupe *gu* se prononce en faisant entendre l'*u*.

c) **Pantelant** : qui respire avec peine, convulsivement.

d) **Brutaliser** : au sens (vieilli) de « abrutir, rendre pareil à la brute ».

ORTHOGRAPHE ET GRAMMAIRE

1. **Mourra** : attention aux deux *r* du futur simple.
2. **Wagon** : se prononce par *v*.
3. **En tout cas** : selon le Dictionnaire de l'Académie, singulier. On admettra cependant : *en tous cas*.
4. **Tout à fait** : sans traits d'union.
5. **Celles qui précèdent** : avertir qu'on a un pluriel.

88 Les gens de l'hospice

Au premier rang, un vieil homme agité de tremblements convulsifs [a] était comme un pommier que l'on aurait secoué et secoué alors que depuis longtemps il avait rendu tous ses fruits. On entendait quelque part siffler une respiration ainsi que du vent pris au piège d'un arbre creux. Un autre vieillard courait après son souffle dans une angoisse mortelle. Il y avait vers le milieu de la salle un demi-paralysé [1] dont le regard vivant dans un visage inerte [b] était d'une lucidité [c] insoutenable. Une pauvre femme n'était plus qu'une énorme masse de chair gonflée. Et sans doute y avait-il des indemnes [d], si de n'être qu'**irrémédiablement** [e] fripés, ridés, rétrécis, érodés [f] par quelque procédé d'une inimaginable férocité, représentait ici la bonne fortune. Où donc la vieillesse est-elle le plus atroce [2] ? Quand on y est comme ces gens de l'hospice ? Ou vue du lointain, depuis la tendre jeunesse qui voudrait mourir à ce spectacle ?

Gabrielle ROY (Ces enfants de ma vie, Ottawa, Stanké, édit.).

VOCABULAIRE

a) **Convulsif** : qui a le caractère mécanique, involontaire et violent des *convulsions* (où se manifestent des contractions saccadées des muscles).
b) **Inerte** : sans mouvement, sans expression ni réaction.
c) **Lucidité** : qualité d'une personne qui perçoit, comprend les choses avec clarté, perspicacité ; fonctionnement normal des facultés intellectuelles.
d) **Indemne** : celui qui n'a éprouvé aucun dommage.
e) **Irrémédiablement** : d'une manière *irrémédiable*, sans remède.
f) **Érodé** : rongé.

ORTHOGRAPHE ET GRAMMAIRE

1. **Demi-paralysé** : devant un nom, *demi* est invariable et suivi d'un trait d'union. (*N. gramm.*, § 201, *a*.)
2. **Le plus atroce** : l'article ne varie pas, dans le superlatif relatif, quand on compare l'état d'un seul être ou d'une seule chose dans des circonstances ou des moments différents. (*N. gramm.*, § 205, Rem. 1.)

89 Portrait d'une Américaine

Elle se regarda dans un miroir fixé au mur pour vérifier l'allure qu'elle avait. Presque plus de rouge à lèvres, mais aucune importance. Pour ses cheveux, ça irait, et elle passa les doigts de haut en bas dans ses boucles châtain roux [1].

À trente-six ans, Édith avait un physique élégant et **athlétique** : ses épaules étaient fortes, et sa taille plutôt mince. De temps à autre elle se disait qu'elle avait pris quelques **kilos** de trop, mais elle pouvait les perdre en quelques jours avec un minimum d'efforts. Elle avait des yeux noisette [2], qui ressemblaient beaucoup à la couleur de ses cheveux, et des cils tellement longs qu'on aurait dit des faux, ce qui lui donnait un regard brillant et alerte [a], pensait-elle, et cela la réconfortait de se dire qu'elle avait l'air brillante [3] et alerte, parce qu'elle ne se sentait pas toujours ainsi. Son visage était plutôt carré, à la différence de celui de ses parents ; c'était peut-être un caractère **héréditaire** [b] provenant de son arrière-grand-mère [4] irlandaise, dont elle possédait un **daguerréotype** [c].

Patricia HIGHSMITH (Le journal d'Édith.
Traduit de l'américain par Alain Delahaye. Calmann-Lévy, édit.).

VOCABULAIRE

a) **Alerte** : vif et leste.
b) **Héréditaire** : qui se transmet des parents aux descendants.
c) **Daguerréotype** : procédé primitif de la photographie, par lequel l'image de l'objet était fixée sur une plaque métallique. Par métonymie, l'instrument employé pour obtenir cette image ; l'image elle-même. Le mot vient du nom de l'inventeur, Daguerre.

ORTHOGRAPHE ET GRAMMAIRE

1. **Châtain roux** : invariable, comme adjectif de couleur composé. (*N. gramm.*, § 197, *a*.)
2. **Noisette** : invariable comme nom employé comme adjectif de couleur. (*N. gramm.*, § 197, *b*)
3. **Elle avait l'air brillante** : *avoir l'air* équivaut à *paraître*. (*N. gramm.*, § 203, *c*.)
4. **Arrière-grand-mère** : entre *grand* et *mère*, l'apostrophe est d'un usage dépassé, d'ailleurs sans justification étymologique. (Cf. *Bon us.*, § 529, Rem. 2.)

90 Le chien rêve

Une vive étincelle **illumina** son cerveau, y **suscita** une vision, la plus douce de toutes les visions. Jamais il n'avait vu la mer, mais le sel de notre mère originelle n'en était pas moins dissous [1] dans son sang ; il se **rappelait** [2] le mugissement menaçant de l'océan qui roulait ses vagues infinies sur une plage de galets gris, les gerbes d'eau des crêtes écumantes et **bouillonnantes**, et, dans le ciel sombre, les oiseaux blancs qui volaient à **tire-d'aile** en appelant le malheur de leurs cris. Le bourdon [a] et la pèlerine blanche du maître [3] gisaient sur le rivage, près de ses sandales de corde et de son baluchon [4] contenant du pain, et le maître nageait au-delà [5] de la crête du ressac [b]. À bout de forces, incapable de franchir les rouleaux mugissants, il appelait à l'aide et Rouslan aboyait en retour : « J'arrive tout de suite, tiens bon quelques instants », il se jetait dans le mur d'eau qui se dressait devant lui. Il le perçait avec son museau, aveuglé, à demi assourdi [6], il n'entendait plus que le crissement de **verroterie** [c] des cailloux et, au moment où l'air, déjà, s'**échappait** de sa gueule, il émergeait, reprenait haleine en **soufflant** fortement par le nez, puis il nageait vers son maître, heureux comme un roi, fier comme Artaban [d], porté bien haut par les vagues, puis, dévalant leurs pentes, il se rapprochait du maître [3], tour à tour perdant de vue sa tête, puis la retrouvant au milieu de l'élément en furie.

Gueorgui VLADIMOV (*Le fidèle Rouslan*. Histoire d'un chien de garde. Traduit du russe par François Cornillot. Éditions du Seuil).

> **VOCABULAIRE**

a) **Bourdon** : long bâton de pèlerin.

b) **Ressac** : retour violent des vagues sur elles-mêmes lorsqu'elles ont frappé un obstacle (côte, haut-fond, etc.). Prononcer *re-sac*.

c) **Verroterie** : menus objets de verre travaillé et colorié servant de bijoux de faible valeur.

d) **Fier comme Artaban** : du nom d'un héros du romancier La Calprenède (XVIIe siècle).

> **ORTHOGRAPHE ET GRAMMAIRE**

1. **Dissous** ou *dissout*, selon les *Rectifications* (voir l'Appendice, § 14), pour éviter la disparate avec le féminin *dissoute*.
2. **Se rappelait** : *se rappeler* se construit avec un objet direct dans la langue soignée ; *se rappeler de* n'appartient pas au français régulier : cf. *Bon us.*, § 280, *b*, 8°.
3. **Maître** ou *maitre*, selon les *Rectifications* (voir l'Appendice, § 4).
4. **Baluchon** ou *balluchon* : l'Académie signale les deux (1992).
5. **Au-delà** : attention au trait d'union.
6. **À demi assourdi** : *à demi,* locution adverbiale, invariable ; sans trait d'union avant l'adjectif (*N. gramm.*, § 201, *a.*)

91   L'homme de la pampa dans le métro

Comme Guanamiru avouait doucement ne pas connaître [1] encore le chemin de fer souterrain [2], Line proposa de le lui révéler. Justement ils se trouvaient près de la station Hôtel-de-Ville [3] où ils descendirent. Guanamiru en fut quitte pour dire à son chauffeur de les suivre.

Les voici l'un près de l'autre dans le wagon.

— Approchez-vous de la vitre. Appliquez dessus votre front. C'est cela même. Eh bien ? demanda-t-elle avec une curiosité frénétique [(a)].

— Je ne vois qu'une forêt de murs, des vergers de ciment, un ciel d'ingénieurs, dur et **voûté** [1]. Une angoissante impossibilité de soleil, d'immeubles, d'autobus ; au-dessus [4] de nos têtes des milliers d'ampoules électriques et pas un avion. Pas le moindre petit **eucalyptus** devant nous, pas un sarment de vigne ni un brin d'herbe. Absence des vaches et des moutons, que vous devenez redoutable !

— Et dans les gares ?

— Je vois une bascule qui pèse la lourdeur de l'**atmosphère** [5]. Des lettres énormes qui finiront par nous dévorer. Toutes les couleurs se sont réfugiées sur les affiches où elles se défendent avec fureur contre la monotonie agissante de dix mille [6] petits pains de céramique. Des groupes de gens qui semblent mobilisés, hommes et femmes, en civil généralement, se réunissent pour commenter à voix basse et sans en avoir l'air la disparition de la lumière du jour. Des renforts humains accablés descendent les escaliers et se joignent aux groupes qui stationnent. Tous ces gens se mettent à l'**alignement** sur le quai comme s'ils allaient être passés en revue par le chef de gare, heureux de vivre à l'ombre d'une casquette blanche, qu'il finit par prendre pour un arbre, tant elle lui donne de sérénité.

Jules SUPERVIELLE (L'homme de la pampa, Gallimard, édit.).

VOCABULAIRE

a) **Frénétique** : qui marque *la frénésie*, état d'agitation fébrile, d'exaltation violente qui met hors de soi.

ORTHOGRAPHE ET GRAMMAIRE

1. **Connaître, voûté,** ou *connaitre, vouté*, selon les *Rectifications* (notre Appendice, § 4).
2. **Souterrain** : prononcer *sou-té-rin*.
3. **Hôtel-de-Ville** : avec traits d'union, selon l'usage souvent suivi en France pour les noms de rues. (*Bon us.*, § 108, *c*, Rem. 3.)
4. **Au-dessus** : attention au trait d'union.
5. **Atmosphère** : du grec *atmos*, vapeur, et *sphaira*, sphère. Le mot est féminin.
6. **Dix mille** (selon la règle traditionnelle : le trait d'union se met entre les numéraux inférieurs l'un à l'autre à cent) ou *dix-mille*, selon les *Rectifications* (trait d'union dans tous les numéraux composés) ; cf. Appendice, § 8. — *Mille* est toujours invariable

92 L'étranger

C'est ainsi que je quittai le pays. Et ainsi commencèrent sept nouvelles années de ma vie que je passai, toutes les sept, à l'étranger.

Quand je fais le total de ce qui m'en reste, je vois que ce n'est presque rien. On a vécu, voilà tout. Il y a des gens qui vont dans la vie avec assurance, comme les bergers de la Bible, quand l'étoile brillait au ciel ; pas un de leurs gestes qui ne soit fait à bon **escient** [a], pas une de leurs paroles qui ne porte ; ils ont mesuré d'avance le chemin qu'ils ont à parcourir, ils en ont d'avance compté les étapes.

Mais c'est [1] des gens qu'on trouve seulement dans les livres, parce qu'il faut bien flatter le lecteur. Il faut qu'il comprenne tout de suite à qui il a affaire [2] et quelle [3] espèce d'hommes c'est. Il s'agit que les événements [4], dans les livres, soient comme des chemins qui se coupent à un endroit donné, et il y a des **carrefours** où tout le monde se retrouve. Il s'agit que vous vous attendiez aux choses qui vont arriver, sans quoi [5] vous vous sentiriez perdus [6].

Moi, je n'ai pas su où j'allais. Les choses venaient comme elles voulaient, non pas comme j'aurais voulu qu'elles viennent. On a besoin d'abord de pain, c'est seulement à quoi on pense. Et le temps s'en va heure à heure, jour après jour, semaine après semaine : on va toujours, on ne sait pas.

Est-ce qu'on sait jamais, nous autres ? On est pour les gens ceux qui passent. On n'a point de parents, ni d'amis parmi eux ; qu'on soit gais ou bien qu'on soit tristes [7], ils ne s'en doutent même pas.

Alors on se débat, c'est tout ce qu'on peut faire.

Charles-Ferdinand RAMUZ (Vie de Samuel Belet, Gallimard, édit.).

VOCABULAIRE

a) **À bon escient** : avec discernement, en connaissance de cause (même racine que dans *science*).

ORTHOGRAPHE ET GRAMMAIRE

1. **C'est des gens** : le verbe au singulier est du registre familier, ce qui correspond au ton adopté dans ce récit. (*N. gramm.*, § 361.)
2. **Avoir affaire** : on écrit aussi mais moins souvent, *avoir à faire*. (*Bon us.*, § 283, *e,* Rem.)
3. **Quelle espèce d'hommes** : attention au genre de *espèce*. *Hommes,* au pluriel : cf. plus haut « c'est des gens ».
4. **Événement** ou *évènement* : l'Académie signale les deux, en marquant sa préférence pour le deuxième (cf. notre Appendice, § 1).
5. **Sans quoi** : sinon.
6. **Perdus** : ou *perdu* (si c'est le *vous* de politesse).
7. **Gais, tristes** : on peut admettre le pluriel pour l'attribut dont *on* commande l'accord quand *on* a la valeur du pronom personnel *nous*. (*N. gramm.*, § 289, *b* ; *Bon us.*, § 429, *b,* 1°.)

93 Nefertiti et son scribe

a) À longueur de jour, je marche derrière elle, sans cesse à l'**affût** [1] de ce qu'elle dira. À force d'être aux **aguets** [a], tout ce qu'elle éprouve finit par retentir dans mes propres os [2].

Quelquefois [3], sa vie lui est d'un poids terrible. Son corps se fait lourd, presque sans âme. Ses mots ne parviennent plus à se former.

Pour chasser l'obscurité qui l'envahit, je danse, je chante, m'accompagnant d'un **tambourin** [b] ou d'une harpe [4]. Je fais tout pour lui être agréable et pour la divertir. Le plus souvent, j'y parviens.

D'autres fois, la reine s'éloigne pour errer dans les chambres vides ; ou bien, à l'aube, elle s'enfonce dans les chemins qui vont au désert. Sans qu'elle me le dise, je sais qu'elle veut être seule. Tassé au bas des marches, ou devant notre demeure à l'abri d'un vieux **sycomore** [c], je reste là, à l'attendre.

Quand je me repose sous l'arbre, je détache la chèvre pour qu'elle rôde autour de moi et lèche ma nuque de sa langue grise. J'ai perdu Senb, mon singe, dans le **naufrage** de cette ville, dès que les malheurs se sont violemment [5] abattus sur nous tous ici. Je m'en remets mal.

b) Sur ce rouleau de **papyrus** [d], à la suite des paroles de la reine, il m'arrivera de glisser mes propres souvenirs. Du commencement à la fin : j'ai vécu cette Cité. Mais de l'autre bord, celui des humbles. Dans l'ombre où je me plaisais, il m'a semblé, parfois, que je gardais une vue plus détachée, et par suite plus exacte, plus mesurée de l'histoire, que ceux qui la font.

Ce soir, Nefertiti est assise le dos à la fenêtre. Le Nil, **gonflé, torrentueux** en cette saison, roule jusqu'à la hauteur de son cou. Les oiseaux migrateurs strient [e] l'air, puis filent en vol bas vers les marais.

Pour ne pas la distraire de ses pensées, mon roseau [f] touche à peine ma feuille blanche ; je trace des traits de plus en plus **effilés** [g] dans un frottement **imperceptible** [h].

Autour de nous le temps s'arrête. Le silence grandit. Je cesse, un moment d'écrire pour prendre part à ce silence.

Andrée CHEDID (Nefertiti et le rêve d'Akhnaton, Flammarion, édit.).

VOCABULAIRE

a) **Aux aguets** (de la famille de *guetter*) : attentif (à ce qui peut se produire).
b) **Tambourin** : sorte de tambour.
c) **Sycomore** : sorte de figuier.
d) **Papyrus** (*s* final se prononce) : plante d'Égypte dont la tige découpée et collée en feuilles servait de surface pour écrire (ces feuilles se conservaient roulées).
e) **Strier** : rayer ; ici, au figuré.
f) **Roseau** : on écrivait au moyen d'un roseau.
g) **Effilé** : mince.
h) **Imperceptible** : qu'on ne peut percevoir (ici, par l'oreille).

ORTHOGRAPHE ET GRAMMAIRE

1. **Affût** ou *affut*, selon les *Rectifications* (notre Appendice, § 4). Au sens propre, le fait d'attendre le gibier ; ici, au figuré dans une locution synonyme de *aux aguets* (cf. note a).
2. **Os** : au pluriel, se prononce comme *eaux*.
3. **Quelquefois** : parfois. À distinguer de *quelques fois*, plusieurs fois.

4. **Harpe** : *h* aspiré.

5. **Violemment** : *e* dans la deuxième syllabe comme dans *violent*, malgré la prononciation. (*N. gramm.*, § 382, 3°.)

94 Villes inhumaines

a) Pendant ce temps, ils **agglomèrent** (a) les villes ; ce qu'ils appellent les villes, puisqu'il n'y a pas d'autre nom pour la chose **innommable** [1]. La bousculade de **tôles** et de bois de caisses tassée [2] en **gangrène** (b) entre les allées de boue ; d'une part l'église [3], à l'autre bout la Croix-Mission [4]. La longue rue centrale, pas mal dégagée, pour les **tilburys** [5] et les voitures légères, les robes à **crinoline** (c) et les enterrements de première classe. L'**apparat** (d) donc, la façade pétulante (e), et, non pas à vingt ou dix mais à cinq mètres en arrière, la lèpre grouillante qui descend avec naturel vers l'**enclos** (f) du cimetière. Ainsi les anciens esclaves n'avaient tenu dans les fonds que pour finir par grouiller dans cette misère ? Et la longue histoire s'engluait (g) dans la boue des taudis ?

b) Mais l'une de ces villes ! Élue d'entre tous les amas de cases (h), pour être l'exemple et la vigueur de lèpre ! **Forcenée** (i) jour et nuit dans son vacarme, afin simplement **d'étouffer** toute [6] autre voix sur les hauteurs. Frissonnante dans l'éclat jaune des lampes, criant sa vie à chaque croisée (j), fabuleuse de flambeaux et d'étalages, de marchandages et de sang ; jouant dans ses théâtres et dans ses rues l'éternel carnaval qui l'avait saisie. Et, pour étouffer le cri de mort partout ailleurs, mimant (k) la mort en robe noire, la figure enfarinée, jetant les uns contre les autres, dans l'arène (l) où elle fermentait, ses **mulâtres** et ses blancs, ses hommes de couleur et ses maîtres [7]. Une ville où la musique pétaradait à l'aube pendant que, compassés (m) à souscrire à la noble coutume, les braves se présentaient au rendez-vous du duel. Mais où aussi, dans la lueur **blême** (n), les rasoirs fulguraient (o) autour des tables de jeu. Une folie, **amarrée** (p) à la proue de la terre, pour opposer à la voix indistincte de la misère son écran de surdités échevelées (q).

Édouard GLISSANT (*Le quatrième siècle*, Le Seuil, édit.).

VOCABULAIRE

a) **Agglomérer** : unir en masse compacte ; *les villes* concerne plutôt le résultat.

b) **Gangrène** : pourrissement des tissus du corps ; ici, au figuré.

c) **Crinoline** : jupe de dessous, garnie de baleines et de lames métalliques, que les femmes portaient pour donner plus d'ampleur à leurs robes.

d) **Apparat** : apparences, ce que l'on veut montrer ; synonyme un peu plus loin, *façade*.

e) **Pétulant** : plein de vitalité, de vivacité, de fougue.
f) **Enclos** : clôture ou espace clôturé.
g) **S'engluer** : se prendre dans la *glu* (matière collante utilisée pour capturer des oiseaux) ; ici, au figuré.
h) **Case** : hutte dans laquelle habitent les Noirs.
i) **Forcené** : emporté par une folle ardeur.
j) **Croisée** : fenêtre.
k) **Mimer** : représenter par des attitudes, des jeux de physionomie.
l) **Arène** : lieu où se faisaient, dans l'ancienne Rome, les combats de gladiateurs ; ici, semble désigner la rue comme lieu où se déroule le carnaval.
m) **Compassé** : ordinairement, qui a une attitude raide, manquant de naturel et de simplicité. Le tour qu'on a ici et dont nous ne connaissons pas d'autre exemple, *compassé à* + infinitif, semble signifier « habitué d'une manière rigide ».
n) **Blême** : pâle.
o) **Fulgurer** : briller (au sens propre, comme un éclair) d'un éclat vif et passager.
p) **Amarrer** : attacher un bateau, un cordage, etc. C'est un terme de marine employé ici au figuré, la terre étant vue comme un bateau (la *proue*, c'est l'avant d'un bateau).
q) **Écran de surdités échevelées** : pris par leurs plaisirs *échevelés* (désordonnés, fous, sans frein), les gens se font un *écran* (ce qui sert à protéger, à cacher) pour ne pas voir la misère, sont sourds à la voix des malheureux.

ORTHOGRAPHE ET GRAMMAIRE

1. **Innommable** : qu'on ne peut pas nommer. Prononcer *ino-* ; certains redoublent le *n (i-nno-)*.
2. **Tassée** : on acceptera le masculin pluriel (accord avec *tôles* et *bois*).
3. **L'église** : pour désigner un bâtiment, s'écrit par une minuscule ; mais *l'Église* (avec majuscule), comme société.
4. **La Croix-Mission** : comme le montrent les majuscules et le trait d'union, cette désignation est considérée comme nom propre par l'auteur.
5. **Tilbury** : ancienne voiture à cheval. Le pluriel est à la française, par l'addition de *s*.
6. **Toute** : *tout* est ici déterminant ; comparez *une autre voix*. À distinguer de *une tout autre voix*, « une voix tout à fait autre », où *tout* est adverbe. (*N. gramm.*, § 245, *e*, Rem. 2.)
7. **Maître** ou *maitre*, selon les *Rectifications* (notre Appendice, § 4).

III

GRAMMAIRE

Féminin des noms.

95 Les progrès de la science

a) Que de merveilles ont été réalisées par la science, cette prodigieuse *exécutrice* des **desseins** conçus par la pensée humaine ! C'est grâce à cette ingénieuse *libératrice* que l'humanité, *captive* de mille nécessités matérielles, s'est affranchie de plus en plus.

Héritière des résultats acquis par maintes générations *chercheuses* de vérité, la science, en incomparable *ouvrière* de la civilisation, s'est révélée *l'inventrice* de progrès étonnants, et il n'est aucune nation un peu prospère qui ne soit sa *débitrice*. Telle une *enchanteresse,* elle joue avec les forces naturelles et, comme *pourvoyeuse* [a] de l'industrie, elle les transforme à son gré en chaleur, en électricité, en lumière ou en énergie mécanique. **Infatigable** *voyageuse,* elle suit les astres dans leur course ou scrute les abîmes [1] de l'Océan [2] ; *maîtresse* [1] de l'espace, elle s'affranchit de la distance et du temps lui-même.

b) La science fouille les profondeurs de la terre, ces *gardiennes* des richesses minérales. Elle soulage en *bienfaitrice* insigne [b] les maux de l'humanité et devient parfois *l'héroïne* de certaines tragédies médicales ; à l'occasion, elle s'érige en *vengeresse* du crime ; on l'a vue aussi, comme une *prophétesse,* tracer le cours des évènements [3] futurs.

Certes [4], la science a accompli des choses merveilleuses, mais toute *faiseuse* de prodiges qu'elle s'est montrée, elle est toujours courte par quelque [5] endroit, et les hommes s'abuseraient [c] dangereusement s'ils la prenaient pour leur seule *patronne* et pour leur unique *avocate,* ou s'ils en faisaient la *déesse* de l'avenir. Comment, en effet, la science **apaiserait**-elle à elle seule l'ardente soif de certitude et de justice dont l'humanité est altérée ?

> **VOCABULAIRE**

a) **Pourvoyeur** : celui qui *pourvoit*, qui approvisionne.
b) **Insigne** (adjectif) : remarquable, hors du commun.
c) **S'abuser** : se tromper.

> **ORTHOGRAPHE ET GRAMMAIRE**

1. **Abîme, maîtresse,** ou *abime, maitresse*, selon les *Rectifications* (notre Appendice, § 4).
2. **L'Océan** : avec majuscule, quand le mot désigne l'ensemble des eaux qui baignent les continents.
3. **Évènement** ou *événement* : les deux formes sont données par l'Académie, avec préférence pour la première (voir l'Appendice, § 1).
4. **Certes**, avec l's adverbial. (*Bon us.*, § 923.)
5. **Quelque** : l'*e* final n'est remplacé par l'apostrophe que dans *quelqu'un, quelqu'une*.

Pluriel des noms.

96 Une apologie de la vie rustique

a) On s'est fait bien des *idéaux*[1] de vie heureuse. Plus d'un a souhaité de posséder des *palais* ou des *châteaux* et de couler dans les plaisirs une existence sans *tracas*. Mais croit-on qu'elle soit exempte de tous *maux*, la vie oisive et mondaine de ces prétendus *heureux* du monde qui se repaissent de la joie frelatée [a] des *bals* ou s'étourdissent dans les **excentricités**[2] des *carnavals* ? **Apparemment**[3], c'est une **atmosphère**[4] de bonheur qui règne dans les *locaux* des casinos [b] où, sous les lustres et les *cristaux*, les *bijoux* font **scintiller**[5] les *feux* de leurs diamants, tandis que se déploient **nonchalamment**[3] les *éventails* et que des ombres joyeuses se **dessinent** sur les *vitraux*.

Que d'amertume et de dégoût[6] pourtant au fond de ces plaisirs ! Et combien plus heureuse **notamment** la vie simple des champs !

b) Oui, le **poète** l'a dit avec raison : Bienheureux les *ruraux* s'ils savaient leur bonheur ! À mes *yeux*, les vrais *heureux* du monde, ce sont ces campagnards en *sarraus*[c] à qui le sort a ménagé les douceurs des *travaux* rustiques, loin du tumulte des cités, dans la grande paix des champs et sous la tranquille[7] immensité des *cieux*. Là, point de luxe **fascinateur** ni de brillantes servitudes, mais la bonne simplicité des *aïeux* : à la table de famille, où la piété **filiale** réserve aux *aïeuls* la place d'honneur, la frugalité des *repas* ignore les *mets*[8] recherchés : une simple soupe aux *choux*, bien mieux que des *régals* compliqués, y **apaise** la faim et y répare les forces.

Les mains des campagnards ont des *cals* (d), mais elles se tendent avec une franche cordialité. Oui, la vie rustique est cent *fois* meilleure que l'oisiveté dorée des villes. Les *chevaux* me semblaient plus beaux dans les labours que sur le **turf** (e) et j'aimais mieux voir les chariots [9] de blé **cahotant** sur les *cailloux* que les *landaus* (f) ou que les limousines (g) dont les *pneus* crissaient sur les allées sablées des parcs.

VOCABULAIRE

a) **Frelater** : au sens propre, mélanger (le vin, les liqueurs, etc.) de substances étrangères. Au figuré, altérer (qqch.) dans sa pureté.

b) **Casino** : lieu de réunion pour jouer, faire de la musique, lire, danser, etc., dans les villes d'eaux.

c) **Sarrau** : blouse portée anciennement par les hommes du peuple.

d) **Cal** : durillon qui vient par suite d'un frottement continu, à la plante des pieds, à la paume des mains.

e) **Turf** (mot anglais) : lieu où se font les courses de chevaux. On prononce généralement le *u* comme dans *pur*.

f) **Landau** : ancienne voiture à quatre roues (repris pour désigner une voiture d'enfant).

g) **Limousine** : mot vieilli désignant un type d'automobile, conduite intérieure de grande dimension.

ORTHOGRAPHE ET GRAMMAIRE

1. **Idéaux** : moins souvent aujourd'hui, *idéals*. (Cf. *Bon us.*, § 504, c.)

2. **Excentricité** : proprement, qualité de ce qui est hors du *centre*.

3. **Apparemment** et **nonchalamment** : le premier avec un *e* et le second un *a* dans l'avant-dernière syllabe, parce qu'ils dérivent, l'un d'*apparent*, l'autre de *nonchalant*. (*N. gramm.*, § 382, 3° ; *Bon us.*, § 931, d.)

4. **Atmosphère** : formé avec le grec *atmos*, vapeur, et *sphaira*, sphère. — Le mot est féminin.

5. **Scintiller** : prononcez *sin-ti-yé*. La prononciation *sin-til-lé* est surannée.

6. **Dégoût** ou *dégout*, selon les *Rectifications* (notre Appendice, § 4).

7. **Tranquille** : prononcez *tran-kil* (et non *tran-kiy*).

8. **Mets** : même au singulier, ce nom a un *s* final (*un mets*).

9. **Chariot** ou *charriot*, selon les *Rectifications* (Appendice, § 14) ; *chariot* était, en effet, le seul mot de la famille du latin *carrus* à s'écrire par un seul *r*.

Pluriel des noms propres.

97 Les grands classiques français

a) L'influence de Louis XIV, le plus illustre des *Bourbons* et en même temps le plus intelligent des *Mécènes* (a), s'est exercée de la plus heureuse façon sur les lettres françaises et c'est sous le règne de ce roi que le classicisme a atteint sa plus harmonieuse **maturité**. Sans doute, avant lui, l'aîné [1] des deux *Corneille* avait créé la tragédie française ; mettant en conflit l'amour et l'honneur, il avait donné le « Cid », imité des *Espagnols*, puis « Horace », où il s'était inspiré de la légende des trois *Horaces* combattant contre les trois *Curiaces,* puis plusieurs autres chefs-d'œuvre encore.

b) Mais c'est surtout à partir de 1660 que le classicisme jette son plus vif éclat. Racine, dans ses tragédies, peint la lutte de la passion contre le devoir ; il enrichit notre **théâtre** tragique d'admirables ouvrages jusqu'au moment où ses ennemis voulurent, en 1667, opposer à sa « Phèdre » celle du méchant [2] **poète** Pradon ; on ne tarda pas à reconnaître [1] laquelle des deux *Phèdre* méritait les **suffrages** (b) du public ; cependant Racine, à partir de cette date, renonça au théâtre. S'il y revint plus tard, ce ne fut que pour composer « Esther » et « Athalie », deux tragédies bibliques.

Molière s'est illustré dans le théâtre comique ; il est le père de la comédie de caractère (c) et il a créé des types où les hommes pourront toujours reconnaître [1] l'image de leurs vices et de leurs travers, aussi longtemps qu'il y aura des *Harpagons,* des *Tartufes,* des *Alcestes* et des *Célimènes* (d).

c) Boileau s'est montré un critique très judicieux et s'est fait le défenseur des idées classiques, surtout dans son « Art poétique ». Les éditions de cet ouvrage ont été innombrables : il n'est guère de **bibliothèque** [3] où l'on ne trouve à côté de quelques *Racine(s)* ou de quelques *Molière(s)* un ou deux *Art poétique* attestant la gloire du « législateur du Parnasse (e) ».

Le tableau du XVIIe siècle serait incomplet si l'on n'y faisait [4] figurer les *Bossuet,* les *La Fontaine,* les *Sévigné,* les *Fénelon,* les *La Bruyère,* qui tous, dans cette brillante époque, ont acquis les titres les plus solides à la gloire littéraire.

> **VOCABULAIRE**
>
> a) **Mécène** : chevalier romain, ami d'Auguste. Son nom est devenu le synonyme de protecteur des lettres et des arts. — L'Académie écrit *un mécène,* sans majuscule, mais on écrit aussi *un Mécène.*
>
> b) **Suffrage** : approbation.
>
> c) **Comédie de caractère :** celle qui a pour objet principal la peinture d'un caractère.

d) **Harpagon, Tartufe** (donné aussi sans majuscule par les dictionnaires, dont la plupart mentionnent en outre la variante *tartuffe*), **Alceste, Célimène** : types, respectivement, de l'avare, du faux dévot, du misanthrope, de la coquette. Pour ces noms désignant des types, on doit accepter aussi l'invariabilité : cf. *Bon us.*, § 512, *a* ; *N. gramm.*, § 183, *a*, Rem. 1.

e) **Parnasse** : montagne de la Phocide (Grèce centrale) consacrée à Apollon et aux Muses. Au figuré, la poésie.

ORTHOGRAPHE ET GRAMMAIRE

1. **Aîné, reconnaître**, ou *ainé, reconnaitre*, selon les *Rectifications* (notre Appendice, § 4).
2. **Méchant** : qui est mauvais, qui ne vaut rien dans son genre. Dans cette acception, *méchant* précède toujours le nom. (Comparez : *un poète méchant*, un poète qui a de la méchanceté.)
3. **Bibliothèque** : on admettra aussi le pluriel. (Cf. *Bon us.*, § 499, *c*.)
4. **Si l'on n'y faisait...** : la négation *n'* est nécessaire après *on* (cf. : « si l'homme *n'y* faisait... »).

Pluriel des noms composés.

98 Portrait d'Asthène

a) Asthène [a] a peu d'esprit, peu de jugement et peu de volonté. Dans les rares *tête-à-tête* [1] qu'il a avec lui-même, il est incapable de voir clair en son âme et de **discerner** [b], parmi les *va-et-vient* de ses impressions et les *volte-face* [2] capricieuses de sa sensibilité, la vraie figure de sa personnalité. Prêtant l'oreille à tous les *on-dit,* attentif aux conflits des petits *amours-propres,* il est **constamment** [3] **ballotté** entre les ordres et les **contrordres** [4] d'une volonté fantasque [c] et inconsistante.

Ce qu'il a entrepris, il l'abandonne aussitôt que les moindres **contretemps** viennent en troubler le cours. Au lieu d'appliquer à l'essentiel de ses travaux le peu d'énergie qu'il possède, il le gaspille dans des *hors-d'œuvre* [5] qui l'amusent ; parfois même, répugnant à faire aucun effort, il s'adonne des *après-midi* [6] durant à des *passe-temps* frivoles, alors que les devoirs les plus graves réclament son activité.

b) Asthène n'entend pas **grand-chose** [7] à la science, à l'art, à la **philosophie**. Il érige **volontiers** [8] en génies les *touche-à-tout* de la littérature ou des *beaux-arts,* et il n'est pas loin de croire que tel et tel de ses amis, parce qu'ils sont de joyeux convives ou des *boute-en-train* [9] **facétieux** [d], sont des esprits du premier ordre. Il ignore tout des vrais grands hommes, et les *chefs-d'œuvre* sont pour lui lettre close [e]. Il distingue mal les vérités historiques des contes bleus [f] des *grands-mères* [10] ; sa conversation est sottement émaillée de *coq-à-l'âne* [11]. Ses jugements sont remplis de vagues *sous-entendus,* et si vous le poussez sur quelque question, il se réfugie volontiers dans l'équivoque ou allègue [g] ses *arrière-pensées*. Si Asthène s'aventure dans une **discussion,** les moindres objections lui donnent de fâcheux *crocs-en-jambe,* et sa raison, borgne et **boiteuse** à la fois, n'**apercevant** ni les *garde-fous* ni les *chausse-trappes* [11], s'abat et s'enlise dans l'illogisme [h] le plus complet.

Asthène pourtant est entouré, on lui fait fête : son père a des *coffres-forts* bien remplis.

VOCABULAIRE

a) **Asthène** : nom fictif (du grec *asthenês,* faible, chétif).

b) **Discerner** (du lat. *dis-cernere*) : distinguer.

c) **Fantasque** : qui est capricieux, sujet à des fantaisies, à des inégalités d'humeur.

d) **Facétieux** (prononcez *fa-sé-syeu*) : qui dit ou fait des *facéties,* de grosses plaisanteries.

e) **Lettre close** : écrit, parole dont le sens ou l'intérêt ne sont pas perçus.

f) **Conte bleu** : récit dépourvu de toute vraisemblance.

g) **Alléguer** : mettre en avant, présenter comme argument.

h) **Illogisme** : caractère d'une action, d'un sentiment contraires à la logique.

ORTHOGRAPHE ET GRAMMAIRE

1. **Tête-à-tête, coq-à-l'âne** : ne varient pas au pluriel parce que ces composés ne contiennent pas un *noyau* sémantique susceptible de prendre la marque du pluriel : *un tête-à-tête* n'est pas *une tête* (comme le montre le genre), mais un entretien où l'on se trouve *tête à tête ; un coq-à-l'âne* n'est pas *un coq,* mais un discours sans suite, où l'on saute du *coq à l'âne.* (*Bon us.*, § 515, *b,* 2°.)

2. **Les volte-face** : traditionnellement invariable. Comparez pourtant notre Appendice, § 7.

3. **Constamment** : dérivé de *constant ;* donc un *a* devant les deux *m*.

4. **Contrordre** : orthographe de l'Académie (1932) ; auparavant, on écrivait *contre-ordre*.

5. **Des hors-d'œuvre** ou *des hors-d'œuvres,* si l'on applique la règle proposée dans les *Rectifications* (cf. Appendice, § 7), mais le document ne prévoit pas explicitement ce cas, où l'on a, comme premier élément du nom composé, une locution prépositive.

6. **Des après-midi** ou *des après-midis,* selon les *Rectifications* (Appendice, § 7).

7. On a écrit longtemps *grand'chose, grand'mère,* etc. Cette orthographe ne se justifie pas : anciennement *grand* n'avait qu'une forme pour les deux genres (cf. *Bon us.*, § 529, Rem. 2 et Hist.). La 8ᵉ édition du Dictionnaire de l'Académie (1932) a corrigé l'anomalie.

8. **Volontiers**, avec *s* adverbial. (*Bon us.*, § 923.)

9. **Des boute-en-train** ou *des boutentrains*, selon les *Rectifications* (Appendice, § 6).

10. **Des grands-mères** : cette forme est recommandée par l'Académie dans sa grammaire. Mais beaucoup d'auteurs continuent à écrire : *des grand-mères. (Bon us.*, § 516.)

11. **Les chausse-trappes** (forme adoptée « à titre définitif » par l'Académie en 1992 pour remplacer *les chausse-trapes*) ou *les chaussetrappes,* selon les *Rectifications.* Voir notre Appendice, §§ 6 et 14. — Le mot a désigné d'abord divers types de pièges ; il s'emploie surtout au figuré aujourd'hui.

Féminin des adjectifs.

99 La maison paternelle

a) Ma maison natale, c'est une vieille demeure paysanne, d'une architecture un peu désuète [a] et **vieillotte**, mais elle est, plus que nulle autre, douce et chère à mon cœur, car elle fut pour moi une maison heureuse.

Qu'elle est belle encore avec ses fenêtres jumelles aux vitres nettes et garnies d'une discrète et fraîche [1] mousseline ! Sur la façade blanche, une vigne vierge étend ses guirlandes épaisses : **çà et là**, dans les **interstices** des pierres **frissonnent** quelques folles graminées. La toiture paraît [1] **caduque** [b], mais elle est solide encore, quoique [2] **affaissée**, et ses tuiles grises ou rousses, après l'ondée, luisent **gaiement** [3] au soleil tandis que le gros noyer, d'une de ses maîtresses [1] branches, vient **caresser** la pointe supérieure du pignon.

b) J'aime la vaste cuisine de la maison paternelle, ses grosses poutres de chêne mal **équarries** et sa cheminée ancienne et massive où brille doucement une batterie de cuisine [c] complète en cuivre rouge et où **s'alignent** des assiettes de faïence bleue [4] décorées de naïves peintures. J'aime aussi la chambre de famille, basse et un peu sombre, mais si franche et si **accueillante** pourtant, et peuplée de tant de souvenirs. Ici je revois la place favorite de ma **grand-mère** [5], si bonne et si délicate, et dont l'indulgente amabilité savait si bien se faire tantôt protectrice quand grondait la sévérité paternelle, tantôt consolatrice quand mes chagrins d'enfant avaient assombri mon visage, tantôt encore charmeuse et enchanteresse quand, aux longues soirées d'hiver, tandis que sifflait la plainte aiguë [6] du vent, elle me disait ses contes bleus [d]. Voici le fauteuil de mon grand-père ; c'est là qu'il appuyait sa canne, c'est là qu'il secouait sa vieille pipe de merisier[e].

Chère maison d'enfance ! Qui l'a connue ainsi, avenante[f] et paisible, en garde un souvenir **ineffaçable**.

> **VOCABULAIRE**

> a) **Désuet** (prononcez l's comme dans *sou*) : qui a cessé d'être en usage.
> b) **Caduc** : qui touche à sa fin, à sa ruine.
> c) **Batterie de cuisine** : ensemble des ustensiles en métal qui servent à la cuisine.
> d) **Conte bleu** : récit dépourvu de vraisemblance.
> e) **Merisier** : cerisier sauvage.
> f) **Avenant** : agréable à voir, qui charme.

> **ORTHOGRAPHE ET GRAMMAIRE**

> 1. **Fraîche, paraître, maîtresse,** ou *fraiche, paraitre, maitresse*, selon les *Rectifications* (notre Appendice, § 4).
> 2. Selon Littré, l'*e* de *quoique* ne s'élide dans l'écriture que devant *il(s), elle(s), on, un(e)*. Mais, en fait, il s'élide souvent devant un mot quelconque commençant par une voyelle ou par un *h* muet, pourvu qu'il n'y ait aucune pause à faire. Cf. *Bon us.*, § 45, *b*, 4°.
> 3. L'Académie écrit : **gaiement** ; *gaîment* est encore dans certains dictionnaires.
> 4. L'adjectif se rapporte à *faïence*.
> 5. **Grand-mère** : anciennement *grand'mère*. (Voir la note 7 du texte précédent.)
> 6. **Aiguë** ou *aigüe*, selon les *Rectifications* (Appendice, § 5).

Numéraux.

100 La pollution des eaux

C'est un fait dont il faut s'inquiéter : les mers sont aujourd'hui **polluées** [a] jusqu'en leurs vastes espaces, jusqu'en leurs profondeurs : on s'en convainc [1] si l'on s'en rapporte aux idées que le commandant Cousteau a développées **naguère** [b] au Conseil de l'Europe. Toute pollution finissant dans la mer, a-t-il expliqué, le plomb des gaz d'échappement de nos voitures se retrouve dans nos océans. Dans les cent [2] mètres de la couche supérieure de la mer, le taux de plomb a **quintuplé** [c] au cours de ces cinquante dernières années ; le pétrole, les **pesticides** [d], le **D.D.T.** [e], le mercure y ont été relevés dans des proportions nullement négligeables. Ce ne sont pas de simples traces, mais des quantités inquiétantes de D.D.T. qu'on a trouvées dans le foie des pingouins de l'Antarctique comme dans la graisse des **thons** du Pacifique. Dans le golfe du Mexique, au nombre des marées qu'on y a observées en dix-huit mois, cinquante-deux ont **charrié** des poissons morts. En mil [3] neuf cent soixante-neuf [4], les États-Unis ont rejeté dans les fleuves et dans la mer jusqu'à quatre millions de tonnes de déchets toxiques [f]. Les services hollandais ont estimé que c'étaient [5] vingt à trente mille, parfois même cinquante mille oiseaux, qu'on avait trouvés morts chaque année devant leurs côtes.

Avec le commandant Cousteau, on souhaiterait que fût [6] organisée, sans retard, une réglementation internationale propre à arrêter les effets désastreux d'une pollution qui menace la vie même de la mer et, par voie de conséquence, l'humanité **tout** entière.

VOCABULAIRE

a) **Polluer** : salir en rendant impur, impropre à la consommation, malsain, dangereux, vicié.
b) **Naguère** signifie « il n'y a guère (de temps) » et indique un passé peu éloigné. Bien distinguer d'avec *jadis*, il y a longtemps.
c) **Quintupler** : rendre cinq fois plus grand.
d) **Pesticide** : substance employée pour détruire les organismes animaux ou végétaux nuisibles aux plantes cultivées.
e) **D.D.T.** (sigle de *dichloro-diphényl-trichloréthane*) : insecticide puissant.
f) **Toxique** : qui agit comme un poison.

ORTHOGRAPHE ET GRAMMAIRE

1. **Convainc** : dans il *vainc*, il *convainc*, on n'a pas de *t* final.
2. **Les cent mètres** : ici *cent* n'est pas multiplié ; il ne prend pas d'*s* final.
3. **Mil** : l'usage habituel est d'écrire *mil* lorsque, dans la date des années de l'ère chrétienne, ce mot commence la date et est suivi d'un ou de plusieurs autres nombres.
4. Dans les numéraux composés, selon la règle traditionnelle, on ne met de trait d'union qu'entre les numéraux inférieurs tous deux à cent. Selon les *Rectifications*, on met un trait d'union entre tous les éléments des déterminants numéraux composés ; mais *million* et *milliard* sont des noms et ils ne sont ni précédés ni suivis d'un trait d'union. (Appendice, § 8).
5. **C'étaient** : on écrirait aussi (mais moins ordinairement) : *c'était...*
6. **Que fût organisée** : après un conditionnel présent comme verbe principal (*on souhaiterait*), on a ici le verbe subordonné à l'*imparfait* du subjonctif (*fût*), mais on pourrait avoir aussi le *présent* du subjonctif (*soit*). (*Bon us.*, § 869, *d*.)

Numéraux.

101 Les visiteurs

On ne leur ôterait jamais de la tête qu'il est de la **bienséance** [a] de visiter chaque jour le public en détail, sans compter les visites qu'ils font en gros dans les lieux où l'on s'assemble. Mais, comme la voie [b] en est trop abrégée, elles sont comptées pour rien dans les règles de leur cérémonial.

Ils fatiguent plus les portes des maisons à coups de marteau [c] que les vents et les tempêtes. Si l'on allait examiner la liste de tous les portiers, on y trouverait chaque jour leur nom estropié de mille manières (...). Enfin ils reviennent chez eux, bien fatigués, se reposer, pour pouvoir reprendre le lendemain leurs pénibles fonctions.

Un d'eux mourut l'autre jour de lassitude, et on mit cette **épitaphe** [1] sur son tombeau : « C'est ici que repose celui qui ne s'est jamais reposé. Il s'est promené à cinq cent trente [2] enterrements. Il s'est réjoui de la naissance de deux mille six cent quatre-vingts enfants. Les pensions dont il a félicité ses amis, toujours en des termes différents, montent à deux millions six cent mille livres [3] ; le chemin qu'il a fait sur le pavé, à neuf mille six cents stades [d] ; celui qu'il a fait dans la campagne, à trente-six. Sa conversation était amusante ; il avait un **fonds** [4] tout fait de trois cent soixante-cinq contes ; il possédait d'ailleurs, depuis son jeune âge, cent dix-huit **apophtegmes** [5] tirés des anciens, qu'il employait dans les occasions brillantes. Il est mort enfin à la soixantième année de son âge. Je me tais, voyageur, car comment pourrais-je achever de te dire ce qu'il a fait et ce qu'il a vu ? »

MONTESQUIEU (*Lettres persanes*).

VOCABULAIRE

a) **Bienséance** : conduite sociale en accord avec les usages, avec le respect de certaines formes.

b) **Voie** : au sens de « chemin » (il faut faire moins de trajets pour visiter les gens rassemblés en groupes).

c) **Marteau** : heurtoir, pièce de métal destinée à frapper et fixée à la porte d'entrée d'une habitation.

d) **Stade** : mesure de longueur de la Grèce ancienne (environ 180 mètres).

ORTHOGRAPHE ET GRAMMAIRE

1. **Épitaphe** : inscription funéraire. Le mot est féminin.

2. Dans les numéraux composés, selon la règle traditionnelle, on ne met de trait d'union qu'entre les numéraux inférieurs tous deux à cent. Selon les *Rectifications*, on met un trait d'union entre tous les éléments des déterminants numéraux composés ; mais *million* et *milliard* sont des noms et ils ne sont ni précédés ni suivis d'un trait d'union. (Appendice, § 8).

3. **Livre** : ancienne monnaie. Le mot est féminin.

4. **Fonds** : capital, réserve. À distinguer de *fond*, partie la plus basse.

5. **Apophtegme** (du grec) : parole mémorable ayant une valeur de maxime. Le mot est masculin.

Quelque, tout, même.
102 La bonne éloquence au XVIIe siècle

a) Il ne faut pas faire à l'éloquence le tort de penser qu'elle n'est qu'une recette *tout* artificieuse (a) que *quelques* déclamateurs exploitent pour en imposer [1] à la multitude, ou un art frivole dont ils se servent pour trafiquer de *tous* les sentiments, et de ceux *même(s)* [2] qu'on estime les plus nobles. *Quelques* regrettables abus qu'on en ait faits, c'est un art très sérieux, qui est destiné à éclairer les esprits, à soutenir les lois ; *tout* en réprimant les passions, tout en corrigeant les mœurs [3], elle est *tout* entière appliquée à rendre les hommes bons et vertueux.

b) Plus un déclamateur ferait d'efforts pour m'éblouir par les fantaisies brillantes ou par les prestiges (b) *même* de son discours, plus je me révolterais contre sa vanité qui, tel [4] un feu d'artifice, ne sait que jeter des étincelles. *Quels que* soient sa virtuosité ou ses artifices, il me paraît [5] indigne de *toute* admiration. Ce que je cherche, ce sont des orateurs sérieux, qui me parlent pour moi et non pour eux-*mêmes*. L'homme digne d'être écouté est celui dont les paroles, *quelles* qu'elles soient, sont au service de la pensée, et dont la pensée est *toute* [6] au service de la vérité et de la vertu.

c) Je prends pour juges de cette question les Anciens *mêmes*. Platon(c), il y a *quelque* vingt-trois siècles, bannissait de sa République les musiciens qui, *quelque* bons artistes qu'ils fussent, ne savaient faire entendre que des sons langoureux. Les Spartiates, qui ne voulaient **s'accommoder** d'aucunes [7] mœurs **efféminées**, excluaient de la leur *tous* les instruments trop composés (d), qui pouvaient **amollir** les cœurs. *Toute* harmonie, prétendent *quelques* auteurs, est bonne dès qu'elle flatte l'oreille ; pour moi, mon **opinion** est *tout* autre : l'harmonie n'est bonne qu'autant que les sons forment avec les paroles des *touts* bien **homogènes** (e) capables d'inspirer des sentiments vertueux. L'éloquence doit avoir le *même* but : l'art de l'orateur n'est bon que s'il sait être *tout(e)* [8] sagesse et *tout(e)* [8] vertu.

D'après FÉNELON.

VOCABULAIRE

a) **Artificieux** : qui est plein d'*artifice*, de ruse.

b) **Prestige** : illusion attribuée à la magie, à quelque sortilège (sens ancien).

c) **Platon** : philosophe grec (429-347 av. J.-C.). Un de ses dialogues, intitulé *La république*, expose le plan d'une société idéale.

d) **Trop composés** : pas assez simples.

e) **Homogène** : dont les éléments constitutifs sont de même nature.

> **ORTHOGRAPHE ET GRAMMAIRE**

1. **En imposer** : faire illusion, tromper. (*Bon us.*, § 654, 2°.)
2. Dans un grand nombre de cas, après un pronom démonstratif, *même* peut être regardé comme adjectif ou comme adverbe, suivant le point de vue où l'on se place. (*Bon us.*, § 623, Rem. 3 ; *N. gramm.*, § 246, *c*, Rem.)
3. **Mœurs** : la prononciation *meur* est plutôt vieillie ; dans l'usage ordinaire, on fait entendre l'*s*, bien que ce soit l'*s* du pluriel.
4. **Tel**, s'accordant avec le nom qui suit. L'usage est un peu chancelant : on pourrait admettre aussi : « *telle* un feu d'artifice ». (*Bon us.*, § 248, *a*, 4° ; *N. gramm.*, § 243, *c*, Rem. 1.)
5. **Paraît** ou *parait*, selon les *Rectifications* : voir Appendice, § 4.
6. **Toute** est adjectif : il signifie « entière » (toute sa pensée est au service...).
7. **Aucun** s'emploie au pluriel avec les noms qui n'ont pas de singulier ou qui, au pluriel, ont un sens particulier.
8. **Tout** exprimant plénitude et renforçant un nom épithète ou attribut s'accorde avec ce nom ou reste invariable. (*Bon us.*, § 955, Rem. 2 ; *N. gramm.*, § 245, *e*, Rem. 1.)

Quelque, tout, même.

103 Sur le goût des collections

a) Le goût [1] de la **collection,** par lui-*même,* a *quelque* vertu : à qui en est saisi, il promet d'abord des plaisirs analogues à ceux du jeu, de la chasse. Mais *toutes* les collections en elles-*mêmes*, *quelles qu*'elles soient, ont des charmes. Les plus modestes *même(s)* sont dignes qu'on se **passionne** pour elles. *Quelque* grands avantages que soient, pour un riche amateur, la science du passé et l'intuition du beau, ces *mêmes* qualités, appliquées à la collecte [a] d'objets *même* très humbles, font merveille : pour tel spécialiste de l'image populaire, *tous* les mérites d'une fastueuse galerie ne dévaluent pas ceux qui font son bonheur quand il **feuillette** [2] ses albums.

Oui, *toute* collection a ses vertus. Cependant, l'antique précepte de la juste mesure ne laisse [b] pas d'être à évoquer en ceci comme en bien d'autres choses. Les poètes satiriques, les auteurs de comédies, de romans, les moralistes n'ont pas manqué de saisir les travers des passions excessives : aimer, à l'exclusion de *toute* [3] autre, telle fleur exotique, ce peut être la douce folie de l'amateur de tulipes dépeint par La Bruyère. De telles folies, il en est de sublimes : en *quelque* sorte, Don Quichotte fut un collectionneur d'aventures chevaleresques.

b) Le **psychologue** observera-t-il les collections comme le **graphologue** scrute les écritures ? Et pourquoi pas ? Tels qu'en eux-*mêmes* se révèlent ainsi bien des gens, par la nature *même* de leur prédilection. En outre, leur conduite est significative à maints égards. Par exemple, leur recherche ne sera pas toujours *tout* agrément et *tout(e)* [4] satisfaction ; *toute* [5] hérissée de difficultés, *tout* épuisante qu'elle pourra [6] paraître [1] parfois, ils tiendront pourtant ces peines, *quelles* qu'elles soient, et *même quel* qu'en soit le résultat, pour des activités qui les contentent parfaitement.

Ainsi, *quelques* grandes inégalités qu'on croie [7] **apercevoir** entre elles, *toutes* les collections offrent de l'intérêt, puisque l'esprit humain trouve à se plaire en elles *toutes,* et aux plus saugrenues *même*. À propos de celle qui est ou qui sera la vôtre, vous ferez bien, néanmoins, de vous dire : à la manie de voir *tout* en elle, sachons substituer l'intelligence de reconnaître [1] sa place, infime ou considérable, mais *toute* relative, comme témoignage d'un aspect du grand *tout* que forme la société humaine.

VOCABULAIRE

a) **Collecte** : action de réunir, de rassembler, par exemple des documents, des renseignements ; ou des dons : d'où le sens usuel de « quête », à l'église, à l'issue d'un spectacle, etc.

b) **Ne pas laisser de** : ne pas manquer de (avec une nuance adversative : le précepte, quoique antique, est encore utile à citer).

ORTHOGRAPHE ET GRAMMAIRE

1. **Goût, paraître, reconnaître,** ou *gout, paraitre, reconnaitre,* selon les *Rectifications* : cf. notre Appendice, § 4.

2. **Feuillette** ou *feuillète,* selon les *Rectifications* : voir l'Appendice, § 3.

3. **Toute autre** : il y a ellipse du nom fleur ; *tout* se rapporte à ce nom et est donc adjectif variable. (*Bon us.,* § 955, Rem. 4 ; *N. gramm.,* § 245, *e,* Rem. 2.)

4. **Tout** exprimant plénitude et renforçant un nom épithète ou attribut s'accorde avec ce nom ou reste invariable. (*Bon us.,* § 955, Rem. 2 ; *N. gramm.* § 245, *e,* Rem. 1.)

5. **Toute hérissée** : *tout,* adverbe, varie devant l'adjectif féminin *hérissée,* commençant par un *h* aspiré.

6. **Tout ... que** admet le subjonctif ou l'indicatif. On pourrait dire : « tout épuisante qu'elle *puisse* paraître ». (*Bon us.,* § 1094 ; *N. gramm.,* § 440.)

7. **Croie** : la 3ᵉ personne du singulier du subjonctif présent se termine par -*e.* Exceptions : *qu'il* ait, *qu'il* soit. Dans les propositions concessives, le verbe est au subjonctif : *N. gramm.,* § 440.

Quelque, tout, même.

104 Conseils d'un homme méthodique

a) *Quelque* divers que soient les travaux des hommes, il est *quelques* maximes qui devraient être communes à *tous* les travailleurs. D'abord, parmi *tous* les travaux possibles, il faut choisir. La force et l'intelligence des hommes, *même* les mieux doués, ont des limites étroites. Qui veut *tout* faire ne fera jamais rien. Tenez pour certain que ceux qui se montrent *tout* feu, *tout* flamme, successivement pour la musique, pour les affaires, pour la politique, *quels que* puissent être leurs succès d'un moment, n'aboutiront qu'à la médiocrité, aux échecs lamentables *même*. Il faut procéder d'une *tout* autre manière. L'art de la vie consiste à choisir un point d'attaque et à y concentrer sa force *tout* entière.

b) En s'examinant eux-*mêmes,* les débutants doivent se dire : « Puisque les hommes ne sont pas *tous* faits pour *quelque* [1] occupation que ce soit, puisqu'il n'est guère de succès *tout* faits, quelles sont mes aptitudes à moi ? » Dans les limites *mêmes* de la carrière choisie, de nouveaux choix seront nécessaires. *Quels que* soient son intelligence ou ses talents, un homme, supposé [2] *même* que son activité s'étende sur les *quelque* quatre-vingts ans d'une longue vie, ne saurait accomplir *toutes* les tâches. Ici encore les débutants, *tel* [3] le militaire qui, après avoir pesé *toutes* les conséquences d'un ordre, s'applique à l'exécuter exactement, écarteront *toute* autre occupation que celle que leur volonté aura déterminée.

En outre, *tout* inutile que peut [4] paraître [5] cette précaution, il importe de rédiger un plan de travail qui indique les buts [6] lointains et les buts rapprochés, et qui marque avec précision les éléments importants, les menus objectifs [a] *même* exigeant une action immédiate. Faisons ce que nous faisons, faisons-le de tout cœur, *quelques* grands efforts qu'il nous en coûte [5].

D'après André MAUROIS.

> **VOCABULAIRE**

a) **Objectif** : but que l'on cherche à atteindre.

> **ORTHOGRAPHE ET GRAMMAIRE**

1. **Quelque** : l'*e* final n'est remplacé par l'apostrophe que dans *quelqu'un, quelqu'une.*
2. **Supposé que** : locution conjonctive introduisant une proposition de condition au subjonctif.
3. **Tel** s'accordant avec le nom qui suit. L'usage est un peu chancelant ; on pourrait admettre aussi : « les débutants, *tels* le militaire ». (Cf. *Bon us.*, § 248, *a*, 4° ; *N. gramm.*, § 24, *c*, Rem. 1.)

4. On pourrait dire aussi : « tout inutile que *puisse* paraître... ». (*Bon us.*, § 1094 ; *N. gramm.*, § 440.)
5. **Paraître, coûter** ou *paraitre, couter*, selon les *Rectifications* (cf. Appendice, § 4).
6. **But** : suivi d'une pause ou quand il n'est pas lié au mot suivant, peut se prononcer *but'* (en faisant entendre le *t*) ou *bu*.

Verbes en -cer, -ger, -yer, etc.

105 La petite rivière

a) Petite rivière, qui *promènes* dans la petite vallée les caprices *changeants* de ta marche onduleuse, et qui *crées* sur ton passage la gaieté [1] et la fraîcheur [2], je suis de ceux que tes grâces rustiques [a] *appellent* et retiennent sur tes bords. Ici, sur un lit de cailloux, tu **accélères** ta course murmurante, **caressant** l'algue [b] flexible qui *ondoie* mollement ou *balançant* le roseau qui *ploie* doucement sa hampe **frissonnante**. Tu vas donner, tête baissée, sur une grosse pierre *émergeant* légèrement, et là, tu t'irrites, tu *halètes*, tu écumes jusqu'à ce que, de guerre lasse [c], tu *jettes* à la ronde des perles d'argent qui *s'égrènent* [3] au fil de l'eau, comme si ta colère d'enfant *se déchargeait* soudain dans un éclat de rire mouillé de larmes.

b) Petite rivière, tu *furètes* dans les buissons, tu joues à **cache-cache** avec le soleil qui, *perçant* le rideau de feuillage, *mouchette* [4] ta robe de jolis petits ronds de lumière et à qui tu *renvoies* ses rayons en reflets d'or qui *volettent* [4], *étincellent* [4] et *chatoient* dans le vert foncé des **aulnes** [d]. Tu *pénètres* alors dans le bosquet, dont les branchages, en *s'entrelaçant*, élèvent au-dessus de toi une voûte [2] d'ombre où tu disparais si bien que seul un **scintillement** [5] furtif [e] *révèle* **çà** et là ta présence.

Te voilà maintenant dans la clairière où *règnerait* [6] un silence presque complet si ton **clapotis** ne *berçait*, de sa chanson menue, la verte solitude. Tu ne t'*ennuieras* pas ici ; des charmes discrets *égayent* [7] cette paisible retraite : sur le bleu sombre de ton eau satinée dorment les **nénuphars** [8] aux feuilles vernies et aux grosses **corolles** [9] d'or que *cisèlent* les rayons du soleil ; les **araignées** d'eau *rayent* [10] ta nappe unie et se jouent comme d'alertes patineurs. Parfois une grenouille *s'effraye* [11] du passage subit d'un lapin et, *plongeant* brusquement, **dessine** un cercle qui ondule et va s'élargissant jusqu'à tes bords.

D'après Georges RENARD.

> **VOCABULAIRE**

a) **Rustique** : qui appartient aux choses de la campagne.
b) **Algue** : plante qui pousse dans l'eau, soit salée, soit douce.
c) **De guerre lasse** : après avoir longtemps résisté, après d'épuisants efforts.

d) **Aulne** (on écrit aussi *aune*) : arbre qui croît dans les lieux humides.
e) **Furtif** : qui se fait à la dérobée.

ORTHOGRAPHE ET GRAMMAIRE

1. **Gaieté**, selon l'Académie, mais certains dictionnaires donnent encore *gaîté*.
2. **Fraîcheur, voûte** ou *fraicheur, voute*, selon les *Rectifications* (notre Appendice, § 4).
3. **Égrener** : on écrit aussi *égrainer* (Acad.), mais cette variante est rare. Le sens est « se disperser ».
4. **Mouchette, volettent, étincellent** ou *mouchète, volètent, étincèlent*, selon les *Rectifications*, qui donnent une règle unique pour tous les verbes en -*eter* et -*eler* (sauf *jeter* et *appeler*) : voir l'Appendice, § 3.
5. **Prononcez** : *sin-tiy'-man*. La prononciation *sin-til-man* est surannée.
6. **Règnerait** : telle est la graphie adoptée par l'Académie depuis 1992 pour tous les verbes de ce type (au lieu de *régnerait*) : voir l'Appendice, § 1.
7. **Égayent** (prononcé *é-ghèy'*) ou *égaient* (prononcé *é-ghè*, sans yod).
8. **Nénuphar** ou *nénufar*, selon les *Rectifications*, qui reviennent ainsi à la graphie donnée par l'Académie avant 1935. (Appendice, § 14).
9. **Corolle** ou *corole*, selon les *Rectifications* (Appendice, § 12).
10. **Rayent** ou *raient* (voir la note 7).
11. **S'effraye** ou *s'effraie* (voir la note 7).

Verbes en -cer, -ger, -yer, etc.

106 Passage de grues

a) C'est le temps où *s'élèvent* dans la campagne des bruits insolites [a] et mystérieux. Les grues émigrantes *déploient* leur vol dans des régions où, en plein jour, l'œil les *décèle* à peine. La nuit, on les entend seulement ; et ces voix rauques et gémissantes, se *propageant* dans les nuages, semblent l'adieu d'âmes tourmentées qui *s'appellent, s'efforçant* de trouver le chemin du ciel, et qu'une invincible fatalité *harcèle* [1]; car d'étranges incertitudes *jettent* ces oiseaux voyageurs dans de noires anxiétés au cours de leur traversée aérienne. Le vent quelquefois *dérègle* leur vol, lorsque des brises *ondoient* capricieusement ou se *succèdent* dans les hautes régions.

b) Quand ces déroutes [b] arrivent durant le jour, l'oiseau qui *mène* le vol *louvoie* [c] dans les airs, puis fait tout à coup [2] volte-face et revient se placer à la queue de la **phalange** [d] triangulaire, tandis [3] qu'une savante manœuvre de ses compagnons les *ramène* bientôt en bon ordre derrière lui. Souvent, après de vains efforts, le guide épuisé *renonçant* à conduire la caravane, un autre lui *succède, essaye* [4] à son tour et *cède* la place à un troisième, qui s'*emploie* à retrouver le courant. Mais que de cris, que de reproches, que de remontrances, que de malédictions sauvages ou de questions inquiètes se *renvoient,* dans une langue inconnue, ces **pèlerins** [5] ailés !

Dans la nuit sonore, leurs clameurs sinistres *tournoient* parfois longtemps au-dessus des maisons ; on ressent malgré soi une sorte de crainte et de malaise **sympathique** [6], jusqu'à ce que cette nuée sanglotante se soit perdue dans l'immensité.

D'après George SAND.

VOCABULAIRE

a) **Insolite** : qui surprend parce qu'il est contraire à ce qui est habituel.
b) **Déroute** : le fait d'avoir quitté la bonne route (sens vieilli).
c) **Louvoyer** : en termes de marine, faire plusieurs routes en zigzag ; au figuré, prendre des détours pour arriver à son but.
d) **Phalange** : dans l'Antiquité, corps de troupes combattant sur plusieurs rangs ; par extension, ensemble organisé comme des forces militaires.

ORTHOGRAPHE ET GRAMMAIRE

1. **Harcelle** ou *harcèle*, selon les *Rectifications* (notre Appendice, § 3), mais déjà selon Littré.
2. **Tout à coup**, *tout à fait, tout à l'heure* s'écrivent sans traits d'union.
3. **Tandis que** : l's ne se prononce pas.
4. **Essaye** (prononcé é-sèy) ou *essaie* (prononcé é-sè, sans *yod*).
5. **Pèlerin** : avec un accent grave sur l'*e* de la 1re syllabe (de même dans *pèlerinage*).
6. **Sympathique** : on admettra aussi *sympathiques* (accord avec les deux noms).

Conjugaison de certains verbes en -ir, -oir, -re.

107 La Campine

a) Dans le silence de ses landes [(a)], là où n'*apparaît* [1] pas encore la noire activité des **houillères**, la Campine dispense un calme reposant à ceux qu'*étreint* le prosaïsme [(b)] de la vie ; le vent robuste qui *dissout* dans l'**atmosphère** [2] les effluves [(c)] un peu amers mais toniques [(d)] des sapins et des bruyères *paraît* [1] être singulièrement propice à ceux qui, *recrus* [(e)] de lassitude, ont *dû* ployer sous le **faix** [(f)] des labeurs ou des peines, et la morne douceur des paysages berce d'une chère mélancolie le songeur qui se *plaît* [1] à évoquer ses illusions perdues et qui, s'il ne se *résout* pas à maudire la société et s'il se *repaît* [1] **volontiers** [3] de sombres rêveries, se *convainc* cependant qu'il lui reste l'espérance.

b) Ici la bruyère qui a *crû* en une vaste plaine d'**améthyste** [g] est le **symbole** même de la solitude ; cette plante, (*fleurissant* ou *florissant* [4]) en immenses nappes, *peint* de ses petites **corolles** [5] mauves les ondulations **chatoyantes** que ne *rompt* presque [6] aucun accident [h] de terrain. Lorsque le jour *décroît* [1], elle *revêt*, dans les demi-teintes du crépuscule, les nuances austères des chasubles [i] de carême.

Dans les bois sombres, du dôme des sapins noirs *descend* en résineux **arôme** une **fraîcheur** [7] d'où *naît* [1] un calme salutaire aux âmes ulcérées ou aux santés peu (*fleurissantes* ou *florissantes* [8]). La fougère y a *recrû*, dès le premier appel du printemps, le long du sentier capricieux qui se *perd* dans les fourrés [j], puis en rejoint un autre au pied de quelque calvaire antique, où un Christ de chêne *peint*, auquel la piété populaire a accroché un bouquet champêtre ou un rameau de buis *bénit, absout* le promeneur *ému* qui se recueille un moment devant lui.

D'après Firmin VAN DEN BOSCH.

VOCABULAIRE

a) **Lande** : étendue de terre inculte et couverte de broussailles ou de plantes sauvages.

b) **Prosaïsme** : caractère de ce qui est *prosaïque*, de ce qui manque d'élévation, de poésie.

c) **Effluve** : émanation qui se dégage d'un corps quelconque. — Le mot est masculin, selon l'usage régulier.

d) **Tonique** : qui fortifie l'organisme.

e) **Recru** (participe de l'ancien verbe *se recroire* = *se rendre*) : harassé, las, excédé.

f) **Faix** : charge pénible à supporter.

g) **Améthyste** : pierre précieuse de couleur violette.

h) **Accident de terrain** : ce qui vient rompre l'uniformité du terrain.

i) **Chasuble** : vêtement porté par le prêtre pour célébrer la messe.

j) **Fourré** : endroit d'un bois où il y a un assemblage épais d'arbrisseaux, de broussailles, etc.

ORTHOGRAPHE ET GRAMMAIRE

1. **Apparaît, paraît, plaît, repaît, décroît, naît** ou *apparait, parait, plait, repait, décroit, nait,* selon les *Rectifications* (notre Appendice, § 4).

2. **Atmosphère** : formé avec le grec *atmos,* vapeur, et *sphaira,* sphère. — Le mot est féminin.

3. **Volontiers**, avec *s* adverbial. (*Bon us.*, § 923.)

4. **Fleurissant**.

5. **Corolle** ou *corole,* selon les *Rectifications* (Appendice, § 12).

6. **Presque** : l'*e* n'est remplacé par une apostrophe que dans *presqu'île*.

7. **Fraîcheur** ou *fraicheur* : cf. note 1.

8. **Florissantes**.

Deuxième personne du singulier de l'impératif.

108 Pour bien écrire

a) L'art du style suppose avant tout une richesse de dons naturels qui n'appartient pas à tout le monde, mais, en outre, il requiert l'observation de certaines règles fondamentales.

Toi donc qui t'efforces de bien écrire, *applique*-toi d'abord à penser clairement et *exprime* ta pensée de façon qu'elle apparaisse nettement à travers les mots et les phrases. N'*emploie* que des vocables [a] et des constructions consacrés par le bon usage ; tout barbarisme [b] et tout **solécisme**[c] déparent la plus belle pensée : *évites*-en soigneusement les fâcheux effets ; *distingue* toutefois la pureté du style d'avec [1] le purisme étroit et **intransigeant** ; ne *va* pas puiser dans le vocabulaire du **jargon** [d] ou de l'argot [e]. *Cherche* toujours le mot propre, qui traduise exclusivement ton idée et *enfermes*-y cette idée tout entière ; dans la recherche du mot propre, **discerne** [f] bien entre eux les **synonymes** ; *écarte* aussi tout terme vague et général.

b) Ne *place* dans ta phrase que les mots qu'il faut et *retranches*-en toute superfluité, tout pléonasme [g] vicieux ; *ajuste* ton style à ta pensée ou à ton sentiment et *réprouve* également l'**emphase** [h] et la préciosité [i] ; *adapte* le mot à l'idée et la forme au fond ; ne *tombe* jamais dans la trivialité et *garde*-toi du **langage** bas et grossier.

Recherche la simplicité ; si l'expression de ta pensée est nette, *sache* en écarter tout ce qui sent l'artifice et l'apprêt. À l'occasion, *voile* à demi ton idée et *laisses*-en une partie à deviner au lecteur ; *ménage* en homme délicat la sensibilité de celui que tu loues, que tu blâmes, que tu consoles. Si tu exprimes une idée forte, *appropries*-y le tour ou l'image ; si tu traduis un sentiment impétueux, *trouve* les termes énergiques qui le fassent éclater ; si tu décris, *colore* ton style et *use* de mots pittoresques.

VOCABULAIRE

a) **Vocable** : mot d'une langue.
b) **Barbarisme** : faute contre la lexicologie (science du vocabulaire) ou contre la morphologie (science des formes dont les mots sont susceptibles). Prononcer *-isme* et non *-izme*.
c) **Solécisme** : faute contre les règles de la syntaxe.
d) **Jargon** : langage particulier que certaines catégories de gens adoptent (par exemple, le jargon des précieuses, au XVIIe siècle).
e) **Argot** : langage de convention dont se servent entre eux les malfaiteurs ; mots et tours particuliers qu'adoptent entre eux ceux qui exercent la même profession ou vivent dans un même milieu social.
f) **Discerner (lat. *dis-cernere*)** : distinguer.

g) **Pléonasme** : emploi de mots superflus pour le sens.
h) **Emphase** : exagération pompeuse dans la façon d'écrire ou de parler.
i) **Préciosité** : affectation dans le langage.

| ORTHOGRAPHE ET GRAMMAIRE |

1. **Distinguer d'avec** ou *distinguer de*.

Participe passé : règles générales.

109 Mes vieux livres d'images

a) Chers vieux livres d'images, *fatigués* [a], *écornés*, je vous retrouve dans un coin de ma **bibliothèque** où je vous avais *rangés* ! En vous rouvrant **aujourd'hui** je sens s'**exhaler**[1] de vos feuillets *ternis* les parfums d'innocence que vous y gardez *enfermés*.

Ah ! les heures délicieuses que vous m'avez *procurées* aux longues soirées d'hiver ! Je revis les aventures dont vous avez *charmé* ma jeune **imagination**, je revois les tableaux et les scènes **violemment**[2] *coloriés* que ma **grand-mère**[3] m'a *commentés* [b] à **satiété** [c].

b) Que de fois vous avez *enchanté* mon enfance ! Quels beaux rêves j'ai *faits* en entrant dans ces pays de merveilles que vous m'avez *ouverts* et où hommes et choses étaient, par la magie du conte et de l'image, *transposés* dans un monde irréel, bien plus beau que la réalité ! Petit Chaperon rouge, Petit Poucet, Ali Baba, fées, sorcières, ogres, vous que j'ai *aimés* ou **exécrés** [d], je vous revois avec une douce émotion en tournant ces pages, que mes doigts d'enfant ont cent fois *feuilletées*.

Soyez *bénis*, chers vieux livres, pour les moments de bonheur naïf et pour les **fraîches**[4] joies que vous m'avez *donnés* !

| VOCABULAIRE |

a) **Livre fatigué** : livre qui a beaucoup servi, qui a été souvent feuilleté.
b) **Commenter** : interpréter (un livre, un texte, etc.) par des éclaircissements, des explications, des remarques.
c) **Satiété** (prononcez *sa-syé-té*) (lat. *satietas*, racine *satis*, assez) : état d'une personne dont la faim ou tout autre désir est plus que satisfait.
d) **Exécrer** (prononcez *égh-zé-cré*) : avoir en horreur.

| ORTHOGRAPHE ET GRAMMAIRE |

1. **Exhaler** : emprunté au lat. *exhalare*, de *halare*, souffler.
2. **Violemment** : dérivé de *violent* ; donc un *e* devant les deux *m*.

3. **Grand-mère** : on a écrit longtemps *grand'mère* ; cette orthographe ne se justifie pas : anciennement *grand* n'avait qu'une forme pour les deux genres (« une grant cité ») ; il n'y avait donc pas là d'*e* élidé, et partant pas d'apostrophe à mettre. (*Bon us.*, § 529, Rem. 2 et Hist.) La 8ᵉ édition du dictionnaire de l'Académie (1932) a corrigé l'anomalie.
4. **Fraîche** ou *fraiche*, selon les *Rectifications* (voir l'Appendice, § 4).

Participe passé : règles générales.

110 Frugalité des anciens Romains

a) C'est une vérité que Tite-Live [a] a *notée* avec raison : jamais on n'a *vu* de peuple où la frugalité et la modération aient été plus longtemps *pratiquées* que chez les Romains. Les sénateurs les plus illustres et ceux même(s) [1] que des mérites éclatants avaient *entourés* d'un rare prestige, à n'en regarder que l'extérieur, différaient peu des paysans dans la vie ordinaire. Du reste, on les a plus d'une fois *trouvés occupés* aux travaux des champs quand on les a *avertis* du danger de l'**État** [2] et qu'on les a *chargés* de commander les armées. Cincinnatus a *défait* les Èques, et après qu'il les a *eu battus*, il est *retourné* à sa **charrue**.

b) Curius et Fabricius, les grands capitaines qui ont *vaincu* Pyrrhus [b], un roi si riche, n'ont jamais *possédé* que de la vaisselle de terre ; et le premier, refusant les plats d'or et d'argent que les Samnites lui avaient *offerts*, répondit que son plaisir n'était point d'en avoir, mais de commander à un qui en avait. Après avoir *triomphé* et avoir *enrichi* la république des dépouilles des ennemis qu'ils avaient *vaincus*, ces deux généraux moururent [3] si peu *pourvus* de biens qu'ils n'avaient pas de quoi se faire enterrer.

c) Cette modération, on l'a *observée* encore à l'époque des guerres puniques. Dans la première, on a *vu* Regulus demander son congé au sénat pour aller cultiver sa **métairie** [c] *abandonnée* pendant son **absence**. Après que Carthage eut [4] été *ruinée*, l'antique simplicité n'avait pas *cessé* d'être en honneur. Mummius, s'étant *emparé* de Corinthe, ne profita que pour le trésor public des énormes ressources qu'il avait *trouvées* dans cette ville opulente [d] et voluptueuse.

Ainsi les richesses étaient *méprisées* ; la modération et l'intégrité [e] des généraux romains ont été **constamment** [5] *admirées* des peuples *vaincus*.

D'après Bossuet

VOCABULAIRE

a) **Tite-Live** : historien latin (59 av. J.-C. – 19 apr. J.-C.), auteur d'une grande Histoire romaine.
b) **Pyrrhus** : roi d'Épire.
c) **Métairie** : domaine agricole de médiocre étendue.
d) **Opulent** : qui montre une grande richesse.
e) **Intégrité** (emprunté au lat. *integritas*, de *integer*, entier) : caractère de celui dont l'honnêteté est entière.

ORTHOGRAPHE ET GRAMMAIRE

1. Dans un grand nombre de cas, après un pronom démonstratif, *même* peut être regardé comme adjectif ou comme adverbe, selon le point de vue où l'on se place. (*Bon us.*, § 623, Rem. 3.)
2. **État** prend la majuscule quand il signifie « nation organisée politiquement ».
3. **Mourir** n'a deux *r* de suite qu'au futur simple et au conditionnel présent.
4. **Eut** et non *eût* : *après que* est suivi de l'indicatif, selon le meilleur usage ; voir cependant *Bon us.*, § 1082, *a*.
5. **Constamment** : dérivé de *constant* ; donc un *a* devant les deux *m*.

Participe passé : règles générales.

111 Néron

a) La vanité littéraire et le mauvais goût [1] que les leçons de Sénèque [a] avaient *développés* en Néron ont *paru* d'abord assez **inoffensifs** : les rêves et les légendes antiques, *ballottés* comme un **chaos** [b] dans son cerveau de comédien, y agitaient, sans dommage pour l'empire, les **fictions** [c] que lui avait *inculquées* [d] une chimérique [e] pédagogie. Pendant quelque [2] temps, l'empereur garda la pose qu'on lui avait *enseignée*. Mais bientôt, sa manie[f] furieuse, *arrivée* à son **paroxysme** [g], engendra la plus horrible aventure que le monde eût jamais *connue*. Après qu'**Agrippine** eut [3] *péri* victime des ruses odieuses qu'avait *tramées* contre elle l'ingratitude d'un fils, l'âme de Néron se trouva **tout** entière *envahie* par une cruauté **raffinée** que les fantaisies du jeune César [h], quoique brutales parfois, n'avaient guère *révélée* **jusque-là**. Chaque année, dès lors, est *marquée* par ses crimes : Octavie, sa femme, *reléguée* dans une île [1], a *quitté* la terre, *abreuvée* de honte ; **Burrhus** [i] n'est plus et chacun croit que Néron l'a *tué* : ces instincts féroces et **hypocrites**, le sénat lui-même les a servilement *justifiés*.

b) L'**histrion** [j] impérial donna alors carrière à ses goûts [1] d'artiste, comme si les belles maximes que lui avait *répétées* son précepteur, sa gloriole [k] littéraire les eût *tournées* [4] en plaisanteries sauvages. Enfin ce cabotin [l], qui avait *conduit* les chars dans le cirque [m] et *débité*, devant des auditeurs *dressés* à l'applaudir, des vers qu'il avait *composés* lui-même, ce soi-disant **poète** qui, Rome étant *ravagée* par des flammes que la voix publique l'accusa d'avoir *allumées*, avait *chanté*, la **lyre** à la main, l'horrible destruction de la capitale, s'enfuit pour échapper à la vengeance populaire et, se donnant la mort, délivra le monde romain de la plus monstrueuse tyrannie que l'histoire ait [5] jamais *signalée*.

VOCABULAIRE

a) **Sénèque** : philosophe, précepteur de Néron.

b) **Chaos** (emprunté au lat. *chaos*, du grec *khaos*) : confusion et désordre complet. À distinguer de *cahot*, secousse.

c) **Fiction** (emprunté au dérivé lat. *fictio*, de *fingere*, feindre) : fait imaginé à plaisir.

d) **Inculquer** : faire entrer avant (dans l'esprit).

e) **Chimérique** : qui substitue des chimères à la réalité (*chimère* : imagination vaine et sans aucun fondement).

f) **Manie** : le mot a ici son sens premier de « folie, égarement d'esprit ».

g) **Paroxysme** (du grec *paroxysmos* ; racine *oxys*, pointu, aigu) : maximum d'intensité d'un accès.

h) **César** : nom donné aux premiers empereurs romains (héritiers de la puissance de Jules César).

i) **Burrhus** : précepteur de Néron.

j) **Histrion** (*h* muet) : dans l'Antiquité, acteur jouant des farces grossières ; de nos jours, mauvais comédien.

k) **Gloriole** : vaine gloire qu'on tire des petites choses.

l) **Cabotin** : comédien sans talent.

m) **Cirque** : enceinte circulaire pour les jeux publics, chez les anciens Romains.

ORTHOGRAPHE ET GRAMMAIRE

1. **Goût, île** ou *gout, ile*, selon les *Rectifications* (cf. notre Appendice, § 4).

2. **Quelque temps** : pendant un certain temps.

3. **Eut**, sans accent circonflexe : *après que* régit l'indicatif, selon le meilleur usage (voir cependant Bon us., § 1082, *a*) ; *eut péri* est un passé antérieur de l'indicatif (et non un plus-que-parfait du subjonctif).

4. **Eût tournées** : attention à l'accent circonflexe ! C'est le subjonctif plus-que-parfait, que la langue écrite emploie après *comme si*, au lieu de l'indicatif plus-que-parfait. (*Bon us.*, § 1097, *b*, Rem. 4.)

5. **Ait** : la 3e personne du singulier du subjonctif présent se termine par -*e*. Exceptions : *qu'il ait, qu'il soit*.

Participe passé : règles générales.
112 La langue française

a) Parmi les langues qui ont *mérité* d'être *appelées* universelles, on se plaît [1] à citer la grecque, la romaine et la française. La grecque, tout ailée et toute vibrante du chant des déesses et des cigales, on l'a *nommée* la langue de la beauté, tandis [2] que la langue romaine, *formée* par l'effort ambitieux des juristes [a] et des soldats, on l'a **volontiers** *regardée* comme celle de l'autorité. La langue française, elle, est la langue de la grâce et du bon sens *réconciliés* dans son harmonie et dans sa clarté.

b) Au nombre des biens que leurs aïeux leur ont *légués* [b], les peuples ont toujours *compté* avec une jalouse fierté leur langue maternelle. Certes, toutes les langues ont *pu* être *qualifiées* de maternelles. Cependant elles ne le sont pas toutes au même degré ; il en est qui ont plutôt *semblé* n'être que paternelles ; mais ne dirait-on pas que l'**épithète** de maternelle, c'est à la nôtre qu'on l'a *appliquée* avec le plus de bonheur [c] ? Maternelle, elle l'est par toutes les fantaisies qu'elle nous a *passées* aussi bien que par les contraintes qu'elle nous a *imposées* ; maternelle, parce que sa douce rigueur nous a *empêchés* de nous éloigner de la logique et de la raison ; maternelle, parce que, si elle a *prononcé* parfois les mots qui grondent, elle a souvent aussi *murmuré*, comme en nous berçant, les mots qui nous ont *consolés*.

c) La langue française n'est pas seulement le miroir de nos gloires *passées*, elle est aussi celui de ces contrées où ont *vécu* les générations qui nous ont *précédés*. Elle en reflète les contours *modérés*, les horizons *bordés* de feuillage ; elle dit l'allégresse de leurs matins *dorés* et la mélancolie *embrumée* de leurs crépuscules. Elle a *accueilli* l'ombre mince des clochers rustiques aussi bien que l'ombre grandiose des **cathédrales**, et ces images, humbles ou magnifiques, elle les a *imprégnées* d'une douceur, d'une suavité que le **langage** humain n'a guère *dépassée* [3].

D'après Robert de FLERS.

VOCABULAIRE

a) **Juriste** : celui qui écrit sur les matières de droit.
b) **Léguer** : au sens large, transmettre de génération en génération.
c) **Avec bonheur** : avec succès, de façon juste.

ORTHOGRAPHE ET GRAMMAIRE

1. **Plaît** ou *plait*, selon les *Rectifications* : cf. notre Appendice, § 4.
2. **Tandis** : prononcez *tan-di*, sans faire entendre l's.
3. **Dépassée** : accord avec *suavité*. (*Bon us.*, § 439, a, 1°.)

Participe passé : règles générales.
113 Pour les archéologues de l'an six mille [1]

a) Les Américains, *hantés* [a] sans doute par les vestiges célèbres qu'ont *laissés* les empires *disparus* depuis des millénaires [b], ont *construit*, il y a quelques décennies [c], un grand monument dans lequel ils ont *enfermé* des exemplaires de nombreux objets qui leur ont *paru* dignes d'attester, dans cinq mille ans et davantage, le genre de vie et le degré de civilisation qu'ont *connus* les hommes du vingtième siècle.

En mil [2] neuf cent trente-neuf, dans les fondations d'un pavillon de l'exposition internationale de New York [3], une grande compagnie industrielle a *enfoui* une sorte d'énorme torpille *remplie* d'une collection **hétéroclite** [d] où se trouvaient *rassemblés* **entre autres choses** : un stylographe, un **porte-mine**, une montre, une lampe électrique, une blague à tabac *munie* de feuilles à cigarettes, une pipe, des cosmétiques [e] *variés*, des lunettes, un appareil photographique avec les accessoires *appropriés*, un rasoir mécanique, des spécimens de produits *employés* dans l'industrie des métaux et des tissus, un microscope, un microfilm représentant vingt-trois mille [1] pages de livre ordinaire et où se trouvaient *résumées* les connaissances qu'ont *accumulées* les générations actuelles.

b) Tous ces objets ont été *enfermés* dans des récipients de verre qu'on avait *vidés* de l'air qu'ils contenaient ; ces récipients, on les a ensuite *remplis* d'azote, puis on les a *introduits* dans la torpille. Un livre contenant tous les renseignements *voulus* pour localiser exactement **ladite** [4] torpille a été *imprimé* à l'encre de Chine sur papier **imputrescible** [f] : des exemplaires en furent *déposés* dans les **bibliothèques**, les musées et les universités.

VOCABULAIRE

a) **Hanté** : obsédé.

b) **Millénaire** (on fait entendre les deux *l*) : période de mille ans.

c) **Décennie** : période de dix ans.

d) **Hétéroclite** : composé de pièces disparates.

e) **Cosmétique** : produit servant à entretenir la peau, la barbe, les cheveux.

f) **Imputrescible** : qui ne peut *se putréfier*, pourrir, se décomposer.

ORTHOGRAPHE ET GRAMMAIRE

1. **Six mille** : selon la règle traditionnelle, dans les numéraux composés, on ne met de trait d'union qu'entre les éléments inférieurs tous deux à cent. Selon les *Rectifications*, on met des traits d'union entre tous ces éléments (sauf *million, milliard*, qui sont des noms). Cf. notre Appendice, § 8.

2. **Mil** : au lieu de *mille*, dans les dates. (*N. gramm.*, § 223, Rem. 1 ; *Bon us.*, § 574, *b*.)
3. **New York** (prononcé *nou york*) : ordinairement sans trait d'union.
4. **Ladite**, en un mot. (*Bon us.*, § 598, *b*, Rem. 3.)

Participe passé suivi d'un infinitif.
114 Les globules blancs du sang

a) Les globules blancs [a] du sang remplissent, dans l'organisme, de curieuses fonctions de défense contre les maladies **infectieuses** [b] ; ces fonctions, ce sont les travaux du savant russe Metchnikoff [1] qui nous les ont *fait* connaître [2].

En observant la nutrition de certains êtres **unicellulaires** infiniment petits nommés **amibes** [c], ce biologiste [d] les avait *vus* émettre des prolongements **tentaculaires** [e] qui emprisonnaient, puis digéraient des particules alimentaires qu'on avait *laissées* [3] flotter autour d'eux. Or Metchnikoff, en étudiant les globules blancs qu'il a *eu* [4] à observer, les a *aperçus* procéder de même à l'égard de microbes qu'il avait *fait* pénétrer dans le sang. Ces globules blancs, qu'il a *reconnu* [5] être doués de mouvement et de sensibilité, se sont dirigés avec certitude vers les amas microbiens, comme s'ils les avaient *sentis* envahir une place qu'on leur eût *donnée* [6] à garder ou comme si l'organisme en alerte les avait *envoyés* repousser une attaque.

b) Ce fut alors une vraie bataille qu'il a *vu* livrer par ces défenseurs intrépides. Les prolongements tentaculaires que le biologiste leur a *aperçu* [7] lancer dans différentes directions ont capturé les microbes assaillants ; ainsi les globules blancs, en les absorbant, les ont *empêchés* de nuire. Pourtant les microbes envahisseurs ne se sont pas toujours *laissé* vaincre ; on les a *vus* souvent sécréter [8] une sorte de poison propre à éloigner ou à tuer les globules blancs ; parfois aussi les renforts qu'on leur a *vu* [7] amener au combat ont remporté la victoire ; il est d'ailleurs des **bactéries** [f] qui sont cuirassées d'une capsule cireuse qu'on a *pensé* [5] être à l'épreuve [g] des globules blancs.

> **VOCABULAIRE**
>
> a) Les biologistes donnent aux globules blancs le nom de *leucocytes* (7 500 par millimètre cube), et aux globules rouges le nom d'*hématies* (prononcer : *é-ma-tî*) (5 millions par millimètre cube).
>
> b) **Infectieux** (prononcer *in-fèk-syeû*) : qui imprègne de germes malfaisants.
>
> c) Les **amibes** sont des protozoaires vivant dans les eaux douces ou salées. Les prolongements qu'elles émettent et rétractent sont appelés *pseudopodes* (étymologiquement : faux pieds). — Remarquez que *amibe* est féminin : *une amibe*.

d) **Biologiste** : celui qui étudie la *biologie* (grec *bios*, vie, et *logos*, discours), science qui traite des lois de la vie chez les êtres organisés.
e) **Tentaculaire** : qui se rapporte aux *tentacules* (appendices mobiles dont sont pourvus certains animaux, et qui leur servent pour tâter les objets environnants ou pour saisir leur proie).
f) **Bactérie** : micro-organisme unicellulaire.
g) **À l'épreuve de** : garanti contre l'action de.

ORTHOGRAPHE ET GRAMMAIRE

1. **Écrire ce nom au tableau.** — Metchnikoff fut élève de Pasteur. C'est en 1882 qu'il découvrit le phénomène de la *phagocytose* ou absorption des microbes envahisseurs par les globules blancs.
2. **Connaître** ou *connaitre*, selon les *Rectifications* : notre Appendice, § 4.
3. **Laissées** : ordinairement *laissé* suivi d'un infinitif s'accorde avec le complément d'objet direct qui précède, quand l'être ou l'objet désignés par ce complément font l'action exprimée par l'infinitif. Toutefois, les *Rectifications* recommandant l'invariabilité de *laissé*, qu'on peut considérer comme très proche de *fait*, qui, lui est toujours invariable : voir l'Appendice, § 9. Littré admettait déjà cette invariabilité de *laissé*. (*Bon us.*, § 915, 2°.)
4. **Qu'il a eu à observer.** En principe, *que* peut être considéré comme complément d'objet direct ou du participe passé ou de l'infinitif, et l'on peut accepter *eu* et *eus*. En fait, dans la formule *avoir à*, le verbe *avoir* n'a pas son sens ordinaire, et l'usage préfère *eu*. (*Bon us.*, § 915, Rem. 5 ; *N. gramm.*, § 377, Rem. 2.)
5. **Reconnu, pensé** : on considère que l'objet direct ne peut être que l'infinitif qui suit et, par conséquent, on laisse le participe passé invariable. (*Bon us.*, § 915, 3° ; *N. gramm.*, § 377, Exceptions, 2°.)
6. **Qu'on leur eût donnée à garder.** Voir la note 4. Cependant, *donner* étant plus proche de son sens ordinaire, l'usage est plus favorable à la variabilité et donc à *donnée*.
7. **Aperçu, vu** : invariables parce que *leur* n'est pas un complément d'objet direct.
8. **Sécréter** et non *secréter*.

Participe passé des verbes pronominaux.
115 Les six cents Franchimontois

a) C'est avec une légitime fierté que les gens de Liège [1] se sont toujours *rappelé* [2] l'héroïque **fait d'armes** des six cents [3] Franchimontois.

Le 27 octobre 1468, les troupes de Charles le Téméraire s'étaient *établies* dans le faubourg de Sainte-Walburge [4] et s'étaient *proposé* de mettre le lendemain Liège à feu et à sang. Les Liégeois, qui, l'année précédente, s'étaient *heurtés*, dans les plaines de Brusthem, à la redoutable puissance du duc de Bourgogne, s'étaient *épuisés* et s'étaient *vu* dépouiller de leurs armes ; leurs murailles avaient été renversées et ils s'étaient hélas ! *convaincus* qu'on ne pouvait songer à livrer combat ni à soutenir un siège en règle. Cependant les héros qui s'étaient *fait* tailler en pièces sur les champs de bataille s'étaient *survécu* dans quelques centaines de valeureux **citoyens** dont **la plupart** étaient du pays de Franchimont. Conduits par le gentilhomme hesbignon Gossuin de Streel, ils s'étaient *juré* de vaincre ou de mourir.

b) À l'heure convenue, ils se sont *glissés* la nuit hors de la ville et se sont *faufilés* entre les corps avancés des ennemis. Après s'être *attardés* quelque [5] temps à assaillir le pavillon [a] du duc d'Alençon, ils se sont *précipités* sur les fermes où s'étaient *installés* Charles le Téméraire et Louis XI, le roi de France. Les Liégeois ne s'étaient pas *doutés* qu'il y eût [6] à proximité une garnison considérable, dont la résistance s'est *montrée* plus forte qu'ils ne s'y étaient *attendus*. Surpris d'abord, les Bourguignons se sont *ralliés*[b] et, s'étant *rendu* compte du petit nombre des assaillants, ils se sont *acharnés* à les repousser. Bien qu'ils se fussent *battus* comme des lions, les Liégeois se sont *fait* massacrer presque tous.

Le lendemain, sans coup férir [c], les Bourguignons se sont *emparés* de Liège, dont presque tous les habitants s'étaient *enfuis*. La vengeance du duc s'est *exercée* d'une façon atroce : la ville, que les soldats s'étaient *partagée* en quatre ressorts [d] de pillage, a été démolie ou incendiée et ce qui restait d'habitants égorgé sans merci [e].

VOCABULAIRE

a) **Pavillon** : sorte de tente de forme ronde ou carrée terminée en pointe par le haut, servant de campement.
b) **Se rallier** : se regrouper
c) **Férir** (lat. *ferire*, frapper) : frapper. Le verbe n'est plus usité que dans la locution *sans coup férir* et au participe passé *féru*, au figuré.
d) **Ressort** (prononcez : *re-sor* ; *re* comme dans *retour*) : compétence d'une juridiction. Employé ici au figuré.
e) **Merci** : acte de bon vouloir par lequel on épargne quelqu'un. Dans ce sens, *merci* est féminin.

ORTHOGRAPHE ET GRAMMAIRE

1. **Liège** : conformément à l'arrêté du Régent en date du 17 septembre 1946, approuvant la délibération du Conseil communal de Liège du 3 juin 1946, il faut écrire *Liège*, avec l'accent grave (et non aigu). Comp. *Rectifications* (Appendice, § 1). Mais le dérivé est *Liégeois*.
2. **Se rappeler** est transitif. On dit donc : « se rappeler *quelque chose*, je me *le* rappelle ».
3. **Six cents** ou *six-cents*, selon les *Rectifications* : cf. notre Appendice, § 8.

4. **Saint** prend la majuscule et se joint par un trait d'union au nom qui suit, quand il s'agit d'une localité, d'une rue, d'une fête, etc. Mais on ne met ni majuscule ni trait d'union quand il s'agit du saint lui-même.
5. **Quelque temps** : au singulier, un certain temps.
6. Attention à l'accent !

Participe passé des verbes pronominaux.
116 Un idéal : la force d'âme

a) De tout temps [1], les hommes se sont *plu* à admirer ceux qui se sont *efforcés* de prendre sur les mouvements de leur âme comme sur leurs actions un empire absolu, qui se sont **constamment** [2] *appliqués* à garder la maîtrise [3] de leurs énergies et se sont *commandé* à eux-mêmes. Non seulement ceux qui se sont *montrés* capables de gouverner leur vie se sont *suffi* à eux-mêmes et se sont *assuré* le succès dans les entreprises qu'ils s'étaient *donné* pour tâche de conduire à bonne fin, mais encore ils se sont *révélés* dignes des emplois les plus élevés ; ils se sont enfin *garanti* la possibilité d'être des gens de bien et, dans une large mesure, se sont *trouvés* en état de faire leur bonheur.

b) Heureux en effet ces hommes énergiques qui, au lieu de s'être *laissés* [4] aller à la jalousie, à la colère, aux passions dégradantes, se sont *raidis* contre les mouvements désordonnés de leur âme et se sont toujours *souvenus* qu'il n'est de vraie grandeur que celle qui s'est *confondue* avec la vertu ! D'autres se sont *plaints* des rudes contraintes de cette vertu et se sont *imaginé* qu'on pouvait composer [(a)] avec le vice ou se sont *arrogé* [(b)] le droit d'**accommoder** leurs efforts aux **exigences** [5] de leurs passions, mais les hommes de caractère se sont *proposé* de monter jusqu'aux **cimes** et, sans petits calculs, ils se sont *avancés*, la tête haute, au milieu des difficultés qui se sont *succédé* sur leur chemin. L'adversité s'est *acharnée* contre eux ; parfois aussi l'**orgueil** et l'ambition se sont *liguées* pour les abattre, jamais ils ne se sont *départis* [(c)] de leur sérénité : c'est pourquoi ils se sont *ri* des menaces qui se sont en vain *déchaînées* [3] contre leur force d'âme.

VOCABULAIRE

a) **Composer** : se prêter à un arrangement.
b) **S'arroger** : s'attribuer (une qualité, un pouvoir) sans y avoir droit. Ce verbe a un objet direct.
c) **Se départir de qqch.** : s'en écarter, l'abandonner dans une circonstance donnée.

ORTHOGRAPHE ET GRAMMAIRE

1. **De tout temps** : on écrit aussi (mais moins souvent) *de tous temps*.
2. **Constamment** : dérivé de *constant* ; donc un *a* devant les deux *m*.

3. **Maîtrise, déchaîner** ou *maitrise, déchainer*, selon les *Rectifications* (voir Appendice, § 4).
4. Ordinairement **laissé** suivi d'un infinitif s'accorde avec le complément d'objet direct qui précède, quand l'être ou l'objet désignés par ce complément font l'action exprimée par l'infinitif. Cependant les *Rectifications* recommandent l'invariabilité de *laissé*, qu'on peut considérer comme très proche de *fait*, qui, lui, est toujours invariable : voir Appendice, § 9, ainsi que *Bon us.*, § 915, 2°.
5. **Exigence** : repris au dérivé lat. *exigentia*. Mais l'adjectif est *exigeant*.

Participe passé : récapitulation.

117 L'inondation

a) L'**inondation** du 1er janvier **mil** [1] neuf cent vingt-six fut une des plus désastreuses qu'il y ait jamais *eu* dans la vallée de la Meuse.

Décembre avait *été* pluvieux et les gros paquets d'eau noire qu'avaient *laissés* [2] tomber les nuages livides ^(a) avaient *formé* partout d'odieuses flaques. Cependant la Meuse n'avait pas encore *quitté* le lit qu'elle s'est *creusé*, **patiemment** [3], depuis tant de siècles qu'elle a *coulé* dans la vallée. Attendu la crue violente qu'on avait *prévue*, les éclusiers avaient *couché* tous les barrages, les bateliers avaient solidement *amarré* ^(b) les **chalands** ^(c) ; mais déjà, dans certaines parties plus *encaissées*, le fleuve coulait à pleins bords.

C'est alors que, de gauche et de droite, le Viroin, la Lesse, le Bocq, la Sambre, la Mehaigne, le Hoyoux, le Geer, l'Ourthe, démesurément *gonflés*, se sont impérieusement *ménagé*, dans l'énorme débordement, leur place. La vallée est à présent un lac. Il y a longtemps que les îles [4], les **îlots** [4] et les alluvions ^(d) ont été *submergés*, ont *disparu* ; partout les prairies et les vergers sont *noyés*, les jardins se sont *vu* brutalement envahir.

b) Les riverains *consternés* ont, à la hâte, *vidé* leurs caves et *monté* à l'étage tous les objets qu'ils ont *pu* ; on en a *vu* qui se sont *endormis* avec l'espoir que l'eau ne monterait plus, et qu'a *réveillés* en pleine nuit le grondement des meubles *culbutés* au **rez-de-chaussée** par le flot et *arrachés* de la muraille avec une force qu'on n'eût pas *pensée* [5] possible. Des usines, à leur tour, sont *touchées*. L'homme les avait *bâties* en bordure de la Meuse amie, mais l'eau s'est *faite* **agressive** et plus hostile qu'on ne l'eût *imaginé* : on l'a *vue* éteindre les chaudières, souffler le feu des verreries et rouler sa furie dans les ateliers déserts.

Quelques jours après, la nappe limoneuse s'est progressivement *retirée*. Mais que de ravages et de ruines l'inondation avait *causés* dans la paisible vallée !

D'après Fernand DESONAY.

> **VOCABULAIRE**

a) **Livide** : qui est d'un ton plombé, bleuâtre.

b) **Amarrer** : fixer par une *amarre*, cordage qui sert à retenir un bâtiment, à fixer un objet dans un navire.

c) **Chaland** : grand bateau plat servant au transport des marchandises.

d) **Alluvion** : dépôt que laissent les eaux en se retirant, et accroissement de terrain qui en résulte au cours des âges.

> **ORTHOGRAPHE ET GRAMMAIRE**

1. **Mil** : au lieu de *mille* dans les dates. (*Bon us.*, § 574, *b* ; *N. gramm.*, § 223, Rem. 1) — Pour les traits d'union, voir l'Appendice § 8.
2. Ordinairement **laissé** suivi d'un infinitif s'accorde avec le complément d'objet direct qui précède, quand l'être ou l'objet représentés par ce complément font l'action exprimée par l'infinitif. Toutefois, une autre tradition est pour l'invariabilité de *laissé*, qui a un rôle analogue à *fait*, qui est, lui, toujours invariable ; cela était admis par Littré et a été repris par les *Rectifications* (cf. notre Appendice, § 9, ainsi que *Bon us.*, § 915, 2°).
3. **Patiemment** : dérivé de *patient* ; donc un *e* devant les deux *m*.
4. **Île, îlot** ou *ile, ilot*, selon les *Rectifications* (voir Appendice, § 4).
5. **Pensée** : participe passé suivi d'un attribut du complément d'objet direct, d'ordinaire, le participe passé s'accorde avec ce complément quand ce dernier précède. Toutefois, dans certains cas, l'usage est un peu hésitant. (*Bon us.*, § 914 ; *N. gramm.*, § 371, Rem. 2.)

Participe passé : récapitulation.

118 Idéologie à l'époque classique : les grands hommes au service de l'État

a) Celui qui a *inspiré* aux **citoyens** le goût [1] de la gloire, qui les a *habitués* à la patience dans les travaux, qui a *imprimé* dans leurs cœurs un grand amour de la patrie, peut se vanter d'avoir *trouvé* la constitution d'État [2] la plus propre à produire des [3] grands hommes. Or qu'est-ce qui fait la force d'un pays, si ce n'est [4] les grands hommes qu'il a *engendrés* ? Des esprits et des courages capables d'accomplir de grandes choses, la nature en a *fait* naître [1] à chaque époque qu'il a *fallu*, mais combien en a-t-on *vu* [5] qu'on eût *crus* [6] *appelés* aux plus hautes destinées, et qui se sont *laissé* absorber par des tâches médiocres ou vulgaires, faute d'une formation *appropriée* !

b) L'histoire l'a *prouvé* : de tout temps [7], ce qui a *formé* les grands hommes après que la nature les a *eu suscités*, ce qui les a *achevés* [a], ce sont des sentiments forts et de nobles impressions qui, *répandus* dans tous les esprits, se sont *communiqués* de l'un à l'autre. Notre chevalerie, qu'est-ce qui l'a *rendue* si fière dans les combats et si hardie chaque fois que les circonstances l'ont *demandé* ? Les héros qu'elle a *produits*, qu'est-ce qui les a *confirmés* dans leur vaillance et les a *rendus* aptes à conquérir tant de mérites éclatants que leurs hauts faits leur ont *valus* ? C'est l'opinion *reçue* dès l'enfance et *établie* par le sentiment [b] unanime de leurs contemporains que ceux qui ne sont pas *commandé* à eux-mêmes ou ont *forfait* à l'honneur se sont *ôté* le droit de voir le jour.

c) Tous les Romains ont été *nourris* [c] dans ces sentiments ; à Rome, l'enfance même était *exercée* par les travaux et *imprégnée* de la grandeur du nom romain. Il fallait aller à la guerre quand la république l'avait *ordonné*, et là, travailler sans faiblesse, tout souffrir, tout endurer, *excepté* la défaite. Ainsi les grands hommes se sont *faits* les uns les autres, et si Rome en a *porté* plus qu'aucune ville, si elle a *recueilli* dans les affaires publiques autant de gloire qu'elle en a *moissonné* sur les champs de bataille, c'est que l'État romain était, pour ainsi parler, du **tempérament** qui devait être le plus fécond en héros.

D'après Bossuet.

VOCABULAIRE

a) **Achever** : rendre complet, pourvoir de toutes les bonnes qualités de son genre (sens vieilli).

b) **Sentiment** : opinion.

c) **Nourrir** : au sens classique (aujourd'hui vieilli) de « élever ».

ORTHOGRAPHE ET GRAMMAIRE

1. **Goût, naître** ou *gout, naitre*, selon les *Rectifications* (cf. notre Appendice, § 4).

2. **État** : quand ce nom signifie « nation formant un corps politique », il prend la majuscule.

3. **Des grands hommes** : *grands hommes* « hommes de valeur » est considéré comme une locution. (*Bon us.*, § 569, a, 1° ; *N. gramm.*, § 219, Rem. 1.)

4. **Si ce n'est** : le verbe *être* est invariable dans *si ce n'est* signifiant « excepté ».

5. **Vu** : le participe qui a *en* partitif comme complément d'objet direct reste normalement invariable.

6. **Crus** : le participe suivi d'un attribut du complément d'objet direct s'accorde généralement avec ce complément si celui-ci précède le participe. — Toutefois, dans certains cas, l'usage est un peu hésitant. (*Bon us.*, § 914 ; *N. gramm.*, § 371, Rem. 2.)

7. **De tout temps** : on écrit aussi (mais moins souvent) *de tous temps*.

Participe passé : récapitulation.
119 Les héros de la paix

a) C'est à juste titre qu'on les a *appelés* héros, les soldats qui, *soutenus* par le sentiment de l'honneur du drapeau, se sont *sacrifiés* pour la défense du sol natal. Mais ne sont-ce pas des héros aussi ceux qui, dans la vie civile, ont *affronté* ou *supporté* les épreuves et les dangers de toutes sortes [1], ceux qu'on a *vus* vivre et parfois **mourir** [2] pour le bien-être ou le salut de leurs semblables ?

Oui, ce sont les héros, ces sauveteurs à qui doivent la vie les naufragés qu'ils ont *arrachés* aux vagues furieuses ou les mineurs qu'ils ont *délivrés* de la prison ténébreuse où les avait *enfermés* une affreuse explosion. Ce sont des héros, les capitaines qui, eux-mêmes *exceptés* [3], ont *sauvé* d'une mort horrible tous ceux que leur navire en perdition menaçait d'engloutir avec lui, ces mécaniciens [a] qui, *blessés* sur leur locomotive [4], ont *trouvé* dans le sentiment de leur responsabilité la force qu'il leur a *fallu* pour **empêcher** une catastrophe. Ce sont des héros ces médecins qui, bravant tranquillement [5] la mort qu'une épidémie a *fait* planer sur une population, ne sont pas *départis* [b] un seul instant des périlleux devoirs qu'ils s'étaient *imposés*.

b) Mais il est encore un autre héroïsme ; c'est celui qui, sans élever les hommes au-dessus d'eux-mêmes, les a *tenus appliqués* aux travaux peu spectaculaires que la vie de tous les jours leur a **donnés** [6] à accomplir ; c'est celui qui les a *ouverts* à toutes les sollicitations de leurs frères malheureux. Ceux qui, dans la monotonie et l'ennui, se sont constamment [7] *rappelé* [8] l'importance de leurs obligations professionnelles, de leurs devoirs familiaux et s'en sont *acquittés* sans jamais s'être *laissé* décourager, ceux qui se sont *plu* à élargir leur cœur et à payer de leur personne chaque fois que les circonstances l'ont *réclamé*, ceux qui se sont toujours *recommandé* à eux-mêmes la tolérance et la compréhension, n'ont-ils pas *manifesté* autant de grandeur qu'en ont *montré* ceux-là qui, dans un élan soudain, ont *accompli* quelque [9] action éclatante ?

VOCABULAIRE

a) **Mécanicien** : suivant l'usage de France, celui qui dirige une locomotive. En Belgique, on dit *machiniste*.
b) **Se départir de son devoir** : s'en écarter, y manquer.

ORTHOGRAPHE ET GRAMMAIRE

1. **De toutes sortes** ou *de toute sorte*. (*Bon us.*, § 615, *b*, 1°, Rem.)
2. **Mourir** n'a deux *r* de suite qu'au futur simple et au conditionnel présent.

3. **Excepter** : tiré d'*exception* (lat. *capere*, prendre, + *ex*, hors de).
4. **Leur locomotive** : on admettra aussi le pluriel. (*Bon us.*, § 592.)
5. **Tranquillement** : prononcez *tran-kil-man* (et non *tran-kiy'-man*).
6. **Donnés** : l'usage le plus général mettrait le pluriel, considérant *que* comme objet direct ; mais *donné* ne serait pas fautif : dans ce cas, *que* serait considéré comme objet direct de l'infinitif. (*Bon us.*, § 915, Rem. 2 ; *N. gramm.*, § 377, Rem. 2.)
7. **Constamment** : dérivé de *constant* ; donc un *a* devant les deux *m*.
8. **Rappeler** : on dit « se rappeler *quelque chose* », « je me *le* rappelle ».
9. **Quelque** : l'*e* final n'est remplacé par l'apostrophe que dans *quelqu'un, quelqu'une*.

Participe passé : récapitulation.

120 Un jardin cher à Jean-Jacques Rousseau

a) Quelle sensation délicieuse nous avons *éprouvée* quand nous sommes *entrés* dans ce paisible asile ! Dès l'abord, d'obscurs ombrages, une verdure *animée*, des fleurs *variées*, des gazouillements d'eau courante et des chants d'oiseaux nous ont *charmés*, et ces lieux sauvages et solitaires ont *fait* monter à notre **imagination** autant de **fraîcheur** [1] qu'ils en ont *porté* à nos sens. Nous nous somme *plu* à **parcourir** les sentiers qu'une agreste [a] fantaisie a *ménagés* dans cet **éden** [b]. Nous n'y avons point *rencontré* les plantes exotiques [c] que nous avions *pensé*, mais nous y avons *trouvé* celles du pays, *disposées* de telle manière que les massifs, les berceaux [d], les touffes de verdure qu'on y avait *laissés* [2] pousser librement produisaient un effet des plus agréables [3], malgré le peu de travaux que leur ordonnance avait *coûté* [1].

b) Dans le gazon, le serpolet, le **thym**, la marjolaine se trouvaient *mêlés* à une foule d'autres fleurs des champs que le vent y avait *semées*. **Çà et là**, des rosiers, des **groseilliers** [4], des **noisetiers**, sans ordre ni **symétrie**, étendaient leurs broussailles sur une terre qu'on eût *crue* [5] en friche [e].

Nous nous sommes *promenés* avec extase dans des allées tortueuses *ombragées* de bocages *embaumés* où la vigne vierge, la clématite [f] et le chèvrefeuille se trouvaient *entrelacés* en mille guirlandes capricieuses. Ces guirlandes semblaient *jetées* **négligemment** [6] d'un arbre à l'autre comme nous en avions *remarqué* quelquefois dans les forêts et formaient sur nous d'admirables draperies de feuillage.

Ces allées étaient *bordées* ou *traversées* d'une eau limpide, où nous nous sommes *rafraîchi* [1] les mains en écoutant la chanson des sources que nous avons *regardées* **bouillonner** sur le gravier ou courir [7] dans l'herbe fine.

D'après Jean-Jacques Rousseau.

> **VOCABULAIRE**

a) **Agreste** (emprunté au lat. *agrestis*, racine *ager*, champ) : qui a rapport aux champs, à la campagne.
b) **Éden** (prononcez : *édèn'*) : dans la Bible, Paradis terrestre. Par analogie, tout séjour agréable.
c) **Exotique** : qui n'est pas naturel au pays.
d) **Berceau** : charmille, branchage en arc.
e) **En friche** : laissée un certain temps sans culture.
f) **Clématite** : plante grimpante, à fleurs de diverses couleurs et odorantes.

> **ORTHOGRAPHE ET GRAMMAIRE**

1. **Fraîcheur, coûter, rafraîchir** ou *fraicheur, couter, rafraichir*, selon les *Rectifications* : cf. notre Appendice, § 4.
2. **Laissés** : ordinairement *laissé* suivi d'un infinitif s'accorde avec le complément d'objet direct qui précède, quand l'être ou l'objet représentés par ce complément font l'action exprimée par l'infinitif. Toutefois, l'invariabilité est admise par Littré et par les *Rectifications* (cf. Appendice, § 9, et *Bon us.*, § 915, 2°) ; on peut comparer *laissé* à *fait*, qui est, lui, toujours invariable.
3. **Des plus agréables** : pluriel (le sens est : « parmi *les* plus agréables »). Cependant l'usage admet aussi le singulier *agréable*. (*Bon us.*, § 954, *g*.)
4. **Groseillier** : les noms d'arbres, d'arbrisseaux ou d'arbustes dont la syllabe finale se prononce *yé* s'écrivent par *-ier*. Excepté *cornouiller* et quelques noms d'arbres en *-yer* (*cacaoyer, copayer, noyer, papayer, rocouyer*).
5. **Crue** : participe passé suivi d'un attribut du complément d'objet direct ; d'ordinaire l'accord se fait avec ce complément s'il précède. Toutefois l'usage est un peu hésitant. (*Bon us.*, § 914 ; *N. gramm.*, § 371, Rem. 2.)
6. **Négligemment** : dérivé de *négligent* ; donc un *e* devant les deux *m*.
7. **Courir** n'a deux *r* de suite qu'au futur simple et au conditionnel présent. À remarquer : l'ancien infinitif *courre* (encore employé dans *chasse à courre*), du lat. *currere*.

121 Une morale stoïcienne [a] au XVIIIe siècle

a) Il s'est *trouvé* des gens qui ont *eu* l'expérience de toutes les misères de l'humanité ; la mauvaise fortune semble s'être *plu* à les accabler sans merci [b]. Les maladies les ont *assiégés* dès leur enfance ; quelques moments à peine elles les ont *laissés* [1] jouir de ces plaisirs et de ces joies intimes que d'autres ont *savourés* à loisir au foyer **familial.** *Nés* pour les plus grands déplaisirs, ils ont *eu* dans la pauvreté plus de hauteur et d'ambition qu'on n'en [2] aurait *attendu*. Mais les **disgrâces** se sont *succédé,* puis ils se sont *vu* trahir par ceux même(s) [3] qu'ils avaient le plus *aimés*. Parfois ils se sont *imaginé* que leurs talents, leur travail continuel, leur application à bien faire pourraient fléchir la dureté de la fortune [c], mais autant d'espoirs ils ont *caressés,* autant de désillusions ils ont *éprouvées.*

b) Ils ont *souffert* des maux qu'ils n'avaient pas *mérités* et ceux que leur imprudence leur a *valus*. Lorsque la fortune a *paru* se lasser de les poursuivre, la mort s'est *présentée* à leur vue. Leurs yeux se sont *fermés* à la fleur de leur âge [d], et, quand l'espérance trop lente commençait à leur accorder quelques-uns des **dédommagements** qu'elle avait enfin *placés* comme à la portée de leur main, ils ont *eu* la douleur de ne pas même laisser à leurs enfants les biens qu'il eût *fallu* pour les mettre à l'abri du besoin.

Toutefois comme ils avaient l'âme haute et qu'ils étaient *épris* de grandeur morale, ils n'eussent pas *voulu* changer leur misère pour la prospérité des hommes faibles ; bien que la fortune se soit *jouée* de leur sagesse, ils ne se sont jamais *laissé* abattre par ses coups.

D'après VAUVENARGUES.

VOCABULAIRE

a) **Stoïcienne** : comme celle des *stoïciens,* philosophes qui recommandent l'indifférence à l'égard de la souffrance physique ou morale.

b) **Merci** : acte de bon vouloir par lequel on épargne quelqu'un. Dans ce sens, *merci* est féminin.

c) **Fortune** : puissance qui distribue, sans règle apparente, les biens et les maux. — Quand ce mot désigne la divinité qui, pour les Anciens, joue ce rôle, il s'écrit par la majuscule.

d) **À la fleur de leur âge** (on dirait aujourd'hui *à la fleur de l'âge*) : au moment où leur vie aurait dû être pleinement épanouie (comme une fleur).

ORTHOGRAPHE ET GRAMMAIRE

1. **Laissés** : ordinairement *laissé* suivi d'un infinitif s'accorde avec le complément d'objet direct qui précède, quand l'être ou l'objet représentés par ce complément font l'action exprimée par l'infinitif. Toutefois, l'invariabilité est admise par Littré et par les *Rectifications* (cf. Appendice, § 9, et *Bon us.,* § 915, 2°) ; on peut comparer *laissé* à *fait,* qui est, lui, toujours invariable.

2. On admettra aussi, sans *ne* explétif : *plus de hauteur et d'ambition qu'on en aurait attendu.* (*Bon us.,* § 983, *d.*)

3. **Même(s)** : dans un grand nombre de cas, après un pronom démonstratif, *même* peut être regardé comme adjectif ou comme adverbe, suivant le point de vue où l'on se place. (*Bon us.,* § 623, Rem. 3 ; *N. gramm.,* § 246, *c,* Rem.)

Participe passé : récapitulation.
122 Sur les grands hommes : une admiration méfiante

a) Il y a, dans l'activité des grands hommes, deux parts ; on peut marquer des époques dans leur carrière.

D'abord ils ont *compris* mieux que les autres le long courage des générations qui se sont *succédé* avant nous et la patiente énergie qu'il a *fallu* pour améliorer le sort de l'humanité ; mieux que les autres, ils se sont *rendu* compte de ce qu'il ^{1} manquait a la société contemporaine pour qu'elle pût vivre et se **développer** régulièrement ; mieux que les autres, ils se sont *emparés* de toutes les forces sociales et ils se sont *donné* pour tâche de les diriger vers ce but ^{2}. On s'explique par là le pouvoir des grands hommes, l'autorité que leur sagacité $^{(a)}$ leur a *value* et la gloire qu'on a *vue* s'attacher à leurs actions : dès qu'ils ont *paru,* on les a *acceptés* et *suivis,* tous se sont *fait* un devoir de **concourir** ^{3} à leur bienfaisante activité.

b) Mais les grands hommes se sont *élancés* hors des faits actuels ; ils se sont *livrés* à des vues qui leur étaient personnelles, ils se sont *complu* à des combinaisons lointaines, ils ont *formé* des **desseins** que quelques-uns ont *jugés* ^{4} arbitraires. Pendant quelque ^{5} temps, *attendu* les travaux qu'on leur avait *vu* ^{6} accomplir, on les a *suivis* dans cette nouvelle carrière. Cependant les contemporains se sont **aperçus** bientôt qu'on les avait **entraînés** ^{7} où ils n'avaient nulle envie d'aller, qu'on les avait *fait* sortir de la réalité, qu'on les avait *abusés* $^{(b)}$ et qu'on avait *abusé* d'eux. Ils s'en sont *inquiétés* d'abord, ensuite ils s'en sont *lassés* ; ils n'ont plus alors suivi les grands hommes qu'à **contrecœur,** puis ils se sont *récriés*$^{(c)}$, ils se sont *plaints* ; enfin ils se sont *séparés* d'eux et se sont *ri* de leurs projets.

Ainsi les grands hommes sont *restés* seuls et ils sont *tombés ;* et toutes les belles choses qu'ils avaient *conçues* et *voulues* seuls, c'est-à-dire toute la partie purement personnelle et arbitraire $^{(d)}$ de leurs œuvres, s'est *évanouie* avec le peu de gloire qu'ils avaient *conservé*.

D'après François GUIZOT.

VOCABULAIRE

a) **Sagacité** : pénétration d'esprit, instinct subtil pour découvrir les choses.

b) **Abuser** : tromper. — Mais *abuser de quelqu'un :* user avec excès de sa complaisance, de sa bonté.

c) **Se récrier** : s'exclamer, soit pour admirer, soit pour protester (ici, pour protester).

d) **Arbitraire** : qui dépend du libre arbitre, c'est-à-dire de la volonté libre.

> **ORTHOGRAPHE ET GRAMMAIRE**

1. **Ce qu'il manquait** : on admettra aussi : *ce qui manquait*. (*Bon us.*, § 689, *b*, Rem.)
2. **But** : suivi d'une pause ou quand il n'est pas lié au mot suivant, peut se prononcer *but'* (en faisant entendre le *t*), ou *bu*.
3. **Concourir** : *courir* et les verbes de sa famille n'ont deux *r* de suite qu'au futur simple et au conditionnel présent.
4. **Jugés** : participe passé suivi d'un attribut du complément d'objet direct ; d'ordinaire l'accord se fait avec ce complément s'il précède. Toutefois, dans certains cas, l'usage est un peu hésitant. (*Bon us.*, § 914 ; *N. gramm.*, § 371, Rem. 2.)
5. **Quelque temps** : singulier. Le sens est : « *un* certain temps ».
6. **Vu** : *leur* n'est pas un objet direct.
7. **Entraîner** ou *entrainer*, selon les *Rectifications* (voir notre Appendice, § 4).

Participe passé : récapitulation.
123 Les craintes de Denys[1] l'Ancien

a) Pendant les trente-huit ans que Denys l'Ancien a *régné* à Syracuse, combien de maux n'a-t-il pas *fait* souffrir à cette opulente [a] cité ? Des auteurs dignes de foi se sont *plu* à rapporter qu'il était sobre, actif, capable de gouverner, mais que, étant *données*[2] ses inclinations [b] malfaisantes, il fut le plus malheureux des princes qu'il y ait[3] jamais *eu*.

En vain descendait-il d'une famille qu'avaient *illustrée* maints aïeux ; en vain la foule des courtisans qu'il avait *rassemblés*[4] autour de lui s'était-elle *empressée* à[5] lui plaire, il n'avait personne à qui il osât se fier. *Exceptés*[6] de la défiance que le tyran[7] avait toujours *ressentie* pour son entourage, quelques esclaves qu'il avait *enlevés* aux plus riches **citoyens** et à qui il avait *accordé* une *prétendue* liberté, étaient seuls *admis* dans son intimité.

b) Les soldats qu'il avait *chargés* de la garde de sa personne étaient des étrangers féroces et barbares. Le peu de sûreté qu'il avait *trouvé* dans son palais avait *excité* ses soupçons au point que, n'osant confier sa tête à aucun barbier, il avait *fait* apprendre à raser à ses filles ; et ces jeunes princesses, *rabaissées* à une fonction qu'on n'eût pas *pensée*[8] compatible avec leur rang, on les a *vues* faire la barbe et les cheveux à ce père **soupçonneux.** Encore, dit-on, quand elles eurent un peu *grandi,* le tyran, craignant le fer jusque dans leurs mains et manifestant pour tout instrument tranchant plus d'horreur qu'il n'en avait *éprouvé* **jusque-là,** se fit brûler[9] par ses filles les cheveux et la barbe avec des coquilles de noix *chauffées* à blanc.

c) Denys aimait fort le jeu de balle. Un jour qu'il voulait se livrer à son amusement *préféré, il* avait ôté sa tunique et *donné* son épée à un des jeunes favoris qui s'étaient *joints* à lui. « Voilà donc, lui dit un de ses **familiers** en plaisantant, quelqu'un à qui sont *confiés* votre honneur et votre vie ! » Le jeune homme sourit. Tous les deux, par son ordre, furent *exécutés,* l'un pour avoir *suggéré* un moyen de **l'assassiner,** l'autre parce que, cette suggestion, il semblait l'avoir *approuvée* par un sourire.

VOCABULAIRE

a) **Opulent** : qui montre une grande richesse.

b) **Inclination** peut signifier : 1° action d'incliner (*inclination de tête*) ; 2° mouvement de l'âme qui se sent portée vers quelque chose (c'est le cas ici).

ORTHOGRAPHE ET GRAMMAIRE

1. **Denys,** lat. *Dionysius,* grec *Dionysios* (IVe siècle av. J.-C.).
2. **Étant données** ou *donné.* (*Bon us.*, § 257, *b,* 2° ; *N. gramm.*, § 370, *a.*)
3. **Ait** : la 3e personne du singulier du subjonctif présent se termine par *-e.* Exceptions : *qu'il ait, qu'il soit.*
4. **Rassemblés** (si l'on condidère que l'antécédent de *qu'* est *courtisans*) ou *rassemblée* (si l'antécédent est *foule*).
5. **S'empresser à** : user de prévenances, de zèle, témoigner de l'ardeur. À distinguer de *s'empresser de,* se hâter de. (*Bon us.*, § 878, *a,* 6°.)
6. **Exceptés** : le mot ne fait pas partie d'une proposition absolue (*Bon us.*, § 257, *b,* 1°) ; il s'accorde comme n'importe quelle autre épithète détachée.
7. **Tyran** (emprunté au lat. *tyrannus,* du grec *tyrannos*) : qui usurpe le pouvoir ; par extension, despote.
8. **Pensée** : participe passé suivi d'un attribut du complément d'objet direct ; d'ordinaire l'accord se fait avec ce complément s'il précède. Toutefois, dans certains cas, l'usage est un peu hésitant. (*Bon us.*, § 914 ; *N. gramm.*, § 371, Rem. 2.) — Attention à l'accent sur *eût* : on a ici le subjonctif plus-que-parfait à valeur de conditionnel passé.
9. **Brûler** ou *bruler,* selon les *Rectifications* (cf. notre Appendice, § 4).

Participe passé : récapitulation.

124 Une visite aux ruines du Colisée

a) Dans une belle soirée du mois de juillet, nous étions *allés* nous asseoir [1] au Colisée [(a)] sur la marche d'un des autels que la religion chrétienne a *consacrés* [2] aux douleurs de la Passion [(b)]. Le soleil couchant versait des rayons qu'on eût *dits* [3] d'or fondu, par toutes ces galeries où se sont *pressées* jadis [4] les foules qui s'y sont *donné* rendez-vous ; de fortes ombres qui s'étaient *amassées* en même temps dans l'enfoncement des loges et des **corridors** s'étaient *allongées* sur la terre en larges bandes noires.

b) Nous sommes *montés* sur les massifs de l'architecture ; de là nous apercevions, entre les ruines du côté droit de l'édifice, le jardin du palais des Césars [5] avec quelques palmiers qu'on a *laissés* [6] grandir là tout exprès, dirait-on, pour les peintres ou les poètes que ces débris ont *inspirés*. Au lieu de cris de joie tels qu'en ont *poussé* jadis [4] dans cet **amphithéâtre** des spectateurs féroces, qui se sont *ri* des souffrances des chrétiens quand ils les ont *regardés* marcher au supplice et qu'ils les ont *vu* déchirer par des lions, on n'entendait que les **aboiements** des chiens de l'ermite [c] à qui est *confiée* la garde de ces ruines.

c) Mais aussitôt que les feux du soleil se furent *éteints* à l'horizon, la cloche du dôme de Saint-Pierre [7] retentit sous les portiques [d] du Colisée. Cette correspondance *établie* par des sons religieux entre les plus grands monuments qu'il y ait jamais *eu* dans la Rome païenne et dans la Rome chrétienne nous a *causé* une vive émotion et a *laissé* dans nos âmes des impressions comme nous en avons rarement *éprouvé*. Nous avons *songé* que l'édifice moderne, en dépit des soins qu'il a *coûtés* [8], tomberait comme l'édifice antique, nous nous sommes *rappelé* que, depuis les plus anciennes civilisations, les monuments se sont *succédé* comme les peuples qui les ont *élevés* ; nous nous sommes *complu* enfin dans cette pensée que les hommes, qui aiment à méditer sur la ruine des empires, oublient qu'ils sont eux-mêmes des ruines encore plus chancelantes et qu'ils seront *tombés* avant ces débris.

D'après C<small>HATEAUBRIAND</small>.

VOCABULAIRE

a) **Colisée** : célèbre amphithéâtre de la Rome ancienne.
b) **Passion** : souffrances et supplice du Christ. Dans ce sens, le mot prend la majuscule.
c) **Ermite** : solitaire retiré dans un lieu désert pour s'y livrer à des exercices de piété.
d) **Portique** : galerie ouverte dont le toit est soutenu par des colonnes, par des arcades.

ORTHOGRAPHE ET GRAMMAIRE

1. **Asseoir** ou *assoir*, selon les *Rectifications* : cf. notre Appendice, § 14.
2. **Consacrés** : pluriel, parce que le complément d'objet direct *que* a pour antécédent *autels*.
3. **Dits** : voir la note 2 du texte précédent.
4. **Jadis** : prononcez en faisant entendre l'*s*.

5. **Césars** : les empereurs romains se désignaient ainsi en souvenir de Jules César.
6. **Laissés** : ordinairement *laissé* suivi d'un infinitif s'accorde avec le complément d'objet direct qui précède, quand l'être ou l'objet désignés par ce complément font l'action exprimée par l'infinitif. Mais selon Littré, *laissé* peut être laissé invariable, comme l'est obligatoirement *fait* ; cela est recommandé aussi par les *Rectifications* (voir Appendice, § 9, ainsi que *Bon us.*, § 915, 2°).
7. **Saint** prend la majuscule et se joint par un trait d'union au nom qui suit, quand il s'agit d'une localité, d'une fête, d'une rue, d'un édifice (c'est ce dernier cas ici), etc. Mais on ne met ni majuscule ni trait d'union quand il s'agit du saint lui-même.
8. **Coûter** ou *couter*, selon les *Rectifications* (voir Appendice, § 4).

Participe passé : récapitulation.
125 L'héritage du passé

a) Que de biens matériels ou spirituels nous ont été *légués* [a] par les générations qui nous ont *précédés* ! Notre santé est le fruit des efforts douloureux que nos ancêtres ont *déployés* contre la misère et la maladie ; notre bien-être résulte de la somme de travail qu'ils se sont *imposée* pour dompter [1] les forces de la nature. Que de sueurs [2] ils ont *versées* pour forcer des terres incultes à se couvrir des moissons abondantes qu'on les a *vues* produire ! Ces champs où, d'année en année, se sont *succédé* les plus riches récoltes, c'est leur labeur qui les a *rendus* fertiles. Combien de recherches aussi ont *coûtées* [3] à nos aïeux les perfectionnements qu'ils ont **patiemment** [4] *réalisés* dans la technique industrielle ! Chacune de ces machines ingénieuses que nous avons *vues* travailler avec plus de précision que n'en ont *montré* les plus habiles artisans résume les inventions innombrables [5] des chercheurs qui, d'âge en âge, se sont *donné* pour tâche d'améliorer le sort de l'humanité.

b) Nos conceptions, nos comportements moraux, sociaux, religieux, nous les avons, pour une bonne part, *reçus* en héritage. Si même nous nous sommes *plu* à critiquer ces idéaux que nous avons *vu* estimer par nos parents et qu'ils nous ont *proposés* avec tant d'insistance, notre critique s'inscrit encore dans le long effort vers le mieux qui n'a *cessé* de caractériser l'espèce humaine. C'est l'audace de nos ancêtres, leur ténacité, leur confiance que nous avons *senties* passer en nous ; ainsi se sont *survécu* les qualités, se sont *enracinés* les traits de mœurs [6] et de civilisation que notre proche entourage nous a *fait* connaître [3] au cours des années, à travers les soins que lui a *coûtés* [3] notre formation.

L'état actuel de notre monde, ce sont nos aïeux qui nous l'ont *valu*. Certes, l'on peut estimer encore peu satisfaisante l'évolution des consciences en regard des progrès matériels ; cependant, la dette que nous avons *contractée* envers nos **prédécesseurs** est plus grande sans doute que certains ne l'ont *pensé*. Il faut reconnaître ³ le peu de pondération qu'ont *manifesté* les jugements péremptoires ⁽ᵇ⁾ de quelques individualistes imbus ⁽ᶜ⁾ de leur seule valeur personnelle.

> **VOCABULAIRE**
>
> a) **Léguer** : donner par disposition testamentaire. Au figuré, transmettre de génération en génération.
> b) **Péremptoire** : à quoi on ne peut rien répliquer.
> c) **Imbu** : qui est pénétré d'une idée, d'un sentiment.

> **ORTHOGRAPHE ET GRAMMAIRE**
>
> 1. **Dompter** : prononcé *don-té* (le *p* est muet). Ce verbe vient du latin *domitare* : le *p* n'a pas de justification étymologique.
> 2. **Que de sueurs** : on acceptera aussi le singulier.
> 3. **Coûter, connaître, reconnaître** ou *couter, connaitre, reconnaitre*, selon les *Rectifications* (cf. notre Appendice, § 4).
> 4. **Patiemment** : dérivé de *patient ;* donc un *e* devant les deux *m*.
> 5. **Innombrable** : prononcer *in'-non-brabl* ou *i-non-*.
> 6. **Mœurs** : l'*s* est souvent prononcé quoique ce soit l'*s* du pluriel.

Participe passé : récapitulation.

126 La tour penchée de Pise

a) La tour *penchée* de Pise est un des monuments les plus remarquables que les touristes aient *vus* en parcourant ¹ l'Italie ; autant ils ont *éprouvé* d'admiration devant l'élégance, la grâce tant vantée des arcades de cet édifice, autant ils en ont *manifesté* devant la curieuse inclinaison qu'il a *présentée* à leurs regards. Cette étrange tour, *construite* au XIIᵉ ² et au XIIIᵉ siècle ³, l'architecte Bonamo l'avait *conçue* parfaitement verticale, mais des couches de terre glaise ⁽ᵃ⁾ dans les profondeurs du sous-sol ont *provoqué*, dès les débuts de la construction, l'**affaissement** du terrain sableux sur lequel reposait la maçonnerie ; plusieurs fois même, à cause du peu de sécurité que l'entreprise avait *révélé,* les travaux ont *dû* être *interrompus*. La tour fut cependant *achevée,* mais de siècle en siècle s'était *aggravée* l'inquiétante inclinaison que l'on avait *vue* se produire peu à peu.

b) C'est pourquoi, vers **mil** ⁴ huit cent quarante, furent *exécutés* les travaux de consolidation que l'on avait *jugés* nécessaires. Cependant cette consolidation n'eut pas tous les résultats qu'on en avait *attendus* ⁵ et se révéla bientôt moins efficace qu'on ne l'aurait *cru*. Il y a quelques décennies, de nouveaux travaux furent *décidés*. Étant *donnée* ⁶ la grande valeur artistique du monument, les ingénieurs se sont *imposé* l'obligation de n'altérer en rien l'aspect de l'édifice et se sont *interdit,* par prudence, d'accéder sous ses fondations. Avec toutes les précautions qu'ils ont *pu,* les ouvriers se sont *servis* de foreuses à pointe de diamant pour percer dans la maçonnerie de fondation des trous *inclinés* qu'ils ont *remplis* ensuite de lait de ciment *injecté* de telle manière que la couche sableuse s'en étant *imprégnée* se trouva ⁷ *transformée* en un bloc très solide. On imagine l'habile patience qu'il *a fallu* à la **technique** moderne pour sauvegarder le précaire ⁽ᵇ⁾ équilibre de la tour *penchée* de Pise.

VOCABULAIRE

a) **Terre glaise** : argile grasse qu'on emploie pour la fabrication de poteries communes.
b) **Précaire** : qui n'offre pas de garantie de durée.

ORTHOGRAPHE ET GRAMMAIRE

1. **Parcourant** : *courir* et les verbes de sa famille n'ont deux *r* de suite qu'au futur simple et au conditionnel présent.
2. **XIIᵉ** ou *XIIe* (avec la dernière lettre du numéral écrit en lettres), mais non *XIIème, XIIième,* ni surtout les absurdes *XIIè, XIIᵉ*. (Dans *1°, n°*, on a la dernière lettre de *primo, numéro.*)
3. **Siècle**, au singulier, cf. *Bon us.,* § 499, *d.* (Mais, avec un seul article au pluriel, on écrirait : *aux XIIᵉ et XIIIᵉ siècles.*)
4. **Mil** : forme traditionnelle de *mille* dans les dates, cf. *Bon us.,* § 574, *b.* — D'autre part, dans les numéraux composés, selon la règle traditionnelle, on ne met un trait d'union qu'entre les termes inférieurs tous deux à cent. Selon les *Rectifications,* on met un trait d'union entre tous les éléments, *million* et *milliard* exceptés (parce que ce sont des noms). Cf. notre Appendice, § 8.
5. **Attendus** : le complément d'objet direct est *que* et non *en.*
6. **Étant donnée** ou *donné. (Bon us.,* § 257, *b,* 2° ; *N. gramm.,* § 370, *a.*)
7. **Se trouva** : indicatif dans la proposition adverbiale de conséquence : le fait est considéré dans sa réalité. — On admettra aussi le subjonctif *se trouvât :* la proposition exprime alors un but à atteindre, un résultat à obtenir. (*Bon us.,* § 1089.)

Participe passé : récapitulation.

127 Une des causes de la décadence de Rome

a) Rome s'était *assuré* la domination de l'univers avec le secours des peuples d'Italie, auxquels elle avait *donné* en différents temps divers privilèges. Ces peuples s'étaient d'abord fort peu *souciés* du droit de bourgeoisie romaine, mais lorsqu'ils se furent *rendu* compte des précieux avantages que ce droit avait *valus* à ceux qui l'avaient *obtenu,* on les a *vus* s'acharner à le conquérir et déchaîner ¹ même cette sanglante guerre sociale ⁽ᵃ⁾ tristement célèbre par les **milliers** de vies humaines qu'elle a *coûtées* [1]. Les peuples des régions qui regardent la mer Ionienne [2] s'étaient *révoltés,* en effet, et bientôt les autres alliés les avaient *suivis.* Ainsi Rome, *obligée* de combattre contre ceux qui étaient les artisans de la domination qu'elle avait *exercée* **jusque-là** sur l'univers, était *perdue. Vu* la nécessité, elle accorda le droit de cité aux alliés qu'elle avait *reconnus* fidèles, puis peu à peu elle en octroya à tous le bénéfice.

b) Pour lors Rome ne fut plus cette ville qui, *animée* d'un même esprit, n'avait pas *manifesté* moins d'ardeur pour établir l'égalité qu'elle n'en [3] avait *montré* pour conquérir la liberté. Les peuples d'Italie étant *devenus* ses **citoyens,** chaque ville y avait *apporté* son caractère propre, ses intérêts particuliers et sa dépendance des grandes familles qu'elle s'était *choisies* comme protectrices. La foi [b] patriotique, les sentiments romains [4] se trouvèrent singulièrement *altérés* ; comme on n'avait plus les mêmes magistrats, les mêmes dieux, les mêmes sépultures, on ne voyait plus des mêmes yeux cette Rome qu'on avait *sentie* envahie par de sourds dissentiments. Les élections étaient *troublées* par des milliers de citoyens que les ambitieux avaient *fait* venir à Rome ; maintes fois, dans les assemblées, des séditieux [c] se sont *prévalus* [d] des droits qu'ils s'étaient *arrogés* [e] ; bref, le peu d'autorité que le peuple avait *gardé* avait *produit* une anarchie plus lamentable encore que certains auteurs ne l'ont *affirmé.*

D'après MONTESQUIEU.

VOCABULAIRE

a) **Guerre sociale** : insurrection de l'Italie contre la domination romaine (de 90 à 88 av. J.-C.). Les Italiens alliés (*socii*) voulaient conquérir les avantages que comportait le droit de cité romain.

b) **Foi** : fidélité, loyauté (sens vieilli).

c) **Séditieux** (prononcer *sé-di-syeû*) : qui est en résistance ouverte contre l'autorité établie.

d) **Se prévaloir de qqch.** : prétendre en tirer avantage.

e) **S'arroger** : s'attribuer (un droit, une qualité, etc.) sans y avoir droit. Ce verbe se construit avec un complément d'objet direct.

ORTHOGRAPHE ET GRAMMAIRE

1. **Déchaîner, coûter,** ou *déchainer, couter,* selon les *Rectifications* (cf. notre Appendice, § 4).

2. **Mer Ionienne** : l'adjectif prend la majuscule, parce qu'il accompagne, comme terme caractéristique, un nom commun géographique. (*Bon us.* § 99, *a,* 1°.)

3. **N'en** : on pourrait dire aussi, sans *ne* explétif, *qu'elle en avait montré.* (*Bon us.*, § 983, *d.*)

4. **Romains** : sans majuscule, comme adjectif.

Participe passé : récapitulation.
128 La goutte d'eau

a) Que de **métamorphoses** [a] la goutte d'eau a *subies* depuis le jour où, *sortie* du feu, *condensée,* puis *distillée* par le soleil, elle s'est *mise* à voyager à travers les organismes vivants ! Nous nous la sommes *assimilée* à tour de rôle. Elle a déjà *appartenu* aux animaux antédiluviens [b], elle a *vivifié* les fougères gigantesques des premières époques géologiques[c] ; elle a *conquis* sa liberté, s'est *enfuie* dans les airs pour être encore une fois *emprisonnée, reprise* peut-être par un petit oiseau qui l'a *bue* toute fraîche [1]. Qui pourrait dire où elle a été *emportée,* ce qu'elle est *devenue* au cours des innombrables voyages qu'elle a *accomplis* à travers les tissus végétaux ou animaux ?

b) Qui racontera les mille et une [2] combinaisons chimiques auxquelles elle s'est *trouvée associée* ? Sa carrière est plus prodigieuse encore qu'on ne [3] l'aurait *pensé* : nous sommes-nous jamais *imaginé* les terres qu'elle a *fertilisées,* les germes sans nombre qu'elle a *fait* éclore, la sève et le sang qu'elle a *contribué* à former ? On l'a *vue* briller à la pointe de l'herbe, on l'a *entendue* murmurer au creux des fontaines, on l'a *senti* emporter par le vent qui passait. Elle s'est *insinuée* dans les grottes, s'est *procuré* une issue vers la lumière, s'est *mêlée* aux fleuves et aux océans ; elle a *joué* son rôle dans les orages et les **inondations** qu'il y a *eu* depuis des millénaires [d].

Dans dix siècles, dans vingt siècles, la même eau subsistera toujours jusqu'au jour où, *décomposée* par les actions chimiques du sol, *congelée* par les refroidissements que les géologues ont *prédit* qui arriveront [4], elle finira par disparaître [1] du globe.

D'après Henri de PARVILLE.

> **VOCABULAIRE**

a) **Métamorphose** (grec *meta,* indiquant changement, et *morphê,* forme) : changement complet d'une forme en une autre.

b) **Antédiluvien** (composé avec le lat. *ante,* avant, et *diluvium,* déluge) : très ancien, préhistorique.

c) **Géologique** : qui se rapporte à la *géologie* (grec *gê,* terre, et *logos,* discours), c'est-à-dire à la science qui étudie les terrains dont est formée l'écorce terrestre, leur état actuel et leur formation.

d) **Millénaire** (faire entendre les deux *l*) : période de mille ans.

> **ORTHOGRAPHE ET GRAMMAIRE**

1. **Fraîche, disparaître,** ou *fraiche, disparaitre,* selon les *Rectifications* (cf. notre Appendice, § 4).
2. **Mille et un** (ou *mille-et-un* : Appendice, § 8) s'emploie pour un grand nombre imprécis. Sinon, il ne faut pas de *et* : *Cela vaut mille un francs.*

3. **Ne** explétif, c'est-à-dire que l'on peut supprimer : *Bon us.*, § 983, c.
4. Sur cette construction, qui n'appartient plus à l'usage ordinaire, voir *Bon us.*, § 1062.

Accord du verbe.

129 La grêle

a) La formation de la grêle est un des phénomènes les plus **embarrassants** qui *aient* été proposés à la **sagacité** [a] des savants ; un grand nombre de météorologistes [b] *estiment* que, tant qu'on n'aura pas pu étudier les **grêlons** [1] au sein même des régions où ils se forment, le peu d'indications précises que l'on possède touchant la genèse [c] de la grêle (*ne pas permettre,* futur simple [2]) d'élucider [d] **tout à fait** [3] cette question assez obscure.

La **plupart** des averses de grêle *s'annoncent* par la formation de nuages gris cendré et orageux dans lesquels, croit-on, une multitude d'aiguilles neigeuses provenant des régions supérieures de **l'atmosphère** [4] *s'amassent* [5] en un mouvement **tourbillonnaire** très rapide et *constituent* le noyau des grêlons, qui *augmentent* peu à peu de volume ; la pesanteur ou une giration [e] affaiblie les *entraînent* [6] finalement vers le sol avec un bruissement, un roulement particulier qui (*paraître* [6], indic. prés. [7]) être dû au frottement des grêlons les uns contre les autres.

b) Ce (*être,* ind. prés. [8]) les grêlons sphériques ou **ovoïdes** [f] qui sont les plus communs, mais il s'en *trouve* aussi qui *affectent* la forme de poires, de **pyramides**, de cônes ou de solides géométriques à faces planes. Leurs dimensions dépassent rarement celles d'une noisette, mais il *tombe* quelquefois des grêlons gros comme des œufs de poule, pesant deux cents grammes et **davantage** ; on en a même **recueilli** qui pesaient jusqu'à un **kilo.**

Quant à [9] leur structure interne, les grêlons présentent au centre un noyau de **grésil** [g] rendu opaque par le dégagement de l'air **dissous** [10] ; autour de ce noyau se *superposent* des couches alternativement opaques et transparentes. L'une et l'autre structure [11] *s'expliquent* [12] par la nature des gouttelettes tantôt plus fines, tantôt plus larges, qui ont, dans des couches d'air successives, enrobé [h] les grêlons déjà formés.

> **VOCABULAIRE**

a) **Sagacité** : pénétration d'esprit, instinct subtil pour découvrir les choses.

b) **Météorologiste** (ou *météorologue*) : celui qui s'occupe de *météorologie* (partie de la physique relative aux phénomènes qui se produisent dans l'atmosphère).

c) **Genèse** (grec *genesis*, naissance) : production, développement.

d) **Élucider** (emprunté au bas lat. *elucidare*, rendre clair, de *lucidus*, clair) : rendre clair, expliquer.

e) **Giration** (lat. *gyrare*, tourner) : mouvement circulaire.

f) **Ovoïde** : qui est en forme d'œuf.

g) **Grésil** (prononcé *gré-zi* ou *gré-zil'*) : petite grêle fort menue.

h) **Enrober** : envelopper (comme dans une *robe*).

ORTHOGRAPHE ET GRAMMAIRE

1. **Grêlon** : avec accent circonflexe. Prononcez bien *grè-lon* (et non *gre-lon*).
2. **Ne permettra pas.**
3. **Tout à fait**, *tout à coup, tout à l'heure* s'écrivent sans traits d'union.
4. **Atmosphère** : composé avec le grec *atmos*, vapeur, et *sphaira*, sphère. — Le mot est féminin.
5. **Amasser** : composé de *à* et de *masse*.
6. **Entraîner, paraît** (et *paraître*), ou *entrainer, parait* (et *paraitre*), selon les *Rectifications* (cf. notre Appendice, § 4).
7. **Qui paraît** (ou *parait* : note 6) : une seule réalité désignée par deux mots (*bruissement, roulement*).
8. **Ce sont.** (Archaïque ou familier : « *c'est* les grêlons », cf. *Bon us.*, § 898, a, 3° ; *N. gramm.*, § 361, b, 4°.)
9. **Quant à** : à distinguer de *quand*, conjonction concernant le temps.
10. **Dissous** ou *dissout*, selon les *Rectifications* (notre Appendice, § 14), pour supprimer la disparate avec le féminin *dissoute*
11. **L'une et l'autre structure** : on dirait, avec un nom dont le pluriel s'entend, « l'un et l'autre *cheval* ». (Cf. *Bon us.*, § 499, d.)
12. **S'expliquent** : il y a deux sujets, même si le premier est exprimé de manière elliptique, et le pluriel est préférable ; mais on ne considèrera pas le singulier comme fautif. (Cf. *Bon us.*, § 436, b ; *N. gramm.*, § 368, Rem.)

Accord du verbe.

130 Optimisme et volontarisme au XIXe siècle

a) Une foule de jeunes gens d'aujourd'hui *estiment* que la société leur doit, par cela seul qu'ils sont au monde, le vivre, le couvert [a] et quelque chose de plus. Plus d'un se *désintéresse* de l'effort personnel et *envie* ceux que le **hasard** ou le milieu social *semblent* favoriser. Tel se plaint que l'ordre établi, non moins que la bonne fortune, lui *refuse* le succès. Tel autre se persuade que la société est mal faite puisque ce (*être,* ind. prés. [1]) la chance et les **occasions** qui y *distribuent* les faveurs. L'une et l'autre **attitude** [2] *marquent* [3] bien peu de jugement.

b) Voyons, mon ami, toi qui *accuses* la société, as-tu tiré parti de tout ce que la nature ou l'éducation *avaient* mis en toi pour l'amélioration de ta fortune ? N'est-on pas fondé à prétendre que si toi et tes pareils (*déployer,* ind. imparf. [4]) au moment voulu l'énergie que *réclament* les circonstances, vous conquerriez chacun votre part des avantages qui vous paraissent inéquitablement [b] répartis ? Le peu d'efforts que vous faites *explique* votre médiocrité. Sans doute ni toi ni moi ne (*pouvoir,* ind. prés. [5]) éluder [c] toujours les coups de la fatalité, mais, en général et dans une certaine mesure, tout homme est maître [6] de son destin quand il sait vouloir : la résolution, l'énergie, l'acharnement *assure* à l'homme de caractère des avantages dont ne *sauraient* le frustrer [d] ni la fatalité de la nature ni l'inégalité des conditions sociales.

D'après Francisque SARCEY.

VOCABULAIRE

a) **Couvert** : logement, abri. **Le vivre** : la nourriture. L'expression est souvent altérée aujourd'hui en *le gîte* (*gite,* selon les *Rectifications*) *et le couvert.*

b) **Inéquitablement** (prononcé *-ki-*) : d'une manière qui n'est pas *équitable,* qui n'est pas conforme à la justice.

c) **Éluder** (emprunté au lat. *eludere,* se jouer de ; racine *ludus,* jeu) : se soustraire à (qqch.) en employant un artifice.

d) **Frustrer** : priver (qqn) d'un bien, d'un avantage qui lui est dû.

ORTHOGRAPHE ET GRAMMAIRE

1. **C'est** : on peut admettre aussi *ce sont.* (*Bon us.*, § 898, *a*, 3° ; *N. gramm.*, § 361, *b*, 4°.)
2. **L'une et l'autre attitude** : on dirait, avec un nom dont le pluriel s'entend, « l'un et l'autre *œil* ». (Cf *Bon us.*, § 499, *d.*)
3. **Marquent** : *marque* ne serait pas fautif. (Cf. *Bon us.*, § 436, *b* ; *N. gramm.*, § 368, Rem.)
4. **Déployiez.** La désinence de l'indicatif imparfait à la 2ᵉ personne du pluriel est *-iez. Déployez* serait un indicatif présent.
5. *Ne* **pouvons.**
6. **Maître**, ou *maitre*, selon les *Rectifications* (cf. notre Appendice, § 4).

Accord du verbe.

131 Séduction de l'histoire

a) De tout temps [1] les hommes ont aimé leur passé. Plus d'un écrivain, dès **l'origine des littératures,** *compose* ces récits merveilleux ou mythiques [a] dont la plupart *retracent* la conquête d'une identité nationale ; grâce aux conteurs des foires et des veillées se *forment* cette mémoire **collective,** ce rayonnement de fierté qui *éclaire* et *fortifie* la **conscience** du groupe.

Et quel est le libraire, quel est aussi le **bibliothécaire** aujourd'hui qui ne *constate* la persistance du succès que *rencontrent* les livres d'histoire qui se *publient* toujours plus nombreux ? Combien de lecteurs *avouent*, depuis quelque temps, que le peu d'attrait(s) [2] qu'ils trouvent aux romans actuels les *rejette* vers la lecture des histoires vraies qui parlent du passé ?

b) Beaucoup sans doute se *contentent* de récits romancés dont la conception même et le détail de l'exécution ne *laissent* pas d'inquiéter l'historien **sourcilleux** [b], Mais n'as-tu pas sous la main, lecteur qui *estimes* les ouvrages à la fois exacts et attrayants, une foule de titres qui *s'offrent* à ta curiosité ? Il *s'édite* chaque année dans le monde des **biographies** et des études variées ; le livre en français et la traduction d'ouvrages étrangers te *proposent* ces travaux captivants et neufs, qu'*apprécient* aussi bien, dans les meilleurs des cas, et l'amateur et l'érudit. L'homme de science et toi, mon ami **fureteur**, (*pouvoir,* indic. prés. [3]) à présent devenir les heureux bénéficiaires des recherches les plus ardues.

c) La télévision, non moins que le livre, *rassemble* [4] un public fidèle ; écrit ou écran, l'un et l'autre *concourent* [5] à l'information historique. Lire et regarder n'importe quoi *serait* [6] tout à fait [7] regrettable, alors que le vulgarisateur éclairé ou même l'historien **professionnel** *acceptent* de faciliter l'accès des résultats acquis par les méthodes les plus complexes. Il faut reconnaître [8] les mérites de ces savants que ne *rebutent* [c] ni la nécessité d'être clair ni celle d'être aimable ; quant à ceux qui se contentent des seuls effets brillants, qui leur en saurait gré, si ce ne (*être,* indic. prés. [9]) les lecteurs pressés ou les esprits futiles ?

| VOCABULAIRE |

a) **Mythique** : qui appartient au *mythe,* récit des temps fabuleux et héroïques, qui souvent comporte une signification symbolique.
b) **Sourcilleux** (proprement, qui a les sourcils froncés) : sévère, pointilleux.
c) **Rebuter** : décourager par des obstacles, des difficultés.

| ORTHOGRAPHE ET GRAMMAIRE |

1. **De tout temps** : on acceptera *tous*.
2. **Le peu d'attrait(s)** : on admettra le singulier ou le pluriel.
3. **Pouvez**.
4. **Rassemble** : accord avec le premier sujet ; *non moins que* marque la comparaison. (*Bon us.,* § 445, a ; *N. gramm.,* § 366, b.)
5. **Concourent** : avec un seul *r* ; le singulier *concourt* doit être accepté. (*Bon us.,* § 444, b ; *N. gramm.,* § 368.)
6. **Serait ... regrettable** : le singulier est à préférer. (Cf. *Bon us.,* § 437 ; *N. gramm.,* § 365.)

7. **Tout à fait**, *tout* à *coup, tout* à *l'heure* s'écrivent sans traits d'union.
8. **Reconnaître**, ou *reconnaitre*, selon les *Rectifications* (cf. notre Appendice, § 4).
9. **Si ce n'est** (expression figée).

Accord du verbe.
132 La vie aux champs

a) Vivre aux champs et mener, loin du tumulte des cités, une existence laborieuse, frugale et **recueillie** *procure* à l'homme une satisfaction, un bonheur qui, mieux qu'ailleurs, *assure,* avec la quiétude de l'âme, le repos de l'esprit. Qui donc, si ce ne (*être,* indic. prés. ¹) les paysans, goûte ² pleinement, dans l'intimité domestique et la douceur du foyer, la joie sereine que *comportent* l'indépendance et le travail ? Plus d'un écrivain, plus d'un moraliste, dès l'Antiquité, *célèbrent et choient* ³ ce beau rêve du retour à la nature : ni la richesse, ni la puissance ne *ménagent* ⁴ autant de véritable bonheur que la vie rurale ⁽ᵃ⁾, où *s'approvisionnent* en forces vives les gens fatigués par les contraintes de l'existence en milieu urbain.

b) Dès que la complexité des conventions sociales ou la fiévreuse activité des affaires *laissent* aux citadins d'aujourd'hui quelques loisirs, la plupart *cherchent* aux champs un refuge. Le fonctionnaire comme le commerçant *passent* **volontiers** ⁵ dans la lumière et la paix des campagnes la semaine, le jour, l'heure de liberté qui *reste* à celui qu'*enchaînent* ² les mille et une ⁶ servitudes de la vie sociale : le peu de moments tranquilles ⁷ que l'un et l'autre *savoure(nt)* au milieu des campagnards *semblent* à chacun les délices les plus chères.

Dans cet idéal aussi ancien que le sont les villes, paysans **amènes,** nourriture saine, frais ombrages et larges horizons, tout *charme, rassérène* ⁽ᵇ⁾ et *revigore* ⁽ᶜ⁾. La vie aux champs, non moins que les vacances au soleil, à la mer, à la montagne, *participe*⁷ d'une même représentation selon laquelle le contact avec la nature infuse à l'homme une incomparable santé physique et morale.

Tu le croyais déjà, Virgile, qui *t'écries* en un vers nostalgique : Heureux l'homme des champs s'il savait son bonheur !

> **VOCABULAIRE**
>
> a) **Rural** : qui appartient aux champs, qui concerne la campagne.
> b) **Rasséréner** (formé avec *re, à* et *serein*) : ramener à la sérénité.
> c) **Revigorer** : donner une vigueur nouvelle.

> **ORTHOGRAPHE ET GRAMMAIRE**
>
> 1. **Si ce n'est** (expression figée).

2. **Goûter, enchaîner,** ou *gouter, enchainer,* selon les *Rectifications* (notre Appendice, § 4).
3. **Célèbrent, choient** : pluriel, parce qu'il y a plusieurs sujets.
4. **Ménagent** : le singulier doit aussi être admis, quoique plus rare. (*Bon us.*, § 441, *a ; N. gramm.*, § 367, *a.*)
5. **Volontiers** : avec l'*s* dit adverbial. (*Bon us.*, § 923.)
6. **Mille et un** : pour un grand nombre imprécis. Sinon, on doit dire *mille un*.
7. **Tranquille** : prononcé *tran-kil'* (et non *tran-kiy'*).
8. **Participe** : accord avec le premier sujet, *non moins que* marquant ici, non l'addition, mais la comparaison. (*Bon us.*, § 445, *a ; N. gramm.*, § 366.)

Accord du verbe.

133 Le repas d'une couleuvre

a) La couleuvre du Chili, non moins que les **ophidiens** [a] de grande taille, se *jette* [1] sur chaque proie avec une avidité, une voracité qui *suscite* l'étonnement. Un jour, raconte un naturaliste, je vis venir droit sur moi une couleuvre qu'*avaient* signalée à mes regards mes compagnons de voyage. Moins de deux minutes *s'étaient* écoulées : je pus voir passer à quelques pas de moi un mulot **détalant** à toute vitesse. Mes compagnons et moi (*observer,* ind. imparf. [2]) la **scène** avec attention. C'était des ruses seules que le mulot pouvait attendre son salut. Mais ni la rapidité de sa fuite ni l'épaisseur des broussailles n'*empêchent* [3] le fugitif d'être bientôt atteint : ce (*être,* ind. prés. [4]) alors des coups de dents avides qui percent le cou de l'infortuné rongeur. La couleuvre, tout **occupée** à sa proie, se redresse et maintient sa victime dans le vide. Les yeux hors des orbites, le mulot s'agite convulsivement ; plus d'une contraction désespérée *tente,* mais en vain, de faire **desserrer** l'**étau** des implacables mâchoires : le peu d'efforts dont le rongeur reste capable *annonce* sa fin prochaine. Il s'épuise enfin et voici le dernier spasme [b] de l'**asphyxie** qu'*indiquent* quelques vagues **soubresauts**.

b) Sans déposer à terre sa proie encore palpitante, la couleuvre se met en devoir de l'avaler : une série de mouvements légers des mandibules [c] *poussent* le mulot vers le fond du gosier ; d'abord le **crâne** s'enfonce dans l'orifice [d] vorace, non sans de violentes contractions des mâchoires ; il en *résulte* quelques instants d'arrêt dans ce rude travail de déglutition [c]. Puis en quatre aspirations l'arrière-train du mulot est englouti.

J'en restai tout surpris, ajoute le naturaliste, et moi qui *doutais* que la couleuvre pût [5] ingérer [f] une proie de cette taille, je vis la bête repue filer vers un ruisseau voisin, où elle but quelques gorgées avant de se perdre dans le **fourré** [g].

VOCABULAIRE

a) **Ophidiens** (dérivé du grec *ophis,* serpent, — auquel on a attribué par erreur un génitif en *-idos*) : ordre de reptiles comprenant tous les serpents.
b) **Spasme** : brusque contraction de certains organes.
c) **Mandibule** : mâchoire.
d) **Orifice** : ouverture qui forme l'entrée d'une cavité.
e) **Déglutition** : action d'avaler.
f) **Ingérer** : introduire dans l'estomac.
g) **Fourré** : massif épais et touffu d'arbrisseaux, de broussailles, etc.

ORTHOGRAPHE ET GRAMMAIRE

1. **Jette** : accord avec le premier sujet : *non moins que* marque ici, non l'addition, mais la comparaison. (*Bon us.*, § 445, *a* ; *N. gramm.*, § 366.)
2. **Observions.**
3. **Empêchent** : le singulier peut être accepté à la rigueur. (Cf. *Bon us.*, § 441, *a* ; *N. gramm.*, § 367, *a*.)
4. **Ce sont.** (Archaïque et familier : « *c'est* des coups de dents avides » ; cf. *Bon us.*, § 898, *a,* 3° ; *N. gramm.*, § 361.)
5. **Pût** : attention à l'accent circonflexe ! — *Douter que* exige le subjonctif.

IV

RÉCAPITULATIONS

134 Sur les mœurs [1] balnéaires

Les vêtements des estivants [a] de nos plages, quelque [2] différents qu'ils **paraissent** de prime abord, sont tantôt la transposition d'un luxe que plus d'un voudrait [3] posséder, tantôt la simulation [b] d'un âge qu'on n'a plus [4] ; ils interviennent, en somme, comme un certain moyen d'unification sociale : les **milliardaires** et les clochards portent le même maillot de corps ; les sexagénaires [c] bien conservés arborent les pantalons pastel [d] des lycéens et les grands-mères [5] **froufroutent** en minijupes [6].

Tout cela ne fait pas le tort qu'on aurait pu croire à l'industrie textile, à celle de la chaussure, ou même aux salons de coiffure. Le peu de clients qui fréquente [7] ces établissements, disait-on au début, amènera plus d'une **faillite** retentissante. Eh bien ! point du tout. Il n'est que de se reconvertir en suivant les mœurs nouvelles, de proposer, voire d'imposer l'article vestimentaire ou le cosmétique [e] inédits et bientôt nécessaires. Car, si le grand chic est de se **balader nu-pieds**, il n'est pas indifférent que l'on **accommode** cet apparent **dépouillement** d'autres signes extérieurs (un coupé sport, par exemple, ou même une gourmette d'or à la cheville) qui établissent qu'il ne s'agit là que d'un retour aux sources tout temporaire ou **intermittent**.

Que de travers et de ridicules il n'aura pas fallu considérer sur le sable et les **jetées** ! Dans le foisonnement [f] des orteils et des durillons, chacun s'expose librement parce qu'il trouve toujours, à portée de l'œil, cor au pied ou durillon plus gros que ceux qu'il a lui-même.

Mais le soir, dès sept heures, la fortune et le rang reprennent leurs droits : il faut alors pouvoir arborer le blazer [g] du yachtman [h] et porter la casquette blanche, qui consolent provisoirement de ne pas posséder de bateau.

> **VOCABULAIRE**

a) **Estivant** : personne qui passe les vacances d'été dans une station de villégiature.
b) **Simulation** : action de *simuler*, de faire paraître comme réel ce qui ne l'est pas.
c) **Sexagénaire** : qui a entre soixante et soixante-dix ans.
d) **Pastel** : un ton, une teinte *pastel* = d'intensité légère, d'aspect velouté. — Le nom employé pour désigner adjectivement la couleur reste invariable. (*N. gramm.*, § 197, *b*.)
e) **Cosmétique** : produit de beauté.
f) **Foisonnement** : abondance, grand nombre.
g) **Blazer** : veste de flanelle de couleurs vives, rayée ou non ; se dit aussi d'un veston droit uni (bleu, noir...) avec boutons de métal. On prononce d'ordinaire à la française : *blazêr*.
h) **Yachtman** : homme qui pratique la navigation de plaisance, à bord d'un *yacht*. — Prononciation : *yak*, ou *yakt'*, ou *yot'* ; — *yakman'*, ou *yaktman'*, ou *yotman'*.

> **ORTHOGRAPHE ET GRAMMAIRE**

1. **Mœurs** : on prononce souvent le *s* final, quoique ce soit la marque du pluriel.
2. **Quelque**, dans l'expression *quelque ... que*, s'il est devant un simple adjectif, est adverbe et invariable.
3. **Voudrait** : le verbe est au singulier, car c'est *un* qui détermine l'accord, malgré la logique mathématique.
4. Après *on* ne pas omettre la négation *n'* (cf. : *qu'il n'a plus*).
5. **Grands-mères** : telle est l'orthographe recommandée par l'Académie dans sa grammaire. Mais l'usage est hésitant : on trouve souvent *des grand-mères*. (*Grand* restait nécessairement tel quel dans la forme, désuète et injustifiée, *des grand'mères*.)
6. **Minijupes** : *mini-jupes* est plus rare.
7. Pour l'accord, observer que *le peu* marque l'insuffisance et domine dans la pensée.

135 Une promenade pédagogique

a) La lune est en son plein, mon cher ami, le ciel est découvert et neuf heures sont sonnées : ainsi débute, à peu près, le merveilleux ouvrage de ce curieux auteur que fut, au XVIIe [1] siècle, Cyrano de Bergerac. Prends la peine de m'écouter, je te prie, et sois attentif aussi aux mouvements que fait naître [2] en ta pensée ce moment de calme et de sérénité. Ne va pas négliger non plus de te remémorer les motifs de méditation que nos **prédécesseurs** en ce monde, philosophes, poètes et même musiciens, nous ont légués, tout émus qu'ils étaient par le spectacle **suggestif** ³ de la nature en son repos nocturne. Plus tard, quand tu te rappelleras cette promenade, tu reviendras avec intérêt sur les moments de réflexion et de rêverie que nous aura valus cette belle soirée.

En t'acquittant **consciencieusement,** pendant la journée, de toutes tes obligations d'honnête citoyen, tu travailles pour ton avenir matériel, pour celui de ta famille, de tes compatriotes. T'appliquant ainsi, et même t'évertuant⁽ᵃ⁾, tu pourras bien devenir, d'ici à ⁴ quelques années, un brave homme de retraité, ayant accompli tous ses devoirs. Tu ne seras pas, certes, une inutile bouche à **nourrir**, tu auras conquis ton bien-être et engrangé quelque expérience dont profiteront — s'ils le veulent — tes enfants et tes successeurs.

b) Mais si tu emploies bien ton temps et tes capacités, tu (*acquérir, futur simple* ⁵) en outre, je te l'assure, des biens plus importants que ceux-là. Tu apprendras à te connaître ² toi-même et à t'épanouir ; tu ne te satisferas pas de suivre, **disciple** moutonnier, les modes futiles et fugitives. Chaque fois que, par le contact quotidien, vous vous serez enrichis mutuellement, tes proches et toi-même, chaque fois que vous vous serez partagé les **acquis** les meilleurs de votre esprit et de votre sensibilité, vous aurez **affiné** ⁽ᵇ⁾ votre être tout entier ; vous aurez fait un **excellent** usage de la véritable amitié. Si tu m'en crois, tu amasseras ainsi, et non pour toi seul, un capital **immatériel** qui fera de toi, quelle que doive être ta destinée, un homme lucide, imparfait sans doute, mais toujours en chemin vers le mieux.

VOCABULAIRE

a) **S'évertuer** : se donner beaucoup de peine.

b) **Affiner** : rendre plus fin, plus délicat.

ORTHOGRAPHE ET GRAMMAIRE

1. **XVIIᵉ** ou *XVIIe*, avec le *e* final de l'ordinal écrit en lettres. *XVIIme, XVIIème, XVIIième*, ne sont pas acceptés. *XVIIè* et *XVIIº* sont absurdes. (Dans *nº*, *1º*, on a la dernière lettre de *numéro, primo*.)

2. **Naître, connaître**, ou *naitre, connaitre*, selon les *Rectifications* (voir l'Appendice, § 4).

3. **Suggestif** : qui a le pouvoir de suggérer, d'évoquer des idées, des images, des sentiments. Prononcez : *sug-jestif.*

4. **D'ici à** : on pourrait dire aussi *d'ici quelques années*. (*Bon us.*, § 997, c.)

5. **Tu acquerras.**

136 Un apologue de l'Inde

Le bonheur, c'est le **dévouement** à un rêve ou à un devoir ; le sacrifice est un des bons moyens qu'on ait ¹ trouvés d'arriver au repos.

Un ancien **bouddha** (a) atteignit le nirvana (b) d'une étrange manière. Il vit un faucon qui s'**abattait** sur un petit oiseau. « Je t'en prie, dit-il à la bête de proie, laisse cette jolie créature ; je te donnerai son poids de ma chair. » Une petite balance descendit incontinent (c) du ciel, et l'exécution du marché commença. L'oisillon s'installa commodément dans un des plateaux ; dans l'autre le bouddha mit une large tranche de sa chair ; le fléau de la balance ne bougeait pas. Lambeau par lambeau, les diverses parties de son corps y passèrent **tout** entières ; la balance ne remuait pas encore. Au moment où le dernier morceau de chair fut mis dans le plateau, le fléau s'abaissa enfin, le petit oiseau prit son **essor** (d) et le bouddha entra dans le nirvana. Le faucon alors se gorgea de sa chair.

Le petit oiseau représente les parcelles de beauté et d'innocence que notre triste planète recèlera ² toujours, quels que ³ soient ses épuisements. Le faucon **symbolise** la part infiniment plus forte d'égoïsme et de grossièreté qui constitue le train (e) du monde. Le sage rachète la liberté du bien et du beau en abandonnant sa chair aux avides, qui, tandis qu'ils mangent ces dépouilles matérielles, le laissent en repos, ainsi que ce qu'il aime.

D'après Ernest RENAN.

VOCABULAIRE

a) **Bouddha** : titre donné, dans l'Inde, à un homme parvenu à la perfection telle que la conçoit la religion bouddhiste.
b) **Nirvana** (ou *nirvâna*) : dans le bouddhisme, terme de la série des existences successives, bonheur parfait obtenu par extinction de tout désir.
c) **Incontinent** : aussitôt, sur-le-champ.
d) **Essor** : élan d'un oiseau dans l'air.
e) **Train** : marche, évolution ordinaires.

ORTHOGRAPHE ET GRAMMAIRE

1. **Ait** : la 3e personne du singulier du subjonctif présent se termine par *-e* ; seuls *avoir* et *être* font exception : *qu'il ait, qu'il soit*. — Remarquer aussi *trouvés*.
2. **Recèlera** : l'infinitif s'écrivait traditionnellement *receler* ; mais, conformément à la prononciation, les *Rectifications* (cf. notre Appendice, § 2), adoptent la graphie *recéler*, déjà notée par Robert. Cela ne change pas le futur, puisque l'Académie, depuis 1992, a adopté un è dans ce cas-là aussi (notre Appendice, § 1).
3. **Quels que** : en deux mots, devant le verbe *être*. (*N. gramm.*, § 244, Rem.)

137 Une qualité de l'honnête homme [a] selon le XVII[1] siècle : le naturel

a) Il y a un air qui convient à la figure [b] et aux talents de chaque personne : on perd toujours quand on le quitte pour en prendre un autre. Il faut donc que nous essayions [2] de connaître [3] celui qui nous est naturel et de n'en point [4] sortir. Ce qui fait que la **plupart** des petits enfants plaisent, c'est qu'ils sont encore renfermés dans cet air et ces manières que la nature leur a donnés, et qu'ils n'en connaissent point d'autres. Ils les changent et les corrompent quand ils sortent de l'enfance ; ils se sont **imaginé,** en effet, qu'il faut imiter les grandes personnes qu'ils ont vues agir autour d'eux et, comme ils ne peuvent les imiter parfaitement, il y a toujours quelque chose de faux et d'incertain dans leur imitation. Au lieu d'être effectivement ce qu'ils se sont proposé de paraître [3], ils cherchent à paraître ce qu'ils ne sont pas.

b) Ainsi bien des personnes cherchent une tout autre contenance [c] que leur contenance naturelle ; elles empruntent des tons et des manières au **hasard,** sans considérer que ce qui convient à quelques-uns ne convient pas à n'importe quelles gens. Je ne prétends pas qu'il (*falloir,* subjonctif prés. [5]) nous renfermer tellement en nous-mêmes que nous n'ayons [2] pas la liberté de suivre des exemples et de joindre à nous des qualités que la nature ne nous a pas données, mais ces qualités acquises doivent s'adapter harmonieusement à celles qui se sont **développées** naturellement en nous.

D'après LA ROCHEFOUCAULD.

VOCABULAIRE

a) **Honnête homme** : homme distingué (sens vieilli).

b) **Figure** : forme extérieure du corps.

c) **Contenance** : manière de se tenir vis-à-vis de quelqu'un.

ORTHOGRAPHE ET GRAMMAIRE

1. **XVIIe** ou *XVIIe*, avec le *e* final de l'ordinal écrit en lettres. *XVIIme, XVIIème, XVIIIème* ne sont pas acceptés. *XVIIè* et *XVII°* sont absurdes. (Dans *n°, 1°*, on a la dernière lettre de *numéro, primo*.)

2. **Essayions, ayons** : la 1re personne du pluriel du subjonctif présent se termine par *-ions,* excepté *que nous ayons, que nous soyons*.

3. **Connaître, paraître,** ou *connaitre, paraitre,* selon les *Rectifications* (notre Appendice, § 4).

4. **N'en point sortir** : plus couramment aujourd'hui, *ne pas en sortir*.

5. **Faille**.

138 La télévision et l'homme politique

a) La télévision, qui dévoile les visages, les caractères et les pensées même [1], a créé des liens nouveaux entre l'homme politique [a] et l'homme de la rue. C'est qu'elle prolonge les contacts directs que les candidats ou les élus ont, la **plupart** du temps, soigneusement recherchés avec la masse fluctuante [b] des électeurs. Elle est donc bien démocratique, mais elle impose d'assez curieuses servitudes. Vous vous présentez, monsieur le candidat, en costume clair sur un fond clair ? C'est plutôt maladroit, parce que les contours de votre personnage seront flous, et votre programme politique risquera de sembler nébuleux [c]. Attention ! si vos yeux sont tristes et qu'on voie [2] sur votre visage une sorte de lassitude, il faut craindre que vous ne soyez [3] exposé à perdre des **sympathies** que vous vous seriez peut-être conciliées [d].

b) Outre-Atlantique particulièrement, tout cela fait l'objet d'une sorte de technique. Les hommes politiques américains, en effet, sont si conscients de l'importance de ces détails, qu'on les a rarement vus paraître [4] sur le petit écran sans qu'ils aient consulté [5] quelque spécialiste qui les a guidés sur le choix de leur cravate, sur l'art de placer leur voix, leurs gestes, leurs regards [6].

On n'en saurait douter [7] : la télévision est en train de transformer l'éloquence politique : au lieu de belles **périodes** [e] oratoires, il faut des phrases simples, **concises, percutantes** [f]. Celui qui apparaît [4] sur l'écran ne peut tolérer que l'attention se relâche et meure ; il doit, coûte [4] que coûte, empêcher le téléspectateur de s'évader vers le potage familial ou l'enfant qui pleure.

VOCABULAIRE

a) **Homme politique** : personnage appartenant à la catégorie de ceux qui font leur carrière dans la politique, députés, sénateurs, etc. — On le distingue ordinairement d'avec *politicien* (souvent péjoratif), « celui qui fait métier de la politique et se complaît en intrigues » (Académie).

b) **Fluctuant** : qui varie dans ses idées, ses opinions, ses décisions.

c) **Nébuleux** : obscur, confus (au sens premier, nuageux).

d) **Se concilier** *qqn* : le disposer favorablement ; *se concilier les sympathies,* les attirer, les gagner.

e) **Période** : phrase complexe dont les éléments sont agencés de manière à former un ensemble bien équilibré et harmonieux.

f) **Percutant** : qui frappe par sa netteté.

ORTHOGRAPHE ET GRAMMAIRE

1. **Même** marque ici l'extension ; il est adverbe et invariable.

2. **Et qu'on voie** : subjonctif après *que* mis pour *si* dans une suite de propositions de condition. (*Bon us.*, § 1099 ; *N. gramm.*, § 442, Rem. 2.)
3. **Soyez** : la 2ᵉ personne du pluriel du subjonctif présent se termine par *-iez*, excepté *que vous ayez, que vous soyez*.
4. **Paraître**, *apparaître* (et **apparaît**), **coûter**, ou *paraitre, apparaitre, apparait, couter*, selon les *Rectifications* (cf. notre Appendice, § 4).
5. Après *sans que* (qui implique déjà une négation) on ne met pas *ne*, normalement.
6. **Leurs regards** : on admettra aussi le singulier *leur regard*.
7. **On n'en saurait** : ne pas omettre la négation (cf. : « l'homme n'en saurait douter »).

139 Le bûcheron [1]

a) Le bûcheron abattait un gros chêne portant au flanc la marque qu'y avait imprimée la hachette à marteau. Il frappait obliquement. Le fer de la cognée [a], à chaque coup, s'enfonçait **davantage** dans le pied palmé [b] de l'arbre, faisait voler des copeaux humides et blancs comme des tranches de pain, et se relevait pour retomber. Il luisait, mouillé de sève par le bois vivant. Le corps de l'ouvrier suivait le mouvement de la hache. Tout l'arbre frémissait, même les **radicelles** [c] dans le profond de la terre.

b) Une chemise, un pantalon usé, collé aux jambes, décalquaient le squelette de l'homme : les omoplates durement **dessinées**, les côtes, le bassin étroit, les longs **fémurs** [d] à peine recouverts de muscles, tout cela (*saillir*, indicatif imparfait [2]) en traits vigoureux sous l'étoffe mouillée par la sueur. L'ombre **enveloppait** les yeux bleu clair ; l'orbite était enfoncée sous des sourcils [3] broussailleux. Deux entailles dans les joues brunies, deux larges fosses qu'y avaient creusées peu à peu, au bas des pommettes, cinquante années d'efforts pénibles disaient : « Celui-là, dans les forêts en coupe, par les durs travaux qu'il a accomplis, a lui-même fondu sa graisse et sculpté son corps. » Ses mains, paquets de veines, de tendons, de muscles secs, disaient : « Une vie tout entière de hardiesse et d'endurance s'est exprimée par nous ; nous témoignons que, quelle que fût la tâche, ce rude ouvrier a toujours fait bonne mesure aux labeurs commandés. »

D'après René BAZIN.

VOCABULAIRE

a) **Cognée** : sorte de hache qui sert à couper du gros bois.
b) **Palmé** : qui ressemble à une main ouverte.
c) **Radicelle** : racine secondaire
d) **Fémur** : os de la cuisse.

> **ORTHOGRAPHE ET GRAMMAIRE**
>
> 1. **Bûcheron**, ou *bucheron*, selon les *Rectifications* (voir Appendice, § 4).
> 2. **Saillait** (= était en saillie).
> 3. **Sourcil** : prononcez *sour-ci*, sans faire entendre l'*l*.

140 Les demi-savants

a) Les demi-savants inspirent souvent la pitié par la sotte vanité dans laquelle ils se sont complu. Voyez ces **soi-disant** spécialistes au front pâli par les veilles : ils croient qu'ils ont pénétré au cœur de la question alors qu'ils ne l'ont pas même **effleurée**. Ils n'ont d'attention que pour certains phénomènes qu'ils ont minutieusement analysés, sans s'être même doutés de leurs rapports réciproques, et ils se persuadent qu'ils sont en possession de la vérité absolue. Ils font l'effet de gens qui croiraient connaître [1] l'océan pour avoir analysé quelques gouttes d'eau de mer. Ceux qui les ont vus cheminer à travers la foule, pénétrés du sentiment de leur supériorité, se sont demandé s'ils avaient devant eux des savants ou des maniaques [a].

b) La nature, l'humanité, ces gens gonflés d'un vain **orgueil** ne les considèrent plus que d'un œil atone [b] ; leur amour-propre les convainc, en effet, qu'ils ont tout scruté et que les théories qu'ils ont publiquement affirmées sont la sagesse et la solidité mêmes [2].

Ah ! qu'il leur serait avantageux de prendre une petite leçon de modestie en méditant cette **réflexion** de Newton [c] : « J'ignore ce que le monde pensera de moi ; mais, pour mon compte, je me regarde comme un de ces enfants que vous avez vus jouer sur le rivage et qui s'amusent à ramasser **çà et là** un caillou poli ou un joli coquillage, tandis [3] que le grand océan de la vérité est là devant eux et n'a point encore été découvert. »

D'après Octave P<small>IRMEZ</small>.

> **VOCABULAIRE**
>
> a) **Maniaque** : celui qui a des habitudes bizarres.
> b) **Atone** (l'usage hésite entre *o* ouvert et *o* fermé) : qui manque de vigueur.
> c) **Newton** (prononcé d'habitude, à l'anglaise, *niou-ton'*) : célèbre mathématicien, physicien, astronome anglais (1642-1727).

> **ORTHOGRAPHE ET GRAMMAIRE**
>
> 1. **Connaître**, ou *connaitre*, selon les *Rectifications* (notre Appendice, § 4).
> 2. **Même** s'accorde avec les deux noms auxquels il se rapporte. On pourrait le faire accorder avec le dernier nom seulement si on les considérait comme synonymes.
> 3. **Tandis** : prononcer *tan-di* ; l'*s* est muet.

141 Les danses des moucherons

a) J'ai observé quelquefois [1] avec plaisir des moucherons après la pluie, et je les ai regardés danser en rond des espèces de **ballets** [a]. Ils se divisent en **quadrilles** [b] qui s'élèvent, s'abaissent, circulent et s'entrelacent sans se confondre. Il semble que ces enfants de l'air soient [2] nés pour danser ; ils font aussi entendre au milieu de leurs bals des espèces de chants. Leurs gosiers ne sont pas **résonnants** comme ceux des oiseaux, mais leurs ailes, ainsi que des archets, frappent l'air, et en tirent des murmures agréables.

b) Il n'est pas rare que l'on voie [3] une sombre hirondelle traverser **tout à coup**[4] leur troupe légère et avaler à la fois des groupes entiers de danseurs. Cependant, quelque nombreuses que soient les victimes, la fête de ces insectes **insouciants** n'en est pas interrompue. Reformant aussitôt les quadrilles que l'oiseau funèbre a un instant troublés, tous continuent de danser et de chanter **à l'envi** [c].

Leur vie, après tout, est une image de la nôtre. Les hommes se bercent de vaines illusions, tandis que la mort, telle qu'un oiseau de proie, passe au milieu d'eux et les engloutit tour à tour, sans interrompre la foule qui cherche le plaisir.

D'après BERNARDIN DE SAINT-PIERRE.

VOCABULAIRE

a) **Ballet** : danse figurée exécutée par plusieurs personnes sur un théâtre.

b) **Quadrille** (prononcé *ka-drîy*) : chaque groupe de quatre danseurs et de quatre danseuses figurant dans un ballet. Se dit aussi de plusieurs couples en nombre pair figurant dans une contredanse.

c) **A l'envi** : à qui mieux mieux.

ORTHOGRAPHE ET GRAMMAIRE

1. **Quelquefois**, en un mot, quand il signifie « parfois » ; *quelques fois*, en deux mots, signifie « un petit nombre de fois ».

2. Après *il semble que,* pris affirmativement, on met le subjonctif ou (moins souvent) l'indicatif, selon la nuance de la pensée : le fait est plus certain avec l'indicatif, plus douteux avec le subjonctif (*Bon us.*, § 1071, *a*, Rem. ; *N. gramm.*, § 423, *a*, Rem.)

3. **Voie** : la 3e personne du sing. du subjonctif présent est terminée par -*e*. Seuls *avoir* et *être* font exception (*qu'il ait, qu'il soit*).

4. **Tout à coup**, *tout à fait, tout à l'heure* s'écrivent sans traits d'union.

142 Hiver en Ardenne

a) L'Ardenne n'est jamais aussi belle qu'en hiver, parce que là, du moins, l'hiver ne fait pas les choses à demi.

Cela commence souvent par une bise **picotante** qui sèche les chemins boueux, boutonne les vestes de **velours** et remonte les châles sur les chignons. Durant la nuit, elle s'est glissée dans les moindres ruelles, et voici qu'au matin, les derniers **dahlias** [1], dans les jardins, ne sont plus que choses noires et visqueuses. Après quelques heures d'un pâle soleil, la bise revient, chargée de tous les frissons qu'elle a **râtelés** [2] au long des vallées.

Dans les **hangars,** les hommes scient les grosses bûches [3] de chêne écorcé [4], et dans les caves, on recouvre de paille la provision de pommes de terre ; les soupiraux ont disparu sous les paquets de fumier dont on les a masqués.

b) La nuit suivante, la bise travaille encore, et l'on peut voir au matin, dès que les **poulaillers** se sont ouverts, les poules faire des mines de **matrones** [a] scandalisées sur les fumiers gelés, car leur bec sonne et leurs ongles glissent sur les mottes givrées [b], dures comme du bois. Sous les gouttières, l'eau des tonneaux est happée par un étamage [c] glacé et déjà les sabots cliquettent [5] sur la route.

Quelques jours encore, et l'on n'entend [6] plus ni sabots ni **chariots** [7], car il faut, devant les portes, frayer un sentier dans la neige. Et il neige, il neige encore, à flocons splendides, gros comme des fleurs de haricots. Et l'Ardenne tout entière est blanche, avec, sur ses **collines,** les mille et mille troncs noirs ou **niellés** [d] de ses chênes, de ses hêtres et de ses bouleaux et, dans ses petits villages **emmitouflés** [e], la grisaille des murs de calcaire et les panaches de fumée bleu clair qui fleurent [f] le copeau sec, les branches de genêt et le pain chaud.

D'après Arthur MASSON.

VOCABULAIRE

a) **Matrone** : en parlant de l'Antiquité romaine, mère de famille ; par plaisanterie, femme corpulente d'un certain âge, d'une certaine gravité.

b) **Givré** : couvert de *givre,* de gelée blanche.

c) **Étamage** : état de ce qui est *étamé,* c'est-à-dire recouvert d'une couche *d'étain ;* s'il s'agit d'une glace, recouvert de *tain,* en parlant de l'autre côté du miroir.

d) **Nieller** : graver en creux, en remplissant les traits d'une sorte d'émail noir. Le mot est pris ici au figuré.

e) **Emmitoufler** (prononcez : *an-mi-tou-flé*) : envelopper moelleusement.

f) **Fleurer** : répandre une odeur.

| ORTHOGRAPHE ET GRAMMAIRE |

1. **Dahlia** : emprunté au lat. des botanistes, du nom de *Dahl*, botaniste suédois, qui rapporta la plante du Mexique en 1789.
2. **Râteler** : quoique synonyme de *ratisser* (plus courant et d'étymologie discutée), s'y oppose par l'orthographe.
3. **Bûche**, ou *buche*, selon les *Rectifications* (notre Appendice, § 4).
4. **Écorcé** : l'adjectif se rapporte à *chêne*. Mais rien n'empêche de le rapporter à *bûches* et de le mettre au féminin pluriel.
5. **Cliquettent**, ou *cliquètent*, selon les *Rectifications* (Appendice, § 3).
6. **L'on n'entend plus** : ne pas omettre la négation après *on*. Comparez : « l'homme n'entend plus... »
7. **Chariot** : tous les mots de la famille de *char* s'écrivent par deux *r*. Seul *chariot* fait exception. Aussi les *Rectifications* (notre Appendice, § 14) recommandent-elles *charriot*.

143 Binche et son carnaval

a) Binche compte quelque ^{1} dix mille ^{2} habitants. Cette jolie petite ville a un **beffroi,** une gare somptueuse, et presque ^{3} autant de musiciens que d'habitants. Au quinzième jour de chaque mois, les rues s'y emplissent de chevaux pour une foire célèbre. Le reste du temps, un commerce de vêtements des plus prospères ^{4} attire dans ses boutiques des groupes **traînaillants** ^{5} de **chalands** (a) campagnards.

Binche travaille et fait **excellemment** ^{6} ses affaires. Mais vienne le **Mardi gras,** la petite ville secoue les soucis qui l'ont absorbée durant toute une année de **fatigante** activité.

Dans le **bariolage** (b) des plus brillants et des plus riches costumes, sous le carton **violemment** colorié des masques et des nez postiches (c), agitée par la frénésie (d) des grelots et par une musique endiablée dont les **résonances** ^{7} prolongent dans chaque rue mille **gaietés** ^{8} sonores, une foule immense, venue de tous les coins du pays, emplit la villette.

b) Que de visiteurs ! À aucun autre jour de l'année, Binche n'en a tant vu ! Partout c'est un débordement de bonne humeur **exubérante** (e). Coiffés de hautes plumes multicolores, chaussés de sabots, le panier d'oranges à la main, les gilles se sont donné la joie de faire passer à travers la ville un irrésistible courant de gaieté sautillante. À leurs appels, l'aile de la fantaisie et du caprice vient effacer les rides qu'ont creusées sur les fronts les tâches quotidiennes. Et ainsi par douze heures ininterrompues de danses et de chants, le Wallon le plus **alourdi** de richesse ^{9} ou de fatigue ^{9} atteste, lui aussi, encore, la légèreté de son cœur et sa faculté de plaisir.

D'après Louis DELATTRE.

VOCABULAIRE

a) **Chaland** (participe présent substantivé de l'ancien verbe *chaloir*, avoir de l'intérêt pour) : client. Un magasin bien *achalandé* est un magasin ayant beaucoup de clients, mais *achalandé* se dit couramment au sens de « bien approvisionné ».
b) **Bariolage** : effet produit par diverses couleurs mises sans règle ou d'une manière bizarre.
c) **Postiche** : qui remplace artificiellement la nature.
d) **Frénésie** : agitation, ardeur extrêmes.
e) **Exubérant** (lat. *exuberans*, participe prés. de *exuberare*, regorger ; racine *uber*, fertile) : qui se manifeste sans retenue.

ORTHOGRAPHE ET GRAMMAIRE

1. **Quelque** : au sens adverbial de *environ*, donc invariable.
2. **Dix mille**, ou *dix-mille*, selon les *Rectifications* (notre Appendice, § 8).
3. **Presque autant** : l'*e* final de *presque* n'est remplacé par une apostrophe que dans *presqu'île*.
4. **Des plus prospères** : avec *s*, le sens premier étant « parmi les plus prospères ». Cependant on trouve parfois le singulier. (*Bon us.*, § 954, *g*.)
5. **Traînailler**, ou *trainailler*, selon les *Rectifications* (Appendice, § 4).
6. **Excellemment** : dérivé de *excellent* ; donc un *e* devant les deux *m*. — Observation analogue sur *violemment* employé plus loin.
7. **Résonance**, *assonance, consonance, dissonance* s'écrivent aujourd'hui par un seul *n*.
8. **Gaieté** : certains dictionnaires signalent encore *gaîté*.
9. On peut admettre aussi le pluriel.

144 Le ciel étoilé

a) Quelles délices j'ai goûtées [1] chaque fois que j'ai contemplé le ciel étoilé ! Je n'ai pas fait, je crois, un seul voyage ni même une simple promenade nocturne sans payer le **tribut** [a] d'admiration **dû** par toute âme sensible aux merveilles qui se déploient au firmament. Tout impuissante qu'est [2] ma pensée dans ces hautes méditations, je trouve un plaisir, une jouissance inexprimable à m'en **occuper** ; le spectacle de ces astres roulant dans l'immensité me convainc que ce n'est point le **hasard** qui conduit jusqu'à mes yeux cette émanation [b] des mondes éloignés, et chaque étoile verse avec sa lumière **scintillante** [3] un rayon d'espérance dans mon cœur.

b) **Eh quoi** ! ces merveilles n'auraient-elles aucun autre rapport avec moi que celui de briller à mes yeux ? Ces millions d'astres (*parcourir*, conditionnel présent [4]) la voûte [1] des cieux et chanteraient dans l'infini leur hymne **solennel** à la Divinité [5] sans que leur voix éveille en mon âme des **résonances** [6] vibrant à l'unisson ?

Spectateur **éphémère** [c] d'un spectacle éternel, l'homme lève quelques instants les yeux vers le ciel, et les referme pour toujours ; mais pendant ce peu d'instants qu'il a vécu, de tous les points du ciel et depuis les bornes de l'univers, un rayon consolateur part de chaque monde, et vient frapper ses regards pour lui annoncer qu'il existe un rapport entre l'immensité et lui, et qu'il est associé à l'éternité.

D'après Xavier de MAISTRE.

VOCABULAIRE

a) **Tribut** : contribution périodique qu'un peuple impose à un peuple vaincu ; au figuré, ce qu'on est obligé d'accorder, de concéder. — Ne pas confondre avec *tribu*.

b) **Émanation** : émission de particules impalpables qui s'échappent d'un corps sans en diminuer sensiblement la substance.

c) **Éphémère** (emprunté au grec *ephêmeros*, de *epi*, pendant, et *hêmera*, jour) : qui ne dure qu'un jour ; par extension, qui dure peu.

ORTHOGRAPHE ET GRAMMAIRE

1. **Goûter, voûte**, ou *gouter, voute*, selon les *Rectifications* (notre Appendice, § 4).
2. **Tout impuissante qu'est** : on pourrait dire *que soit* (Bon us., § 1094).
3. **Scintillante** : prononcez : *sin-ti-yant'*. La prononciation *sin-til-lant'* est surannée.
4. **Parcourraient** : *courir* et les verbes de sa famille n'ont deux *r* de suite qu'au futur simple et au conditionnel présent.
5. **Divinité** : les noms qui désignent un Dieu unique s'écrivent par la majuscule.
6. **Résonance**, *assonance, consonance, dissonance* s'écrivent aujourd'hui par un seul *n*.

145 Dans les Pyrénées

a) Quelle vue ! Tout ce qui est humain disparaît [1] : les villages, les enclos, les cultures sont pareils à des ouvrages de fourmis. Les seuls êtres ici sont les montagnes ; les lignes et les points qu'y ont égratignés nos routes et nos travaux paraissent imperceptibles. Notre civilisation est un joli jouet en **miniature** [a], dont la nature s'est amusée quelques instants, et que **tout à l'heure** [2] elle va briser. On n'**aperçoit** [3] qu'un peuple de montagnes assises sous la coupole bleu clair du ciel. D'énormes soulèvements les ont rangées en **amphithéâtre** [b], et elles semblent siéger comme un conseil [c] d'êtres immobiles et éternels.

b) Ici toutes les **réflexions** tombent sous la sensation de l'immense : croupes monstrueuses qui **s'étalent**, gigantesques échines osseuses, flancs labourés qui descendent à pic jusqu'en des fonds qu'on ne voit pas. On est comme dans une barque que les vents auraient poussée au milieu de la mer. Les chaînes [1] se heurtent comme des vagues. Les **arêtes** sont tranchantes et **dentelées** comme les crêtes des flots qu'une énorme tempête aurait soulevées ; ces flots arrivent de tous côtés [4], ils se croisent, ils s'entassent, hérissés, innombrables, et la houle [d] de granit [5] monte haute dans le ciel aux quatre coins de l'horizon.

Ce **chaos** [e] de lignes **violemment** [6] brisées annonce l'effort de puissances dont nous n'avons plus l'idée. Depuis, la nature s'est **apaisée** ; elle a arrondi et **amolli** les formes qu'elle a façonnées ; elle a brodé dans les vallées sa robe végétale ; elle a découpé, en artiste industrieux [7], les feuillages délicats de ses plantes.

D'après Hippolyte TAINE.

VOCABULAIRE

a) **Miniature :** lettre rouge, tracée avec du *minium* sur les manuscrits du Moyen Âge, pour orner le commencement des chapitres ; par extension, sorte de petite et très délicate peinture (d'abord, dans les manuscrits). Au figuré, *en miniature* : en très petit, en réduction.

b) **En amphithéâtre** : en gradins circulaires (comme dans les théâtres antiques.)

c) **Conseil** : réunion de personnes qui délibèrent.

d) **Houle** : mouvement des vagues ; ici, au figuré (comme tout ce passage).

e) **Chaos** (emprunté du lat. *chaos,* mot grec) : confusion et désordre complet. Ne pas confondre avec *cahot*.

ORTHOGRAPHE ET GRAMMAIRE

1. **Disparaître, chaîne,** ou *disparaitre, chaine,* selon les *Rectifications* (notre Appendice, § 4).

2. **Tout à l'heure,** *tout à coup, tout à fait* s'écrivent sans traits d'union.

3. **On n'aperçoit que** : ne pas oublier la négation après *on* ; comparez *Il n'aperçoit que*.

4. **De tous côtés** ou *de tout côté.*

5. **Granit** : on prononce le plus souvent le *t.*

6. **Violemment** : dérivé de *violent ;* donc un *e* devant les deux *m.*

7. **Industrieux** (c'est-à-dire habile) : *industrieuse* conviendrait aussi, puisqu'il s'agit de la nature. Cf. *N. gramm.,* §§ 122 et 104, *b*, 3° ; *Bon us.,* § 338, *a*, 3°.

146 L'araignée

a) Dans les pays tropicaux, certaines **araignées** vivent en société et tendent autour des arbres un vaste filet commun. Ayant souvent **affaire** à [1] des insectes puissants, à des oiseaux même, elles coopèrent dans le péril et se prêtent main forte. Mais cette vie en société est tout **exceptionnelle**, bornée à certaines espèces et à certains climats. Partout ailleurs, l'araignée a le caractère du chasseur et reste anxieuse, défiante et solitaire. C'est un être inquiet, égoïste, peu **sympathique** à ses semblables, en qui elle voit des **concurrents** [2].

L'araignée est laide, foncièrement laide : elle est hideusement ventrue ; en elle la nature a tout sacrifié au besoin, à l'appareil industriel qui satisfera le besoin.

b) C'est un ouvrier, un cordier[a], un fileur et un tisseur. Ne regardez pas sa **physionomie**, mais le produit de son art. Elle n'est pas seulement un fileur, elle est toute [3] une filature. Concentrée et circulaire, avec huit pattes autour du corps, huit yeux vigilants sur sa tête, elle étonne par la proéminence [b] d'un ventre énorme. L'observateur **inattentif** et léger ne verrait là que gourmandise. Or la réalité est tout autre : le ventre, c'est son atelier, son magasin, c'est la poche où le cordier tient devant lui la matière du fil qu'il dévide ; mais, comme elle n'emplit cette poche que de sa seule substance, elle ne la grossit qu'**aux dépens** [4] d'elle-même, à force de sobriété. Et vous la verrez souvent, **étique** [c] pour tout le reste, conserver toujours gonflé ce trésor où est l'élément indispensable du travail, l'espérance de son industrie et sa seule chance d'avenir.

D'après Jules MICHELET.

VOCABULAIRE

a) **Cordier** : fabricant de cordes. **Fileur** : fabricant de fil ; **Tisseur** : fabricant de tissu.

b) **Proéminence** : état de ce qui est plus en relief que ce qui l'environne.

c) **Étique** : très maigre, décharné.

ORTHOGRAPHE ET GRAMMAIRE

1. **Avoir affaire à** : *avoir à faire à* ne serait pas fautif ; comp. *avoir à lutter contre.* (*Bon us.*, § 283, *e*, Rem.)

2. **Concurrent** : du lat. *concurrens*, participe prés. de *concurrere* (*cum*, avec, *currere*, courir).

3. **Toute une filature**, c'est-à-dire une *filature* (usine où l'on fabrique le fil) *entière*.

4. **Aux dépens de** : de la même famille que *dépenser*.

147 Un fastueux banquet

a) Le souper de noces [1] de Charles le Téméraire et de Marguerite d'York, à Bruges, le 3 juillet quatorze cent [2] soixante-huit, fut d'un luxe inouï.

Sur les larges tables, on vit paraître [3] une **flottille** de trente vaisseaux, faisant office de plats et **symbolisant** les divers duchés et comtés de Bourgogne. Trente autres pièces montées [a] faisaient figure de **châteaux forts** [4]. Dans des nacelles [b] d'argent et d'or massifs [5] étaient amoncelés les épices et les fruits.

Les **entremets** [c] surtout furent étonnants : c'étaient des espèces d'**exhibitions** [d] animées comme les ducs de Bourgogne, au cours de certains banquets **solennels**, s'étaient plu à en offrir à leurs conviés, dans les **intervalles** des services. Le premier entremets représentait une licorne [e] avec un léopard, si habilement figurés qu'on les eût crus [6] vivants. Au second entremets, on vit s'avancer un lion, qui récita fort **galamment** [7] un compliment des mieux tournés [8], puis passa entre les tables, portant sur son dos une naine costumée en bergère.

b) Le troisième entremets dut plaire davantage encore : il figurait un dromadaire agitant dans sa marche les clochettes qu'une curieuse fantaisie avait attachées à son harnachement [f] ; appuyé contre sa bosse, entre deux paniers, un Turc s'évertuait à calmer la bête, que le luxe des tables, le **scintillement** [9] des pierreries et le **chatoiement** [g] des bannières et des **banderoles** de soie semblaient avoir effrayée. Ouvrant alors les paniers de **bât** [h], le Turc en retira des oiseaux multicolores qu'il se mit à jeter du côté des soupeuses : sans doute s'agissait-il de ces boules en forme d'oiselets que les dames de ce temps-là perçaient pour en répandre sur leurs mains la poudre parfumée.

D'après Fernand DESONAY.

> **VOCABULAIRE**
>
> a) **Pièce montée** : ouvrage de pâtisserie présentant une forme architecturale.
> b) **Nacelle** : petit bateau (comme forme).
> c) **Entremets** : ce qui, dans un repas, se sert après entre le plat principal et le dessert. — Il a ici le sens ancien de « divertissement entre les services d'un banquet ».
> d) **Exhibition** : fait d'*exhiber*, de montrer au public.
> e) **Licorne** : animal fabuleux représenté avec un corps de cheval et une tête de cerf portant une corne unique au milieu du front.
> f) **Harnachement** : ensemble des *harnais*, équipement en cuir des chevaux, etc.
> g) **Chatoiement** : le fait de *chatoyer*, avoir des couleurs, des reflets changeants.

h) **Bât** : selle pour les bêtes de somme, sur laquelle on place leur charge.

ORTHOGRAPHE ET GRAMMAIRE

1. **De noces** ou *de noce*.
2. **Quatorze cent** ou *mil* (dans les dates) *quatre cent*. Traditionnellement, dans les numéraux composés, on ne met un trait d'union qu'entre les éléments inférieurs à cent ; selon les *Rectifications*, on met des traits d'union entre tous les éléments (mis à part *million, milliard*, qui sont des noms). Cf. notre Appendice, § 8.
3. **Paraître**, ou *paraitre*, selon les *Rectifications* (Appendice, § 4).
4. **Château fort**, sans trait d'union.
5. **Massifs** : l'adjectif se rapporte a *or* et à *argent*.
6. **Crus vivants** : le participe passé suivi d'un attribut du complément d'objet direct s'accorde avec ce complément s'il précède. Toutefois, dans certains cas, l'usage est un peu hésitant. (*Bon us.*, § 914 ; *N. gramm.*, § 371, Rem. 2.) — Prendre garde à l'accent sur *eût* : il s'agit du subjonctif plus-que-parfait à valeur de conditionnel passé.
7. **Galamment** : dérivé de *galant* ; donc un a devant les deux *m*. On a ici le sens vieilli « élégamment ».
8. **Des mieux tournés**, c'est-à-dire *parmi les mieux tournés*. Cependant l'usage admet le singulier. (*Bon us.*, § 954, *g.*)
9. **Scintillement** : prononcer *sin-tiy'-man*. La prononciation *sin-til-man* est surannée.

148 Une invasion de sauterelles

a) **Tout à coup** [1], de grands cris se sont fait entendre : « Les sauterelles ! »

Nous sommes sortis **précipitamment** [2]. Pendant dix minutes, ç'a été dans l'habitation, si calme **tout à l'heure** [1], des pas précipités, des voix indistinctes, perdues dans l'agitation d'un réveil. De l'ombre des vestibules où ils s'étaient endormis, les serviteurs se sont élancés dehors en faisant **résonner** avec des bâtons, des fourches, des fléaux [a], tous les ustensiles de métal qui leur tombaient sous la main, des chaudrons de cuivre, des **bassines** [b], des **casseroles.** Cela faisait un vacarme discordant, que dominaient les clameurs **suraiguës** [3] des femmes arabes accourues [4] du voisinage.

b) Dans le ciel vibrant de chaleur, on vit un nuage venant à l'horizon, cuivré, compact comme un nuage de grêle, avec le bruit d'un vent d'orage dans les mille rameaux d'une forêt. C'étaient les sauterelles, volant en masse et projetant dans la plaine tout entière une ombre immense. Bientôt la nuée creva, et cette grêle d'insectes tomba **bruyamment** [2] sur le sol.

Alors le massacre commença : avec les herses, les pioches, les **charrues**, on remuait ce sol mouvant, et toujours de nouvelles sauterelles grouillaient par couches sur celles qu'on avait tuées ; pour cent qu'on avait écrasées, il en revenait mille, deux mille, dix mille [5]. Plus d'une sautait [6] au nez des chevaux qu'on avait attelés pour cet étrange labour.

Le lendemain matin, les sauterelles étaient parties, mais quelle ruine elles avaient laissée [7] derrière elles ! Plus une fleur, plus un brin d'herbe ne subsistait. Les pièces d'eau [c], les citernes, tout était infecté [d].

D'après Alphonse DAUDET.

VOCABULAIRE

a) **Fléau** : instrument servant à battre le blé pour séparer le grain.

b) **Bassine** : sorte de bassin large et profond, pour faire cuire les confitures, etc.

c) **Pièce d'eau** : grand bassin, petit étang, dans un jardin ou un parc.

d) **Infecter** : gâter, corrompre en communiquant des germes malfaisants. — À distinguer de *infester*, ravager, dévaster. Ex. : « Les sauterelles ont *infesté* la région ; leurs cadavres ont *infecté* les pièces d'eau. »

ORTHOGRAPHE ET GRAMMAIRE

1. **Tout à coup, tout à l'heure**, tout *à fait* s'écrivent sans traits d'union.
2. **Précipitamment, bruyamment** : dérivés de *précipitant, bruyant* ; donc un *a* devant les deux *m*.
3. **Suraiguë**, ou *suraigüe*, selon les *Rectifications*, parce que c'est le *u* qu'on doit prononcer. Voir Appendice, § 5.
4. **Accourues** : *courir* et les verbes de sa famille n'ont deux *r* de suite qu'au futur simple et au conditionnel présent.
5. **Deux mille** (toujours invariable), **dix mille**, ou *deux-mille, dix-mille*, selon les *Rectifications* (voir la note 2 du texte précédent).
6. **Sautait** : c'est *une* qui détermine l'accord, malgré la logique mathématique.
7. Admettre aussi le pluriel : *quelles ruines elles avaient laissées...*

149 Considérations sur le bonheur

a) Quand je cherche à me rappeler [1] tous les bonheurs que j'ai goûtés [2], je reconnais qu'il n'y en a guère que j'aie [3] prévus et atteints à la course. Ceux qui me reviennent à la mémoire sont venus d'eux-mêmes me trouver. Pour beaucoup de gens, le bonheur est une grosse chose imaginaire et compacte, qu'ils veulent trouver tout d'une pièce ; c'est un diamant gros comme une maison, qu'ils se sont proposé de découvrir et qu'ils passent leur vie tout entière à chercher.

Ils sont comme un horticulteur de ma connaissance qui ne rêvait que de trouver une rose **bleu foncé**, rose que j'ai un peu cherchée moi-même, et qui est plus déraisonnable à espérer que le diamant dont je vous parlais **tout à l'heure** [4]. Depuis que cette fantaisie s'était emparée du cerveau de ce pauvre horticulteur, toute autre fleur que la rose bleue avait perdu pour lui son éclat et son parfum ; aucune ne l'**intéressait**, **excepté** la rose bleue de son rêve insensé.

b) Le bonheur n'est pas une rose bleue ; c'est l'herbe des pelouses, le liseron des champs, le rosier des haies, un mot, un chant, n'importe quoi. Le bonheur n'est pas un diamant gros comme une maison, c'est une mosaïque [a] de toutes petites pierres dont aucune souvent n'a une valeur générale et réelle pour les autres.

Ce gros diamant, cette rose bleue, ce gros bonheur est un **mythe** [b]. Les bonheurs que je me rappelle, je ne les ai pas poursuivis ni cherchés au loin, ils ont poussé et fleuri sous mes pieds, comme les pâquerettes de mon gazon.

D'après Alphonse KARR.

VOCABULAIRE

a) **Mosaïque** : ouvrage fait de petites pierres dures ou de morceaux d'émail, de verre, de bois, de différentes couleurs, formant par leur assemblage des dessins, des ornements.

b) **Mythe** : récit fabuleux contenant en général un sens allégorique. — Se dit aussi (c'est le cas ici) d'une chose dont on entend parler, mais qu'on ne voit jamais.

ORTHOGRAPHE ET GRAMMAIRE

1. **Se rappeler** *quelque chose,* et non *de quelque chose.*
2. **Goûter,** ou *gouter,* selon les *Rectifications* (notre Appendice, § 4).
3. Subjonctif dans la proposition relative après une principale négative. Si l'on écrivait : « que j'ai prévus », la relative exprimerait un fait considéré dans sa réalité. (*Bon us.,* § 1063, *b,* 2° ; *N. gramm.,* § 419, *b,* 1°.)
4. **Tout à l'heure,** tout *à coup, tout à fait* s'écrivent sans traits d'union.

150 La loi du travail : un discours moral sous la IIIe [1] République

a) Sans doute, s'il appartient à une famille opulente [a] ou aisée, le jeune homme qui entre dans la vie (*conquérir,* futur simple [2]) plus facilement que d'autres certaines situations intéressantes et aura un plus grand choix **quant à** [3] la **profession** à embrasser. Mais là se bornent les avantages que lui a valus la catégorie sociale où il se range, et l'on peut craindre d'ailleurs, attendu les soins trop délicats dont son enfance a peut-être été entourée, qu'on ne lui voie [4] manifester une fâcheuse **propension** (b) à la **mollesse** et à la rêverie.

Pour vous, jeunes gens, quelle que soit la condition de vos parents, persuadez-vous bien que votre vie sera ce que vous la ferez. Dans quelque situation que le destin vous ait [4] placés, que vous soyez [5] nés, que vous ayez [5] vécu dans la pauvreté, dans l'aisance ou dans le luxe, votre sort est entre vos mains.

b) Ce ne sont pas les plus riches, ce ne sont pas les plus intelligents de vous qui auront la vie la plus heureuse, ni même la plus prospère et la plus brillante ; ce sont ceux qu'on aura vus allier **constamment** [6] la fermeté du caractère à l'ardeur au travail. Travaillez donc ! Le travail est créateur de vertu, il entretient la vie. Les hommes que le travail **occupe** ont chance de conserver plus longtemps intacts leur vigueur et leur courage ; ils ne sont pas soumis aux **appréhensions** (c) qui (*assaillir,* indicatif prés. [7]) le **paresseux.** Le travail fait supporter allègrement [8] les charges de l'existence et les petites misères qu'elle a toujours comportées ; il engendre la bonne humeur et la **gaieté** [9] ; il apaise les chagrins ; bref, c'est la virile (d) et sainte loi humaine, et c'est la loi sociale par **excellence.**

D'après Paul DOUMER.

> **VOCABULAIRE**

a) **Opulent** : très riche.
b) **Propension** : tendance naturelle.
c) **Appréhension** : crainte imprécise.
d) **Viril** (lat. *virilis,* racine *vir,* homme) : qui est digne d'un homme, qui est ferme, énergique.

> **ORTHOGRAPHE ET GRAMMAIRE**

1. **IIIe** ou **IIIe** : *e* est la dernière lettre de l'ordinal écrit en lettres. *IIIième, IIIème, IIIme* ne sont pas reçus. *IIIè* et *III°* sont absurdes. (Dans *1°, n°,* on a le *o* final de *primo, numéro.*)
2. **Conquerra.**
3. **Quant à** : ne pas confondre avec la conjonction de subordination *quand.*
4. **Voie** : la 3e personne du sing. du subjonctif présent est terminée par *-e.* Seuls *avoir* et *être* font exception (*qu'il ait, qu'il soit*).
5. **Soyez, ayez** : la 2e personne du plur. du subjonctif présent est terminée par *-iez ;* seuls *avoir* et *être* font exception.
6. **Constamment** : dérivé de *constant ;* donc un *a* devant les deux *m.*
7. **Assaillent.**
8. **Allègrement** : a été substitué à *allégrement* en 1992 par l'Académie, conformément à la prononciation. Cf. notre Appendice, § 1.

9. **Gaieté** : orthographe de l'Académie ; l'ancienne orthographe *gaîté* est encore dans certains dictionnaires.

151 Les images dans le monde d'aujourd'hui

On ne pourrait plus concevoir, aujourd'hui, un monde dont les photos ne nous feraient pas voir l'image. Car les images, dans leurs mille et une [1] formes, celles des livres, des **journaux**, des magazines [a], de la télévision, s'étalent à chaque instant sous nos yeux et nous parlent un nouveau langage. Bien des **soi-disant** lecteurs ne lisent plus guère : ils regardent le tableau **exubérant** [b] des illustrations. Pour beaucoup, ce serait une besogne **fatigante** [2], une **gageure** [3] que de résumer une page dont on les a vus suivre les lignes, si tant est qu'ils les aient parcourues.

Mais peut-on, en l'**occurrence** [4], parler de culture de l'image ? Peut-être, si l'on considère qu'à l'heure actuelle, une forte proportion de ce qui s'imprime ou se transmet par tous les médias [5] est constituée par des images, photographiques ou non. Peut-être encore si l'on tient compte de l'**engouement** [c] généralisé pour la photo. En tout cas, savoir interpréter une image ou une photo, savoir comprendre ce qui y est **inclus** [6], suppose un pouvoir de **réflexion**, d'analyse, de synthèse et d'habileté **psychologique** dont peu de gens se trouvent vraiment capables.

Quoi qu'il en soit [7], la photo et le **flux** continuel de l'image sont entrés dans notre civilisation et dans nos **mœurs** [8]. Constatons-le sans **acrimonie** [d], en accommodant au mieux à la situation nos habitudes de pensée, d'information et de culture.

D'après Claude BOUMAL (dans le *Travail*, 20 juin 1972).

VOCABULAIRE

a) **Magazine** : publication périodique, ordinairement illustrée, traitant de sujets divers ; par extension, émission périodique de radio ou de télévision.

b) **Exubérant** (lat. *exuberans*, partic. prés. de *exuberare*, regorger ; racine *uber*, fertile) : qui est très abondant.

c) **Engouement** : intérêt très vif, jugé excessif, souvent passager.

d) **Acrimonie** : mauvaise humeur qui s'exprime par des propos acerbes, hargneux.

ORTHOGRAPHE ET GRAMMAIRE

1. **Mille et un** évoque un grand nombre imprécis ; dans le sens ordinaire, il ne faut pas de *et* : *Il a passé mille un jours en prison.* — Selon les *Rectifications*, on met un trait d'union entre tous les éléments des numéraux composés, même quand les éléments sont égaux ou

supérieurs à cent, même quand ils sont unis par *et*. Cf. notre Appendice, § 5.

2. **Fatigant** : adjectif. À distinguer du participe présent *fatiguant*.
3. **Gageure** : sorte de pari. On prononce *ga-jur* ; aussi les *Rectifications* proposent-elles, pour éviter une mauvaise lecture, d'écrire *gageüre*. Cf. Appendice, § 5.
4. **Occurrence** (avec deux *r* ; c'est un dérivé de *occurrent*, lat. *occurrens*, partic. prés. de *occurrere*, courir vers) : circonstance qui vient se présenter soudain.
5. **Les médias** : c'est l'orthographe habituelle aujourd'hui. On a écrit d'abord *les media*.
6. **Inclus** : avec *s* final (féminin *incluse*).
7. **Quoi que**, en deux mots = quelque chose que ; — *quoique*, en un mot = bien que.
8. **Mœurs** : la prononciation *meur* est vieillie ; dans l'usage ordinaire, on fait entendre l's, quoique ce soit l's du pluriel.

152 La cigale et les insectes assoiffés

a) Aux heures étouffantes des après-midi [1] de juillet, lorsque la plèbe [a] insecte, exténuée de soif, erre cherchant en vain à se désaltérer sur les fleurs que la chaleur torride a fanées, la cigale se rit de la disette générale. Avec son rostre [b], fine vrille [c], elle met en perce [d] une pièce de sa cave inépuisable. Établie, toujours chantant, sur un rameau d'arbuste, elle fore l'écorce ferme et lisse gonflée d'une sève qu'ont mûrie les rayons du soleil. Le suçoir ayant plongé par le trou de bonde [e], elle s'abreuve, immobile, **recueillie,** tout entière aux charmes du sirop et de la chanson.

b) Surveillons-la quelque temps. Nous assisterons peut-être à des misères que nous n'avions pas soupçonnées. Plus d'un **assoiffé** rôde [2], en effet : en voici quatre, cinq, six à la file ; ils ont aperçu le puits que trahit un **suintement** sur la margelle [f]. Ils sont bientôt toute une bande, mouches, guêpes, **forficules** [g], fourmis surtout ; ils **accourent** [3] et s'empressent autour de la **piqûre** [4] **melliflue** [h], se bornant d'abord à lécher la liqueur extravasée [i].

Les plus petits, pour se rapprocher de la source **providentielle**, se glissent sous le ventre de la cigale, qui, **accommodante**, se hausse sur les pattes et laisse passage libre aux importuns. Les plus grands, trépignant d'impatience, **cueillent** vite une bouchée, se retirent, vont faire un tour sur les rameaux voisins ; puis reviennent, plus entreprenants. Les convoitises s'exacerbent [j] : les moins hardis deviennent **agressifs**, disposés à chasser de la source le puisatier [k] qui l'a fait jaillir.

D'après Jean-Henri FABRE.

VOCABULAIRE

a) **Plèbe** : peuple, comme classe sociale (souvent péjoratif).
b) **Rostre** : pièce buccale en forme de bec.
c) **Vrille** (prononcé *vriy*) : outil servant à percer des trous pour des vis.
d) **Mettre en perce** *un tonneau* : y faire une ouverture pour en tirer le vin.
e) **Bonde** : ouverture destinée à faire écouler l'eau d'un étang, d'un tonneau. Se dit aussi du tampon de bois qui ferme cette ouverture.
f) **Margelle** : rebord en pierre d'un puits.
g) **Forficule** : insecte appelé couramment *perce-oreille*.
h) **Melliflue** (lat. *mellifluus*, de *mel*, miel, et *fluere*, couler) : qui distille du miel (sens ici ; d'ordinaire, au figuré). L'Académie donne *melliflue* pour les deux genres ; le masculin *mellifu* n'est pas rare cependant. (Cf. *Bon us.*, § 529, Rem. 2.)
i) **S'extravaser** : se dit du sang, de la sève, etc., s'échappant hors de leur contenant naturel.
j) **Exacerber** : rendre (une souffrance, un mal) de plus en plus aigu.
k) **Puisatier** : ouvrier qui creuse les puits.

ORTHOGRAPHE ET GRAMMAIRE

1. **Des après-midi**, ou *des après-midis*, selon les *Rectifications*. Cf. notre Appendice, § 7.
2. **Rôde** : *un* détermine l'accord, malgré la logique mathématique.
3. **Accourent** : *courir* et les verbes de sa famille n'ont deux *r* de suite qu'au futur simple et au conditionnel présent.
4. **Piqûre**, ou *piqure*, selon les *Rectifications* (Appendice, § 4).

153 Vacances paisibles

a) *Si vous* avez des goûts [1] modestes et que vous (*vouloir*, subjonctif prés. [2]) des vacances paisibles, que diriez-vous, pour y passer les mois de juillet et d'août [1], d'une maison d'éclusier ou d'une petite gare en Ardenne ?

La maison de l'éclusier, ce serait celle-là même que vous avez remarquée au bord de la Meuse, avec ses pots de géraniums à la fenêtre, ses **contrevents** [(a)] **vert clair** et sa paire de sabots posée sur la pierre bleue du seuil. Que de bonnes après-midi [3] il y aurait à passer là, dans l'herbe haute de la berge [(b)], assis, une graminée entre les dents, parmi les coquelicots, le regard perdu sur le miroir glauque [(c)] de l'eau qui coule doucement en faisant **trembloter** l'image renversée des **collines** boisées ! De temps en temps, pour accueillir le **chaland** [(d)] qui passe en remuant avec un **clapotis** la bonne odeur de l'eau, vous iriez d'un pas tranquille [4] tourner à deux mains la manivelle qui (*mouvoir*, indicatif prés. [5]) les lourdes portes.

b) Cette **gymnastique**, tout **excellente** qu'elle est [6], vous paraît [1] un peu **fatigante** [7] ? Alors, vous préfèreriez [8] peut-être passer vos vacances dans une de ces petites gares fleuries, où trois trains viennent chaque jour. à leur heure, faire, dans la **tranquillité** du lieu, leur bruit de ferraille et haleter un peu en soufflant dans le ciel bleu leur grosse haleine de fumée blanche... Songez : vous, chef de gare, en bel uniforme de drap bleu, portant à vos lèvres votre sifflet **chromé**, gonflant vos joues, vous donneriez au **tortillard** [e] le signal du départ. J'en conviens : le tapage serait un peu assourdissant. Mais quelles compensations, surtout si vous aimez les fleurs ! Car vous aurez remarqué que les jardins des chefs de gare sont, avec ceux des curés, privilégiés entre tous et que nulle part les pois de senteur et les capucines n'ont des couleurs plus fraîches [1]. Imaginez la douceur d'être assis en beau képi rouge, comme un **dahlia** [9] éclatant, au milieu de ce petit royaume parfumé, cependant que grésillerait [f] dans le soleil une sonnerie **monotone** et endormeuse...

D'après Marcel THIRY.

VOCABULAIRE

a) **Contrevent** : volet de bois placé à l'extérieur.
b) **Berge** : bord relevé d'une rivière, d'un chemin, d'un fossé.
c) **Glauque** : qui est de couleur vert de mer.
d) **Chaland** : grand bateau plat servant au transport des marchandises.
e) **Tortillard** (mot familier) : petit train de ligne secondaire.
f) **Grésiller** : produire de petits crépitements.

ORTHOGRAPHE ET GRAMMAIRE

1. **Goût, août, paraître, fraîche,** ou *gout, aout, paraitre, fraiche,* selon les *Rectifications* : cf. notre Appendice, § 4.
2. **Que vous vouliez** : régulièrement on met le subjonctif après *que* remplaçant *si* dans la coordination de propositions conditionnelles. (*Bon us.,* § 1099.)
3. **De bonnes** (ou *bons,* cf. *Bon us.,* § 466, *b*) **après-midi,** ou *après-midis,* selon la règle proposée par les *Rectifications* pour le pluriel des noms composés (Appendice, § 7).
4. **Tranquille** : prononcez *tran-kil* (et non *tran-kiy'*).
5. **Meut.**
6. **Tout excellente qu'elle est,** ou *qu'elle soit.* (*Bon us.,* § 1094.)
7. **Fatigant,** adjectif : à distinguer de *fatiguant,* participe présent.
8. **Préfèreriez,** selon la règle adoptée par l'Académie depuis 1992 pour tous les verbes de ce type : cf. Appendice, § 1. Auparavant, *préféreriez.*
9. **Dahlia** : du nom de *Dahl,* botaniste suédois, qui rapporta la plante du Mexique en 1789.

154 La poule

a) La poule est le plus **sympathique** des **familiers** de la basse-cour. Elle nous plaît [1], à nous, gens posés et de sens rassis, par son air sérieux, décent, compassé [a]. Qu'elle soit jeune, coquette, d'âge mûr ou vieille **duègne** [b] déplumée, elle marque dans son allure une dignité, une réserve, une circonspection remarquable(s) [2]. Elle est tout affairée, mais attentive, tout empressée, mais soigneuse, et sa conduite s'inspire de principes rigides : quoi qu'il arrive, elle est toujours sur son **quant-à-soi** [c].

Hélas ! cette personne austère est tout entière **préoccupée** de son seul estomac. Regardez-la, arrêtée au milieu de la cour, grave et digne comme une **douairière** [d] qu'on va photographier. **Évidemment**, elle n'a pas l'air spirituel(le) [3]. C'est une tare congénitale [e]. On dirait qu'elle rêve ; en réalité, cette perpétuelle affamée ne songe qu'à picorer. Mais elle sait garder l'impassibilité prudente de l'**expectative** [f].

b) La tête penchée de côté, l'œil fixe et glacé, elle semble poursuivre un rêve intérieur ; ne vous y trompez pas : elle louche. L'insecte furtif [g], les vers qu'a réveillés l'averse récente et qui sortent à demi de leur trou [4], les grains que le valet a laissés [5] tomber du sac, les miettes de pain que la fermière a secouées par la fenêtre, rien ne lui échappe, elle a tout vu. Un déclic de la tête, un preste coup de bec, et la voici de nouveau figée dans l'attente d'une nouvelle proie, les doigts largement écartés, solidement incrustés sur la terre **nourricière.** Quoi ? plus rien ? Alors, importante et grave, elle s'en va vers les prairies, superbe de dignité.

D'après Abel LURKIN.

VOCABULAIRE

a) **Compassé** : qui a, dans ses manières, une régularité poussée jusqu'à l'affectation et à la raideur.

b) **Duègne** (espagnol *dueña*, du lat. *domina*) : gouvernante ou femme âgée chargée de veiller sur la conduite d'une jeune fille.

c) **Être sur son quant-à-soi** : prendre un air réservé et fier.

d) **Douairière** : se dit, dans les familles aristocratiques, d'une veuve ayant un fils devenu chef de famille.

e) **Congénital** : qu'on apporte en naissant (se dit de certaines maladies ou de certaines dispositions).

f) **Expectative** : attente d'une chose qu'on a droit d'espérer.

g) **Furtif** : qui se fait de manière à échapper à l'attention, aux regards.

ORTHOGRAPHE ET GRAMMAIRE

1. **Plaît**, ou *plait*, selon les *Rectifications* (notre Appendice, § 4).
2. **Remarquables** : si l'on considère que les trois noms sont ici employés comme des synonymes, on accordera avec le dernier seulement.

(*Bon us.*, § 438, *b* ; *N. gramm.*, § 204, Rem. 2.) — Mais il ne serait pas anormal de faire l'accord avec l'ensemble des noms.

3. **Spirituel(le)** : accord avec *air* (alors *air* signifie « mine »), ou avec le sujet *elle* (alors *avoir l'air* signifie « paraître »). (*Bon us.*, § 248, *c.*)

4. **De leur trou** ou *de leurs trous*. (*Bon us.*, § 592 ; *N. gramm.*, § 232.)

5. **Laissés**, selon la règle générale des participes suivis d'un infinitif. Mais *laissé* est proche de *fait*, qui est toujours invariable devant un infinitif, et certains grammairiens ont proposé de les traiter de même ; Littré y était déjà favorable, et cela a été adopté par les *Rectifications* : voir l'Appendice, § 9, ainsi que *Bon us.*, § 915.

155 Les Ardennes

a) Si, quittant la vallée de la Meuse, aux **sites** si enchanteurs qu'on ne peut les voir, **ne fût-ce qu'**une heure, sans souhaiter y passer sa vie, nous remontons sur l'autre versant par une de ces routes sèches et pierreuses qui **courent** [1] à travers les champs, nous sommes bientôt frappés de l'étendue que prend l'horizon. Il s'étage en lignes indéfinies de collines rangées en amphithéâtre [a] et que le matin a estompées [b] de vapeurs légères. L'ensemble du paysage a l'apparence sévère et désolée d'une région déserte et pauvre, mais il est grand dans sa tristesse muette et tragique. Ce sont les Ardennes, que jamais cœur viril n'a contemplées pour la première fois sans se sentir ému.

Dès que je les ai eu connues, je les ai aimées, et, depuis mon **adolescence**, j'y vais chaque automne.

b) Les flots, les plaines, les bruyères, les rochers, les collines, que le sol natal a présentés à mes regards, ont **certes** [2] leur attrait, mais ce sont les Ardennes que j'ai toujours préférées : ce sont elles, en effet, qui ont éveillé le plus profondément en moi ces sensations rêveuses et ces émotions qui sont la haute vie de notre humanité. Et c'est à l'automne, quand les forêts sont vêtues de draperies pourpres aux reflets **brun clair**, que cette impression poignante prend dans mon âme son intensité tout entière. L'automne est la saison des Ardennes, comme l'été est celle du bord de la mer, comme le printemps est celle de la Campine, du Brabant et des Flandres.

D'après Edmond PICARD.

VOCABULAIRE

a) **En amphithéâtre** : en gradins circulaires, comme les théâtres antiques.

b) **Estomper** : au figuré, couvrir d'une teinte adoucie.

> **ORTHOGRAPHE ET GRAMMAIRE**

1. **Courir** et les verbes de sa famille ne prennent deux *r* de suite qu'au futur simple et au conditionnel présent. À remarquer : l'ancien infinitif *courre* (encore employé dans *chasse à courre*), du lat. *currere*.
2. **Certes**, avec l'*s* adverbial. (*Bon us.*, § 923.)

156 La toute petite gare

a) Je connais une petite gare de ligne secondaire qui n'a pas d'histoire. C'est pourquoi elle est heureuse. Elle ne (*se départir*, indicatif prés. [1]) presque jamais de sa douce **tranquillité** ; elle ignore les grosses affluences, le **brouhaha** [a] des débarquements et des embarquements, le piétinement des foules **exubérantes** [b] et l'élan hagard des retardataires. Souvent même, il n'y paraît [2] pas un seul voyageur. Le train, **essoufflé** par les trajets qu'il a faits à travers les vallées **ardennaises** [3], s'arrête devant un quai désert. Fidèle à la consigne [c], le préposé au contrôle à la sortie, d'un pas désabusé, se dirige cependant vers le portillon [d], qu'il ouvre d'un air engageant. Ses regards se sont fixés sur les portières du convoi et il attend le miracle qui n'arrive presque jamais. Enfin, après plusieurs minutes d'**expectative** [e] soucieuse, il se **résout** à refermer le portillon.

Mais que le prodige s'accomplisse, que le préposé voie [4] descendre un voyageur, et sa **physionomie** s'éclaire. Il tend vers le billet une main avide, en caresse du doigt le tranchant, en examine les deux faces et les petits trous qu'y ont percés les pinces de l'Administration, entame avec bonhomie [5] une conversation complaisante sur le temps qu'il fait ou qu'il fera.

b) Vu la pénurie [f] des voyageurs, les honnêtes préposés de cette toute petite gare ont parfois l'impression de compter pour rien dans l'Administration qui les emploie ; ils ont pourtant un beau képi galonné où reluit un insigne de cuivre. Heureusement, l'Administration, toujours maternelle, leur envoie à chaque train quelque [6] humble **courrier** : une lettre de voiture [g], un relevé, un avis au public, que sais-je ? Qu'il pleuve, que le soleil tombe d'aplomb ou que le vent abatte les perches à haricots du maraîcher [7] voisin, le préposé **consciencieux** ne manque pas de **recueillir** ponctuellement des mains du chef de train le précieux courrier.

D'après Abel LURKIN.

> **VOCABULAIRE**

a) **Brouhaha** : bruit confus qui s'élève dans une assemblée nombreuse.
b) **Exubérant** (du lat. *exuberans*, participe présent de *exuberare*, regorger ; racine *uber*, fertile) : qui a un excès de vitalité.

c) **Consigne** : instruction donnée à une sentinelle, à un factionnaire, à un gardien sur ce qui doit être l'objet de sa surveillance, sur ce qu'il doit faire ou empêcher.

d) **Portillon** : petite porte, souvent à claire-voie.

e) **Expectative** : attente d'une chose qu'on a droit d'espérer.

f) **Pénurie** : extrême indigence ; manque, absence.

g) **Lettre de voiture** : document avisant d'un envoi.

ORTHOGRAPHE ET GRAMMAIRE

1. **Se départ**.
2. **Paraît, maraîcher** (jardinier spécialisé dans la culture des légumes), ou *parait, maraicher*, selon les *Rectifications* (cf. notre Appendice, § 4).
3. **Ardennaise** : l'*e* de la seconde syllabe se prononce *è*.
4. **Voie** : la 3e personne du singulier du subjonctif présent se termine par -*e*. Seuls *avoir* et *être* font exception (*qu'il ait, qu'il soit*). On a le subjonctif après *que*, parce que cela équivaut à une proposition de condition. (Cf. *Bon us.*, § 399, *b*, Rem.)
5. **Bonhomie**, ou *bonhommie*, selon les *Rectifications* (Appendice, § 14), pour supprimer la disparate avec *bonhomme*.
6. **Quelque** : l'*e* ne s'élide dans l'écriture que dans *quelqu'un, quelqu'une*.

157 La Hesbaye

a) La terre hesbignonne ne nous fait pas remonter aux premiers âges du monde comme la montagne ; elle ne nous donne pas, comme la mer, la nostalgie [a] de l'infini. Mais elle nous rend le sentiment des joies simples.

On se plaît [1] à retrouver ici, entre la nature et l'homme, la sérénité et l'équilibre qu'une civilisation désordonnée a si souvent troublés pour le malheur de nos nerfs et de notre cerveau. La Hesbaye est maternelle, toujours **accueillante,** sereine et bonne. Elle ne crie pas ; elle n'élève pas la voix. Ses petits ruisseaux tels que la Mehaigne ou le Geer, les avez-vous vus couler sans tapage, dans des prairies aimables, sous des saules argentés ? Son **langage** reste toujours parfaitement **accommodé** aux **exigences** [2] de la mesure et de l'harmonie. Elle contient en elle la sagesse tout entière du fabuliste.

b) Une promenade par les chemins solitaires, dans l'**atmosphère** [3] lumineuse et pure de la Hesbaye se termine toujours par un repliement sur soi-même. L'horizon paisible nous confie le secret de sa sérénité, chaque champ cultivé nous dit, en même temps que les efforts qu'il a coûtés [1], les profits qu'il a rapportés, c'est-à-dire l'**excellence** du travail utile ; les petites fleurs sauvages elles-mêmes nous enseignent la plus haute vertu et la plus oubliée, celle qui consiste à trouver que, quelles que soient les difficultés de l'**existence**, il est bon que nous ayons ⁴ foi dans l'avenir et que nous souriions ⁴ à la vie, même si nous ne sommes que de petites fleurs perdues sur la lisière du chemin...

D'après Hubert KRAINS.

VOCABULAIRE

a) **Nostalgie** : mal du pays, langueur causée par le regret obsédant du pays natal. Se dit aussi, par analogie, de toute espèce de regret d'un milieu auquel on a cessé d'appartenir, d'un genre de vie qu'on a cessé de mener.

ORTHOGRAPHE ET GRAMMAIRE

1. **Plaît, coûter,** ou *plait, couter,* selon la règle générale proposée par les *Rectifications* (cf. notre Appendice, § 4).
2. **Exigence** : emprunté du lat. *exigentia*. — Mais l'adjectif est *exigeant*.
3. **Atmosphère** : forme avec le grec *atmos*, vapeur, et *sphaira*, sphère. — Le mot est féminin.
4. **Ayons, souriions** : la 1ʳᵉ personne du pluriel du subjonctif présent est terminée par *-ions*. Seuls *avoir* et *être* font exception (*ayons, soyons*).

158 Village natal

a) Village natal ! Bien-aimée image vivante, délicieuse oasis [a] ! Le petit garçon s'en ira un jour peut-être faire au loin son long **pèlerinage,** mais toujours la musique des syllabes de votre nom chantera dans sa mémoire l'hymne intérieur des jours bénis de son enfance ; elle évoquera pour lui les chers souvenirs de la maison paternelle, **accueillante** et douce, de l'école, de l'église, du cimetière, de la croix du **carrefour** [b] à l'ombre du grand tilleul.

Cher village natal ! Il n'y a pas deux images comme celle-là. Qu'on voudrait plus tard, la retrouver tout entière dans un livre dont on baiserait **passionnément** toutes les pages ! On y verrait comment le ciel, le soleil, les nuages, les campagnes, les arbres, les maisons, les gens ont modelé une âme d'enfant et l'ont marquée de leur empreinte ; on y verrait les traits qu'y ont **dessinés** ce mur blanc qui chante sous ce **châtaignier**, cet horizon qui **tremblote au-dessus** de ce **champ,** ce clocher qui vous fait signe, quels que soient les chemins par où vous arriviez.

b) Comme tout est net ¹ encore après les vingt ou trente ans qu'on a vécu loin de ces lieux (*natal,* pluriel ²) ! Toutes les musiques nostalgiques [c] que l'homme a entendues vibrer dans ses lointains voyages ne lui ont parlé que d'un pauvre pays ignoré et d'humbles gens de village. Visions uniques, chants jamais retrouvés, parfums perdus, bonnes choses dont les tables fastueuses [d] elles-mêmes n'ont jamais connu le secret, un petit abandonné sera **ballotté** au gré des tempêtes humaines, mais son enfance se sera survécu en vous, par vous, pour vous, et il vous reviendra plus tard avec de vraies délices ; son visage vieilli vous sourira comme aux jours **embaumés** d'autrefois...

D'après Jean TOUSSEUL.

VOCABULAIRE

a) **Oasis** (l's final se prononce) : lieu isolé offrant de la végétation dans un désert de sable ; au figuré, lieu qui offre un repos, une détente. — Le mot est féminin.

b) **Carrefour** : endroit où se croisent plusieurs rues, plusieurs chemins.

c) **Nostalgique** : qui se rapporte à la *nostalgie,* c'est-à-dire au regret obsédant du pays natal.

d) **Fastueux** : où il y a du *faste,* de l'ostentation, de la richesse.

ORTHOGRAPHE ET GRAMMAIRE

1. **Net** : le *t* se prononce.
2. **Natals.**

159 Un conte bleu [a]

a) Je me rappelle un des plus amusants **contes de fées** que j'aie [1] lus ; j'en ai beaucoup lu et je les ai toujours aimés.

Un roi avait trois fils. Il les avait envoyés au hasard pour lui rapporter des merveilles des pays lointains, leur disant que celui dont le présent serait le plus extraordinaire lui succèderait [2] sur le trône. Le plus jeune, celui que le conteur favorise **évidemment** [3], apporte une noix ; ses frères sourient dédaigneusement. On casse la noix : il en sort une noisette, qui renferme un pois, qui renferme une graine de chènevis [b], qui renferme une graine de lin. On ouvre cette graine de lin, et l'on en tire une pièce de toile de vingt aunes [c] de long et **davantage.**

b) Eh bien ! mon ami, toi qui admires cette merveille et qui la trouves sans doute fort [4] étrange, considère bien le sens caché de ce conte de fées. Voici une petite graine de lin ; mets-la en terre : il en sortira une belle plante avec des feuilles et de petites fleurs bleu tendre, puis cinq ou six cents [5] graines d'où sortiront cinq ou six cents plantes. Cette seule petite graine contient pour toujours des générations infinies de plantes semblables avec leurs tiges, leurs feuilles et leurs corolles [6]. Tu la mets en terre aujourd'hui : eh bien ! tous les hommes qui couvrent le globe, quelles que soient leur puissance et leurs richesses, seront morts qu'il continuera à sortir de cette graine, tout humble qu'elle paraît [7], des mille et des mille graines semblables qui engendreront à leur tour mille et mille plantes de lin.

Imagine maintenant combien d'aunes de toile on en aura tirées [8]...

D'après Alphonse KARR.

VOCABULAIRE

a) **Conte bleu** : récit dépourvu de toute vraisemblance.
b) **Chènevis** (l's ne se prononce pas) : graine de chanvre.
c) **Aune** : ancienne mesure de longueur pour les tissus, équivalant (à Paris) à 1,18 m.

ORTHOGRAPHE ET GRAMMAIRE

1. **Que j'aie lus** : subjonctif dans une proposition relative dont l'antécédent est accompagné d'un superlatif relatif. On pourrait admettre aussi *j'ai lus*, l'indicatif exprimant alors un fait dont on marquerait la réalité. (*Bon us.*, § 1063, b, 1° ; *N. gramm.*, § 419, b, 2°.)
2. **Succèderait**, selon la règle adoptée par l'Académie en 1992 pour tous les verbes de ce type (cf. notre Appendice, § 1). Auparavant, *succéderait*.
3. **Évidemment** : dérivé de *évident* ; donc un *e* devant les deux *m*.
4. **Fort étrange** : la liaison du *t* est un peu pédante. On prononce plutôt : *fo-ré-tranj*.
5. **Six cents**, ou *six-cents*, selon la règle proposée dans les *Rectifications* (voir Appendice, § 8).
6. **Corolle**, ou *corole*, selon les *Rectifications* (voir Appendice, § 12).
7. **Paraît**, ou *parait*, selon les *Rectifications* (voir Appendice, § 4). D'autre part, on pourrait dire aussi *Tout humble qu'elle paraisse* (*Bon us.*, § 1094).
8. **Tirées** : *en* n'est pas complément d'objet direct.

160 Pensées de novembre

a) Il y a les morts de chacun, les parents et les amis que nous avons chéris et qui, du fond de la tombe, nous demandent une prière. Il y a aussi les morts de tout le monde, les morts à qui nous devons tous une part de notre pitié. Ce sont ceux qui se sont proposé le triomphe d'une idée supérieure à la vie de l'homme et qui sont tombés pour elle, d'une idée qui était destinée à durer plus longtemps qu'eux-mêmes, ce sont ceux-là surtout qui se sont sacrifiés pour leur pays...

Il sera bien, il sera digne, il sera juste, par exemple, que nous ayons [1] une pensée pour les hommes, connus et plus souvent inconnus, anonymes déjà en si grand nombre, qui ont donné leur vie pour la conquête de l'air ou de l'espace. Dans leur héroïsme, ce qu'il y a de magnifique, c'est que la mort des camarades qu'une affreuse chute a écrasés, carbonisés quelquefois [2], l'étendue et la fréquence du risque enfin ne les ont jamais arrêtés. N'oublions pas de donner une prière ou une pensée à ces héroïques disparus.

b) N'oublions pas surtout ceux qui se sont faits avec joie les défenseurs de la patrie et qui se sont sacrifiés pour les autels et les foyers [a] ! Sur les champs de bataille, que d'anonymes encore ! C'est pour nous tous qu'ils sont tombés, couchés par la **rafale**, agonisant durant des heures parfois, la bouche sèche, loin des leurs, loin de leur mère [3], et, pour un grand nombre, sans qu'un prêtre ait [4] pu leur apporter la suprême consolation. À ces héros, qui sont nos morts à tous, et qui nous ont fait vivre, donnons une fervente prière...

D'après Jacques BAINVILLE.

VOCABULAIRE

a) « Pour les intérêts généraux et particuliers. » Traduction de l'expression latine *pro aris et focis*.

ORTHOGRAPHE ET GRAMMAIRE

1. **Ayons** : la 1re personne du pluriel du subjonctif présent se termine par *-ions*. Seuls *avoir* et *être* font exception (*ayons, soyons*).
2. **Quelquefois** en un mot signifie « parfois » ; *quelques fois*, en deux mots, signifie « un petit nombre de fois ».
3. **Loin de leur mère** ou *de leurs mères*. (*N. gramm.*, § 232.)
4. **Ait** : la 3e personne du singulier du subjonctif présent se termine par *-e* ; seuls *avoir* et *être* font exception (*ait, soit*).

161 Information et connaissance

Parmi les causes qui travaillent, de nos jours, à un fâcheux abaissement du niveau de la culture, on voit l'étonnante et **exorbitante** [a] primauté de l'information sur la connaissance. Les hommes d'aujourd'hui, quels qu'ils soient, s'ils trouvent chaque jour, tout compte fait, une demi-heure [1] pour la lecture, donneront ces trente pauvres minutes à l'information, et non pas à la connaissance. S'ils ont vraiment trop de soucis, trop de tâches **fatigantes** [2], ils **fuiront** peut-être toute occasion de lire quoi que ce soit et feront marcher la radio ou regarderont la télé pendant l'heure du repas.

Or l'information, dont il faut bien convenir qu'elle n'est pas dénuée de valeur et dont on s'**accommode** d'ailleurs assez volontiers, quoiqu'elle [3] nous permette de prévoir, de comprendre, parfois de **ressusciter** le déroulement de l'histoire vivante, tout habile qu'on la suppose, n'est pas la connaissance.

La plupart des **journaux** oublient, semble-t-il, que la presse d'autrefois s'était donné ⁴ pour mission d'aider au développement du sens critique, du jugement ou du goût ⁵ du public. Trop nombreux, en tout cas, sont ceux qui abusent des gros titres, abusent des images, **aguichent** [b] le lecteur par l'étalage **impudent** [c] du vice et du crime, bref ne songent qu'à flatter le public au lieu de le renseigner utilement ou de le cultiver un peu.

D'après Georges DUHAMEL (Problèmes de l'heure, Mercure de France. édit).

VOCABULAIRE

a) **Exorbitant** (emprunté du lat. *exorbitans*, rac. *orbita*, ornière) : qui dépasse la mesure.

b) **Aguicher** : exciter, attirer, séduire par des coquetteries.

c) **Impudent** : qui n'a pas de pudeur, effronté, insolent.

ORTHOGRAPHE ET GRAMMAIRE

1. **Demi-heure** : *demi*, devant le nom, est invariable et s'y joint par un trait d'union.
2. **Fatigant**, adjectif. À distinguer de *fatiguant*, participe présent.
3. **Quoique** = bien que. Distinguer de *quoi que* = quelque chose que.
4. **S'était donné** : participe invariable ; le complément d'objet direct est *d'aider au développement* ; *s'* est complément d'objet indirect.
5. **Goût**, ou *gout*, selon les *Rectifications* (notre Appendice, § 4).

162 L'automne

a) Revoici l'automne avec son charme **alanguissant** et **raffiné.** Les contours des **collines** se **dessinent** moins nettement sur un ciel moins bleu ; le crépuscule les veloute d'une vapeur grise ; au flanc des **coteaux**, des buées déploient leurs blanches écharpes de **gaze** [a] ; **çà et là**, sur les pentes boisées, des teintes dorées ou **amarante** [b] commencent à tacher les massifs des **châtaigniers** et des hêtres ; l'air, plus léger, a une tout autre sonorité qu'en été : on y entend plus distinctement les claquements des fouets, les **aboiements** des chiens de chasse et aussi le chant discret des oiseaux de passage. Grives, rouges-gorges, mésanges ont fait leur apparition dans les taillis et les vergers.

Dans la lumière **caressante** des journées d'arrière-saison, la population rustique à peu près tout entière est dehors : elle se hâte de ramasser et d'engranger les dernières récoltes.

b) L'air retentit d'appels sonores ; on abat les noix à coups de gaules [c], on ensache [d] les pommes de terre **fraîchement** [1] déterrées ; l'**atmosphère** [2] est imprégnée des **exhalaisons** [e] de la glèbe [f] remuée et de la senteur embaumée des regains [g] **récemment** [3] coupés.

Le soir, quand les chariots [4] et les **charrettes**, chargés d'herbe ou de sacs de pommes de terre, roulent en **cahotant** sur les routes pierreuses, l'agitation cesse peu à peu ; çà et là des lumières **scintillent** [5] aux fenêtres, puis s'éteignent l'une après l'autre à mesure que l'heure avance ; mais, dans la campagne baignée par le clair de lune, les **trilles** [h] flûtés [1] des rainettes [i] résonnent encore, limpides et mélancoliques, sous la **tranquillité** silencieuse du firmament étoilé.

D'après André THEURIET.

VOCABULAIRE

a) **Gaze** : espèce d'étoffe légère et transparente. À distinguer de *gaz*, nom masculin.

b) **Amarante** : plante d'automne à fleurs d'un beau rouge, pourpré et velouté. Le mot est pris ici adjectivement et reste donc invariable. (Cf. *N. gramm.*, §197, *b*.)

c) **Gaule** : grand bâton, perche (notamment pour faire tomber les noix).

d) **Ensacher** : mettre en sac.

e) **Exhalaison** (dérivé de *exhaler*, emprunté au lat. *exhalare*, racine *halare*, souffler) : vapeur, gaz, odeur, émis par un corps.

f) **Glèbe** (terme poétique) : champ, terre que l'on cultive.

g) **Regain** : deuxième pousse de l'herbe après la première fenaison.

h) **Trille** : battement rapide et prolongé de deux notes rapprochées. — Le mot est masculin : *un trille*.

i) **Rainette** (dérivé de *raine*, vieux mot encore en usage dans certaines régions et signifiant « grenouille », du lat. *rana*) : sorte de petite grenouille verte.

ORTHOGRAPHE ET GRAMMAIRE

1. **Fraîchement, flûté** (qui ressemble au son de la flûte), ou *fraichement, fluté* (et *flute*), selon les *Rectifications* : cf. notre Appendice, § 4.

2. **Atmosphère** : formé avec le grec *atmos*, vapeur, et *sphaira*, sphère. — Le mot est féminin.

3. **Récemment** : dérivé de *récent* ; donc un *e* devant les deux *m*.

4. **Chariot** : traditionnellement et par simple accident, ce mot s'écrivait par un seul *r*, alors que tout le reste de la famille française du latin *carrus* avait deux *r* : charrette, charroi, charrue, carrosse, etc. Pour rétablir l'unité de cette famille, les *Rectifications* proposent *charriot* (cf. Appendice, § 14).

5. **Scintillent** : prononcez *sin-tiy'*. La prononciation *sin-til'* est surannée.

163 Au moulin

a) Laissons là l'âne **philosophe**, qui ploie sous le **faix** [a] des sacs que l'on décharge, et, avec le meunier à la longue blouse enfarinée, pénétrons dans le moulin.

Autour de nous, pas un seul objet qui ne s'agite convulsivement [b] ou ne vibre sous la pression de la cascade [c] invisible qui gronde à nos pieds et dont nous **discernons** [1] **çà et là,** par les interstices, la fuyante écume. Les murs, le plafond, le plancher, tout tremble **incessamment** [2] des secousses de la force cachée. Dans un coin sombre, l'arbre [d] moteur tourne, sans nul relâche [3], comme le génie [e] du lieu ; des roues dentées, des **courroies** tendues d'un bout de la table à l'autre transmettent le mouvement aux meules [4] grinçantes, aux **trémies** [f] **oscillant** [5] avec un bruit sec, à tous ces engins de bois ou de métal qui chantent, **geignent** ou hurlent dans un concert **bizarre.**

b) La farine, qui jaillit comme une fumée des grains que la meule a broyés, flotte dans l'**atmosphère** [6] de la salle et saupoudre tous les objets de sa fine poussière ; les toiles d'**araignées,** aux poutres du plafond, se sont en partie déchirées sous le poids qui les charge et se balancent comme de blancs cordages ; les empreintes de nos pas se **dessinent** en noir sur le plancher.

Dans le **fatigant** [7] **brouhaha** [g] des voix qui s'échappent des engrenages, des meules, des boiseries et des murailles elles-mêmes, à peine pouvons-nous entendre notre propre voix. Après une demi-heure [8], nous sortons, les oreilles encore bourdonnantes, non sans nous être demandé si l'habitant de cet étrange lieu n'est pas un sorcier.

D'après Élisée RECLUS.

VOCABULAIRE

a) **Faix :** charge pénible.
b) **Convulsivement :** d'une manière saccadée et violente, comme les *convulsions*, mouvements dont le corps est agité dans certaines maladies.'
c) **Cascade :** l'eau qui tombe en passant sur la roue et en la faisant tourner.
d) **Arbre :** axe de la roue du moulin.
e) **Génie :** esprit qui, selon les Anciens, protégeait un lieu.
f) **Trémie :** sorte de grande auge où l'on met le grain, qui tombe de là entre les meules du moulin.
g) **Brouhaha :** bruit confus qui s'élève dans une assemblée nombreuse.

ORTHOGRAPHE ET GRAMMAIRE

1. **Discerner :** du lat. *dis-cernere*.

2. **Incessamment** (sans cesse, sens vieilli) : dérivé de *incessant*, donc un *a* devant les deux *m*.

3. **Relâche** : selon l'Académie, le mot est masculin quand il signifie « interruption (dans un état pénible, dans une série de représentations théâtrales) », et féminin en termes de marine, « lieu où les bateaux peuvent faire escale ». Mais le féminin tend à s'introduire aussi dans le premier sens : cf. Robert et *Bon us.*, § 472, 16.

4. **Meule** : prononcez l'*eu* long et fermé (comme dans *feu*).

5. **Oscillant** : prononcez *o-si-lan* ; la prononciation *o-si-yan*, quoique fréquente, est ordinairement critiquée.

6. **Atmosphère** : formé avec le grec *atmos*, vapeur, et *sphaira*, sphère. — Le mot est féminin.

7. **Fatigant** : adjectif. À distinguer du participe présent *fatiguant*.

8. **Demi-heure** : *demi* placé devant un nom s'y joint par un trait d'union et reste invariable.

164 Nuages du soir

a) Voici la demi-clarté crépusculaire. C'est l'heure, douce et choisie, pour rêver un peu, les croisées [a] ouvertes, en aspirant l'**arôme** [1] et la brise de la nuit. La maison, le village et la campagne se sont **enveloppés** d'ombre ; tous les bruits se sont tus ; la lune, les nuages et les arbres du jardin sont les seuls à nous tenir compagnie.

Dans ce **recueillement** solitaire et délicieux, la fuite agile des nuages nous donne une petite leçon de **philosophie.** Rien ne ressemble **davantage** à leur vaine architecture, tour à tour édifiée et détruite par le **zéphyr** [b], que [2] l'inanité [c] de nos rêves, de nos projets, de nos ambitions. Tous les efforts que nous avons faits pour essayer de construire notre vie **éphémère** [d] au gré de nos passions, de nos convoitises et de nos sentiments, n'ont pas plus de consistance et de solidité que le vent, qui souffle **constamment** [3] sur la vallée de misère(s) où nous ne faisons qu'une courte apparition.

b) Notre brève destinée ressemble à ces nuages fugitifs, que nous avons vus se former, courir, disparaître [4], et dont nulle trace ne restera. Il n'y a rien, semble-t-il, qui puisse guérir de l'ambition inconsidérée, des projets à long terme, des illusions de l'**amour-propre** et de l'**orgueil**, comme ces écroulements dans la nuit des nuages silencieux. Cela donne bien un peu de tristesse sans amertume, puisqu'elle n'afflige que notre vanité, et la vanité de l'homme est si peu de chose ! On va se coucher par **là-dessus**, et on n'en [5] dort que mieux après cette petite méditation...

D'après Henri CHANTAVOINE.

> **VOCABULAIRE**

a) **Croisée** : châssis vitré, ordinairement à battant, qui ferme une fenêtre.
b) **Zéphyr** (emprunté du lat. *zephyrus*, grec *zephyros*) : vent agréable et doux (mot poétique).
c) **Inanité** : état de ce qui est vain, inutile.
d) **Éphémère** (emprunté au grec *ephêmeros*, de *epi*, pendant, et *hêmera*, jour) : qui ne dure qu'un jour ; par extension, qui dure peu.

> **ORTHOGRAPHE ET GRAMMAIRE**

1. **Arôme** : orthographe de l'Académie (1992). Robert signale encore la forme sans accent.
2. **Davantage que** : a été contesté sans raison. (*Bon us.*, § 948, *a*.)
3. **Constamment** : dérivé de *constant* ; donc un *a* devant les deux *m*.
4. **Disparaître**, ou *disparaitre*, selon les *Rectifications* (notre Appendice, § 4).
5. Ne pas omettre la négation *n'* après *on* (cf. : « il n'en dort que mieux »)

165 Brouillards du matin

a) Les premiers brouillards d'automne traînent [1] **déjà**, le matin, dans les vallées, grimpent au flanc [2] des **coteaux**, s'accrochent aux broussailles et suspendent leurs écharpes de mousseline [a] à la **cime** des bois jaunissants.

Montons le petit sentier pierreux qui mène au bois. En bas, la vallée noyée de brume semble **exhaler** [3] une fumée légère et **tremblotante**. Des reflets gris **clair** jouent sur cette mer **diaphane** [b] et argentée qui baigne les choses : on voit à peine, **çà et là**, de gros bouquets d'arbres émergeant [4] comme des **îlots** [1] ; on devine, sans l'**apercevoir** nettement, le souple contour des **collines** environnantes. C'est une **caresse** pour les yeux que la molle douceur du paysage ainsi estompé [c].

b) Le soleil essaye [5] en vain de percer la brume : il l'**attiédit** et, par moments, il renforce les tons pourpres dont il l'a colorée ; quels que soient ses efforts, il ne la **vainc** que **difficilement** ; c'est à peine si, dans de rares éclaircies, on entrevoit son disque d'étain, bientôt caché. Enfin, vers huit heures, ses rayons s'étant faits plus forts et plus **agressifs**, la lumière triomphe.

Déchiquetée et amincie, la grande pièce grise du brouillard se coupe et s'**effiloche** peu à peu. Le **zéphyr** [d], qui **jusque-là** ne lui donnait que des **remous**, joue maintenant avec elle. Les lambeaux de **gaze** [e] transparente qu'il lui a arrachés prennent, en passant sur les prés **vert tendre**, des teintes changeantes et nacrées. L'œil s'**intéresse** à leur voyage aérien : après les avoir regardés flotter quelques instants, il les voit fondre petit à petit ; quelques-uns, il est vrai, prolongent leur résistance, mais la force du soleil et les haleines du vent les harcellent [6] et les réduisent en flocons légers, qui se **dissipent** en taches minuscules sur le bleu profond du ciel.

D'après Henri CHANTAVOINE.

VOCABULAIRE

a) **Mousseline** : toile de coton très claire et ordinairement très fine.
b) **Diaphane** (emprunté au grec *diaphanês*, de *diaphainein*, paraître à travers) : qui laisse passer à travers soi les rayons lumineux.
c) **Estompé** : au figuré, voilé, rendu flou.
d) **Zéphyr** (emprunté au lat. *zephyrus*, grec *zephyros*) : vent agréable et doux (mot poétique).
e) **Gaze** : espèce d'étoffe légère et transparente. À distinguer du nom masculin *gaz*.

ORTHOGRAPHE ET GRAMMAIRE

1. **Traîner, îlot**, ou *trainer, ilot*, selon les *Rectifications* (cf. notre Appendice, § 4).
2. **Au flanc** : on admettra aussi le pluriel *aux flancs*.
3. **Exhaler :** emprunté au lat. *exhalare* (racine *halare*, souffler, cf. *haleine*).
4. **Émergeant** : participe présent. À distinguer de l'adjectif *émergent*.
5. **Essaye** (prononcé *é-sèy'*) ou *essaie* (prononcé *é-sè*, sans yod).
6. **Harcellent** : orthographe de l'Académie (1932). *Harcèlent* dans Littré et selon les *Rectifications*, qui donnent une règle générale (voir Appendice, § 3).

166 Le jardin après la pluie

a) Il n'y a rien de plus agréable qu'un jardin après la pluie, après une bonne pluie qui a duré plusieurs jours, tombant drue et pressée. C'est alors que le jardin est beau à voir, à respirer et à aimer. Foulé, trempé et gonflé d'eau, partout **rafraîchi** [1], il répand des **exhalaisons** [a] si pénétrantes que l'on se sent comme baigné et vivifié à son aspect. L'herbe a atteint une magnificence incomparable : elle est plus épaisse, plus **moelleuse** [2] qu'un tapis de haute laine [b] ; ses tons **vert clair** sont doux à l'œil comme une **caresse.** Les boutons d'or, les pâquerettes, toutes les menues fleurs des champs, fatiguées mais non brisées par les ondes du ciel, ont un air de lassitude reconnaissante. Les feuilles, les branches, les plantes, les mousses, les cailloux eux-mêmes, toutes choses boivent encore.

b) La nature abreuvée paraît [1] heureuse. Et, quoique la pluie ne soit plus là, on la sent encore dans les traces claires qu'elle a laissées de son passage, on la voit luire doucement sur les tuiles qu'elle a lavées, sur les carreaux et sur les feuilles qu'elle a rincés, dans les rayons de lumière même qu'elle a lustrés [c] et rajeunis. Les arbres se sont débarbouillés, mais les animaux et les insectes ne paraissent pas s'être doutés des cataractes [d] qu'ils ont reçues. Seuls quelques rameaux balancent encore les gouttes d'eau, perles du ciel qui, dès qu'on les touche, s'**égrènent** [3] et vous restent dans la main.

D'après Henri LAVEDAN.

VOCABULAIRE

a) **Exhalaison** (dérivé de *exhaler*, emprunté au lat. *exhalare*, racine *halare*, souffler) : vapeur, gaz, odeur, émis par un corps.

b) **Tapis de haute laine** : tapis dont les fils de laine dépassent en longues mèches la chaîne sur laquelle ils sont noués.

c) **Lustrer** : rendre brillant (un tissu) ; ici, au figuré.

d) **Cataracte** : grande pluie.

ORTHOGRAPHE ET GRAMMAIRE

1. **Rafraîchir, paraître,** ou *rafraichir, paraitre*, selon les *Rectifications* (notre Appendice, § 4).
2. **Moelleux** : prononcez *mwa-leû*.
3. **S'égrènent** : du verbe *s'égrener*, se séparer. La variante *s'égrainer*, donnée aussi par l'Académie, est beaucoup plus rare.

167 Le « management »

Plus d'un estime [1] que le mot de [2] *management* [a] mériterait d'être **accueilli** dans la langue française ; c'est à tort assurément, car il est tout à fait [3] inutile. Néanmoins ce à quoi quelques-uns l'appliquent ne laisse pas d'avoir son importance dans la conduite de la vie.

Très riche de sens, le mot désigne, en anglais, les éléments, quels qu'ils soient, qui conditionnent la bonne marche d'une affaire. Il englobe tout ce qui ressortit [4] aux fonctions de direction. Ceux qui ont lu les manuels américains qu'on a écrits sur ces problèmes se sont **aperçus** que, dans la **plupart** d'entre [5] eux, ce n'est pas la théorie, mais la pratique qu'on a considérée. Ces livres, ce sont des hommes d'affaires qui les ont produits, gens lucides [b], directs, qui se sont contentés de raconter leurs expériences, en essayant de faire comprendre les moyens qu'ils ont employés pour surmonter leurs difficultés. Ils prennent divers cas concrets et, après les avoir disséqués [c], expliquent les démarches qu'ils ont suivies. Ils dégagent alors la méthode qu'ils ont appliquée à leurs problèmes, mais qui est **susceptible** d'être adaptée à toute autre situation. Les Américains, gens pratiques comme on les a toujours connus, se sont plu, au lieu d'énoncer d'abord des **théorèmes** et des principes, à résoudre les problèmes économiques en partant de situations considérées dans la réalité quotidienne.

D'après Christiane COLLANGE (*Madame et le management*, Édit. Tchou).

VOCABULAIRE

a) **Management** : cet anglicisme a été accepté par l'Académie, avec une prononciation française.

b) **Lucide** : qui conçoit les choses avec clarté, perspicacité.

c) **Disséquer** : en termes d'anatomie, diviser les parties ou une partie seulement d'un cadavre pour en étudier la structure ou pour connaître les causes et le siège d'une maladie. Dans l'emploi figuré, analyser méthodiquement et minutieusement.

ORTHOGRAPHE ET GRAMMAIRE

1. **Estime** : c'est *un* qui détermine l'accord, malgré la logique mathématique.
2. **Le mot de management** : on pourrait dire aussi, sans *de*, « le mot *management* ».
3. **Tout à fait**, *tout à l'heure, tout à coup* s'écrivent sans traits d'union.
4. **Ressortir**, au sens de « être du ressort de », se construit avec à, et se conjugue sur *finir*. (*Bon us.*, §§ 285, *d* ; 811, Rem. 3.)
5. **Entre eux** : on n'écrit *entr'* que dans certains verbes (*s'entr'aimer*, etc.), pour lesquels l'Académie (1992) accepte aussi les formes soudées (*s'entraimer*, etc.).

168 Tableau rustique

a) Dans la pacifique lumière matinale, on voyait les paysans, un à un, s'acheminer vers leurs tâches quotidiennes. Ils marchaient lentement, d'un pas lourd et tranquille [1]. L'éclair d'une faux brillait au-dessus d'une haie, le **hennissement** [2] d'un cheval retentissait dans l'air sonore, ou bien le **rythme** pesant d'un **chariot**[3] roulant sur la route empierrée. Puis le soleil montait, et de toute(s) part(s) s'élevaient les rumeurs du travail commencé : bruissements de faux, ronflements de batteuses, appels de laboureurs encourageant leurs bœufs.

Pendant les heures chaudes de midi, un assoupissement s'étendait sur la vallée et éteignait tous les bruits. Le soleil tombait d'aplomb [a] sur les labours, sur les chaumes flamboyants, sur les bois de pins bleuâtres, et dans cette pleine lumière, on n'entendait plus que la lime [b] aiguë [4] des sauterelles et l'aile mélodieuse des pigeons du colombier, jusqu'à ce que le soleil, déclinant, ramenât [5] la reprise des travaux.

b) À la brune ^(c), il y avait comme un retour de l'animation du matin, mais avec quelque chose de plus doux et d'assourdi. Les bœufs, dételés, regagnaient les **métairies** ^(d) ; les **charrettes**, chargées de gerbes de blé, remontaient la côte assombrie ; des points rouges étoilaient les vitres et des rires d'enfants **tintaient** aux portes des maisons. La nuit descendait, et sur les champs solitaires le silence tombait amicalement avec la calme lueur des étoiles. Plus de bruit, sauf de loin en loin un **aboiement** de chien, un bêlement de mouton ou la voix d'un clocher éparpillant dans l'ombre les vibrations de l'heure qui sonnait.

D'après André THEURIET.

VOCABULAIRE

a) **D'aplomb** : à la verticale (comme un fil à plomb).

b) **La lime** : le bruit aigu (semblable à un bruit de lime) que font entendre les sauterelles.

c) **À la brune** : vers le commencement de la nuit.

d) **Métairie** : domaine agricole peu étendu (à l'origine, ferme dont les récoltes étaient partagées entre propriétaire et locataire).

ORTHOGRAPHE ET GRAMMAIRE

1. **Tranquille** : prononcez *tran-kil'* (et non *tran-kiy'*).
2. **Hennissement** : la prononciation *a-nis'-man* est surannée, on prononce généralement aujourd'hui *é-nis'-man*.
3. **Chariot**, ou *charriot*, selon les *Rectifications* (notre Appendice, § 14), qui rétablissent l'unité de la famille française du latin *carrus*, puisque tous les autres membres ont déjà deux *r* : *charrette, charroi*, etc.
4. **Aiguë**, ou *aigüe*, selon les *Rectifications* (Appendice, § 5).
5. **Ramenât** : attention à l'accent ! On pourrait cependant admettre *ramena* (N. gramm., § 430, b).

169 Les premiers habitants de la vallée de la Meuse

a) Des ossements, des crânes, des squelettes, des vestiges divers retrouvés en différents endroits dans les vallées de la Meuse attestent qu'à l'époque **glaciaire**, c'est-à-dire il y a quinze mille [1], vingt mille, cinquante mille ans peut-être ou même **davantage**, des hommes ont vécu dans nos contrées.

Les demeures qu'ils s'étaient choisies n'étaient pas des huttes de bois et de branchages, que le climat très pluvieux eût bientôt ruinées et que les ours [2] et les tigres eussent facilement forcées ; ce n'étaient pas non plus des constructions de pierre, car quelques traces au moins en auraient été retrouvées. Les hommes d'alors se retiraient dans les cavernes, telles que le trou du Saureau, à Montaigle, le trou des Nutons [a], à Furfooz [3], la caverne de Goyet [4], à Mozet, le trou de la Naulette, près de Chaleux.

b) Ces lointains ancêtres — que les **anthropologistes** [b] rattachent à la grande famille des Mongols [c] — étaient de petite taille, **trapus**, ramassés sur eux-mêmes ; ils avaient les os [5] robustes, la musculature puissante, les mains longues, les doigts **effilés**, la tête allongée et fuyante, les yeux obliques sous des orbites carrées, la figure **aplatie** et large avec des pommettes saillantes, la bouche proéminente [d] et les **incisives** inclinées en avant.

Ils étaient vêtus de peaux de bêtes cousues, comme le prouvent les aiguilles d'os [5] ou d'ivoire, percées d'un chas [e] d'un millimètre, qu'on a trouvées dans les cavernes. Après avoir rogné ces peaux et les avoir dépouillées de leur **fourrure** à l'aide de grattoirs de silex, ils les cousaient ensemble avec des crins de cheval et rabattaient les coutures au moyen de lissoirs [f] taillés dans un bois [g] de cerf ou de renne.

VOCABULAIRE

a) **Nuton** : forme wallonne de *lutin* (anciennement, *luiton, nuiton*) ; la tradition représente les *nutons* comme des nains qui travaillent la nuit, soit dans les mines, soit à différents métiers.

b) **Anthropologiste** (on dit aussi *anthropologue*) : celui qui s'occupe d'*anthropologie* (du grec *anthrôpos*, homme, et *logos*, discours), science qui étudie la structure de l'être humain et l'histoire de l'espèce humaine.

c) **Mongols** : peuple de l'Asie centrale.

d) **Proéminent** : qui est plus en relief que ce qui l'environne.

e) **Chas** (l's est muet) : trou d'une aiguille, par lequel on passe le fil.

f) **Lissoir**, masc., ou *lissoire*, fém. : instrument pour lisser le linge, le papier, etc.

g) **Bois** : cornes du cerf, du daim, du chevreuil, du renne.

ORTHOGRAPHE ET GRAMMAIRE

1. **Quinze mille** ou *quinze-mille* (de même les suivants), selon les *Rectifications*, pour lesquelles on met un trait d'union entre tous les éléments d'un numéral composé (*million, milliard* étant à part, en tant que noms). Cf. notre Appendice, § 8.

2. **Les ours** : l's se prononce (*our* est une prononciation archaïque, maintenue parfois dans les vers pour les besoins de la rime).

3. **Furfooz** : le z ne se prononce pas (*fur-fô*)

4. **Goyet** : prononcez *go-yè*.

5. **Les os** : l's ne se prononce pas (mais au singulier *un os*, l's se prononce).

170 L'incendie de la meule[1]

a) L'un après l'autre, pieds nus dans leurs sabots, boutonnant leurs pantalons ou les manches de leurs chemises [2], le père et les trois fils, qu'avait réveillés **tout à coup** [3] la lueur grandissante, **accoururent** [4], **essoufflés**. Plus d'un appel, plus d'une clameur s'élevaient [5] dans la nuit finissante. Des hommes sortaient des fermes et, **apercevant par-dessus** les arbres les reflets rouge clair qui dominaient le feu, secouaient les dormeurs de chez eux : « Les Fruytier [a] brûlent [6] ! »

En moins d'une demi-heure, il y eut bien deux cents [7] personnes rassemblées dans l'**aire** [b], où brûlait [6] la meule de paille. L'eau, puisée dans la mare avec des **seaux,** était amenée par une longue chaîne [6] de bras, et Nicolas Fruytier la lançait dans les flammes, qui la rejetaient aussitôt en vapeur blanche mêlée à la fumée.

b) L'ardeur du feu était si grande que toutes les souches [c] limitant le **champ** voisin **apparaissaient**, tirées de l'ombre, aussi jaunes qu'en automne. Certes, les pauvres Fruytier ni les (*bon*, à la forme convenable [8]) gens accourus [4] des environs ne s'épargnaient ; mais, quels que fussent leurs efforts, que pouvaient-ils contre une masse enflammée, où le vent s'enfonçait, creusait des cheminées et d'où il s'échappait, chargé de débris rouges, que la vague d'air froid inclinait en panache(s) de feu ?

D'après René BAZIN

VOCABULAIRE

a) Écrire ce nom de famille au tableau. La ferme est désignée par le nom de ses habitants.

b) **Aire** (nom féminin ; du lat. *area,* emplacement) : surface plane, unie, sur laquelle on battait le blé.

c) **Souche** : partie du tronc qui reste en terre avec les racines, après que l'arbre a été coupé.

ORTHOGRAPHE ET GRAMMAIRE

1. **Meule** : prononcez l'*eu* long et fermé (comme dans *feu*).
2. On admettra aussi le singulier : *leur pantalon, leur chemise.* (*Bon us.,* § 592 ; *N. gramm.,* § 232.) — Mais *leurs sabots* est nécessairement au pluriel.
3. **Tout à coup,** *tout à fait, tout à l'heure,* s'écrivent sans traits d'union.
4. **Accoururent, accourus :** *courir* et les verbes de sa famille n'ont deux *r* de suite qu'au futur simple et au conditionnel présent.
5. **S'élevaient** : il y a plusieurs sujets (que l'auteur ne considère pas comme synonymes).
6. **Brûler, chaîne,** ou *bruler, chaine,* selon les *Rectifications* (notre Appendice, § 4).

7. **Deux cents**, ou *deux-cents*, selon lse *Rectifications* (Appendice, § 8).

8. **Bonnes gens**, mais *accourus* au masculin. (*N. Gramm.*, § 162 ; *Bon us.*, § 477.)

171 Conseils à une voyageuse novice [a]

a) Permets-moi, ma chère, de te conseiller un peu sur la bonne manière de voyager en Égypte.

Prends garde, arrivée au Caire, de ne pas te laisser **accaparer** par les trésors du Musée : tu y passerais tout ton temps. Étudie, je le veux bien, les mobiliers funéraires, sois attentive aux lignes élégantes des personnages peints, ne néglige pas les bijoux, les joyaux qui furent ensevelis, voici des millénaires, à côté de telle jolie princesse aux traits fins.

Tu te rappelleras, cependant, qu'il est d'autres curiosités dans la ville moderne : les **bazars**, par exemple, où tu emploieras plaisamment [1] quelques heures à visiter les innombrables boutiques. Là, peut-être, tu (*acquérir, futur simple* [2]) cette légère parure ciselée, cette paire de babouches rouge et or, non sans avoir consciencieusement marchandé avec l'excellent, l'honorable artisan qui te détaillera sa famille, ses mille obligations, tant de bouches à nourrir, etc.

b) Quand vous vous serez bien disputés, et **néanmoins** quittés satisfaits l'un de l'autre, dirige tes pas vers les merveilleuses mosquées, oublie l'heure sous cette vieille porte du douzième [3] siècle, réjouis-toi de la beauté très particulière qu'offre aux yeux l'art byzantin [b] fécondé par l'islam [4].

Enfin, tu verras les Pyramides, la vallée des Rois, les fameux édifices, les statues colossales. Au désert d'Assouan, tu devineras l'Afrique. Devant le Nil **étincelant**, tu savoureras le charme mélancolique d'un petit temple à demi [5] noyé.

Il sera de bon ton, rentrée à Paris, de disserter congrûment [6] dans les salons. Aussi, n'omets point, ma chère, d'élire ton dieu préféré, ton mythe favori : cela te munira de conversations pour les dîners de printemps.

D'après Marthe PAUL-ADAM (dans *Fémina*, 1er mars 1908).

VOCABULAIRE

a) **Novice** : qui aborde une chose dont elle n'a aucune habitude, aucune expérience.

b) **L'art byzantin** : de l'Empire byzantin (Empire romain d'Orient, fin IVe s.-1453).

ORTHOGRAPHE ET GRAMMAIRE

1. **Plaisamment** : de *plaisant*, donc avec *a* devant les deux *m*.
2. **Acquerras**.
3. **Douzième** : ou *XIIe* ou *XIIe*, avec la dernière lettre de l'ordinal écrit en lettres ; mais non *XIIme, XIIème, XIIième*, qui n'appartiennent pas à l'usage régulier ; mais encore moins *XIIè* et *XII°*, qui sont absurdes. (Dans *n°, 1°*, on a la dernière lettre de *numéro, primo*.)
4. **Islam** : avec minuscule, quand on désigne la religion ; avec majuscule, quand on désigne l'ensemble des peuples qui pratiquent cette religion.
5. **À demi**, locution adverbiale, n'est pas suivie d'un trait d'union. (*N. gramm.*, § 201, *a*.)
6. **Congrûment** (d'une manière qui convient à la situation), ou *congrument*, selon les *Rectifications* (cf. notre Appendice, § 4). La proposition est particulièrement justifiée, car on avait huit adverbes en *-ûment* et cinq en *-ument*, quoiqu'ils aient été formés tous de la même façon (cf. *Bon us.*, § 931, *b*).

172 La civilisation des tours

Partout, l'architecture contemporaine s'est vouée à la hauteur. Quelques bonnes raisons qu'on ait invoquées pour en justifier l'excellence ou la nécessité, c'est pour des avantages financiers bien plutôt que pour des considérations d'**esthétique** [a] ou d'urbanisme [b] que de gigantesques tours de béton dressent, dans les beaux quartiers même [1] de nos villes, leurs dix, leurs quinze, **voire** [2] leurs vingt étages, et **davantage** [3].

Faut-il condamner sans appel ces constructions monstrueuses dont nos regards s'étonnent parfois ? Non certes, cela relèverait de l'absurde, ne **fût-ce** [4] que parce que ces tours se sont d'elles-mêmes incorporées à notre civilisation. Du reste, **lesdites** [5] tours, les **buildings** [6] comme on les a appelées, possèdent une certaine beauté, et font songer, la nuit, à des feux d'artifice qu'on aurait cloués dans le ciel ou à quelque [7] averse immobile de constellations. D'autre part, s'il convient de considérer non seulement les tours, mais leur environnement, leur exécution, la qualité du revêtement dont on les a habillées, on ne saurait refuser de tenir compte de l'évolution des techniques et des **mœurs** [8]. Le vrai problème, c'est de **concilier** quelques **exigences** [9] essentielles : l'envol vers le futur et le respect du passé, la satisfaction des besoins nouveaux de place et de confort, et la noble nécessité d'un minimum d'esthétique sans lequel nos cités de demain offriraient à nos yeux des visages monstrueux.

D'après Georges FABRY (dans le *Courrier*, 31 oct. 1972).

> **VOCABULAIRE**

a) **Esthétique** : science du beau dans la nature et dans l'art.

b) **Urbanisme** (racine lat. *urbs, urbis*, ville) : ensemble des techniques, des méthodes administratives, sociales, économiques permettant un bon développement des agglomérations. Prononcez *is-me*, et non *iz-me*.

> **ORTHOGRAPHE ET GRAMMAIRE**

1. **Même** marque ici l'extension : il est adverbe et invariable.
2. **Voire** : ne pas confondre avec le verbe *voir*. La conjonction *voire*, dans l'usage ordinaire, signifie « et même ». À noter que *voire même*, parfois critiqué comme pléonastique, est courant dans la langue littéraire. (*Bon us.*, §1042.)
3. **Davantage** : en un seul mot (pas d'apostrophe !).
4. **Ne fût-ce que** : un accent circonflexe sur l'*u* de *fût*, qui est un subjonctif imparfait. Se garder d'écrire *fusse* : on a ici le pronom *ce* (cf. *ne serait-ce que*).
5. **Lesdites** : le participe *dit* se soude avec l'article défini dans des expressions employées pour rappeler qu'il a déjà été question des personnes ou des choses dont il s'agit. (*Bon us.*, § 598, *b*, Rem. 3.)
6. **Building** : prononcez *bil-di-ng'*.
7. **Quelque averse** : *quelque* ne subit l'élision dans l'écriture que dans *quelqu'un, quelqu'une*.
8. **Mœurs** : la prononciation *meur* est vieillie ; dans l'usage ordinaire, on fait entendre l'*s*, bien que ce soit l'*s* du pluriel.
9. **Exigence** : du latin *exigentia* ; mais l'adjectif s'écrit *exigeant*.

173 Belle saison

a) Des tourterelles de bois arrivaient à la **mi-mai**, en même temps que les coucous. Ils murmuraient doucement à de longs intervalles, surtout par les soirées tièdes et quand il y avait dans l'air **rafraîchi** [1] je ne sais quels épanouissements plus actifs de sève nouvelle et de jeunesse que les souffles printaniers avaient fait [2] naître [1]. Dans les profondeurs des feuillages **vert tendre**, sur la limite du jardin, dans les cerisiers tout blancs, dans les troènes [a] en fleur [3], dans les lilas que des effluves [b] parfumés avaient chargés de bouquets et d'**arômes**, toute la nuit, pendant ces longues nuits où je dormais peu, où la lune versait sa clarté bleu pâle, où la pluie quelquefois tombait, paisible, chaude et sans bruit comme des pleurs de joie, pour mes chères délices et pour mon tourment, les rossignols chantaient. Dès que le temps était triste, ils se taisaient : ils reprenaient avec le soleil, avec les vents plus doux, avec l'espoir de l'été prochain. Puis, les couvées faites, on ne les entendait plus.

b) Quelquefois [4], à la fin de juin, par un jour brûlant [1], dans la robuste frondaison [c] d'un arbre, je voyais un petit oiseau muet et de couleur douteuse, peureux, dépaysé, qui errait tout seul et prenait son **essor** [d] : l'oiseau du printemps dès lors nous avait quittés.

Au-dehors, les foins blondissaient, prêts à [5] mûrir [1]. Le bois des plus vieux sarments [e] éclatait ; la vigne montrait ses premiers bourgeons, tout boursouflés [6]. Les blés étaient verts. Mille insectes nouveau-nés s'agitaient, se multipliaient à ce soleil de juin dans une **expansion** [f] inouïe. Les hirondelles remplissaient l'air, et le soir, quand les martinets [g] avaient fini de se poursuivre avec leurs voix **aiguës** [7], les chauves-souris, que les soirées chaudes semblaient avoir **ressuscitées,** sortaient, et leurs bizarres essaims commençaient leurs rondes nocturnes autour des clochetons.

D'après Eugène FROMENTIN.

VOCABULAIRE

a) **Troène** : arbrisseau très rameux, à fleurs blanches ; il sert souvent de haie. En Belgique, on lui donne surtout le nom latin, *ligustrum*.

b) **Effluve** (lat. *effluvium*, écoulement ; *ex*, hors de, et racine *fluere*, couler) : émanation qui se dégage d'un corps quelconque ; régulièrement le mot est masculin.

c) **Frondaison** : ensemble des branches et des feuilles des arbres et des arbustes.

d) **Essor** : élan d'un oiseau dans l'air.

e) **Sarment** : bois que la vigne pousse chaque année.

f) **Expansion** : action ou état d'un corps fluide qui se dilate, se répand.

g) **Martinet** : espèce d'hirondelle à très longues ailes.

ORTHOGRAPHE ET GRAMMAIRE

1. **Rafraîchir, naître, brûlant, mûrir,** ou *rafraichir, naitre, brulant, murir,* selon les *Rectifications* (cf. notre Appendice, § 4).

2. **Fait** suivi d'un infinitif est invariable. (*N. gramm.*, § 377.)

3. **En fleur** : on écrit aussi *en fleurs*.

4. **Quelquefois** : parfois. *Quelques fois,* plusieurs fois.

5. **Prêt à** : disposé à, préparé à. À distinguer de *près de,* sur le point de. Mais les deux locutions sont souvent confondues par les écrivains (cf. *Bon us.*, § 357, *b*). Dans le passage que nous avons ici, *prêt à* se défend.

6. **Boursouflé,** ou *boursoufflé,* selon les *Rectifications* (cf. Appendice, § 14), pour rapprocher le mot de *souffler.*

7. **Aiguë**, ou *aigüe*, selon les *Rectifications* (cf. Appendice, § 7), pour indiquer que c'est le *u* que l'on prononce.

174 Solidarité

a) Je souhaite que tu comprennes ce que tu dois à autrui, que tu te rappelles les soins qu'on t'a prodigués, les soucis que tu as coûtés [1]. Il faut que tu remplisses, toi aussi, et sans en **excepter** une seule, les obligations que tu as ainsi contractées.

Quelle que soit ta position, quelques grands talents que la nature t'ait [2] départis [a], considère avec justice et respect tous les hommes, voue-leur une attention, une sollicitude inaltérable. Je me **convaincs** que **toute** autre attitude te répugnerait [b] ; tu ne supporterais pas, toi qui as le cœur grand, que l'on pût [3] t'accuser d'égoïsme, ou même que l'on jugeât [3] ton dévouement trop exclusivement consacré à ceux qui eux-mêmes se sont **constamment** dépensés pour ton bien-être et ton bonheur.

b) Puisque tu bénéficies des **acquis** que t'ont valus les efforts de tes devanciers, applique-toi à poursuivre et à améliorer, s'il se peut, leur action. Si la satisfaction tout intime que tu espères ne t'est pas toujours accordée en **dédommagement** des peines que tu t'es imposées, remets-toi en mémoire les préceptes de **désintéressement** que tu as entendu répéter dès ton enfance. Sache, enfin, **approfondir** le sens de cette réflexion que nous livre une grande romancière américaine : « Pourquoi appelons-nous toutes nos idées généreuses des illusions et toutes nos idées médiocres des vérités ? »

VOCABULAIRE

a) **Départir** : distribuer, attribuer.
b) **Répugner** (lat. *repugnare*, proprement « combattre contre ») : inspirer un éloignement insurmontable.

ORTHOGRAPHE ET GRAMMAIRE

1. **Coûter**, ou *couter*, selon les *Rectifications* (cf. notre Appendice, § 4).
2. **Ait** : la 3e personne du singulier du subjonctif présent se termine par *-e*. Seuls *avoir* et *être* font exception (*qu'il ait, qu'il soit*).
3. **Pût, jugeât** : attention a l'accent circonflexe ! — Après les verbes de sentiment et de volonté, on met le subjonctif.

175 Un précieux patrimoine [a]

Nous naissons enracinés dans une société et dans un type de civilisation ; plus forte est la somme des **acquis** que nous avons reçus, plus nous devons nous sentir obligés de reconnaître [1] les multiples avantages que notre situation dans le temps et dans l'histoire nous a valus. Quelque génie qui paraisse en ce monde, il lui (*seoir,* conditionnel présent [2]) fort mal, certes, de croire qu'il ne doit rien qu'à lui-même.

Cette culture, cette sensibilité aux plus belles manifestations de la nature et de l'art, les aurions-nous (*acquérir,* participe passé [3]) si tant d'autres hommes ne s'étaient avant nous progressivement dégagés de l'indifférence, de la passivité des êtres uniquement occupés de survivre au jour le jour ? Plus d'un, en effet, n'accèderait [4] jamais de lui-même au degré même le plus modeste des connaissances que nos ancêtres nous ont léguées [(b)]. Quoi qu'on ait fait pour stimuler l'assurance, la confiance en soi chez les **adolescents**, on n'aurait qu'incomplètement **nourri** leurs facultés si l'on avait négligé de leur montrer l'enchaînement [1] continu des progrès dans l'humanité.

Quelle que soit la complexité des phénomènes intellectuels et moraux qui se sont manifestés dans l'histoire, on aurait tort d'en décourager l'étude. Bien plutôt faudrait-il en tirer le légitime **orgueil** d'une extraordinaire aventure. Ne fût-ce [5] que par le contact de quelques **chefs-d'œuvre**, judicieusement choisis et commentés, l'on connaîtra [1] mieux et l'on comprendra **davantage** les aspirations et les conquêtes de ceux qui depuis si longtemps se sont patiemment [6] hissés au-dessus de l'argile [7] originelle.

VOCABULAIRE

a) **Patrimoine** (lat. *patrimonium,* racine *pater,* père) : bien qu'on tient par héritage des ascendants paternels ou maternels.

b) **Léguer** : donner par disposition testamentaire ; au figuré, transmettre de génération en génération.

ORTHOGRAPHE ET GRAMMAIRE

1. **(Re)connaître, enchaînement**, ou *(re)connaitre, enchainement,* selon les *Rectifications* (cf. notre Appendice, § 4).

2. **Siérait.**

3. **Acquises.**

4. **Accèderait** : telle est l'orthographe de l'Académie depuis 1992 (voir l'Appendice, § 1) ; auparavant, *accéderait*. On notera que le verbe est au singulier malgré la logique mathématique : c'est *un* qui détermine l'accord.

5. **Ne fût-ce que** : comparez l'expression de même sens *ne serait-ce que.*

6. **Patiemment** : dérivé de *patient,* donc *e* devant les deux *m*, malgré la prononciation.

7. **Argile** est féminin.

176 L'enfant et la vitesse

a) La multiplicité des machines dont la vie quotidienne entoure l'enfant lui assure des expériences tout autres que celles qu'au même âge ont connues ses grands-parents et ses parents même [1]. L'expérience précoce du sens de la vitesse en chemin de fer, en auto, en avion ressortit [2] aussi à la perception et à ses cent modalités nouvelles. Mais ces voitures, quelque [3] pressés qu'en soient les conducteurs, s'arrêtent à un signe. Qui n'a vu parfois, dans nos grandes villes, entre les clous d'un boulevard, deux enfants se donnant la main, étendant bravement l'autre pour arrêter de ce geste frêle le flot **klaxonnant** [4] des voitures ? N'y a-t-il pas là une expérience qui peut compter pour former la notion d'une puissance, d'une énergie qui se révélait [5] déjà dans ces jeux où l'enfant, en maniant un simple **interrupteur**, lançait ou arrêtait à volonté sur les rails la motrice [a] de son train électrique ?

b) Quoi qu'il fasse [6], notre monde sollicite et, par **contrecoup**, développe intensément certaines formes d'imagination. De **tous côtés** [7], les images qu'a **suscitées** l'activité quotidienne se sont présentées tous les jours à l'enfant. Par milliers, dans la rue, dans la maison familiale, durant les loisirs que la journée lui a ménagés, elles hantent [b] son esprit. Quoiqu'elles [6] lui apportent des vues et des échos du monde entier et que, grâce à elles, il **acquière** [8] une foule de connaissances, on **conclura** [9] pourtant que, dans ce **fatras** [c] d'impressions, sa mentalité ne saurait demeurer la même.

D'après Georges FRIEDMANN
(*Sept études sur l'homme et la technique*, Gonthier, édit.).

VOCABULAIRE

a) **Motrice** : réduction de *locomotrice*, désigne une voiture à moteur, qui en tire d'autres.

b) **Hanter** : obséder, poursuivre.

c) **Fatras** (*s* muet) : amas confus, hétéroclite de plusieurs choses.

ORTHOGRAPHE ET GRAMMAIRE

1. **Même** marque ici l'extension : il est adverbe et invariable.

2. **Ressortir**, au sens de « être du ressort de », se construit avec *à*, et se conjugue *sur finir*. (*Bon us.*, §§ 285, *d* ; 811, Rem. 3.)

3. **Quelque**, dans l'expression *quelque ... que*, est invariable devant un participe-adjectif (*Bon us.*, § 610, *c*, N.B., 1.)

4. **Klaxonner** a été parfois d'une orthographe indécise (de même, *klaxon*, qui est une marque déposée).

5. **Se révélait** : accord avec *énergie* ; les deux mots *puissance* et *énergie* sont synonymes. (*N. gramm.*, § 364, *a*.)

6. **Quoi que,** en deux mots = quelque chose que ; — **quoique,** en un mot = bien que.
7. **De tous côtés** ou *de tout côté.*
8. **Acquière** : la 3ᵉ personne du singulier du subj. présent se termine par *-e* ; seuls *avoir* et *être* font exception (*qu'il ait, qu'il soit*). Subjonctif dans une proposition de concession.
9. **Conclura** : attention ! ne pas écrire *concluera.*

177 Le génie inventif de l'homme

Le jour où, pour la première fois, les hommes se sont servis du fer, leur puissance s'est trouvée décuplée [a]. À une heure bénie dans l'histoire de l'humanité, des esprits hardis se sont avisés de dompter [1] le cheval, de mettre le bœuf sous le joug [2]. Quelle que fût la difficulté de la tâche, la force des animaux est devenue la propriété de l'homme, en attendant que, par une révolution nouvelle, il s'emparât [3] des forces même les plus secrètes de la nature, grâce à la mécanique, à la vapeur et à l'électricité. Il est étrange que nous (*ne pas savoir,* subjonctif prés. [4]) le nom de celui qui a créé le rabot ou la scie, quand tous nos **poèmes** redisent **à l'envi** [b] le nom de certains conquérants qui se sont **enorgueillis** d'avoir gagné des batailles, mais qui n'ont rien créé. Ceux que l'on a vus partir à la découverte de terres inconnues, n'est-ce pas grâce à l'inventeur de la boussole qu'ils ont pu se diriger sur les mers et nous donner la moitié du monde ?

D'après Jules SIMON.

VOCABULAIRE

a) **Décupler** : rendre dix fois plus grand.
b) **À l'envi** : à qui mieux mieux.

ORTHOGRAPHE ET GRAMMAIRE

1. **Dompter** (le *p* ne se prononce pas). Ce verbe vient du lat. *domitare* ; le *p* est adventice.
2. **Joug** (pièce de bois qu'on met sur la tête du bœuf pour l'atteler) : pour la prononciation, l'usage est hésitant ; les uns font entendre le *g*, les autres, non (ce qui est la prononciation la plus soignée).
3. **S'emparât** : *attendre que* est suivi du subjonctif.
4. *Que nous ne* **sachions** *pas.*

178 Magie de la lecture

Je tire les rideaux de ma chambre, je m'étends sur un divan, tout décor est aboli, je m'ignore moi-même ; seules existent les pages qu'une certaine fantaisie veut que je **parcoure** [1]. Et voilà que m'arrive la

faramineuse [2] aventure qu'ont relatée certains sages du **taoïsme** [a] : abandonnant sur leur couche une dépouille inerte, ils prenaient l'**essor** [b] sur les airs ; durant [3] des siècles, ils voyageaient de **cime** en cime à travers la terre tout entière et jusqu'au ciel. Quand ils retrouvaient leur corps, celui-ci n'avait vécu que le temps d'un soupir. Ainsi je vogue, immobile, sous d'autres cieux [4], dans des époques révolues [c], et il se peut que des siècles s'écoulent avant que je me retrouve, à quelques heures de distance, dans ces lieux **mêmes** [5] qu'en cette **occurrence** [6] je n'ai pas quittés.

Aucune expérience, quelle qu'elle puisse être, ne peut se comparer à celle-là. La rêverie, vu [7] la pauvreté des images, est inconstante, le dévidage des souvenirs s'**essouffle** vite. Reconstruire le passé par un effort dirigé ne donne pas vraiment la jouissance de son objet. Spontanée ou sollicitée de **ressusciter** des faits, la mémoire ne m'apprend jamais que ce que je sais. Les rêves, à mesure qu'ils se déroulent, s'**effilochent.** Seule la lecture crée des rapports neufs et durables entre les choses et moi.

D'après Simone de BEAUVOIR (*Tout compte fait*, Gallimard. édit.).

VOCABULAIRE

a) **Taoïsme** : religion populaire fondée par le Chinois Lao-Tseu (VIe s. av. J.-C.) ; elle est ainsi nommée de *Tao*, nom chinois de l'Être suprême.
b) **Essor** : élan d'un oiseau dans l'air.
c) **Révolu** : en parlant d'un espace de temps, écoulé, passé.

ORTHOGRAPHE ET GRAMMAIRE

1. **Parcoure** : subjonctif après le verbe *vouloir*. *Courir* et les verbes de sa famille n'ont deux *r* de suite qu'au futur simple et au conditionnel présent.
2. **Faramineux** (écrit parfois *pharamineux*) : fantastique, prodigieux.
3. **Durant** : le mot implique une idée de durée ; *pendant* suppose simplement l'idée d'une portion limitée de durée.
4. **Sous d'autres cieux** : en d'autres pays. Pour le pluriel de *ciel*, voir *N. gramm.*, §182, *c*.
5. **Mêmes** : marque ici l'identité, donc variable.
6. **Occurrence** : cas, circonstance. Bien mettre deux *c* et deux *r* (racine lat. *currere*, courir).
7. **Vu** est, dans cet emploi, proche des prépositions et invariable. (*Bon us.*, § 257, *b*, 1°.)

179 Napoléon

a) Napoléon, cet aventurier fabuleux, cet empereur au masque romain, ce chef d'armée qui a gagné presque [1] autant de batailles qu'il en a livré, cet homme qui a **constamment professé** que, quelque pressantes que paraissent les **exigences** [2] de la destinée, les possibilités demeurent indéfinies, ce grand ouvrier politique et militaire, reste un des plus étonnants génies qu'il y ait eu dans l'histoire. Pour le **développement** de l'humanité, peut-être, dans la suite des temps, les Ampère [a] et les Edison [b] compteront plus que lui. Peut-être l'**ère** [c] **napoléonienne** ne sera-t-elle, dans deux ou trois mille [3] ans, qu'un bref épisode de l'âge qu'on appellera celui de l'électricité. Peut-être enfin, lumière qu'on a vue apparaître [4] dans une île [4] du Levant pour s'éteindre dans une île du Couchant, Napoléon ne sera-t-il qu'une de ces figures que les vieux âges se sont plu à faire vivre et agir dans le **mythe** [d] solaire...

b) Presque [1] aussitôt après sa mort, certains penseurs se sont livrés à ces **hypothèses** et à ces jeux. Personne ni rien n'échappe à la poussière versée sur les **météores** [e] les plus brillants eux-mêmes.

Toutefois, après plus de cent ans, le prestige de son nom reste très grand et l'**épopée** [f] dont il a été le héros s'est curieusement survécu dans les esprits. Il ne s'éloignera des mémoires humaines qu'avec lenteur, et l'on entend encore à travers les années, à travers les révolutions, à travers les rumeurs des évènements [5], les pas de l'Empereur qui descend de l'autre côté de la terre et gagne les horizons nouveaux...

D'après Jacques BAINVILLE.

> **VOCABULAIRE**

a) **Ampère** : mathématicien et physicien français (1775-1836).

b) **Edison** : célèbre physicien américain (1847-1931).

c) **Ère** : époque très remarquable où un nouvel ordre de choses commence.

d) **Mythe** (emprunté du bas lat. *mythus*, grec *mythos*, récit, légende) : récit fabuleux contenant en général un sens allégorique.

e) **Météore** : phénomène atmosphérique. Se dit au figuré des personnes ou des choses qui brillent d'un éclat vif et passager.

f) **Épopée** : grande composition racontant quelque exploit héroïque ; par extension, suite de faits historiques qui, par leur caractère héroïque, rappellent les récits merveilleux des poètes épiques.

> **ORTHOGRAPHE ET GRAMMAIRE**

1. **Presque** : l'*e* final ne s'élide dans l'écriture que dans *presqu'île*.
2. **Exigence** : du lat. *exigentia*. Mais l'adjectif est *exigeant*.
3. **Trois mille**, ou *trois-mille*, selon les *Rectifications* (notre Appendice, § 8).
4. **Apparaît, île**, ou *apparaitre, ile*, selon les *Rectifications* (Appendice, § 4).
5. **Évènement** : telle est la forme préférée de l'Académie depuis 1992, quoiqu'elle donne encore *événement*, peu justifié à côté d'*avènement*, qui n'a plus que cette forme depuis plus d'un siècle. Voir Appendice, § 1.

180 Diogène le Cynique

a) Diogène le **Cynique** [a], qui florissait en Grèce au IV[e] [1] siècle avant notre ère [b], fut un des **philosophes** les **plus bizarres** que l'Antiquité ait produits [2]. Ennemi des **métaphysiciens** [c] et adversaire déclaré de tous les artifices que la civilisation a ajoutés à la pure nature, il **professait** [3], avec un mélange de finesse et de grossièreté, de simplicité et d'**orgueil**, l'abandon à tous les instincts, même les plus bas.

Il allait **constamment** nu-tête et marchait nu-pieds ; non content d'une demi-pauvreté, il rejetait comme superflues les mille petites commodités de la vie domestique ; le jour où il vit un enfant buvant dans le creux de sa main, il se **débarrassa** même de l'écuelle qu'il avait gardée **jusque-là**. Sa barbe, qu'il avait laissée [4] pousser, était **hirsute** [d] ; la demeure qu'il s'était ménagée était un tonneau à demi [5] délabré.

b) Selon Diogène, tout heureuse que peut [6] paraître [7] l'existence des hommes qui se sont accordé les mille et une [8] satisfactions que la civilisation est **censée** [e] nous procurer, elle est infiniment moins libre que celle des gens qui se sont affranchis de tous les soucis et de tous les préjugés sociaux, parce que le peu de besoins assure l'indépendance et la félicité.

Ni le prestige des dignités ni l'éclat des honneurs n'en imposaient [9] à Diogène. Ce philosophe fut un jour mandé par Alexandre [10]. Le Cynique, faisant fi de la gloire que de nombreuses victoires avaient value au conquérant déclina [f] l'invitation. Alexandre vint lui-même, trouva l'homme couché au soleil et le pria de solliciter quelque faveur qui pût [11] lui être agréable. « Ôte-toi un peu de mon soleil », répondit le Cynique.

VOCABULAIRE

a) **Cynique** (emprunté du lat. *cynicus*, grec *kynikos*, proprement « relatif au chien ») : qui appartient à l'école philosophique fondée par Antisthène, ainsi appelée parce qu'elle était primitivement établie dans le Cynosarge, faubourg d'Athènes.

b) **Ère** : point fixe d'où l'on commence à compter les années. *Avant notre ère*, avant Jésus-Christ.

c) **Métaphysicien** : qui s'adonne à la *métaphysique* (du grec *meta ta physika* « après la physique », titre d'un traité d'Aristote), c'est-à-dire la science des premiers principes de nos connaissances et des idées universelles.

d) **Hirsute** : hérissé.

e) **Censé** (de l'ancien verbe *censer*, lat. *censere*, estimer, juger) : supposé. À distinguer de *sensé*, raisonnable, de bon *sens*.

f) **Décliner** : refuser.

ORTHOGRAPHE ET GRAMMAIRE

1. **IVe** ou *IVe*, avec la dernière lettre du numéral ordinal écrit en lettres. *IVième, IVème, IVme* ne sont pas acceptés. *IVè* et *IV°* sont absurdes. (Dans *1°, n°*, on a la dernière lettre de *primo, numéro*.)
2. **Produits** : l'action de *produire* concerne tous les philosophes dont il s'agit, l'objet direct *que* renvoie au nom pluriel, et le participe se met au pluriel. Le singulier se trouve pourtant dans de telles circonstances, malgré la logique, et ne devrait donc pas être considéré comme fautif. (*Bon us.*, § 425.)
3. **Professer** (tiré de *profession* et de *professeur* par substitution de suffixe ; racine lat. *fari,* parler, + *pro,* devant) : déclarer hautement, proclamer, enseigner.
4. **Laissée** : selon la règle générale des participes passés suivis d'un infinitif. Mais *fait* dans ce cas, est toujours invariable. À cause de la similitude entre *fait* et *laissé*, certains grammairiens, notamment Littré, acceptent l'invariabilité de *laissé*, ce qui a été adopté par les *Rectifications* (cf. notre Appendice, § 9). Voir aussi *Bon us.*, § 915.
5. **À demi** : locution adverbiale invariable et non suivie d'un trait d'union.
6. **Peut**, ou *puisse* : *Bon us.*, § 1094 ; *N. gramm.*, § 440.
7. **Paraître**, ou *paraitre*, selon les *Rectifications* (cf. Appendice, § 4).
8. **Mille et une** : indique un grand nombre imprécis. Quand le sens est précis, *et* serait de trop. D'autre part, avec les deux formes, on mettrait, selon les *Recommandations*, des traits d'union (cf. Appendice, § 8).
9. **Imposaient** : quoique moins logique, le singulier se trouve quand les sujets sont unis par *ni* et ne serait pas fautif. (*Bon us.*, § 441 ; *N. gramm.*, § 367, *a*.)
10. **Alexandre** : prononcer *a-lèk-sandre* (*x = ks*).
11. **Pût** : attention à l'accent ! Sur le subjonctif dans la proposition relative, voir *N. gramm*, § 419.

181 Un curieux projectile

a) Les **mathématiciens**, qui se sont fait un jeu de calculer la trajectoire [a] d'un obus [1], se sont demandé, sans pouvoir toutefois donner une explication vraiment satisfaisante, comment se produisaient les déroutantes évolutions de ce curieux projectile qu'on appelle le **boomerang** [2].

Figurez-vous une sorte de faucille [b] de bois, sans manche. Les indigènes australiens [3], comme le rapporte [4] plus d'un voyageur, se sont toujours servis de ce projectile avec une étonnante dextérité [c] ; le saisissant par un bout à pleine main, de telle façon que le bord convexe soit tourné contre leur épaule, ils détendent **violemment** leur bras en tordant un peu le poignet, et lancent le boomerang dans la direction que ce geste brusque a marquée.

b) La faucille, mue par cette subtile détente, tourne plusieurs fois sur elle-même dans un plan vertical, puis s'étant peu à peu couchée dans un plan horizontal, augmente rapidement la vitesse de rotation qu'on l'avait vue prendre d'abord. Tout à coup [5] elle accélère sa course et vole à une allure fantastique : la faucille qu'on aurait crue [6] inerte tout à l'heure [5] semble maintenant animée d'une vie propre et décrit dans l'air des cercles et des boucles **entrelacés,** puis, plus rapide que l'aigle qui se serait précipité sur sa proie, elle fond soudain sur le but [7] qu'elle s'est assigné. Ensuite, retraçant dans l'air toute une série de lignes courbes, elle revient tomber doucement aux pieds de son lanceur, après avoir parcouru aller et retour une distance variant entre cinquante et cent vingt [8] mètres.

VOCABULAIRE

a) **Trajectoire** : ligne que décrit le centre de gravité d'un corps mis en mouvement.

b) **Faucille** (prononcé *-iy*) : outil pour couper l'herbe. qui consiste en une lame d'acier courbée en demi-cercle, montée sur un manche.

c) **Dextérité** (lat. *dexteritas,* de *dexter,* droit) : adresse, habileté des mains.

ORTHOGRAPHE ET GRAMMAIRE

1. **Obus** : l'*s* est muet aujourd'hui.
2. **Boomerang** : prononcer *bou-me-ra-ng'*.
3. **Australiens** : sans majuscule, car le mot est adjectif.
4. **Rapporte** : malgré la logique mathématique, l'accord se fait avec *un voyageur.*
5. **Tout à coup, tout à l'heure**, *tout à fait* s'écrivent sans traits d'union.
6. **Crue** : participe passé suivi d'un attribut du complément d'objet direct ; d'ordinaire l'accord se fait avec ce complément s'il précède. Toutefois, dans certains cas, l'usage est un peu hésitant. (*Bon us.*, § 914 ; *N. gramm.*, § 371, Rem. 2.)
7. **But** : le *t* se prononce ou non.
8. **Cent vingt**, ou *cent-vingt,* selon les *Rectifications* (cf. notre Appendice, § 8).

182 Une mère à son fils

Mon fils, travaille, sois fort, sois fier, **vaincs** tes petites répugnances et méprise les petites vexations [(a)] qu'on a si souvent attribuées à ton âge. Réserve ta force de résistance pour des actes et contre des faits qui (*requérir,* futur simple [1]) de ta part une grande énergie. Ces temps viendront, et peut-être même plus tôt que tu ne les auras attendus. Si je ne suis plus, pense à moi, qui (*souffrir et travailler,* passé composé [2]) gaiement [3]. Nous nous sommes toujours ressemblé [4] d'âme et de visage. Je sais dès aujourd'hui quelle sera ta vie intellectuelle. Je crains que tu n'aies à souffrir bien des douleurs profondes, mais j'espère pour toi des joies bien pures. Tu donneras sans hésitation, tu perdras sans regret, tu (*acquérir,* futur simple [5]) sans lâcheté.

(*Savoir,* impératif présent, 2e pers. sing. [6]) mettre dans ton cœur le bonheur de ceux que tu aimes à la place de celui qui te manquera. Garde l'espérance d'une autre vie : c'est là que les mères retrouveront les fils qu'elles ont chéris. Aime les créatures de Dieu, quelles qu'elles soient ; pardonne à celles que la nature a **disgraciées** [7] et même à celles qui sont iniques [b], dévoue-toi à celles qui se sont proposé d'accomplir de grandes choses et qui se sont consacrées au bonheur de l'humanité.

D'après George SAND.

VOCABULAIRE

a) **Vexation** : froissement d'amour-propre.

b) **Inique** (lat. *iniquus,* racine *aequus,* égal, juste) : qui blesse gravement l'équité, la justice.

ORTHOGRAPHE ET GRAMMAIRE

1. **Requerront.**
2. *Qui ai souffert et travaillé.*
3. **Gaiement** : *gaîment,* ancienne orthographe, est encore dans certains dictionnaires.
4. **Ressemblé** : prononcez *re-san-blé* (*re* comme dans *René*).
5. **Tu acquerras.**
6. **Sache.**
7. **Disgracier** : sans accent circonflexe, contrairement à *grâce.*

183 La vie au fond des océans

a) Le **plancton** [1] végétal, masse nutritive d'algues [a] microscopiques, s'étend sur une profondeur de quelque cent cinquante [2] ou deux cents [2] mètres à la surface des mers ; c'est dans son sein que s'élaborent [b] les matières vivantes destinées à l'alimentation de la faune [c] marine tout entière, car les animaux herbivores les consomment pour être à leur tour consommés par les animaux carnivores. Il y a aussi un plancton animal, qui comprend toute une multitude de larves.

b) Jusqu'à ces derniers temps, les savants s'étaient formé la conviction que les animaux marins ne trouvaient plus de quoi se **nourrir** au-dessous de deux cents [2] mètres de profondeur. Cependant, étant donné(s) [3] les résultats de recherches récentes, ils ont dû admettre que, même dans les **zones abyssales** [d], **pullule** [e] une innombrable multitude de **bactéries** [f] de toutes sortes [4], organismes infiniment petits qui transforment en **phosphates** [g] et en nitrates [h] les tissus animaux tombés au fond des mers. Il est d'ailleurs probable qu'à côté de cette nourriture inerte, il existe un véritable plancton vivant des profondeurs ; les **océanographes** [i] d'aujourd'hui se sont doutés, en effet, que l'océan était habité jusque dans les fosses les plus profondes même, et leurs **hypothèses** ont été confirmées par la variété inouïe des formes vivantes qu'ont révélées les explorations sous-marines.

VOCABULAIRE

a) **Algue** : plante qui pousse dans l'eau, soit salée, soit douce.

b) **Élaborer** (lat. *elaborare,* racine *labor,* travail) : transformer, produire par le travail.

c) **Faune** : ensemble des animaux d'un pays ou d'une époque géologique.

d) **Abyssal** (dérivé du lat. *abyssus,* grec *abyssos,* sans fond) : qui a rapport aux *abysses,* régions sous-marines très profondes.

e) **Pulluler** : se multiplier abondamment en peu de temps.

f) **Bactérie** : micro-organisme unicellulaire.

g) **Phosphate** : sel de l'acide phosphorique, utilisé comme engrais.

h) **Nitrate** : sel de l'acide nitrique, utilisé comme engrais.

i) **Océanographe** : celui qui étudie les océans.

ORTHOGRAPHE ET GRAMMAIRE

1. **Plancton** : on prononce la finale comme dans *bon*.
2. **Cent cinquante, deux cents**, ou *cent-cinquante, deux-cents*, selon les *Rectifications* (cf. notre Appendice, § 8).
3. **Étant donné(s).** (*Bon us.,* § 257, *b,* 2° ; *N. gramm.,* § 370, *a.*)
4. **De toutes sortes** ou *de toute sorte.*

184 L'histoire au siècle classique : un art

a) La principale perfection d'une histoire consiste dans l'ordre et dans l'arrangement. Pour y parvenir, il importe que l'historien embrasse [a] et possède toute son histoire, qu'il la voie[1] tout entière, comme d'une seule vue ; il faut qu'il la tourne et la retourne de tous les côtés jusqu'à ce qu'il ait [1] trouvé son vrai point de vue. S'il arrive à en montrer l'unité et qu'il (*savoir,* à la forme convenable [2]) tirer, pour ainsi dire, d'une seule source tous les principaux évènements [3] qui en dépendent, le lecteur (*prévoir,* fut. simple [4]) la suite des faits, il verra **ressusciter** [5] sous ses yeux les affaires de chaque époque et s'en fera une **opinion** nette.

b) Un sec et triste faiseur d'annales [b] ne connaît [6] pas d'autre ordre que celui de la **chronologie** [c] ; il répète à **satiété** [d] les détails de chaque fait et en **embarrasse** sa narration jusqu'à la rendre **fatigante** [7] ; enfermé dans d'étroites limites, son récit n'ose jamais prendre l'**essor** [e]. Au contraire, le véritable historien sait plier son génie aux **exigences** [8] de l'art ; souvent des faits qu'il a montrés par avance débrouillent tous ceux qui les ont préparés ; parfois d'autres faits seront mieux dans leur jour si l'historien les a placés en arrière. Ainsi les lecteurs habiles se sont plu à voir sortir les évènements [3] l'un de l'autre, et, semblables à des **pèlerins** arrivés sur la **cime** d'un mont, ils se sont retournés et ont pris plaisir à considérer les voies qu'ils avaient suivies et tous les beaux endroits qu'ils avaient traversés.

D'après FÉNELON

VOCABULAIRE

a) **Embrasser** : saisir par la pensée (qqch.) dans toute son étendue.
b) **Annales** (les uns prononcent *an'-nal* ; les autres, *a-nal*) : histoire qui rapporte les évènements année par année.
c) **Chronologie** (du grec *khronos*, temps, et *logos*, discours) : succession des évènements dans le temps.
d) **Satiété** (prononcez *sa-syé-té*) (lat. *satietas*, racine *satis*, assez) : état d'une personne dont la faim ou tout autre désir est plus que satisfait.
e) **Essor** : élan d'un oiseau dans l'air ; au figuré, libre développement.

ORTHOGRAPHE ET GRAMMAIRE

1. **Voie, ait** : la 3ᵉ personne du singulier du subjonctif présent se termine par -*e*. Seuls *avoir* et *être* font exception (*qu'il ait, qu'il soit*).
2. **Sache** : régulièrement, on met le subjonctif après *que* remplaçant *si* dans la coordination de propositions conditionnelles. (*Bon us.*, § 1099 ; *N. gramm.*, § 442, Rem. 2.)
3. **Évènement** : forme préférée par l'Académie depuis 1992 ; mais elle mentionne encore *événement*. Cf. notre Appendice, § 1.
4. **Prévoira**.
5. **Ressusciter** : prononcez *ré-su-si-té* (*ré* comme dans *réveil*).
6. **Connaître**, ou *connaitre*, selon les *Rectifications*. Voir Appendice, § 4.
7. **Fatigant** : adjectif. À distinguer du participe présent *fatiguant*.
8. **Exigence** : du lat. *exigentia* ; mais l'adjectif est *exigeant*.

185 Justice et charité : un aspect de la morale au XIXᵉ siècle

a) Quand [1] nous avons respecté la personne des autres, que nous n'avons ni contraint leur liberté, ni étouffé leur intelligence, ni attenté à leurs familles ou à leurs biens, pouvons-nous dire que nous nous soyons [2] acquittés de tous nos devoirs envers [3] eux ? Des malheureux sont là devant nous, nous les avons vus souffrir, nous les avons entendus gémir. Notre conscience est-elle satisfaite après que nous nous sommes rendu le témoignage de n'avoir pas contribué à leurs souffrances ? Non, nous sommes obligés, dans notre **for intérieur** [a], de convenir que nous ne leur avons pas donné le pain, les secours, les consolations que nous aurions dû.

b) Faisons ici une distinction des plus importantes [4]. Le peu de commisération [b] que nous avons montré à l'aspect des maux d'autrui **suscite** contre nous les reproches de notre conscience ; et cependant ces hommes que nous avons vu abattre par le malheur, qui souffrent, et dont plus d'un (*mourir,* fut. simple [5]) peut-être **tout à l'heure** [6], n'ont pas le moindre droit sur la moindre partie de nos biens, quelque considérables qu'ils puissent être. Nous rencontrons ici un devoir qui ne correspond pas à un droit. La justice admet que l'on recoure [7] à la force pour faire respecter ses droits ; **quant à** [8] la charité, elle donne, et elle donne librement. Elle nous ôte quelque chose pour le donner à nos semblables. Elle va souvent jusqu'à nous inspirer le renoncement à nos intérêts même les plus chers, et elle s'appelle alors le **dévouement.**

La charité surpasse donc toute obligation ; sa beauté est précisément dans sa liberté.

D'après Victor COUSIN.

VOCABULAIRE

a) **For intérieur** : jugement de la conscience.

b) **Commisération** (lat. *commiseratio,* de *cum,* avec, et *miserari,* avoir pitié), pitié, compassion.

ORTHOGRAPHE ET GRAMMAIRE

1. **Quand** : ne pas prononcer le *d.*
2. **Soyons** : la 1re personne du pluriel du subjonctif présent se termine par *-ions ;* seuls *avoir* et *être* font exception (*ayons, soyons*).
3. **Envers eux** : prononcez *an-vèr-eû* (ne pas faire la liaison par l'*s*).
4. **Des plus importantes** : on admettra aussi *des plus importante,* sans s. (*Bon us.,* § 954. *g.*)
5. **Plus d'un mourra** : *plus d'un* est suivi d'un singulier. *Mourir* n'a deux *r* de suite qu'au futur simple et au conditionnel présent.
6. **Tout à l'heure**, *tout à coup, tout à fait* : sans traits d'union.
7. **Recoure** : subjonctif après *admettre*. — *Courir* et les verbes de sa famille n'ont deux *r* de suite qu'au futur simple et au conditionnel présent. — La 3e personne du singulier du subjonctif présent se termine par *-e.* Seuls *avoir* et *être* font exception (*qu'il ait, qu'il soit*).
8. **Quant à** (du lat. *quantum ad*) : à distinguer de la conjonction de subordination *quand.*

186 Un poisson qui se noie

a) On connaît [1] l'expression figurée « être comme un poisson dans l'eau », qui signifie « être parfaitement à l'aise ». Sans doute les poissons ne se trouvent bien que dans l'eau, et les promeneurs qui, par les après-midi [2] ensoleillés [3], les ont vus évoluer dans l'onde transparente se sont rendu compte du bien-être, de l'**euphorie** [a] totale que semblent indiquer les mille va-et-vient de la **gent** [b] à nageoires.

Il existe pourtant, dans les régions tropicales, un poisson qui ne se trouve bien que hors de l'eau. Tout étrange que paraît [1] cette particularité, elle est attestée par plus d'un voyageur qui affirme [4] l'avoir observée **fréquemment** [5]. Le témoignage des naturalistes d'ailleurs nous **convainc** de son **authenticité** [c] ; il nous apprend en outre que ce curieux poisson a été appelé **périophtalme** [6], à cause de la disposition de ses yeux qui (*saillir*, indic. prés. [7]) sur le dessus de la tête et qui sont mobiles en tous sens [8], de telle sorte qu'ils peuvent regarder dans quelque direction que ce soit.

b) Le périophtalme se plaît [1] sur les racines des **palétuviers** [d] bordant les côtes marines, ou dans les trous des berges marécageuses, ou dans toute autre retraite **constamment** rafraîchie [1] par l'humidité du sol, mais il lui est impossible de respirer dans les eaux mêmes. Il n'hésite pas à plonger dans l'eau, soit qu'il (*vouloir*, subj. prés. [9]) atteindre une proie qui se dérobe, soit qu'il fuie [10] quelque danger, mais il ne saurait y vivre. C'est à terre qu'il cherche sa nourriture et qu'il se repose. Lorsqu'il nage, c'est en surface et il ne peut le faire longtemps ; comme l'ont démontré des expériences faites en **aquarium**, après les quelques minutes qu'il a nagé, les mouvements de ses nageoires s'arrêtent et il se laisse couler ; si l'on veut empêcher qu'il ne meure [10] **asphyxié**, il faut lui permettre de trouver quelque support, un morceau de bois par exemple, pour qu'il puisse s'y reposer.

VOCABULAIRE

a) **Euphorie** : sensation de bien-être.

b) **Gent** (du lat. *gens*, accusatif *gentem*, race, peuple) : vieux mot signifiant « race ».

c) **Authenticité** : caractère d'une chose dont la certitude est inattaquable, ou garantie par un acte officiel, une formalité légale.

d) **Palétuvier** : nom de divers grands arbres des régions intertropicales, qui croissent sur les rivages de la mer.

ORTHOGRAPHE ET GRAMMAIRE

1. **Connaître, paraître, plaît, rafraîchir,** ou *connaitre, paraitre, plait, rafraichir,* selon les *Rectifications* : cf. notre Appendice, § 4.

2. **Les après-midi,** ou *les après-midis,* selon les *Rectifications* (Appendice, § 7).

3. **Ensoleillés,** ou *ensoleillées,* car *après-midi* a les deux genres (*Bon us.,* § 466, b).

4. **Affirme** : malgré la logique mathématique, c'est *un voyageur* qui détermine l'accord.

5. **Fréquemment** : dérivé de *fréquent* ; donc, e devant les deux m, malgré la prononciation.

6. **Périophtalme** : du grec *peri,* autour, et *ophthalmos,* œil.

7. **Saillent** (= sont en saillie).

8. **En tous sens** : on pourrait admettre aussi le singulier *en tout sens.*

9. **Veuille.**

10. **Fuie, meure** : la 3e personne du singulier du subjonctif présent se termine par -e, sauf *qu'il ait, qu'il soit.*

187 Une plante carnivore

a) Dans les régions de **l'Insulinde** (a) **croît** une plante **vraiment** curieuse, le **népenthès** ^{1}, dont les feuilles portent à leur extrémité une urne capable de capturer et de digérer les petites proies qu'elle a attirées par ses couleurs et son parfum. Parmi les floraisons éclatantes des grands arbres qui (*se vêtir,* indic. prés. ^{2}) de longues lianes, les népenthès déploient, à travers les quatre ou cinq étages d'une **exubérante** (b) **végétation**, leurs innombrables ramifications. Dans l'**atmosphère** ^{3} saturée d'effluves (c) **subtils**, leurs urnes, non moins voyantes que les corolles ^{4} les plus richement colorées, tendent leurs **traquenards** (d) aux mille insectes bourdonnants qui volettent autour d'elles. Quelques variétés de népenthès disposent leurs **chausse-trappes** ^{5} sur le sol même, au niveau des débris végétaux et **recueillent** là toute une petite **faune** (e) grimpante qui s'est laissé ^{6} attirer par les urnes (*traître,* à la forme convenable ^{7}).

b) Le col de l'urne du népenthès est bordé de nervures rigides dépassant largement l'épaisseur de la paroi et sous lesquelles s'ouvrent des glandes sécrétant un **nectar** (f) sucré. Alléchés par le parfum, les mouches et les insectes s'introduisent dans l'urne et, pour pomper la liqueur sucrée, essayent ^{8} de s'**agriffer** (g) à la paroi, mais la surface, couverte d'une matière cireuse, en est si lisse et si glissante que, quelques grands efforts qu'ils fassent, ils finissent par retomber inertes au fond de l'urne, où des glandes digestives sécrètent une liqueur analogue au suc gastrique des animaux. Ainsi la bestiole captive est, après quelques heures, absorbée tout entière par la plante carnivore, **excepté** pourtant les ailes et les autres parties non assimilables.

> **VOCABULAIRE**

a) **Insulinde** : nom donné à l'archipel Indien ou Malaisie.

b) **Exubérant** (lat. *exuberans*. participe présent de *exuberare*, regorger ; racine *uber*, fertile) : qui a un excès de vitalité.

c) **Effluve** (lat. *effluvium*, écoulement : *ex*, hors de, et racine *fluere*, couler) : émanation qui se dégage d'un corps quelconque. Le mot est normalement masculin.

d) **Traquenard** : sorte de piège dont on se sert pour prendre des animaux nuisibles ; s'emploie souvent au figuré.

e) **Faune** : ensemble des animaux d'un pays ou d'une époque géologique.

f) **Nectar** : breuvage des dieux, suivant la mythologie ; suc mielleux que sécrètent certaines fleurs.

g) **S'agriffer** : proprement, s'accrocher avec les griffes.

> **ORTHOGRAPHE ET GRAMMAIRE**

1. **Népenthès** : prononcer *né-pin-tès'*.
2. **Se vêtent.** (Quelques auteurs conjuguent *vêtir* comme *finir* : voir *Bon us.*, § 843.)
3. **Atmosphère** : formé avec le grec *atmos*, vapeur, et *sphaira*, sphère. — Le mot est féminin.
4. **Corolle**, ou *corole*, selon les *Rectifications* (Appendice, § 12).
5. **Leurs chausse-trappes** (a désigné plusieurs sortes de pièges ; aujourd'hui, surtout au figuré) : orthographe de l'Académie (1992), d'après *trappe* ; a remplacé *chausse-trapes* (cf. Appendice, § 14). Les *Rectifications* sont pour la soudure : *leurs chaussetrappes* (cf. Appendice, § 6, *c*).
6. **Laissé** : *s'* est complément d'objet direct de l'infinitif, et *laissé* reste donc invariable. Mais, selon les *Rectifications*, *laissé* + infinitif est toujours invariable (Appendice, § 9).
7. **Traîtresse.** Mais les *Recommandations*, selon un principe général, sont pour *traitre, traitresse* (cf. Appendice, § 4).
8. **Essayent** (prononcé *é-sèy'*) ou **essaient** (prononcé *é-sè*, sans yod).

188 Une civilisation des loisirs

a) Il est normal que le **catéchisme** social de notre ère [a] ait [1] organisé le travail et l'ait [1] placé sous la responsabilité de la communauté qui l'exerce. En revanche, les loisirs ne sont qu'un **leurre** [b] s'ils ne sont pas **accommodés** aux principes d'une **psychologie** [2] qui veille à rendre la personne humaine à elle-même. Malheureusement, dans notre société moderne, les loisirs sont organisés, conditionnés, comme on dit volontiers aujourd'hui, de telle manière que leurs **soi-disant** [3] promoteurs les ont rendus **grégaires** [c] et que l'opération, au lieu qu'on la voie [4] enrichir la personnalité, ne paraît [5] pas toujours, quoi qu'on en pense [6], vraiment enrichissante.

b) La civilisation des loisirs sera celle où les hommes se seront donné le temps et les moyens d'aller à la découverte, d'élargir leur horizon, de se cultiver pour rendre fécond tout ce qui, dans leur personnalité, reste **en friche** [d] et pour lui faire produire un meilleur épanouissement de ses possibilités physiques, intellectuelles et morales. Il faudrait qu'on employât [7] judicieusement, pour cela, les moments que la technique et les nécessités sociales nous auront ménagés.

Ce n'est pas une tâche impossible et d'autres siècles l'ont réalisée : les Grecs de l'Antiquité, par exemple, et parfois aussi les Romains. Virgile [e], quand il célébrait « ces repos que les dieux ont créés pour nous », donnait déjà, en raccourci, une certaine définition d'une civilisation des loisirs.

D'après Jacques GUYAUX (dans le *Journal et Indépendance*, 14 sept.1972).

VOCABULAIRE

a) **Ère** : époque. À distinguer de divers homonymes.

b) **Leurre** : autrefois, morceau de cuir rouge en forme d'oiseau auquel on attachait un appât pour faire revenir le faucon sur le poing ; aujourd'hui, ce qui trompe, fait illusion.

c) **Grégaire** (lat. *gregarius*, de *grex, gregis*, troupeau) : qui porte à suivre docilement les impulsions du groupe.

d) **En friche** : non cultivé, à propos d'une terre.

e) **Virgile** : grand poète latin du Ier siècle avant J.-C. Œuvre principale : *l'Énéide* (épopée). — Les repos auxquels il est fait allusion ici sont ceux dont parle Virgile dans la 1re *Bucolique* : *Deus nobis haec otia fecit*, un dieu nous a fait ces loisirs.

ORTHOGRAPHE ET GRAMMAIRE

1. **Ait** : la 3e personne du singulier du subjonctif présent se termine par *-e* ; seuls *avoir* et *être* font exception (*qu'il ait, qu'il soit*).

2. **Psychologie** : *psycho-* vient du grec *psykhê*, âme.

3. **Soi-disant** est invariable.

4. **Au lieu que** : se fait suivre ici du subjonctif parce que le fait de *voir enrichir* ne s'est pas produit. — Pour la terminaison de *voie*, se reporter à la note 1.

5. **Paraître**, ou *parait*, selon les *Rectifications* (cf. notre Appendice, § 4).

6. **Quoi que**, en deux mots = quelque chose que ; *quoique*, en un mot = bien que.

7. **Employât** : attention à l'accent circonflexe. *Il faut que* est suivi du subjonctif.

189 L'oiseau-mouche

a) La nature a comblé l'oiseau-mouche de tous les dons qu'elle n'a fait que partager aux autres oiseaux : légèreté, rapidité, prestesse, grâce et riche parure, tels sont les présents qu'elle a faits à ce petit favori. Quel autre **volatile** [a] pourrait s'**enorgueillir** d'en avoir tant reçu à la fois ? L'**émeraude**, le **rubis**, la **topaze** [b] brillent sur ses habits ; il ne les souille jamais de la poussière de la terre, et, dans sa vie tout aérienne, on le voit à peine toucher le gazon par instants ; il est **constamment** en l'air et volette [1] parmi les fleurs, dont la **fraîcheur** [2] ainsi que l'éclat semblent s'être réfléchis sur son plumage ; il se **nourrit** de leur **nectar** [c] et n'habite que les climats où sans cesse elles se renouvellent [1].

b) C'est dans les contrées (*le* ou *les* [3]) plus chaudes du nouveau monde que se trouvent toutes les espèces d'oiseaux-mouches ; elles sont assez nombreuses et paraissent confinées [d] entre les deux tropiques, car ceux qui s'avancent en été dans les **zones** tempérées n'y font qu'un court séjour ; ils semblent suivre le soleil et voler sur l'aile des **zéphyrs** [4] à la suite d'un printemps éternel.

Les petites espèces de ces oiseaux sont **au-dessous** du **taon** [5] pour la grandeur et du bourdon [e] pour la grosseur. Le bec de l'oiseau-mouche est long et pointu, telle [6] une aiguille ; sa langue est un fil délié [f], qui plonge dans les **corolles** [7] et pompe le miel des fleurs, **aux dépens** [8] desquelles il vit, mais en les caressant de ses ailes et sans jamais les flétrir.

Ces petits oiseaux montrent un courage, une audace qu'on n'eût guère soupçonnée chez eux, étant donnée [9] leur **exiguïté** [10]. Ils **harcellent** [1] et **becquettent** [1] sans nul relâche [11] leurs adversaires ; on les a vus même, quelque frêles qu'ils soient, poursuivre avec furie des oiseaux vingt fois plus gros qu'eux et s'acharner contre eux jusqu'à ce qu'ils (*assouvir*, mode et temps convenables [12]) leur petite colère.

D'après BUFFON.

VOCABULAIRE

a) **Volatile** : oiseau. Aujourd'hui, ne se dit plus que des oiseaux de basse-cour.

b) **Émeraude** : pierre précieuse de couleur verte. — **Rubis** : pierre précieuse de couleur rouge. — **Topaze** : pierre précieuse de couleur jaune.

c) **Nectar** : breuvage des dieux, dans la mythologie grecque ; suc mielleux que sécrètent certaines fleurs.

d) **Confiner** (dérivé de *confins*, limite) : enfermer dans des limites.

e) **Bourdon** : genre d'insectes assez semblables aux abeilles.

f) **Délié** : qui est d'une très grande minceur, d'une très grande finesse.

ORTHOGRAPHE ET GRAMMAIRE

1. **Volette, renouvelle, harcelle, becquette**, ou *volète, renouvèle, harcèle, becquète*, selon les *Rectifications*, qui uniformisent la catégorie : les verbes en *-eter* et *-eler* s'écrivent par un accent grave et un seul *t* ou *l* devant une syllabe contenant un *e* muet (sauf *jeter, appeler* et leur famille) ; cf. notre Appendice, § 3.
2. **Fraîcheur**, ou *fraicheur*, selon les *Rectifications* (voir Appendice, § 4).
3. **Les plus chaudes** : la comparaison est établie entre des contrées différentes. (Cf. *Bon us.*, § 950, *a*.)
4. **Zéphyr** (grec *zephyros*) : vent léger et agréable (mot poétique).
5. **Taon** (grosse mouche piqueuse) : prononcez *tan*.
6. **Telle**, s'accordant avec le nom qui suit. L'usage est un peu chancelant, et l'on pourrait admettre aussi : « tel une aiguille ». (*Bon us.*, § 248, *a*, 4° ; *N. gramm.*, § 243, *c*, Rem. 1.)
7. **Corolle**, ou *corole*, selon les *Rectifications* (voir Appendice, § 12).
8. **Aux dépens de** : de la même famille que *dépenser*.
9. **Étant donnée** ou *donné* : voir *Bon us.*, § 257, *b*, 2°.
10. **Exiguïté**, ou *exigüité*, selon les *Rectifications* (voir Appendice, § 5).
11. **Relâche** est masculin, selon l'Académie, dans le sens « interruption (dans un état pénible, dans une suite de représentations théâtrales, etc.) » et féminin en termes de marine, « lieu où les bateaux peuvent faire escale ». En réalité, le féminin a tendance à se généraliser : cf. Robert et *Bon us.*, § 472, 16.
12. *Jusqu'à ce qu'ils* **eussent assouvi**.

190 Un tableau idyllique [a]

a) La vie, dans le village, est toute simple, tout unie et mesurée. L'aube n'a pas plus tôt [1] blanchi la **cime** des **collines** que les coqs sonnent le réveil : aussitôt tout s'anime sous les chaumes [b] verdâtres et sous les toits moussus des maisons. Tous les bruits **familiers** qu'on avait entendus la veille et qu'avait assoupis le repos de la nuit commencent à retentir, se mariant au **rythme** du moulin ou au chant de la forge. Bientôt les **carrioles** qu'on a amenées devant les portes s'emplissent pour le marché du bourg voisin ; le **charretier** fait claquer son fouet ; les bestiaux, **par-ci, par-là, s'égaillent** [c] dans les pâturages ; et, de tous les côtés, les bonnes gens, peu pressés, quoique disposés à bien remplir tous les moments de la journée, se répandent dans les campagnes.

b) Six heures et demie sonnent [2] dans les **abat-son** [3] du clocher. Encore une demi-heure, et il ne restera plus dans les demeures désertées que les vieillards en béquilles, les enfants et les femmes. Alors le village à demi [4] dépeuplé baignera dans cette **atmosphère** de douce **tranquillité** que crée la grande paix des champs ; sa petite place, que le soleil aura lentement chauffée, sera tiède à l'heure de l'angélus [d] ; on aimera l'ombre **recueillie** de la charmille et le jardin du **presbytère** [5] où (*courir*, futur simple [6]) des **zéphyrs** [7] chargés de bourdonnements d'abeilles et de parfums **subtils**. Toutes choses **s'envelopperont** dans les demi-teintes du crépuscule ; des petites **colonnes** de fumée s'élèveront peu à peu dans les vapeurs du soir.

D'après Edmond PILON.

VOCABULAIRE

a) **Idyllique** : propre à *l'idylle*, petit poème pastoral ; merveilleux, idéal.
b) **Chaumes** : pailles couvrant le toit des maisons. (Cela était plus courant jadis, pour les maisons modestes ; de là le dérivé *chaumière*.)
c) **S'égailler** (prononcez é-ga-yé) : se disperser.
d) **Angélus** : prière commençant par ce mot et qui se dit le matin, à midi et le soir ; sonnerie de cloches qui annonce cette prière. Prononcer *an-jé-lus'*.

ORTHOGRAPHE ET GRAMMAIRE

1. **Ne ... pas plus tôt... que** : orthographe de l'Académie. Toutefois l'usage est hésitant : on écrit aussi *ne ... pas plutôt... que*. (*Bon us.*, § 927, N.B.)
2. **Sonnent** : le verbe s'accorde avec son sujet : *six heures et demie*, qui est un pluriel. Le fait que la demie se marque par un seul coup n'intervient pas.
3. **Les abat-son** (ensemble de lames disposées de façon à rabattre les sons vers le bas), ou *les abat-sons*, selon la règle générale proposée par les *Rectifications* (cf. notre Appendice, § 7).
4. **À demi dépeuplé** : *à demi*, locution adverbiale, n'est pas suivie d'un trait d'union.
5. **Presbytère** : emprunté au lat. ecclésiastique *presbyterium*, du lat. chrétien *presbyter* (grec *presbyteros*, comparatif de *presbys*, vieillard). C'est la maison du curé.
6. **Courront** : *courir* n'a deux *r* de suite qu'au futur simple et au conditionnel présent. À remarquer : l'ancien infinitif *courre* (encore employé dans *chasse à courre*), du lat. *currere*.
7. **Zéphyr** (du lat. *zephyrus*, grec *zephyros*) : vent doux et agréable (mot poétique).

191 L'épée de Damoclès

Le courtisan Damoclès [1] félicitait un jour Denys [a] l'Ancien sur sa puissance, sur ses trésors, sur la magnificence (*enchanteur,* faire l'accord [2]) de ses palais. — « Puisque mon bonheur, ma félicité te semble si enviable, lui répondit Denys, **occupe** ma place pendant un jour et goûte [3] ces chères délices que, s'il faut t'en croire, elle m'a toujours values. Va, dispose de ma puissance, je le permets. »

Bientôt, Damoclès, le front **ceint** du diadème [b], (*s'asseoir*, passé simple [4]) sur un lit d'or, couvert d'un tissu magnifique, à côté de plusieurs buffets que des esclaves avaient chargés de plats et de coupes d'or et d'argent ciselés avec un art merveilleux. Puis il prit place à une table **abondamment** garnie, et le tyran ordonna qu'il fût servi par toute une troupe d'esclaves qui devaient, chacun selon son [5] office, exécuter ses ordres au moindre signal. Parfums, **couronnes, cassolettes** [c], rien ne fut épargné. Les mets les plus exquis s'étaient succédé sans arrêt. Damoclès était des plus contents [6] ; mais **tout à coup** [7], ses regards s'étant portés au plafond, il y vit une épée nue, que Denys avait fait attacher par un crin **au-dessus** de la tête de son invité. Il pâlit, il tremble, il bégaye [8], il s'appuie **éperdument** sur la table et demande grâce au tyran.

VOCABULAIRE

a) **Denys** (grec *Dionysios*) : tyran de Syracuse (IVe siècle avant J.-C.).
b) **Diadème** : sorte de bandeau qui était la marque de la royauté chez les Anciens.
c) **Cassolette** : vase de métal où l'on fait brûler des parfums et dont le couvercle est percé d'ouvertures par lesquelles s'échappe la vapeur odoriférante.

ORTHOGRAPHE ET GRAMMAIRE

1. **Damoclès** : l'*s* se prononce.
2. *Magnificence* **enchanteresse**.
3. **Goûter**, ou *gouter*, selon les *Rectifications* (cf. notre Appendice, § 4).
4. **S'assit**.
5. **Chacun selon son office** (sa charge) : on pourrait dire aussi « chacun selon *leur* office » (*Bon us.*, § 719, *a ; N. gramm.*, § 231.)
6. **Des plus contents** : l'adjectif se met ordinairement au pluriel (= *parmi les plus contents*). Cependant certains auteurs mettent le singulier. (*Bon us.*, 954, *g.*)
7. **Tout à coup**, tout *à fait, tout à l'heure* s'écrivent sans traits d'union.
8. **Il bégaye** (prononcé *bé-ghèy*) ou *il bégaie* (prononcé *bé-ghè*, sans yod).

192 Liberté, égalité, fraternité

a) La liberté, l'égalité et la fraternité ne sont pas des dons que le ciel [1] a répandus parmi les peuples pour être goûtés [2] paresseusement ; ce sont des valeurs que les démocraties se sont données [3] à reconquérir sans cesse.

La liberté signifie d'abord pour chaque homme le plein usage de son statut de citoyen, de sa condition de travailleur et des modes d'existence qu'il s'est choisis. Elle est, pour une nation, **synonyme** d'indépendance, tant économique que politique, et de respect des **exigences** [4] de son âme et de son identité.

Quant à [5] l'égalité, elle serait **un leurre** [a] si elle n'était pas celle des chances comme celle des droits, si le civisme s'en trouvait **exclu** [6], si elle n'**accueillait** pas l'information, et une intervention volontaire du corps social. L'égalité des chances est d'abord celle de l'éducation et celle de l'orientation **professionnelle.** Elle est aussi celle des métiers, selon les aptitudes que chacun a trouvées en soi. Mais **quels que** [7] soient les domaines où elle doive s'exercer, l'égalité ne se conçoit pas si elle n'a pour fondement un respect absolu des citoyens de toutes les catégories sociales.

b) La fraternité, si elle est aisément **praticable** entre des personnes, l'est infiniment moins dans les relations de pays à pays quand les **différends** [b] économiques ou autres les opposent l'un à l'autre. Pourtant le bonheur personnel, **quoiqu'**il [8] ne soit certes pas affaire d'**État** [9], dépend, pour une part, de la parfaite entente entre citoyens et entre nations. L'oppression d'une génération par une autre, de la petite affaire par l'entreprise de grande **expansion**, de la condition modeste par la fortune **exorbitante** [10], des citoyens par l'administration est attentatoire à la liberté, à l'égalité et à la fraternité.

D'après Gilbert GRANDVAL (dans le *Monde*, 3 juin 1972).

VOCABULAIRE

a) **Leurre** : autrefois, morceau de cuir rouge en forme d'oiseau auquel on attachait un appât pour faire revenir le faucon sur le poing ; aujourd'hui, ce qui trompe, fait illusion.

b) **Différend** : désaccord résultant d'une différence d'opinions, d'une opposition d'intérêts entre deux ou plusieurs personnes. À distinguer d'avec l'adjectif *différent*.

ORTHOGRAPHE ET GRAMMAIRE

1. **Ciel** : pour *ciel* désignant la Divinité, l'usage est indécis ; on met la majuscule ou la minuscule. (*Bon us.*, § 98, *b*.)
2. **Goûter**, ou *gouter* selon les *Rectifications* (cf. notre Appendice, § 4).
3. **Données** ou *donné*. (*N. gramm.*, § 377, Rem. 2.)
4. **Exigence** : du lat. *exigentia*. Mais l'adjectif est *exigeant*.
5. **Quant à** (lat. *quantum ad*) : à distinguer de la conjonction de subordination *quand*.
6. **Exclu** : pas d'*s* final (féminin : *exclue*).
7. **Quels que** : en deux mots, devant le verbe *être* ; *quels* s'accorde avec *domaines*.

8. **Quoique** en un mot = bien que ; — *quoi que* en deux mots = quelque chose que.
9. **État**, au sens de « nation formant un corps politique », prend la majuscule.
10. **Exorbitant** : bas lat. *exorbitare*, dévier ; racine *orbita*, ornière.

193 La patrie chez les Anciens

a) Le mot patrie, chez les Anciens, était **synonyme** de terre des pères. La patrie de chaque homme était la part de sol que sa religion domestique [a] ou nationale avait sanctifiée, la campagne qu'avaient cultivée ses ancêtres, la terre où étaient déposés leurs ossements et qu'**occupaient** leurs âmes. La petite patrie était le **champ** légué [b] par les aïeux, l'enclos paternel, avec ses **lares** ou âmes des défunts de la famille, et ses **pénates** ou génies du foyer. La grande patrie était la cité avec ses demi-dieux, avec son territoire et son enceinte, **dûment** [1] marqués l'un et l'autre par la religion.

Ainsi le sol de la patrie, la terre des pères, que l'homme considérait comme habitée par ses dieux, était **vraiment** sacrée pour lui, et le mot de patrie n'était pas une pure abstraction, mais représentait toute une série de divinités locales auxquelles un culte était dû et rendu.

b) On s'explique par là que le patriotisme ait [2] fait naître [1] chez les Anciens un sentiment, une vertu [c] énergique qui exaltait [3] leur âme tout entière et qui était comme la **synthèse** de toutes les autres vertus. Quoi qu'un homme pût avoir de cher, cela se confondait avec la patrie. Cette patrie n'était pas seulement pour lui un domicile. S'il quittait ces saintes murailles et qu'il (*franchir,* au mode et au temps convenables [4]) les limites sacrées du territoire, il ne trouvait plus pour lui, quels que (*être,* à la forme convenable [5]) sa condition ou son mérite, ni religion ni bien social d'aucune espèce.

D'après Fustel de Coulanges.

VOCABULAIRE

a) **Religion domestique** : culte des dieux du foyer (cf lat. *domus,* maison).
b) **Léguer** : donner par disposition testamentaire ; au figuré, transmettre de génération en génération.
c) **Vertu** : au sens latin de *virtus,* courage, force d'âme.

ORTHOGRAPHE ET GRAMMAIRE

1. **Dûment, naître,** ou *dument, naitre,* selon les *Rectifications* (cf. notre Appendice, § 4).

2. **Ait** : la 3ᵉ personne du singulier du subjonctif présent se termine par -e. Seuls *avoir* et *être* font exception (*qu'il ait, qu'il soit*).
   3. **Exalter** : emprunté au lat. *exaltare* (racine *altus*, haut).
   4. **Franchît** (avec accent circonflexe), si l'on applique la concordance des temps selon la règle classique, ou *franchisse*, si l'on suit l'usage habituel d'aujourd'hui (cf. *Bon us.*, §§ 867-868 ; *N. gramm.*, §§ 345-346). De toute façon, c'est le subjonctif que l'on met, selon le meilleur usage, après *que* remplaçant *si* dans une proposition conditionnelle coordonnée (cf. *Bon us.*, § 1099 ; *N. gramm.*, § 442, Rem. 2).
   5. **Fussent** ou *soient* : voir la note précédente.

194 Sur l'enseignement de la littérature

a) Nous connaissons aujourd'hui des programmes et des méthodes d'enseignement plus riches et plus diversifiés que ceux dont on s'est servi autrefois. Nous ne devons plus nous croire limités à des pratiques contraignantes, désuètes [a] ou vieillottes [1] ; il n'est que juste de se féliciter des nombreux avantages que l'évolution de la science littéraire et celle de la pédagogie tout ensemble nous ont valus.

Pour certains, c'est la vie tout entière qui surgit des livres, avec des foules de problèmes variés que l'étude de la littérature mène à **approfondir**.

Pour d'autres, les questions **passionnantes** que se sont posées les spécialistes de la théorie et de la technique littéraires ouvrent un vaste champ de réflexions [2] ; l'expérience que les élèves auront ainsi (*acquérir*, participe passé [3]) leur donnera accès aux arcanes [b] subtils des différents genres : roman, théâtre, poésie.

b) Enfin, il n'est pas souhaitable que l'on exclue la discipline plus ancienne qu'est l'histoire de la littérature. Parmi les professeurs, combien se sont crus justifiés d'omettre absolument cette branche ? Plus d'un s'étonne [4] qu'on puisse contester l'intérêt des travaux patiemment **accumulés** qui nous éclairent sur les courants idéologiques et esthétiques. Serait-il oiseux [c] de se familiariser avec les sociétés qui ont vu éclore les **chefs-d'œuvre** de notre patrimoine intellectuel ? Quoi qu'on en ait dit, on ne gagne rien à occulter l'histoire.

Quelle que soit la pente favorite de tel ou tel esprit, il apparaît [5] aussi qu'il n'aurait rien à perdre en s'initiant à conjuguer intelligemment [6] les méthodes. Ne fût-ce [7] que de temps à autre, l'emploi dûment [5] réfléchi et cohérent de plusieurs modes [8] d'investigation simultanés promet un enrichissement considérable : que la multiplicité des points de vue permette de connaître [5] mieux et **davantage**, n'est-ce point une vérité des plus **communément** admises [9] ?

VOCABULAIRE

a) **Désuet** : tombé en *désuétude,* abandon d'une chose par le défaut de pratique ou d'application. Prononcer *dé-suè* (*s* comme dans *son*).
b) **Arcane** : opération mystérieuse des alchimistes ; par extension, chose mystérieuse, secret. Le mot est masculin.
c) **Oiseux** : vain, inutile.

ORTHOGRAPHE ET GRAMMAIRE

1. **Désuètes, vieillottes** : *désuet* (empr. du lat. *desuetus*) fait exception à la règle du redoublement de *t* pour le féminin des adjectifs en *-et ; vieillot* redouble le *t*. (*N. gramm.*, § 190, *c*, 1° et 2°.)
2. **Réflexions** : on pourra admettre le singulier.
3. **Acquise**.
4. **S'étonne** : malgré la logique mathématique, c'est *un* qui est responsable de l'accord.
5. **Apparaître, dûment, connaître**, ou *apparaitre, dument, connaitre*, selon les *Rectifications* (cf. notre Appendice, § 4).
6. **Intelligemment** : dérivé d'*intelligent*, donc *e* après les deux *m*, malgré la prononciation.
7. **Ne fût-ce** : attention au circonflexe du subjonctif (on n'écrira ni *fusse,* ni *fut-ce !*). Comp. *ne serait-ce.*
8. **Modes** : attention au genre, qui varie selon le sens (*N. gramm.*, § 160).
9. **Admises** : l'adjectif en rapport avec *des plus* s'accorde presque toujours avec le nom pluriel évoqué par *des* (= parmi les) ; mais on peut mettre le singulier lorsqu'il s'agit d'une personne ou chose unique, le sens de l'expression étant alors « très ». (*Bon us.*, § 954, *g*.)

195 Imitation et création

a) Quoi qu'en aient dit les pédagogues [a] du passé et les amateurs de savoir **encyclopédique** [b], l'imitation des modèles illustres n'a pas, certes [1], toutes les vertus. Elle ne saurait **davantage** avoir tous les défauts. Cette méthode vieillotte, affirme-t-on **volontiers**[1], détruit la spontanéité. Je réponds : tout **archaïque** [c] qu'on (*la dire,* au passé et au mode convenable [2]), elle n'a pas laissé de donner d'**excellents** résultats. D'autre part, vous-mêmes, théoriciens qui (*interdire,* indicatif présent [3]) absolument de la suivre, attendez-vous, suivant les lois d'évolution en ce monde, que l'on récuse dans quelque temps les pratiques que vous prônez aujourd'hui. Car nulle argumentation exclusive ne **convainc** durablement dans ces domaines essentiellement mouvants que sont la pédagogie, la psychologie et enfin toutes les sciences de l'homme.

b) C'en serait fait, vraiment, de la vitalité créatrice, si l'on imposait aux enfants d'assimiler ce qu'ont accompli leurs devanciers ? Tous les artistes pourtant, et les plus grands même, ne les a-t-on pas vus s'exercer à copier d'abord, à interpréter ensuite les œuvres de leurs prédécesseurs, jusqu'à ce que leur génie propre se dégage enfin et brille de tous ses feux originaux ? Que vous (*vouloir* subjonctif présent [4]) ignorer les trésors du passé, cela peut littéralement stupéfier le lecteur de Malraux, qui a appris chez cet historien de l'art à reconnaître [5], transcendant [d] les nécessaires ruptures, l'enchaînement [5] continu des **chefs-d'œuvre**, et à admirer comment, dans le déroulement d'une carrière, tel peintre, tel sculpteur (*conquérir*, indicatif présent [6]) progressivement la maîtrise [5] la plus personnelle.

La connaissance éclairée du passé est propre à forger les talents et à **exciter** les ambitions. Quoique la pédagogie ait [7] conçu bien des systèmes et des méthodes dont on ne saurait nier l'utilité, il ne faudrait pas oublier qu'un Van Gogh, par exemple, copia plusieurs peintres avec profit, et que Victor Hugo sentant s'allumer son génie s'exclamait : « Chateaubriand ou rien ! »

VOCABULAIRE

a) **Pédagogue** (grec *paidagôgos*, de *pais, paidos*, enfant, et *agein*, conduire) : celui qui enseigne les enfants.

b) **Encyclopédique** : dérivé de *encyclopédie*, de l'expression grecque *enkyklios paideia*, proprement « instruction circulaire », c.-à-d. embrassant le cercle des connaissances.

c) **Archaïque** (racine grecque *arkhaios*, ancien) : antique et hors d'usage.

d) **Transcender** : dépasser en étant supérieur ou d'un autre ordre.

ORTHOGRAPHE ET GRAMMAIRE

1. **Certes, volontiers**, avec *s* adverbial. (*Bon us.*, § 923.)

2. **Tout archaïque qu'on l'a dite.** Mais après *tout ... que*, on peut aussi, selon un usage fréquent aujourd'hui, employer le subjonctif : « tout archaïque qu'on *l'ait* dite ». (*Bon us.*, § 1094.)

3. **Qui interdisez.**

4. **Que vous vouliez.**

5. **Reconnaître, enchaînement, maîtrise,** ou *reconnaitre, enchainement, maitrise*, selon les *Rectifications*. Cf. notre Appendice, § 4.

6. **Conquièrent** : on peut avoir aussi le singulier. (Voir cas analogues dans *Bon us.*, § 443.)

7. **Ait** : la 3e personne du singulier du subjonctif présent se termine par *-e*. Seuls *avoir* et *être* font exception (*qu'il ait, qu'il soit*).

196 La justification du fabuliste

a) Plutôt que d'être réduits à corriger nos habitudes, il faut que nous travaillions [1] à les rendre bonnes, pendant qu'elles sont encore indifférentes au bien ou au mal. Or les fables peuvent y contribuer aussi utilement que toute autre méthode.

Si l'on allègue [a] que les pensées de l'enfance sont d'elles-mêmes assez enfantines et qu'il ne convient pas que nous y joignions [1] de nouvelles badineries, je répondrai que ces badineries, que **d'aucuns** ont estimées vaines, ne sont telles qu'en apparence, car, **quelque** puériles qu'elles paraissent, elles portent un sens très solide : il est certain, en effet, que plus d'un enfant, plus d'un **adolescent**, par les raisonnements et les conséquences qu'ils (*tirer,* passé composé [2]) des apologues [b], (*se former,* passé composé [3]) le jugement et les mœurs [4].

b) Les fables ne sont pas seulement morales ; elles se sont souvent révélées utiles aussi par les connaissances qu'elles ont inculquées [c] aux enfants. Les divers caractères et les propriétés des animaux y sont exprimés, par conséquent les nôtres aussi, puisque, tout **excellente** qu'on (*la prétendre,* au passé et au mode convenable [5]), l'espèce humaine est l'abrégé des qualités et des défauts qu'on a toujours trouvés dans les créatures irraisonnables.

Ainsi les fables sont un tableau où chacun de nous se trouve dépeint : ce qu'elles nous représentent confirme les gens âgés dans les connaissances que l'usage leur a données, et apprend aux enfants, ces nouveaux venus dans le monde, ce qu'il faut qu'ils sachent.

D'après LA FONTAINE.

VOCABULAIRE

a) **Alléguer** : donner pour raison, pour argument.
b) **Apologue** : court récit contenant une leçon de morale pratique, le plus souvent sous la figure d'animaux ou d'êtres inanimés.
c) **Inculquer** : faire entrer durablement dans l'esprit.

ORTHOGRAPHE ET GRAMMAIRE

1. **Travaillions, joignions** : la 1re personne du pluriel du subjonctif présent se termine par *-ions*. Seuls *ayons* et *soyons* font exception.
2. **Qu'ils ont tirés.**
3. **Se sont formé** : il y a plusieurs sujets.
4. **Mœurs** : la prononciation *meur* s emble plutôt vieillie ; dans l'usage ordinaire, on fait entendre l's, quoique ce soit l's du pluriel.
5. **Tout excellente qu'on l'a prétendue.** Mais après *tout ... que,* on peut aussi, selon un usage fréquent aujourd'hui, employer le subjonctif : « tout excellente qu'on *l'ait* prétendue ». (*Bon us.*, §1094.)

197 Premières lectures

a) Je suis de ceux pour qui la connaissance d'un livre peut devenir un véritable évènement [1]. Le peu de bons ouvrages que j'ai lus ont **développé** le peu de bonnes qualités que mes amis se sont plu à trouver en moi. Un livre a toujours [2] été pour moi un ami, un conseil [a], un consolateur éloquent et calme, dont je ne voulais pas épuiser vite les ressources [3], et que je gardais pour les occasions favorables.

Qui de vous ne se rappelle [4] avec amour les premiers ouvrages qu'il a dévorés ou savourés ? Les couvertures des bouquins poudreux que vous avez retrouvés sur les rayons d'une vieille **bibliothèque** n'ont-elles pas **ressuscité** [5] dans votre mémoire les pures délices de vos jeunes années ?

b) Ces vieux livres n'ont-ils pas retracé à votre **imagination** les gracieux tableaux qui ont charmé votre enfance ? N'avez-vous pas cru voir surgir devant vous le **champ** ou la prairie baignés des clartés pourpres [6] du soir, lorsque vous les avez lus pour la première fois ? Ne vous êtes-vous pas représenté avec émotion la chaumière vieillotte où vos compagnons de jeu et vous-mêmes (*s'abriter*, passé composé [7]), et le fossé dont le revers vous a servi de lit de repos ou de table de travail ? Ne vous êtes-vous pas rappelé les ramages et les chansons que vous avez entendus **résonner** dans les buissons, tandis [8] que le **pipeau** [b] du berger modulait [c] sous le feuillage quelque [9] hymne rustique répété par les échos des alentours ? Oh ! que la nuit tombait vite sur ces pages divines pendant que la demi-clarté du crépuscule faisait flotter les caractères sur la feuille pâlissante !

D'après George SAND.

VOCABULAIRE

a) **Conseil** : celui de qui l'on prend conseil.

b) **Pipeau** : flûte champêtre de roseau ou de bois.

c) **Moduler** : émettre avec des variations de ton, de hauteur, d'intensité.

ORTHOGRAPHE ET GRAMMAIRE

1. **Évènement** : forme préférée par l'Académie depuis 1993 ; elle signale cependant encore aussi *événement* (cf. notre Appendice, § 1).
2. Après *toujours*, la liaison de l's est aujourd'hui de moins en moins fréquente.
3. **Ressource** : prononcez *re-sours'* (*re* comme dans *René*).
4. **Rappeler** est transitif ; on dit donc : *se rappeler quelque chose, je me le rappelle*.
5. **Ressusciter** : prononcez *ré-su-si-té* (*ré* comme dans *réveil*).

6. **Pourpre** est variable : il est traité comme adjectif (*Bon us.*, § 541. *b* ; *N. gramm.*, §197, *b.*)
7. **Vous êtes abrités.**
8. **Tandis** : l'*s* ne se prononce pas.
9. **Quelque hymne** : l'*e* final de *quelque* ne s'élide que dans *quelqu'un, quelqu'une.*

198 L'Empire romain ruiné par les Barbares

a) Vers le premier siècle de notre **ère** [a], le monde romain, organisé sous une monarchie régulière, parut enfin trouver l'ordre et la paix. Il ne trouva que la décadence. Dans l'horrible écrasement de la conquête, les cités avaient péri par centaines et les hommes par millions. Les vainqueurs eux-mêmes s'étaient massacrés pendant un siècle, et l'univers civilisé, vide d'hommes libres, s'était à demi vidé d'habitants. N'ayant plus de grand but [1] à poursuivre, les **citoyens** s'étaient complu dans l'**inertie**, le luxe et la **mollesse.** Les esclaves, chargés de pourvoir aux raffinements, aux jouissances, aux pompes [b] de la société tout entière, disparaissaient, accablés sous le faix [c] d'un travail écrasant.

b) Au bout de quelque quatre cents [2] ans, l'empire, énervé [d] et dépeuplé, n'eut plus les hommes et l'énergie qu'il eût fallu [3] pour repousser les Barbares [4]. Leur flot entra, crevant les digues, et, après le premier flot, un autre, puis encore un autre, de sorte qu'après les cinq siècles qu'avaient duré ces **raz de marée** [e], des maux innombrables s'étaient **succédé** et des ruines de toutes sortes [5] s'étaient accumulées dans l'empire tout entier : peuples et nations exterminés, **chefs-d'œuvre** et monuments détruits, champs dévastés, bourgs et villes incendiés, industrie, beaux-arts et sciences mutilés, dégradés, oubliés, la crainte, l'ignorance et la brutalité partout répandues et établies ; c'étaient [6] des hordes [f] sauvages, campées tout d'un coup [7] au milieu d'un monde cultivé et **bouleversant** chaque cité dans un désordre, une confusion totale.

D'après Hippolyte TAINE.

> **VOCABULAIRE**
>
> a) **Ère** (attention aux nombreux homonymes) : période commençant à une date précise ; notre ère commence à la naissance du Christ.
> b) **Pompe** : luxe, magnificence.
> c) **Faix** : charge pénible à supporter.
> d) **Énerver** (proprement « couper les nerfs ») a ici son sens étymologique : faire perdre la force, l'énergie.
> e) **Raz de marée** (prononcez *râ*) : soulèvement subit de la mer qui porte les vagues sur la terre. Employé ici au figuré. Certains dictionnaires donnent aussi la variante *raz-de-marée*.
> f) **Horde** : tribu nomade.

ORTHOGRAPHE ET GRAMMAIRE

1. **But** : comme il y a une liaison, le *t* se prononce ; sinon, on peut prononcer *but'* (en faisant entendre le *t*) ou *bu*.
2. **Quatre cents,** ou *quatre-cents*, selon les *Rectifications* (notre Appendice, § 8).
3. **Eût fallu** : attention à l'accent circonflexe ! Il s'agit du subjonctif plus-que-parfait à valeur de conditionnel passé.
4. **Barbares** : dans le sens « peuples étrangers aux anciens Gercs et Romains », l'Académie met une majuscule à ce mot (1992), contrairement à l'édition précédente.
5. **De toutes sortes** : ou *de toute sorte*. (*Bon us.*, § 615, *b*, 1°, Rem.)
6. **C'étaient** : on admettra aussi *c'était* (archaïque et familier : cf. *Bon us.*, § 898, *a*, et *N. gramm.*, § 361).
7. **Tout d'un coup** : tout en une fois. À distinguer de *tout à coup,* soudainement, mais la différence tend à s'effacer. (*Bon us.*, § 967, *f*)

199 Quelques anecdotes de l'Antiquité

a) Darius, fuyant après une bataille qu'il avait perdue, fut obligé de boire d'une eau bourbeuse et tout infectée par des corps morts, et il avoua cependant qu'il n'en avait jamais bu qui lui eût paru meilleure : c'est que pour boire il n'avait jamais attendu qu'il eût soif.

De même, Ptolémée, roi d'Égypte, n'avait jamais mangé de meilleur appétit que le jour où, contraint par l'éloignement de sa suite de pénétrer dans une cabane, il **apaisa** sa faim en mangeant des aliments les plus grossiers ; il déclara que ces aliments, quelque grossiers qu'ils (*être,* au mode et au temps convenables [1]), lui avaient paru de vraies délices.

b) Socrate se promenant à grands pas jusqu'à la nuit tombante, un de ses **familiers** lui en demanda la raison. « (*Savoir,* impératif présent, 2e pers. du sing. [2]) que je prépare ainsi, répondit-il, pour mon souper, le meilleur des ragoûts [3], l'appétit. »

La sobriété des Spartiates est restée proverbiale ; vous l'avez sans doute entendu vanter et vous n'ignorez pas ce qu'on leur servait dans leurs repas publics. Denys [4] l'Ancien, ayant voulu goûter [3] du brouet [a] noir qui en faisait le mets principal, le trouva détestable. Le cuisinier dit qu'il ne s'étonnait pas que Denys n'appréciât pas le repas, puisque l'**assaisonnement** y manquait. « Et quel est-il ? demanda le tyran. — La fatigue de la chasse, la sueur, la course au bord de l'Eurotas [b], la faim, la soif, voilà nos assaisonnements à Lacédémone [c]. »

VOCABULAIRE

a) **Brouet** : aliment grossier, presque liquide. On rend traditionnellement par *brouet noir* le mets ordinaire des Spartiates.

b) **Eurotas** (l's se prononce) : rivière qui arrosait Sparte.

c) **Lacédémone** : autre nom de Sparte.

ORTHOGRAPHE ET GRAMMAIRE

1. **Quelque grossiers qu'ils fussent.** On admettra aussi : ... *qu'ils soient.*
2. **Sache.**
3. **Ragoût** (« assaisonnement », sens ancien), **goûter**, ou *ragout, gouter*, selon les *Rectifications* (cf. notre Appendice, § 4).
4. **Denys** (grec *Dionysios*) : tyran de Syracuse (IVe siècle av. J.-C.).

200 Les ascensions dans les montagnes

a) Si vous avez gravi les hauts sommets, vous avez dû éprouver ces joies profondes qui sont **certes** [1] parmi les plus chères délices qu'un voyageur ait [2] jamais goûtées [3]. Vive(nt) [4] donc les **ascensions** dans les montagnes ! D'abord c'est une grande volupté **physique** de respirer un air frais et vif que n'ont pas vicié les **exhalaisons** (a) des plaines. On se sent comme renouvelé en aspirant cette **atmosphère** [5] de vie ; à mesure qu'on s'élève, l'air devient plus léger ; la poitrine se dilate, la **gaieté** [6] entre dans l'âme.

Chaque fois que, dans nos pérégrinations (b), nous nous sommes assigné comme but [7] la **cime** d'une montagne, nous sommes devenus maîtres [3] de nous-mêmes et responsables de notre propre vie ; nous ne nous sommes pas livrés aux caprices des éléments comme les matelots naviguant [8] sur les mers. Cependant, en mille occasions durant l'ascension d'une montagne, nous nous sommes **rendu** compte des dangers que nous eussions courus si un instant de distraction nous eût fait chanceler ou si nos regards se fussent laissé voiler **tout à coup** [9] par un vertige.

b) C'est précisément cette conscience du péril, jointe au bonheur de nous savoir agiles et dispos, qui a doublé dans notre esprit le sentiment de la sécurité. Avec quelle joie nous nous sommes rappelé plus tard le moindre incident de l'ascension, les pierres qui se détachaient de la pente et qui plongeaient dans le torrent avec un bruit sourd, les racines auxquelles nous nous sommes accrochés, les filets d'eau auxquels nous nous sommes désaltérés, la première crevasse que nous avons osé franchir, les pentes que nous avons péniblement gravies en enfonçant jusqu'à **mi-jambe** dans la neige, enfin la cime où nous nous sommes dressés **nu-tête** dans le vent et d'où se sont offertes à notre admiration les montagnes, les vallées et les plaines, que nous avons vues alors se déployer en un prestigieux [c] panorama.

D'après Élisée RECLUS.

VOCABULAIRE

a) **Exhalaison** (dérivé de *exhaler*, emprunté au lat. *exhalare*, racine *halare*, souffler) : vapeur, gaz, odeur, émis par un corps.

b) **Pérégrination** : voyage fait dans des pays éloignés. Ce mot ne s'emploie plus guère qu'au pluriel pour désigner des allées et venues, des voyages multiples et compliqués.

c) **Prestigieux** : qui frappe par un aspect merveilleux, extraordinaire, grandiose.

ORTHOGRAPHE ET GRAMMAIRE

1. **Certes**, avec l's adverbial. (*Bon us.*, § 923.)
2. **Ait** : la 3e personne du singulier du subjonctif présent se termine par -e. Seuls avoir et *être* font exception (*qu'il ait, qu'il soit*).
3. **Goûter, maître,** ou *gouter, maitre*, selon les *Rectifications* (Cf. notre Appendice, § 4).
4. **Vive** est, à l'origine, un subjonctif de souhait, et l'usage permet encore de l'accorder avec l'élément qui suit. Mais le mot a perdu son sens premier et ne sert plus qu'à introduire cet élément dans un cri d'exaltation : aussi le laisse-t-on ordinairement invariable. (*Bon us.*, § 901, e ; *N. gramm.*, § 409, b, 4°.)
5. **Atmosphère** : formé avec le grec *atmos*, vapeur, et *sphaira*, sphère. — Le mot est féminin
6. **Gaieté** : orthographe de l'Académie. Certains dictionnaires donnent encore l'ancienne forme *gaîté*.
7. **But** : on peut le prononcer *but'* (en faisant entendre le *t*) ou *bu*.
8. **Naviguant** : participe présent. À distinguer de *navigant*, adjectif.
9. **Tout à coup**, tout *à fait, tout à l'heure* s'écrivent sans traits d'union.

201 La forêt des Ardennes

a) J'ai toujours aimé la grande forêt **ardennaise** et sa **tranquillité solennelle.** Que de fois je l'ai parcourue avec mon père par les clairs [1] après-midi [2] d'automne ! La **colonnade** des troncs s'enfonçait à perte de vue et ne laissait passer aucun jour ; sauf les coups de bec du pic et le cri des grives, nous nous serions crus dans un désert vide de toute créature vivante ; mais partout la végétation puissante **rafraîchissait** [3] l'atmosphère et peuplait l'espace ; les chênes vert sombre, par **myriades** [4], couvraient le dos des **collines,** tels [5] des troupeaux paisibles abreuvés par l'air **moite** [a] où voguaient les nuages blancs.

b) Aux diverses heures du jour, la grande forêt est agitée de sentiments et d'émotions variés. Il faut la voir pendant les semaines de pluie, ruisselante, morne, hostile, quand les chênes que la hache a tranchés gisent saignant(s) [6] comme des cadavres et que l'universel bruissement des feuillages fait rouler autour d'eux, comme une lamentation infinie, l'hymne obscur de sa mélancolie. Mais il faut la voir aussi riante et tout entière remuée par un joyeux frisson, quand, le matin, le soleil oblique glisse des flèches entre ses troncs, accroche à ses feuillages des rubans blanc et or [7] et met des aigrettes[b] de diamant à la **cime** de toutes ses herbes.

c) C'est lorsqu'elle s'avance vers Bouillon et la frontière que la forêt ardennaise atteint toute sa beauté et toute sa grâce. Là une chaîne [3] de petites montagnes escarpées la dresse et la déploie en précipices verdoyants ; un torrent de cristal, la Semois, attache sur sa robe de moire [c] des colliers de pierreries mouvantes ; des fumées **bleu clair** flottent sur elle comme une écharpe de gaze [d], et, le matin, quand du haut d'un roc, on regarde ses vallées que la nuit a baignées d'ombres humides, on la voit, peu à peu se dégageant de la brume, apparaître [3] entre les molles blancheurs, sécher tour à tour ses sommets et ses pentes mouillées d'une vapeur légère, et **frissonner** sous la **caresse** du jour qui fait sourire à la fois tous ses bouleaux et tous ses chênes.

D'après Hippolyte TAINE.

VOCABULAIRE

a) **Moite** : qui a quelque humidité, qui est un peu mouillé.
b) **Aigrette** : bijou constitué de pierres précieuses montées sur des fils droits et minces pour orner les cheveux ou le front.
c) **Moire** : étoffe à reflets changeants.
d) **Gaze** : espèce d'étoffe légère et transparente. À distinguer du nom masculin *gaz*.

ORTHOGRAPHE ET GRAMMAIRE

1. **Clairs** ou *claires* : *après-midi* a les deux genres (*Bon us.*, § 466, b).
2. **Les après-midi**, ou *les après-midis*, selon la règle des *Rectifications* (notre Appendice, § 7).
3. **Rafraîchir, chaîne, apparaître**, ou *rafraichir, chaine, apparaitre*, selon les *Rectifications* (notre Appendice, § 4).
4. **Myriade** (très grand nombre) : du grec *myrias, myriados*, nombre de dix mille.
5. **Tels**, s'accordant avec le nom qui suit. (L'usage est un peu chancelant ; on pourrait admettre que l'accord soit fait avec le nom *chênes* ; cf. *Bon us.*, § 248, a, 4° ; *N. gramm.*, § 243, Rem. 1.)
6. **Saignant**, si l'on a en vue l'action ; *saignants*, si l'on a en vue l'état.
7. **Rubans blanc et or** : d'une couleur où le *blanc* et l'*or* se mêlent. (*Bon us.*, § 541, a ; *N. gramm.*, §197, a.)

202 La gloire et la réputation : définitions d'un philosophe et moraliste au XIXe [1] siècle

a) Qu'est-ce que la gloire ? Le jugement de l'humanité sur un de ses membres ; or l'humanité a toujours raison. Ceux-là seuls (*acquérir,* futur simple [2]) la gloire qu'on aura vus accomplir de grandes choses. Distinguez bien la gloire d'avec la réputation. Celle-ci est d'une tout autre nature que la gloire, et qui en veut peut en avoir. Voulez-vous de la réputation ? Il suffit que vous priiez [3] tel ou tel de vos amis de vous en faire ; associez-vous à tel ou tel parti, donnez-vous à une **coterie** [(a)], servez-la, **ne fût-ce que** par votre assiduité, et elle vous louera. Enfin, il y a cent mille manières d'acquérir de la réputation ; c'est une entreprise comme toute autre, et qui ne suppose pas même une grande ambition.

b) Ce qui distingue la réputation de la gloire, c'est que la réputation *est* faite de ces jugements tout sommaires, de ces oui-dire que quelques-uns seulement ont prétendu [4] être l'écho du mérite, tandis [5] que la gloire est le jugement du plus grand nombre, de la majorité dans l'espèce humaine.

La gloire est le cri de la **sympathie** et de la reconnaissance, c'est la dette de l'humanité envers le génie ; c'est le prix des services qu'elle reconnaît [6] en avoir reçus et qu'elle lui paye [7] de son estime.

Aime donc la gloire, jeune homme qui entres dans la vie, puisque [8] aimer la gloire, c'est aimer les grandes choses. Dédaigne les succès **éphémères** [(b)] et les petits moyens qui y conduisent, songe à bien faire, à être plutôt qu'à paraître.

D'après Victor COUSIN.

VOCABULAIRE

a) **Coterie** : réunion de personnes qui favorisent ceux qui font partie de leur groupe.
b) **Éphémère** (emprunté au grec *ephêmeros,* qui dure un jour ; de *epi,* pendant, et *hêmera,* jour) : par extension, qui dure peu.

ORTHOGRAPHE ET GRAMMAIRE

1. **XIXe** ou *XIXe*, avec la dernière lettre du numéral ordinal écrit en lettres. Éviter *XIXme, XIXème, XIXième*. *XIXè* et *XIX°* sont inacceptables. (*1°* et *n°* ont la dernière lettre de *primo, numéro*).
2. **Acquerront**.
3. **Priiez** : la 2e personne du subjonctif présent est en *-iez*, désinence qui s'ajoute ici au radical *pri-*.
4. **Prétendu** : le pronom *que* ne peut être considéré comme complément d'objet du participe. (Cf. *Bon us.*, § 915, Exceptions, 3° ; *N. gramm.*, § 377, Exceptions, 2°.)
5. **Tandis** : l's ne se prononce pas.

6. **Reconnaître**, ou *reconnaitre*, selon les *Rectifications* (cf. notre Appendice, § 4).

7. **Paye** (prononcé *pèy'*) ou *paie* (prononcé *pè*, sans yod).

8. Selon Littré, l'*e* de **puisque** ne s'élide dans l'écriture que devant *il(s)*, *elle (s)*, *on*, *un(e)*, ou devant un mot avec lequel cette conjonction est immédiatement liée, par exemple : *puisqu'ainsi est*. Mais cette règle artificielle n'est pas d'application stricte : *cf Bon us.*, § 45, b, 4° ; *N. gramm.*, § 24, b, 1°.

203 Éloge de l'amitié

a) L'amitié, selon la définition de Cicéron, est un parfait accord de sentiments sur les choses divines et humaines, joint à une **bienveillance** et à une tendresse réciproques [1]. Ainsi entendue, l'amitié est **certes** [2] un des plus grands biens que puissent posséder les hommes ; sa douceur, son charme résume [3] en quelque sorte et **couronne** les bonheurs de ce monde. La santé, la puissance, les honneurs, les richesses, que tant de gens ont placés au premier rang des choses qui donnent du prix à la vie, ne procurent, la plupart du temps, qu'une **demi-félicité,** si l'amitié avec la vertu n'élèvent [4] l'âme au-dessus des **préoccupations** matérielles. Goûterions-nous [5] **vraiment** la prospérité si un autre n'en partageait avec nous les faveurs ? Et comment, tout énergique que soit [6] notre volonté, supporter l'adversité, sans un ami qui (*prendre,* à la forme convenable [7]) sur ses épaules une partie du **faix** [a] dont elle s'est plu à nous accabler ?

b) L'amitié fait briller à nos yeux dans l'avenir la douce lumière de l'espérance ; jamais les âmes qu'elle a soutenues ne se sont laissé abattre par les malheurs. Il y a plus [8] : dans nos amis, il semble que nous voyions [9] d'autres nous-mêmes. Point **d'absence** pour les cœurs que l'amitié a confondus : pauvre, l'ami est riche de l'opulence [b] de son ami ; faible, il partage sa force. Ôtez de la nature les liens d'affection mutuelle, aucune famille, aucun **État** [10] ne pourra [11] plus subsister, les champs même demeureront incultes.

VOCABULAIRE

a) **Faix** : charge pénible à supporter.

b) **Opulence** : abondance de biens, richesse.

ORTHOGRAPHE ET GRAMMAIRE

1. **Réciproques** : l'accord avec les deux noms est nécessaire pour le sens.

2. **Certes**, avec l'*s* adverbial. (*Bon us.*, § 923.)

3. **Résume, couronne** : quoiqu'il n'y ait pas de conjonction entre les deux sujets, on n'est pas obligé de les considérer comme synonymes ; le pluriel ne serait pas fautif.
4. **Élèvent** : pluriel, parce que *avec* joignant les sujets a la valeur de *et*. Mais cela n'est pas strictement obligatoire, et on acceptera le singulier. (Cf *Bon us.*, § 445, *b*.)
5. **Goûter**, ou *gouter*, selon les *Rectifications* (notre Appendice, § 4).
6. **Tout ... que** se construit traditionnellement avec l'indicatif. Mais l'usage moderne autorise aussi l'emploi du subjonctif (*Bon us.*, § 1094.)
7. **Qui prenne** : subjonctif dans une proposition relative faisant partie d'une phrase interrogative. (*Bon us.*, §1063, *b*, 2e ; *N. gramm.*, § 419, *b*.)
8. **Plus** signifiant « davantage » et suivi d'une pause : ordinairement on fait entendre l'*s*.
9. **Voyions** : la 1re personne du pluriel du subjonctif présent se termine par *-ions*. Seuls *avoir* et *être* font exception (*que nous ayons, que nous soyons*). — Toutefois, *voyons* ne serait pas fautif ici, car il *semble que* peut être suivi de l'indicatif : *Bon us.*, §1071, *a*, Rem.
10. **État** signifiant « nation formant un corps politique » prend la majuscule.
11. **Pourra** : lorsque *aucun* est répété dans une suite de sujets, le verbe se met au singulier ou au pluriel (*Bon us.*, § 443, *b*). Ici, à cause de la gradation, le singulier est préférable.

204 La poésie des machines au début de l'ère industrielle

a) Quelques **esthéticiens** [a] se sont proposé de nous convaincre que l'industrie, occupée tout entière de travaux utilitaires, est incompatible [b] avec l'art. Il s'en est trouve, par exemple, qui ont voué aux chemins de fer, au béton armé, aux constructions métalliques, une véritable haine. Un **poète** leur a répondu que l'art, comme la nature, sème [1] des fleurs sur les voies mêmes et sur les talus des chemins de fer. En somme, une locomotive courant [2] sur les rails a sa beauté et vaut bien, quoi qu'on en dise, une **charrette** qu'un cheval **s'essouffle** à traîner [3].

Une beauté analogue se retrouve dans les mille et une [4] machines qu'a inventées l'industrie moderne. Les simples marteaux du forgeron n'ont pas la sublimité des marteaux-pilons, se soulevant d'eux-mêmes pour retomber, telles [5] des montagnes mouvantes, sur d'énormes pièces d'acier **incandescent** [c]. La grue primitive, tout étonnante qu'a [6] pu être sa vigueur, ne vaut pas la grue mobile à vapeur dont les **tentacules** [7] démesurés vont saisir dans les flancs mêmes des vaisseaux les monceaux de blé ou les lourds tonneaux cerclés de fer.

b) Nos bateaux à vapeur, **quelque** lourds que vous les ayez [8] crus, ont eux-mêmes leur grâce. Si vous les avez **aperçus** dans le lointain et que vous les ayez vus glisser sur la mer, vous avez pu distinguer d'abord leurs panaches de fumée, plus aériens, plus ailés que les voiles les plus gracieuses. Quand ces vaisseaux se sont approchés et que vous les avez regardés de près, ils vous ont paru énormes, mais vous les avez **vus** évoluer avec une aisance que vous n'auriez pas pensée possible. Bientôt des **sifflements** et des voix **stridentes** se sont élevés de ces vaisseaux bondissant et soufflant dans des remous d'écume blanche.

D'après Jean-Marie GUYAU.

VOCABULAIRE

a) **Esthéticien** : celui qui s'occupe *d'esthétique,* recherche qui a pour objet les caractères du beau dans la nature et dans l'art.
b) **Incompatible** : qui ne peut se concilier.
c) **Incandescent** : chauffé à blanc.

ORTHOGRAPHE ET GRAMMAIRE

1. **Sème** : accord avec *art, comme* gardant en effet sa pleine valeur de conjonction de comparaison ; remarquez les virgules. (*N. gramm.*, § 366 ; *Bon us.*, § 445, *a.*)
2. **Courant** : *courir* et les verbes de sa famille n'ont deux *r* de suite qu'au futur simple et au conditionnel présent. À remarquer : l'ancien infinitif *courre* (encore employé dans *chasse à courre*), du lat. *currere*.
3. **Traîner**, ou *trainer*, selon les *Rectifications* (notre Appendice, § 4).
4. **Mille et un** s'emploie pour indiquer un grand nombre imprécis ; si le nombre est précis, il faut *mille un*. Dans les deux formes, les *Rectifications* recommandent les traits d'union. (Cf. Appendice, § 8.)
5. **Telles**, s'accordant avec le nom qui suit. L'usage est un peu hésitant : on admettra aussi l'accord de *tel* avec *marteaux-pilons*. (*Bon us.*, § 248, *a*, 4° ; *N. gramm.*, § 243, Rem 1.)
6. **Tout ... que** se construit traditionnellement avec l'indicatif Mais l'usage moderne autorise aussi l'emploi du subjonctif. (*Bon us.*, §1094.)
7. **Tentacule** est masculin.
8. La 2e personne du pluriel du subjonctif présent se termine par *-iez*. Seuls *ayez* et *soyez* font exception.

205 Les cloches

a) Le concert des cloches campagnardes, un matin de dimanche, a une **gaieté** [1] tout aérienne, un entrain étourdissant. Autour de moi, chaque village lance sa note timide ou perçante, veloutée ou grave. Les timbres [a] métalliques, tantôt argentins comme les clochettes d'un troupeau dans la montagne, tantôt éclatants comme les trompettes de quelque [2] orgue caché dans les nuages, se répondent, s'entrecroisent, chantent à l'unisson, puis se séparent pour prendre chacun sa ^{3} volée selon le caprice des **zéphyrs** ^{4}. L'accord ou la dispersion des sonneries à travers **l'atmosphère** ^{5} ensoleillée vous dilatent ^{6} le cœur ou vous plongent ^{6} dans la rêverie ; mais, que vous soyez gai ou songeur ^{7}, vous emportez une impression des plus **rassérénantes** ^{8} de ce concert de cloches matinales.

b) La sensation est tout autre lorsque ces mêmes carillons, que vous avez entendus vibrer, le matin, dans la lumière **rafraîchie** ^{9}, tintent à la tombée du jour ; elle participe alors de la mélancolie qui **enveloppe** la demi-clarté crépusculaire. Quelques splendides couleurs que revête le couchant, quelle que soit l'harmonie de la musique vespérale $^{(b)}$, l'âme rêveuse peu à peu s'est laissé envahir par un vague sentiment de regret et s'est plu à songer à la journée finie et aussi aux autres journées qui se sont enfuies pour jamais.

N'importe, allègre ou triste, cette **symphonie** des cloches s'est toujours, au fond, ressemblé à elle-même, avec sa douceur, son charme pareil à un **féerique** ^{10} pouvoir suggestif et, si l'on abattait les clochers et qu'on (*empêcher,* à la forme voulue ^{11}) leurs sonneries, il y aurait un enchantement et une consolation de moins sur la terre.

D'après André THEURIET.

| VOCABULAIRE |

a) **Timbre** : caractère de la sonorité dû aux notes harmoniques qui accompagnent la note fondamentale.

b) **Vespéral** (cf. lat. *vespera,* soir, et le français régional *vesprée*) : qui a rapport au soir.

| ORTHOGRAPHE ET GRAMMAIRE |

1. **Gaieté** : orthographe de l'Académie ; certains dictionnaires donnent encore l'ancienne forme *gaîté*.
2. **Quelque orgue** : l'*e* final de *quelque* ne s'élide que dans *quelqu'un, quelqu'une*.
3. **Sa volée** ou *leur volée* : N. gramm., § 231.
4. **Zéphyr** (grec *zephyros*) : vent doux et agréable (mot poétique).
5. **Atmosphère** : formé avec le grec *atmos,* vapeur, et *sphaira,* sphère. — Le mot est féminin.
6. **Dilatent, plongent** : les verbes sont au pluriel parce qu'il y a plusieurs sujets. Mais, comme ils sont des contraires unis par *ou*, le singulier peut se défendre. (*Bon us.*, § 440, *a*.)
7. **Gai ou songeur** ou *gais ou songeurs,* selon que l'on s'adresse à une personne ou à plusieurs.
8. **Rassérénantes** : dérivé de *serein*. Après *des plus, des moins, des mieux,* l'adjectif se met ordinairement au pluriel. On trouve parfois le singulier. (*Bon us.,* § 954, *g*.)

9. **Rafraîchir**, ou *rafraichir*, selon les *Rectifications* (cf. notre Appendice, § 4).
10. **Féerique** : prononcez : *fé-rik*. Pas d'accent sur le second *e*.
11. **Qu'on empêchât** : subjonctif après *que* remplaçant *si* dans la coordination (*Bon us.*, §1099 ; *N. gramm.*, § 442, Rem. 2) ; mais, dans la langue courante, on mettrait le subjonctif présent.

206 Pasteur

a) Les découvertes que Pasteur a faites par un labeur continu de quelque quarante années ont permis de reconnaître [1] que les maladies **infectieuses** [a] sont dues à l'action des infiniment petits ; elles ont créé une **physiologie** [b] et une médecine nouvelles, et les armes puissantes qu'elles ont procurées à l'homme lui ont fourni le moyen de lutter efficacement contre des maux redoutables ou d'atténuer, dans une mesure considérable, les terribles effets soit de la tuberculose, qu'on avait vue enlever le dixième du genre humain, soit de la fièvre **typhoïde**, qui prélève surtout sur les jeunes gens son funèbre **tribut** [c].

b) Que de progrès les travaux de Pasteur ont rendus possibles ! Que d'avantages ils ont valus à l'humanité ! Mais les vérités qu'a révélées ce grand esprit, quelque remarquables qu'ont les ait [2] proclamées, n'ont pas fini de progresser : toute une série de conquêtes, plus longue qu'on ne l'aurait pensé, a suivi les premières victoires. Les savants se sont frayé dans la **thérapeutique** [d] de nouvelles voies : pour combattre les microbes **pathogènes** [e] par les microbes mêmes, ils se sont servis du **sérum**, c'est-à-dire du sang **débarrassé** des globules, ils ont pratiqué l'**antisepsie** [f] et l'**asepsie** chirurgicales, ils ont vaincu la **diphtérie** [g].

Jamais, depuis les vingt-cinq siècles qui nous séparent d'Hippocrate [h], le père de la médecine, l'art de guérir n'a fait autant de progrès qu'il en a accompli au cours des cent dernières années. Pas un jour, pas une heure ne s'écoule sans que [3] les disciples de Pasteur soient debout [4] pour combattre la maladie et la mort.

VOCABULAIRE

a) **Infectieux** : qui résulte ou s'accompagne d'*infection*, produite par des microbes se développant dans l'organisme.
b) **Physiologie** : partie de la biologie qui traite des fonctions des organes chez les êtres vivants dans l'état normal.
c) **Tribut** : contribution périodique qu'un peuple impose à un peuple vaincu ; au figuré, ce qu'on est obligé d'accorder, de concéder. — Ne pas confondre avec *tribu*.
d) **Thérapeutique** (grec *therapeutikos*, de *therapeuein*, soigner) : partie de la médecine qui a pour objet la manière de soigner et de guérir les maladies.

e) **Pathogène** (grec *pathos,* maladie, et *gennân,* engendrer) : qui produit certaines maladies.

f) **Antisepsie** (grec *anti,* contre, et *sêpsis,* putréfaction) : ensemble de procédés employés contre les infections microbiennes. — **Asepsie** (grec : *a* privatif, et *sêpsis*) : méthode préventive contre les maladies microbiennes.

g) **Diphtérie** (grec *diphtera,* membrane) : maladie infectieuse et contagieuse caractérisée par la formation de fausses membranes dans la gorge.

h) **Hippocrate** : le plus célèbre médecin de l'Antiquité (Ve siècle av. J.-C.).

ORTHOGRAPHE ET GRAMMAIRE

1. **Reconnaître**, ou *reconnaitre*, selon les *Rectifications* : cf. notre Appendice, § 4.
2. **Ait** : La 3e personne du singulier du subjonctif présent se termine par *-e*. Seuls *avoir* et *être* font exception (*qu'il ait, qu'il soit*).
3. **Sans que** : après *sans que,* en principe on ne met pas *ne* (voir pourtant *Bon us.*, § 983, *g,* 3°). *Sans que* se construit toujours avec le subjonctif.
4. **Debout**, adverbe, est toujours invariable.

207 Le pèlerin de la paix

a) Dans la ville industrielle qui, en 1893, élut député cet homme éminent que fut Jean Jaurès, des vieilles gens [1] se sont laissé interviewer [2]. On comprend, à les écouter, que les mineurs et les verriers pouvaient alors avec raison se plaindre que [3] leurs droits fussent mal respectés. Fallait-il vraiment, demandaient-ils, que nous continuions à supporter la condition inhumaine qui était la nôtre ? Fallait-il que nous nous astreignions [4] aux travaux les plus pénibles pour un salaire insuffisant, sans la garantie de l'emploi, et que nous soyons [4] forcés d'assumer seuls les risques et les handicaps [5] de la maladie, des accidents, de la vieillesse ?

Jean Jaurès entreprit de défendre ces revendications. On l'entendit parler **passionnément** à la Chambre, on le vit manifester dans les rues. **Concurremment**, il œuvrait pour que s'éloigne le spectre de la guerre : on a pu l'appeler le Pèlerin de la Paix. Hélas ! ses nombreux discours, en Europe et jusqu'en Amérique, ses apostrophes enflammées et ses démonstrations vigoureuses ne (*convaincre,* passé simple [6]) pas assez, si l'on songe aux quatre années de destructions sanglantes qui suivirent sa mort. On le taxa de traîtrise [7] envers son pays, parce qu'il refusait la guerre, et ce fut cette accusation qui déclencha le geste irresponsable de son assassin, le 31 juillet 1914.

b) Jaurès fut-il un utopiste, un irréaliste ? La vérité est tout autre. Attendu la situation internationale, les hostilités sans doute étaient inévitables. Mais, quoi qu'on ait pu dire, l'action de ce juste n'est pas demeurée vaine. Le défenseur de la paix reçut l'hommage des plus hautes autorités de son pays. Plus d'un adversaire politique, plus d'un ennemi irréductible même s'inclinent [8] devant la générosité, l'énergie, le talent aussi de cet homme de grande culture, de cet orateur exceptionnel ; il est des demi-admirations qui valent les plus beaux **panégyriques** [a]. Après la guerre, la France eut à son égard un geste de réparation éclatant. On regarde avec émotion, sur les photographies du 23 novembre 1924, les longues files de mineurs dans le cortège qui convoyait au **Panthéon** [b] la dépouille du grand homme. Quant à [9] la hargne de ses détracteurs, on ne l'excuserait plus volontiers aujourd'hui. À condition que l'on (*convenir*, à la forme convenable [10]) qu'une certaine **rhétorique** [c] enfle parfois ses propos, on doit tenir pour dignes de mémoire les **exhortations** de ce prophète des temps modernes, dont un écrivain illustre a pu dire : « De toutes les facultés que lui accorda la nature, celle d'aimer est peut-être celle qu'il a exercée le plus complètement. »

VOCABULAIRE

a) **Panégyrique** : discours à la louange de quelqu'un, éloge.

b) **Panthéon** : monument de Paris où sont inhumées les personnes à qui la nation veut rendre un hommage exceptionnel.

c) **Rhétorique** : déploiement d'éloquence.

ORTHOGRAPHE ET GRAMMAIRE

1. **Des** *vieilles gens :* on considère *vieilles gens* comme une sorte de mot composé. On pourrait admettre aussi *de vieilles gens* : dans ce cas *vieilles* et *gens* sont bien distincts l'un de l'autre. (*Bon us.*, § 569, a, 1°.)

2. **Interviewer** : prononcer *in-ter-viou-vé*.

3. On pourrait dire aussi : *se plaindre de ce que*, avec l'indicatif (« leurs droits *étaient* mal respectés ») ou avec le subjonctif (*fussent*, ou *soient*). Voir *Bon us.*, § 1072, *c* et Rem., et, pour l'emploi du temps au subjonctif, §§ 867-868.

4. **Astreignions.** Finale *-ions* à la 1re pers. plur. du subj. présent (sauf *que nous ayons, que nous soyons*). — On pourrait aussi avoir ici *astreignissions* (et *fussions*, ainsi que *continuassions* dans la phrase précédente). Mais ce serait du langage peu naturel : cf *Bon us.*, §§ 867-868 ; *N. gramm.*, § 346, Rem. 4.

5. **Handicap** (et *handicapé*) : avec *h* aspiré ; donc ni élision ni liaison.

6. **Convainquirent.**

7. **Traîtrise**, ou *traitrise*, selon les *Rectifications* (cf. notre Appendice, § 4).

8. Le pluriel, parce qu'il y a plusieurs sujets.

9. **Quant à** : latin *quantum ad*. À distinguer de *quand* adverbe ou conjonction de subordination.
10. **À condition que l'on convienne.** L'indicatif futur serait également possible (*Bon us.*, § 1100, b) ; toutefois cet emploi est devenu rare.

208 Un art de vivre en société

a) Le bel esprit qui raille sans **trêve** se rend odieux à tout le monde, et le savant qui fait montre [a] de sa science s'habille en pédant et paraît [1] ridicule. Ceux qui se sont persuadé(s) [2] qu'il faut se faire aimer et qui ont de l'esprit en doivent faire part aux autres. Qu'ils l'emploient à faire bien valoir les bonnes choses de façon qu'avec eux chacun croie [3] être content de soi-même.

Que ceux qui ont de la science (*ne point s'en prévaloir* [b], subjonctif présent [4]) et n'enseignent point en maîtres [1] les vérités dont ils sont convaincus. Mais qu'ils aient le secret de faire naître [1] insensiblement la lumière dans l'esprit de ceux à qui ils **ont affaire.**

b) Celui qui est généreux n'est plus aimable quoi qu'il en pense, s'il s'en glorifie et qu'il (*s'enorgueillir*, à la forme convenable [5]) du titre de **philanthrope.** En effet, il reproche ses faveurs à ceux qui les ont reçues, par la confusion dont il les couvre. Mais ceux qui font part aux autres de leur esprit et de leur science, aussi bien que de leur argent et de leur grandeur, ceux qui se sont faits les bienfaiteurs humbles et **désintéressés** de leurs semblables, se sont toujours concilié [c] tous les cœurs. Toute autre libéralité n'est qu'un pur effet de l'**amour-propre,** toute autre est intéressée ou du moins fort mal réglée.

D'après MALEBRANCHE.

VOCABULAIRE

a) **Faire montre de** : faire parade de.
b) **Se prévaloir de quelque chose** : prétendre en tirer avantage.
c) **Concilier** : disposer favorablement.

ORTHOGRAPHE ET GRAMMAIRE

1. **Paraître, maître, naître,** ou *paraitre, maitre, naitre,* selon les *Rectifications* (notre Appendice, § 4).
2. **Se sont persuadé que,** c'est-à-dire « ont persuadé à eux ». Mais on peut écrire *se sont persuadés ;* dans ce cas, *se* est complément direct : « ont persuadé *eux* ». (*Bon us.*, § 916, *a,* Rem. 2.)
3. **Croie** : le verbe d'une proposition de but est au subjonctif. La 3e personne du singulier du subjonctif présent se termine par -*e,* excepté *qu'il ait* et *qu'il soit.*
4. **Ne s'en prévalent point.**

5. **Qu'il s'enorgueillisse** : subjonctif après *que* remplaçant *si* dans la coordination. (*Bon us.*, §1099 ; *N. gramm.*, § 442, Rem. 2.)

209 Témoignage d'un historien

a) Si, comme les hommes se sont plu à le croire, l'intérêt de la science est compté au nombre des grands intérêts de l'humanité, j'ai donné à mon pays tout ce que lui donnent les soldats sur les champs de bataille : ainsi parlait Augustin Thierry, cet historien devenu tôt aveugle et qui n'en continua pas moins ses recherches. Quelle que soit la destinée de mes travaux, poursuivait-il, cet exemple, je l'espère, ne sera pas perdu. Je voudrais qu'il servît à combattre cette espèce **d'apathie** [a] que les moralistes ont **affirmé** [1] être la maladie de la génération nouvelle ; qu'il pût ramener dans le droit chemin quelqu'une [2] de ces âmes énervées [b] qu'on a entendues se plaindre de manquer de foi [c] et qui se sont épuisées à chercher partout quelque [2] objet de culte et de **dévouement**.

b) Pourquoi se dire avec mélancolie qu'il n'y a pas d'emploi pour toutes les intelligences ? Les joies de l'étude s'offrent aux gens les moins fortunés [d] ; personne n'en est **exclu** [3] : l'étude est un refuge, une espérance, une carrière à la portée de chacun de nous. Elle allège le poids des malheurs, quelques mauvais jours que l'on traverse ; par elle, bien des hommes se sont fait à eux-mêmes leur destinée ; à son service ils ont usé noblement leur vie.

Si même on était **en butte** [e] aux mille et une [4] épreuves de l'existence et que l'on (*souffrir,* au mode et au temps convenables [5]) sans espoir et sans relâche, on pourrait, grâce à l'étude, rendre ce témoignage : il y a quelque chose qui vaut mieux que les jouissances matérielles, mieux que la fortune, mieux que la santé elle-même : c'est le dévouement à la science.

D'après Augustin THIERRY.

VOCABULAIRE

a) **Apathie** (grec *apatheia*, composé de *a* privatif et de *pathos*, passion) : état de celui qui n'est susceptible d'aucune émotion, d'aucune réaction.

b) **Énervé** : privé de nerf, d'énergie (sens vieilli).

c) **Foi** : croyance, confiance.

d) **Fortuné** : qui est pourvu de grandes richesses. — Cet emploi *de fortuné*, que Littré condamnait, est aujourd'hui tout à fait correct ; il est accepté par l'Académie.

e) **Être en butte à** : on appelle *butte* une éminence de terre où l'on place une cible pour s'exercer au tir ; de là, au figuré, *être en butte à*, être exposé à.

> **ORTHOGRAPHE ET GRAMMAIRE**

1. **Affirmé** : le complément d'objet direct de *affirmé* est *être la maladie* ; le pronom *que* n'est pas complément d'objet direct du participe. (*Bon us.*, § 915, Exceptions, 3°.)
2. **Quelque** : l'*e* final de *quelque* ne s'élide que dans *quelqu'un, quelqu'une*.
3. **Exclu**, féminin *exclue*. Mais *inclus*, féminin *incluse*.
4. **Mille et un** : s'emploie pour indiquer de façon vague un grand nombre ; s'il s'agit d'un nombre précis, on doit dire *mille un* : « Ce village a encore *mille un* habitants. » Dans les deux cas, les *Rectifications* proposent de mettre des traits d'union : cf. notre Appendice, § 8.
5. **Que l'on souffrît** : subjonctif après *que* mis pour *si* dans une suite de propositions de condition. (*Bon us.*, § 1099 ; *N. gramm.*, § 442, Rem. 2.)

210 L'avarice

a) Les avares n'**amassent** que pour amasser ; ce n'est pas pour fournir à leurs besoins : ils se les sont toujours refusés ; leur argent fait leurs seules délices et leur est plus précieux que leur santé, que leur réputation, que leur vie même ; toutes leurs actions, toutes leurs vues, toutes leurs affections ne se rapportent qu'à cet indigne objet. Personne ne s'y trompe ; et ils ne prennent aucun soin de dérober aux yeux du public la misérable **préoccupation** qui s'est emparée de leur existence tout entière ; car tel est le caractère de cette honteuse passion qu'elle n'**empêche** jamais qu'on ne la voie [1] se manifester au dehors et qu'elle ne soit un mystère pour personne, **excepté** pour ceux-là mêmes qui s'en sont faits les esclaves.

Toute autre passion sauve du moins les apparences : le coupable essaye [2] de se cacher aux yeux du public ; **quant à** [3] l'avarice, ceux que possède cette passion sordide [a] ne la cachent qu'à eux-mêmes, mais ils la portent écrite dans leur **langage**, dans leurs actions, dans toute leur conduite, et, pour ainsi dire, sur leur front.

b) L'âge et les **réflexions** guérissent d'ordinaire les autres passions, au lieu que celle-ci semble reprendre de nouvelles forces dans la vieillesse. Plus les avares avancent vers ces instants (*fatal*, pluriel [4]) où tous les biens qu'ils ont amassés, quelque solides qu'ils paraissent, doivent leur être ôtés, plus ils s'y attachent et plus ils considèrent les misérables trésors qu'ils ont accumulés comme une précaution nécessaire pour un avenir chimérique [b]. Plus d'un, tout **décrépit** [c], ne conserve [5] quelques restes de sensibilité que pour cette indigne passion ; on en a vu, à leurs derniers moments, rassembler les forces que leur avait laissées la suprême maladie pour jeter encore des regards languissants sur un argent dont la mort allait les dépouiller pour l'éternité.

D'après MASSILLON.

VOCABULAIRE

a) **Sordide** : sale, repoussant ; au figuré, vil, répugnant.
b) **Chimérique** : qui substitue à la réalité des *chimères*, c'est-à-dire des créations imaginaires de l'esprit.
c) **Décrépit** : arrivé au dernier degré de la décadence physique, produite par la vieillesse.

ORTHOGRAPHE ET GRAMMAIRE

1. **Voie** : la 3ᵉ personne du singulier du subjonctif présent se termine par -e. Seuls *avoir* et *être* font exception (*qu'il ait, qu'il soit*).
2. **Essaye** (prononcé é-sèy') ou *essaie* (prononcé é-sè, sans yod).
3. **Quant à** (du lat. *quantum ad*) : ne pas confondre avec *quand*, adverbe ou conjonction de subordination.
4. *Instants* **fatals**.
5. **Conserve** : malgré la logique mathématique, c'est *un* qui détermine l'accord.

211 Une mystique [a] du travail

a) Le travail est, au témoignage de la saine **psychologie** [b], le véritable ami, le vrai consolateur, celui qui relève l'homme de toutes les défaillances, qui le purifie et **l'ennoblit** [c], qui le sauve des tentations vulgaires, qui l'aide le plus efficacement à porter le **faix** [d] des longues heures et des jours tristes, celui à qui cèdent, pour quelques moments, les grandes douleurs même, quelque profondes qu'elles puissent être.

Le travail, dès qu'il **vainc** les premiers ennuis et les premiers dégoûts [1], est, par lui-même et sans en estimer les résultats, un plaisir, et des plus vifs [2]. Ce serait en méconnaître [1] les douceurs et calomnier étrangement ce maître [1] de la vie humaine que de le traiter comme l'ont fait les pessimistes [e], qui se sont persuadé(s) [3] que le travail était un ennemi.

b) Lorsque, sous notre main ou dans notre pensée, notre œuvre croît, quelle qu'en soit la nature, la joie que nous nous sommes procurée d'avoir créé en dehors de nous une chose que nous dirigeons, que nous avons marquée de notre empreinte, ne rachète-t-elle pas toutes les peines qu'elle a coûtées [1], les sueurs qu'ont versées les laboureurs sur les sillons, les angoisses qu'ont éprouvées les artistes soucieux de la perfection, les découragements auxquels se sont laissés [4] aller les **poètes**, les hésitations parfois si pénibles des penseurs ? Le travail a été le plus fort, l'œuvre vit, elle a tout racheté d'un seul coup.

D'après Elme CARO.

VOCABULAIRE

a) **Mystique** : croyance qui se forme autour d'une idée, d'un sentiment, d'une personne.
b) **Psychologie** (tiré du grec *psykhé*, âme, et de *logos*, traité) : partie de la philosophie qui traite de l'esprit, de ses facultés, de ses opérations.
c) **Ennoblir** (prononcez *an* comme dans *envie*) : élever en dignité morale. À distinguer de *anoblir*, pourvoir d'un titre de noblesse. (Cette distinction est relativement récente.)
d) **Faix** : charge pénible à supporter.
e) **Pessimiste** : celui qui voit tout en mal.

ORTHOGRAPHE ET GRAMMAIRE

1. **Dégoût, méconnaître, maître, coûter,** ou *dégout, méconnaitre, maitre, couter,* selon les *Rectifications* (cf. notre Appendice, § 4).
2. **Des plus vifs** : après *des plus, des moins, des mieux,* l'adjectif se met ordinairement au pluriel (= *parmi les plus vifs*). Cependant certains auteurs mettent le singulier. (*Bon us.*, § 954, *g*)
3. *Se sont* **persuadé** *que*, c'est-à-dire : « ont persuadé *à eux* que ». Mais on peut écrire aussi : *se sont persuadés que ;* dans ce cas, *se* est complément d'objet direct : « ont persuadé *eux* que ». (*Bon us.*, § 916, *a*, Rem. 2.)
4. **Laissés** : accordé selon la règle générale des participes suivis d'un infinitif. Mais *fait* est toujours invariable, et des grammairiens considèrent qu'on doit traiter *laissé* de la même façon : voir Littré et les *Rectifications* (Appendice, § 9), ainsi que *Bon us.*, § 915.

212 Charlemagne

a) Charlemagne remplit toute son époque et forme, comme des auteurs se sont **plu** à l'affirmer, un siècle à lui seul. L'étonnante supériorité que les historiens se sont accordés à reconnaître [1] en lui est due à l'harmonieux équilibre des plus belles facultés. Telle paraît [1] être la nature de son génie qu'il déploie en tout une grandeur soutenue et indéfectible [a]. Avant tout il possède ces deux qualités maîtresses [1] de l'homme d'**État** [2] : la justesse du coup d'œil et la fermeté de la main. Il n'est point de besoins sociaux qu'il n'ait entrevus ou cherché à satisfaire. Les problèmes que posent la législation, le commerce, l'instruction publique, il les **résout** avec netteté.

b) Tout ce que Charlemagne a entrepris, il l'a poursuivi avec un zèle, une ardeur qui (*ne jamais se démentir,* passé composé [3]). Il n'a rien commencé qu'il n'ait achevé ; quelques sages conseillers qu'il trouvât dans son entourage, il voulut lui-même régler tout jusque dans le détail. Au cours des quarante-sept ans qu'il a régné, il a fait cinquante-trois expéditions ; les lois qu'il a **promulguées** (b) dépassent par le nombre et l'importance celles de tous les souverains qui se sont **succédé** avant lui sur le trône. Loin de s'affaiblir dans la vieillesse, son énergie a sans cesse crû, car c'est surtout dans les dernières années de son règne, après huit cent [4], que cet homme de fer se montre législateur. Rien ne se détend en lui et il descend debout au tombeau.

D'après Godefroid KURTH.

VOCABULAIRE

a) **Indéfectible** : qui ne peut défaillir, cesser d'être.
b) **Promulguer une loi** : la publier dans les formes requises, pour la rendre exécutoire.

ORTHOGRAPHE ET GRAMMAIRE

1. **Reconnaître, paraître, maîtresse**, ou *reconnaitre, paraitre, maitresse*, selon les *Rectifications* (cf. notre Appendice, § 4).
2. **État** signifiant « nation formant un corps politique » prend la majuscule.
3. **Ne s'est jamais démentie** : *zèle* et *ardeur* sont à peu près synonymes.
4. **Cent** équivaut à *centième* et ne varie pas. (*Bon us.*, § 577, *b*, Rem. 2 ; *N. gramm.*, § 222, *b*, 2°.) — Selon les *Rectifications*, on écrirait *huit-cent* (cf. Appendice, § 8).

213 Pourquoi écrit-on ?

Il ne paraît [1] pas inutile de signaler **succinctement** [2] l'importance de l'acte d'écrire, quoiqu'il soit si banal, si **constamment** et si spontanément accompli dans nos civilisations. Il fut un âge où l'écriture se révéla un moyen **irremplaçable** pour fixer soit la **chronique** des évènements [3], soit l'enchevêtrement des droits et des obligations se multipliant **à l'envi** (a) dans toute société qui se développe. Mais très tôt aussi les hommes se sont plu à composer, à réciter, à chanter, à écrire enfin des œuvres qui devaient leur substance et leur efficacité à l'imagination bien **davantage** qu'au réel. On écrit, déclare une illustre femme de lettres américaine (b), pour créer un monde dans lequel on puisse vivre. Quand l'atmosphère quotidienne et générale manque **vraiment** de sérénité, quand l'homme est troublé par les différends (c) et les disputes qui s'élèvent autour de lui aussi bien que dans son être intime **écartelé**, quand il peine à **accommoder** ses goûts [1], ses idéaux à ceux des autres et aux conditions dans lesquelles il lui faut bien vivre, quelle **échappatoire** (d) que la création d'un monde bien à soi où rien ne détonne (e), où l'artiste véritable, **voire** (f) le simple auteur d'une modeste prose puissent [4] respirer, régner, maîtres [1] enfin d'un univers qui, dans les meilleurs cas, saura en outre charmer, enchanter, consoler les autres ! Bien des poètes furent méprisés qui possédèrent et dispensèrent un pouvoir merveilleux : celui d'embellir et d'agrandir le monde.

VOCABULAIRE

a) **À l'envi** : à qui mieux mieux.

b) **Anaïs Nin.**

c) **Différend** : désaccord. À distinguer de l'adjectif *différent*.

d) **Échappatoire** : moyen détourné par lequel on cherche à se tirer d'embarras. Le mot est féminin.

e) **Détonner** : sortir du *ton*, en musique ; au figuré, produire un effet de contraste déplaisant. À distinguer de *détoner*, faire explosion.

f) **Voire** : ou même. (On dit aussi *voire même* : Bon us., §1042.) — À distinguer de *voir*.

ORTHOGRAPHE ET GRAMMAIRE

1. **Paraître, goût, maître**, ou *paraitre, gout, maitre*, selon les *Rectifications* : cf. notre Appendice, § 4.

2. **Succinctement** : on prononce d'ordinaire *suk-sint'-man*.

3. **Évènement** : telle est la forme préférée par l'Académie depuis 1993 ; elle signale cependant encore l'ancienne, *événement*. Voir l'Appendice, § 1.

4. **Puissent** : avec plusieurs sujets formant gradation, on met le singulier ou le pluriel, suivant qu'on s'arrête sur le sujet le plus rapproché ou sur l'ensemble des sujets. (*Bon us.*, § 439, a, 2°.)

214 La critique

a) À ceux qui se sont ri du travail d'autrui, à ceux qui se sont complu à le dénigrer [a] systématiquement, on a appliqué, il y a deux mille [1] ans et **davantage**, le surnom **vraiment** peu flatteur de Zoïle [b]. Le plaisir de condamner, qu'on décèle à travers le style allègre de maint [2] critique combatif [3], ne relève-t-il pas d'un défaut de générosité plus mesquin qu'on ne l'a pensé ? Je réponds : c'est probable, souvent.

Cependant, la critique, comme toute chose, est bonne ou mauvaise, et elle est, en tout cas, de tous les temps. Les nations les plus reculées même dans l'histoire ont eu leurs esprits chagrins, leurs polémistes qu'elles ont supportés avec plus ou moins de patience et de profit. Je vois que nombre de pédagogues des époques révolues, s'étant **préoccupés** de dispenser une éducation qui formât **excellemment** les intelligences, se sont bien gardés de proscrire l'apprentissage et l'exercice de la critique ; je vois que la télévision et même le théâtre récent [4] se sont perfectionnés dans les techniques propres à **susciter** les réactions, même violentes, d'un public qu'on veut concerné, voire **passionné** [5] par les grandes questions de la culture, de la morale, de la politique.

b) Quant à moi, je ne doute pas que les générations qui se sont succédé n'aient eu leurs raisons pour marquer une faveur si constante aux joutes de l'esprit, au jeu des arguments et des concepts qui sont le **symptôme** [c] d'une vie intellectuelle libre et féconde.

Ce phénomène universel, plus d'un psychologue, plus d'un philosophe l'expliquent [6] et l'apprécient différemment. Il n'est pas exclu d'**accommoder** entre elles diverses interprétations. Mais s'il fallait en quelques mots caractériser ce que beaucoup considèrent comme un **chef-d'œuvre** dans le genre critique, ceux de **sympathie** et d'ouverture conviendraient sans doute le mieux. La critique compréhensive et constructive demeurera toujours la plus utile, quel que soit le secteur des activités humaines où elle s'exerce.

VOCABULAIRE

a) **Dénigrer** (lat. *denigrare*, racine *niger*, noir) : critiquer, dire du mal de.

b) **Zoïle** : critique sévère du poète Homère ; son nom est devenu synonyme de « critique envieux et méchant ».

c) **Symptôme** (le *p* se prononce) : phénomène caractéristique d'une maladie naissante ; au figuré, signe caractéristique.

ORTHOGRAPHE ET GRAMMAIRE

1. **Deux mille**, ou *deux-mille*, selon les *Rectifications* (cf. Appendice, § 8).

2. **Maint** ou *maints* : ce déterminant a, en effet, la particularité d'avoir le même sens au singulier et au pluriel (ceci concernant évidemment aussi le nom et l'épithète qui suivent).

3. **Combatif** ou *combattif* selon les *Rectifications*, qui suppriment la disparate avec *combattre* (Appendice, § 14). *Combattif* était déjà donné comme variante par Robert.

4. **Récent** : accord avec le dernier nom seulement, comme l'exige le sens.

5. **Concerné, passionné** : le sens est « que l'on considère comme concerné, passionné ». Distinction subtile, qui n'est pas à la portée de n'importe qui. On tâchera de la faire comprendre, sans compter l'infinitif comme une faute grave.

6. **Expliquent** : le verbe au pluriel, parce qu'il y a plusieurs sujets (la présence de *plus d'un* n'empêchant pas l'application de cette règle : *Bon us.*, § 431, c).

215 Les capacités du cerveau humain

a) Les **physiologistes** [a] qui se sont succédé [1] au cours des dernières décennies [b] se sont toujours étonnés que l'homme ait mis un temps incroyable à bien connaître [2] son cerveau. Les Grecs, quoiqu'ils [3] aient inventé le « connais-toi toi-même » et qu'ils aient fondé leur **philosophie** tout entière sur la raison, ne se sont guère rendu compte [4] des prodigieuses capacités du cerveau humain, ne lui accordant qu'un rôle inférieur à celui du cœur. Aristote [c], par exemple, estimait que le cerveau était **censément** [5] un condensateur des vapeurs subtiles émises par le cœur et que, si certains hommes se sont prévalus d'une intelligence supérieure, ç'a été parce que leur système **cérébral** [d] a pu refroidir suffisamment **lesdites** [6] vapeurs pour que leur cœur, comme par un jeu de vases **communicants** [7], eût une activité mentale telle qu'elle fît passer son **influx** [e] dans les divers réseaux de l'organisme.

b) Cette ignorance dura près de deux **millénaires** [f]. **Naguère** [g] encore, un physiologiste déclarait que nous ne nous sommes fait qu'une idée si approximative des fonctions du cerveau que nous pourrions tout aussi bien nous être **imaginé** [8] que le crâne est bourré de tampons d'ouate. Mais récemment l'invention des calculatrices électroniques a **bouleversé** l'étude du cerveau. Les chercheurs se sont avisés que la façon dont nous les avons vues résoudre des problèmes étonnamment complexes rappelait, dans une certaine mesure, la mystérieuse machine cérébrale. Ce rapprochement entre des engins raffinés et nos **processus** [h] mentaux n'est sans doute encore qu'une vague approche des difficultés extraordinaires que les physiologistes auront à résoudre, mais déjà plusieurs espèrent que, si l'homme parvient à dévoiler **davantage** les mystères des circonvolutions cérébrales et qu'il **acquière** [9] une meilleure maîtrise [2] de l'outil merveilleux dont il dispose, il pourra faire, dans le domaine intellectuel, des progrès **équivalant** [10] à ceux qu'il a réalisés sur le plan matériel.

> **VOCABULAIRE**
>
> a) **Physiologiste** : savant s'occupant de *physiologie*, science qui étudie les fonctions des organes.
>
> b) **Décennie** : période de dix ans. — Dans le même sens, certains auteurs emploient *décade*. Cf. *Bon us.*, § 580, *c*.
>
> c) **Aristote** : célèbre philosophe grec (IVe siècle av. J.-C.).
>
> d) **Cérébral** : qui a rapport au cerveau (lat. *cerebrum*). Ne pas confondre avec *cervical*, qui a rapport à la région de la nuque (lat. *cervix, cervicis*).
>
> e) **Influx** : écoulement, mouvement de certains fluides transmettant une force, une action.
>
> f) **Millénaire** : période de mille ans.
>
> g) **Naguère** : il y a peu de temps. Distinguer de *jadis*, il y a longtemps.

h) **Processus** (terme latin signifiant « progrès » ; l's final se prononce) : développement.

> **ORTHOGRAPHE ET GRAMMAIRE**

1. **Se succéder** : le participe passé est toujours invariable.
2. **Connaître, maîtrise**, ou *connaitre, maitrise*, selon les *Rectifications* : cf. notre Appendice, § 4.
3. **Quoique** (en un mot) : bien que. À distinguer de *quoi que* (en deux mots), quelque chose que.
4. Le complément d'objet direct de *rendu* est *compte* ; le participe est donc invariable.
5. **Censément** : par supposition, en apparence. À distinguer de *sensément* (peu usité), d'une manière sensée, raisonnable.
6. **Lesdites** : le participe *dit* se soude avec l'article défini dans des expressions employées pour rappeler qu'il a déjà été question des personnes ou des choses dont il s'agit. (*Bon us.*, § 598, *b*, Rem. 3.)
7. **Communicant**, adjectif verbal, variable. À distinguer de *communiquant*, participe présent invariable.
8. **Nous être imaginé** : le compl. d'objet direct du participe est la proposition qui suit.
9. **Et qu'il acquière** : dans une proposition conditionnelle coordonnée où *que* remplace *si*, on met normalement le subjonctif. (*Bon us.*, § 1099.)
10. **Équivalant** : participe présent. À distinguer de l'adjectif *équivalent*.

216 L'hirondelle

a) L'hirondelle est l'oiseau par excellence, l'être entre tous né pour le vol. Des ailes en faux, des yeux qui (*saillir*, indicatif présent [1]) avec excès, point de cou ; de pied, peu ou point : l'hirondelle est vraiment tout(e) [2] aile, et, si vous l'avez observée, vous l'avez vue manger en volant, boire, se baigner en volant, en volant **nourrir** ses petits. Elle est d'une vivacité, d'une agilité étonnante : elle tourne, déploie en cent cercles l'incomparable légèreté de son vol, raye [3] le ciel d'un dédale [a] de figures incertaines, d'un **labyrinthe** de courbes variées, qu'elle se plaît [4] à croiser, à recroiser à l'infini.

b) L'hirondelle est certes [5] la reine de l'air : l'**atmosphère** tout entière lui appartient. Voyez-la changer à tout moment [6] d'élan et tourner court tout à coup [7]. La chasse infiniment variée et capricieuse d'une proie **constamment tremblotante**, c'est, sans nul doute, la meilleure école du vol, et ce qui rend l'hirondelle supérieure à toute autre espèce d'oiseau.

Certaines variétés d'hirondelles, que les naturalistes ont affirmé [8] faire jusqu'à vingt-cinq lieues [b] par heure, égalent en vitesse les frégates [c] même(s). Avec ses quelque soixante espèces, le grand peuple des hirondelles égaye [9] la terre, la charme de sa grâce, et se trouve le premier de la **gent** [d] ailée par le don, l'art complet du vol.

D'après Jules MICHELET.

VOCABULAIRE

a) **Dédale** : labyrinthe, lieu où l'on s'égare, à cause de la complexité des détours. Ne s'emploie guère qu'au figuré : embarras dont il est difficile de sortir, choses qu'il est très difficile de débrouiller. — Le nom propre *Dédale* désigne un architecte grec qui, selon la légende, construisit le labyrinthe de Crète, dans lequel fut enfermé le Minotaure (monstre moitié homme, moitié taureau).

b) **Lieue** (nom féminin, à distinguer de *lieu*) : en France, 4 kilomètres. En Belgique, 5 kilomètres.

c) **Frégate** : oiseau de mer d'une grande envergure (jusqu'à 2,30 m). qui saisit à la surface de l'eau les poissons dont il se nourrit.

d) **Gent** (du lat. *gens*, accusatif *gentem*) : vieux mot signifiant « race ».

ORTHOGRAPHE ET GRAMMAIRE

1. **Saillent** (= sont en saillie).
2. **Tout(e)** exprimant plénitude et renforçant un nom épithète ou attribut s'accorde avec ce nom ou reste invariable. *(Bon us.*, § 955, Rem. 2.)
3. **Raye** (prononcé *rèy'*) ou *raie* (prononcé *rè* sans *yod*).
4. **Plaît**, ou *plait*, selon les *Rectifications* (cf. notre Appendice, § 4).
5. **Certes**, avec *s* adverbial. *(Bon us.*, § 923.)
6. **À tout moment**, ou *à tous moments*. *(Bon us.* § 615, *b*, 1°, Rem.)
7. **Tout à coup**, *tout à fait*, *tout à l'heure* s'écrivent sans traits d'union.
8. **Ont affirmé** : le complément d'objet direct de *affirmé* est l'infinitif qui suit ; le pronom *que* n'est pas complément d'objet direct du participe. *(Bon us.* § 915, Exceptions, 3°.)
9. **Égaye** (prononcé *é-ghèy'*) *ou égaie* (prononcé *é-ghè* sans *yod*).

217 Sur la prééminence de la philosophie

a) Quoiqu'elle ait [1] son domaine propre, la **philosophie** n'en est pas moins la science générale, attachée tout entière à l'étude des principes. Pour peu que la pensée s'élève, quels que soient son objet et son point de départ, même dans les sciences **physiques** et mathématiques, on arrive toujours à un principe supérieur duquel tout dérive.

La philosophie est la plus grande culture de l'esprit : plus que **toute** autre elle **développe** les idées, et il n'en est aucune qui ouvre et mûrisse [2] **davantage** l'intelligence. Si l'on négligeait ses méthodes et que l'on méprisât [3] sa forte discipline, la littérature, non moins que la culture scientifique, en recevrait [4] les plus fâcheux **contrecoups**. Les littérateurs qui sont philosophes ont une **tout** autre solidité que ceux qui ne sont que littérateurs. Ces derniers se sont toujours contentés d'effleurer les questions et se sont joués à la surface, sans trop savoir s'ils **concluraient** [5] ou non, sans creuser jusqu'aux racines mêmes de leur sujet : **quant** aux autres, ils se sont avancés méthodiquement, conscients de leur but [6] et de leurs moyens et ils ont atteint, quelques grandes difficultés qu'ils aient rencontrées, le fond des choses, les raisons capitales et les causes dernières.

b) La grande éloquence en particulier a puisé sa force principale dans les ressources [7] que lui a procurées la philosophie, témoin [8] les grands orateurs de l'Antiquité. Il n'est pas douteux, en effet, qu'un orateur comme Cicéron n'ait **recueilli** de l'étude des Platon et des Aristote [a] plus d'avantages que ne lui en avaient valu les leçons des **rhéteurs** [b]. Dans un autre domaine, combien de savants a-t-on entendus déclarer qu'autant ils avaient pu mettre d'ordre et de lumière dans leurs connaissances, autant la philosophie en avait donné à leur esprit !

D'après Mgr Dupanloup.

VOCABULAIRE

a) **Cicéron** : orateur romain (1er siècle av. J.-C.). — *Platon*, philosophe grec (429-347 av. J.-C.). — *Aristote*, autre philosophe grec (IVe siècle av. J.-C.).

b) **Rhéteur** : professeur d'éloquence.

ORTHOGRAPHE ET GRAMMAIRE

1. **Ait** : la 3e personne du singulier du subjonctif présent se termine par -e, sauf *qu'il ait, qu'il soit*.

2. **Mûrir**, ou *murir*, selon les *Rectifications* (notre Appendice, § 4).

3. **Méprisât** : subjonctif après *que* mis pour *si* dans une suite de propositions de condition. (*Bon us.*, § 1099.)

4. **Recevrait** : on considère qu'il y a un seul sujet (*la littérature*). On admettra aussi *recevraient,* avec deux sujets coordonnés (*la littérature* et *la culture scientifique*). Cf. *N. gramm.*, § 366.

5. **Concluraient** : attention à l'orthographe de ce conditionnel (l'infinitif est *conclure* et non *concluer* !).

6. **Leur but,** ou *leurs buts*. Sauf quand il y a liaison avec le mot suivant, la prononciation hésite entre *but'* et *bu* (surtout fréquent au pluriel).

7. **Ressources** : prononcez *re-sours'* (*re* comme dans *René*).

8. **Témoin** reste invariable quand il est attribut en tête de phrases averbales. (*Bon us.*, § 250, Rem. 4.)

218 Pierre le Grand

a) Pierre le Grand fut certes [1] un des souverains les plus remarquables qu'il y ait eu en Russie. Jeune encore il s'aperçut qu'il ne pouvait s'**accommoder** de l'éducation qu'il avait reçue et il rêva de tirer son pays du **chaos** [a] de la barbarie. Son naturel lui fit tout de suite aimer les étrangers avant qu'il sût quel profit il (*recueillir*, conditionnel présent [2]) des enseignements qu'ils lui auraient donnés.

Ses qualités natives, qu'une éducation barbare n'avait pas étouffées, se **développèrent** presque subitement. Il résolut d'être homme, de commander à des hommes et de créer, quelle que fût la difficulté de l'entreprise, une nation nouvelle. Il quitta la Russie en seize cent quatre-vingt-dix-sept [3] ; les deux ans qu'il avait régné, il les avait employés à rechercher les moyens de réaliser l'œuvre de civilisation qu'il avait projetée.

b) Quoi que son entourage pût en penser, Pierre le Grand se rendit en Hollande [4], déguisé sous un nom vulgaire [b]. À Amsterdam, il travailla dans le chantier parmi les charpentiers. Dans les **intervalles** de son travail, il apprenait les parties des mathématiques qu'il avait pensé [5] être utiles à un prince.

Après deux ans de voyages et de travaux **fatigants** [6], il reparut en Russie et **aplanit** une à une les difficultés qu'il rencontra ; au prix d'efforts persévérants, il **poliça** [c] les villes ; quoiqu'une [7] certaine résistance se manifestât parmi la population, les habillements, les coutumes changèrent peu à peu, et les Moscovites [d] connurent par degrés ce que c'est que la société.

D'après VOLTAIRE.

VOCABULAIRE

a) **Chaos** (lat. *chaos*, du grec *khaos*) : confusion et désordre complet. À distinguer de *cahot*.

b) Le nom de *Peter Baas* (= maître Pierre).

c) **Policer** : civiliser, adoucir les mœurs, établir des lois pour la sûreté, la commodité des habitants.

d) **Moscovites** : habitants de la *Moscovie* (nom ancien de la région de Moscou, souvent étendu à la Russie entière).

ORTHOGRAPHE ET GRAMMAIRE

1. **Certes**, avec l'*s* adverbial. (*Bon us.*, § 923.)
2. **Recueillerait**.
3. **Seize cent quatre-vingt-dix-sept** : on dit moins souvent *mil six cent...* — D'autre part, selon les *Rectifications*, on met un trait d'union entre tous les éléments des numéraux composés (*million* et *milliard* mis à part, en tant que noms) : cf. notre Appendice, § 8.

4. **Hollande** a un *h* aspiré ; donc pas de liaison.

5. **Pensé** : le complément d'objet direct est la proposition infinitive et non *que*. (*Bon us.*, § 915, Exceptions, 3°.)

6. **Fatigant** : adjectif ; à distinguer de *fatiguant,* participe présent.

7. Selon Littré, l'*e* de **quoique** ne s'élide dans l'écriture que devant *il(s), elle(s), on, un(e)*. Mais, en fait, il s'élide souvent devant un mot quelconque commençant par une voyelle ou par un *h* muet, pourvu qu'il n'y ait aucune pause à faire. (*Bon us.*, § 45, *b*, 4°.)

219 Retour à l'artisanat

a) Nos villes et nos villages se sont plu, depuis quelque temps, à organiser des manifestations à la gloire du travail que la machine ne saurait accomplir. Ne parlons pas des ateliers devenus (*banal* à la forme convenable [1]), tels qu'on en voit surgir à maints tournants [2] des routes des vacances : la sempiternelle poterie serait-elle seule à illustrer l'habileté étonnamment **polyvalente** [a] de nos dix doigts ?

Combien de tâches existe-t-il encore que, jusqu'à présent, la machine n'a pu arracher aux mains de l'homme ? Certes, nous nous sommes de mieux en mieux rendu compte que les possibilités créatrices de nos mains se sont raréfiées depuis l'avènement de l'ère industrielle, depuis que s'est développé l'empire **hégémonique** de l'automatisme à tout va [b]. Mais voici que les **sophistications** [c] stéréotypées [d] ont fini par lasser. Il a dès lors paru intéressant de faire l'inventaire de ces activités manuelles qui témoignent, elles aussi, pour la fascinante inventivité de l'être humain, depuis quelque [3] six cent mille [4] ans ou **davantage** toujours aussi féconde.

b) Ainsi sont nées et ont fleuri ces expositions où (*être* indic. prés. [5]) réunies un certain nombre de réalisations infiniment variées, telles [6] que : instruments de musique, articles de passementerie [e], de joaillerie, de bourrellerie [f], de ferronnerie, etc. Il n'est pas jusqu'à l'audio-visuel qui ne se mette de la partie, avec les séquences documentaires sur tel ou tel métier ; les publicistes pour leur part interviewent [7] les artisans ; tous les médias [8] enfin reprennent les leitmotive [9] en l'honneur des travaux anciens. Cet engouement [g] souvent lyrique [h] joue sa partie dans l'hymne quasi **ininterrompu** qui célèbre aujourd'hui les incomparables mérites du naturel dans tous les domaines. En souhaitant de voir se clore l'ère [i] des productions en séries et des gestes indéfiniment répétés, les passionnés de l'artisanat rejoignent les écologistes. La renaissance de certains métiers comme celui de maréchal-ferrant, qu'amène le succès de l'équitation, maintient à la campagne une activité ancestrale. Tel luthier [j] ne craint pas de s'installer dans un bourg, voire [10] dans un village, où les artistes les plus **cotés** viendront admirer ses **chefs-d'œuvre**.

Conclurons-nous en nous extasiant sur les prémices [11] d'un nouvel âge d'or ? Ne soyons pas naïfs. Émerveillons-nous, plutôt, des perpétuelles forces de changement, de renouvellement qui travaillent l'humanité. Et veuille le destin que cet être bouillonnant de rêves et d'inventions, l'homme, cultive aussi cette sorte de sagesse imaginative qui le garde de finir en terrible apprenti sorcier !

VOCABULAIRE

a) **Polyvalent** : qui a plusieurs fonctions, plusieurs activités différentes.

b) **À tout va** (parfois écrit *à tout-va*) : sans limite, sans mesure.

c) **Sophistication** : complication, caractère de ce qui est extrêmement recherché, artificiel, ou d'une technique très avancée.

d) **Stéréotypé** : qui semble sorti d'un moule, tout fait, figé.

e) **Passementerie** : ensemble des ouvrages (galons, ganses, franges) destinés à l'ornement des vêtements, des meubles.

f) **Bourrellerie** : activité artisanale concernant la fabrication et la réparation d'objets en cuir.

g) **Engouement** : passion, admiration très vive, emballement.

h) **Lyrique** : enthousiaste, exalté.

i) **Ère** : époque. À distinguer des divers homonymes.

j) **Luthier** : fabricant d'instruments de musique à cordes.

ORTHOGRAPHE ET GRAMMAIRE

1. **Banals** (*N. gramm.*, § 196).

2. **Maints tournants** ou *maint tournant*.

3. **Quelque**, « environ », adverbe invariable. (*N. gramm.*, § 244, *b*, 1°.)

4. **Six cent mille**, ou *six-cent-mille*, selon les *Rectifications* (cf. notre Appendice, § 8).

5. **Sont** : pluriel, car l'on considère les choses dont il s'agit dans leur pluralité, et *un grand nombre de* est proche d'un déterminant comme *plusieurs*. (*Bon us.*, § 422, *c*, 3° ; *N. gramm.*, § 358.)

6. **Telles** : quand *tel* suivi de *que* annonce une énumération, développant un terme synthétique (*réalisations*), l'accord se fait avec le terme synthétique. (*Bon us.*, § 248, *a*, 4° ; *N. gramm.*, § 243, *c*, Rem. 1.)

7. **Interviewent** : prononcez *in-tèr-viouv*.

8. **Médias** : on a écrit aussi *les media* sans *s* et sans accent.

9. **Leitmotive** : pluriel de *leitmotiv*, thème, formule répétés.

10. **Voire** : ou même. Ne pas confondre avec l'infinitif *voir*.

11. **Prémices** : début. À ne pas confondre avec *prémisses*, propositions d'où se tire une conclusion, en logique.

220 Corneille, ou la passion de l'héroïsme

a) Corneille ne se vantait que d'avoir épuré les mœurs [1] du **théâtre**. Mais, quoi qu'il en ait [2] dit, il a fait autre chose, et il a fait **davantage** : aux (*idéal*, mettre au pluriel [3]) terre à terre de ses contemporains, il a opposé un nouvel idéal moral, qui devait être celui du dix-septième [4] siècle et dont les aspirations tout **excessives** et (*tout*, à la forme convenable [5]) **bizarres** qu'elles (*avoir pu* au mode convenable [6]) paraître [7] quelquefois [8], ne sont **certes** pas sans grandeur. Sans doute, Corneille n'a pas donné dans tous ses **chefs-d'œuvre** le spectacle du triomphe du devoir sur la passion ; chez lui, le point d'honneur [a] est parfois si étrangement **exigeant** qu'il impose des obligations qui **détonnent** [b].

b) Il n'en reste pas moins vrai que les exemples d'honneur, de devoir et de volonté qu'il nous a donné(s) [9] à admirer ont pu nous enlever à nous-mêmes en nous provoquant [10] à l'imitation de vertus éminentes ; et quoique nous n'**ayons** [11] pas **affaire de** [12] lui pour nous apprendre à vivre, il pourra, pour peu que nous soyons sensibles aux nobles **dévouements** et que nous croyions [11] à l'excellence de la vertu, nous mettre dans cet état **d'exaltation** [13] morale qui nous rendra capables, à l'occasion, de monter jusqu'aux **cimes**.

Par là, il est, avec Pascal et Bossuet, du petit nombre de nos grands écrivains qui nous ont élevés au-dessus de nous-mêmes et qui nous ont enseigné le prix de la volonté, l'héroïsme du devoir et la beauté du sacrifice.

D'après BRUNETIÈRE.

VOCABULAIRE

a) **Point d'honneur** : ce qu'on regarde comme touchant à l'honneur.

b) **Détonner** : en musique, ne pas être dans le *ton* ; au figuré, produire un effet de contraste inattendu, déplaisant, — À distinguer de *détoner*, faire explosion ; cf. *détonation*.

ORTHOGRAPHE ET GRAMMAIRE

1. **Mœurs** : la prononciation *meur* est plutôt vieillie ; dans l'usage ordinaire, on fait entendre l'*s*, bien que ce soit l'*s* du pluriel.
2. **Ait** : la 3e personne du singulier du subjonctif présent se termine par -*e*, sauf *qu'il ait, qu'il soit*.
3. **Idéaux** : on a dit aussi *idéals*, qui devient rare. (*Bon us.*, § 504, *c.*)
4. **Dix-septième** ou *XVIIe* ou *XVIIe* (avec la dernière lettre de l'ordinal écrit en lettres), mais non *XVIIme*, *XVIIème*, *XVIIIème*, ni surtout les absurdes *XVIIè*, *XVIIº*. (Dans *nº*, *1º*, on a le *o* final de *numéro*, *primo*.)
5. **Toutes** *bizarres*.
6. **Ont pu** ou **aient pu**. Traditionnellement, *tout ... que* se construit avec l'indicatif. Mais l'usage moderne autorise l'emploi du subjonctif. (*Bon us.*, § 1094.)

7. **Paraître**, ou *paraitre*, selon les *Rectifications* (cf. notre Appendice, § 4).

8. **Quelquefois** : parfois. À distinguer de *quelques fois*, un petit nombre de fois.

9. **Donné(s)** : *que* peut être considéré comme objet direct soit de *donné* soit d'*admirer*. L'usage préfère la première solution (donc *donnés*). Cf. *N. gramm.*, § 377, Rem. 2.

10. **Provoquant** : participe présent (ou, plus exactement, gérondif). À distinguer de l'adjectif *provocant*.

11. **Ayons, croyions** : la 1re personne du pluriel du subjonctif présent se termine par *-ions*, sauf *que nous ayons, que nous soyons*.

12. **Avoir affaire de qqn** (vieilli) : avoir besoin de lui. À distinguer de *avoir affaire à qqn*, avoir à lui parler, à débattre avec lui, et de *avoir affaire avec qqn*, avoir à traiter avec lui.

13. **Exaltation** : du lat. *exaltatio*, racine *altus*, haut.

221 L'art de la conversation

a) Évite, dans la conversation, de parler longtemps de toi-même et ne va pas étaler complaisamment les qualités que ton amour-propre s'est attribuées ou que tu possèdes effectivement. Applique-toi à connaître [1] l'inclination [a] de ceux à qui tu parles, de façon que tu (*pouvoir*, à la forme convenable [2]) ajouter tes pensées aux leurs et leur faire croire que ce (*être*, indicatif présent [3]) leurs opinions que tu exprimes. Quels que soient les sujets que tu traites, laisse aux autres quelque chose à penser et à dire.

b) Rien ne déplaît [1] dans la conversation comme les airs d'autorité et le langage arrogant ou emphatique [b]. On peut conserver ses opinions si l'on se **convainc** qu'elles sont fondées, mais il ne faut pas que l'on s'**octroie** [4] le monopole du bon sens et que l'on se bute [c] à ses jugements en blessant les sentiments des autres. Toute conversation, quelque [5] honnête et quelque spirituelle qu'elle soit, n'est pas également propre à n'importe quelles gens : il faut choisir ce qui convient à chacun et le dire à propos.

Mais il y a aussi un art de se taire ; il y a des silences éloquents, **pathétiques** [d] même, il y a des silences moqueurs, des silences respectueux. Il y a enfin des tons, des manières adaptés aux circonstances et au caractère des personnes que l'on entretient. Bref, une des meilleures règles qu'on ait données [6] de la conversation paraît [1] être de laisser plutôt voir des négligences dans ce qu'on dit que de l'affectation, de ne parler guère et de ne se forcer jamais à parler.

D'après La Rochefoucauld.

> **VOCABULAIRE**

a) **Inclination** : sentiment spontané envers quelqu'un ou quelque chose.
b) **Emphatique** : qui a de *l'emphase,* affectation pompeuse dans le discours ou dans le débit.
c) **Se buter** : se fixer, se tenir (à qqch.) avec obstination.
d) **Pathétique** (racine grecque *pathos,* passion) : qui émeut.

> **ORTHOGRAPHE ET GRAMMAIRE**

1. **Connaître, déplaît, paraître,** ou *connaitre, déplait, paraitre,* selon les *Rectifications* : cf. notre Appendice, § 4.
2. **Puisses.**
3. **Ce sont leurs opinions.** (Archaïque ou familier : *c'est leurs opinions ;* cf. *Bon us.,* § 898, *a* ; *N. gramm.,* § 361.)
4. **Octroie** : la 3ᵉ personne du singulier du subjonctif présent se termine par -*e,* excepté *qu'il ait, qu'il soit.*
5. **Quelque** ne s'élide dans l'écriture que dans *quelqu'un(e).*
6. **Qu'on ait données** : quoique moins logique, le singulier se trouve assez fréquemment dans ce cas. (Cf. *Bon us.,* § 425.)

222 Un idéal en littérature : le sublime familier

a) Le goût ¹ exquis craint le trop en tout, sans en **excepter** l'esprit même. Les traits d'esprit, quelque brillants qu'ils soient, lassent dès qu'ils sont affectés et prodigués. Il convient qu'on ne déploie ² son esprit qu'à propos et qu'on en sache retrancher ce qu'il faut pour s'**accommoder** à celui de la multitude ⁽ᵃ⁾ et pour lui **aplanir** le chemin. Les **poètes** qui ont le plus d'essor ⁽ᵇ⁾ de génie sont ceux qui doivent le plus craindre cet **écueil** de l'excès d'esprit. C'est, dira-t-on, un beau défaut. J'en conviens, mais, quoi que vous en disiez, c'est un défaut, et des plus difficiles ³ à corriger.

b) Un auteur qui a trop d'esprit, et qui veut en avoir **constamment**, lasse le mien : ses vers, de quelques séduisants **concetti** ⁴ qu'on les ait ² remplis, ont beau **scintiller** ⁵, leur lecture me devient une étude **fatigante** ⁶. Tant d'éclairs (*m'éblouir,* indicatif présent ⁷) ; je cherche une lumière douce qui (*convenir* au mode convenable ⁸) à mes faibles yeux ; je demande un poète aimable, qui (*faire* au mode convenable ⁹) tout pour ses lecteurs, et rien pour lui ; je veux un sublime si familier et si simple que chacun croie ² **volontiers** qu'il l'aurait trouvé sans peine, quoique la plupart des hommes ne soient pas capables de le trouver.

Je veux un homme qui me (*faire,* au mode convenable ¹⁰) oublier qu'il est auteur et qui (*se mettre* au mode convenable ¹⁰) comme de **plain-pied** ¹¹ en conversation avec moi. Je veux qu'il me mette devant les yeux un laboureur qui craint pour les blés qu'il a fait pousser, un berger qui ne connaît [1] que son village et son troupeau ; je veux qu'il me fasse penser, non à lui et à son bel esprit, mais aux bergers qu'il fait parler.

D'après FÉNELON.

VOCABULAIRE

a) **Multitude** : le plus grand nombre, la masse des gens.

b) **Essor** : élan d'un oiseau dans l'air ; au figuré, élan de l'esprit.

ORTHOGRAPHE ET GRAMMAIRE

1. **Goût, connaître**, ou *gout, connaitre*, selon les *Rectifications* : cf. notre Appendice, § 4.
2. **Déploie, ait, croie** : la 3e personne du singulier du subjonctif présent se termine par -e, sauf *qu'il ait qu'il soit*.
3. **Des plus difficiles** : après *des plus, des moins, des mieux*, l'adjectif se met ordinairement au pluriel (= parmi les plus difficiles). Cependant certains auteurs mettent le singulier. (*Bon us.*, § 954, g.)
4. **Concetti** (traits d'esprit plus brillants que profonds) : seulement au pluriel et sous cette forme, pour l'Académie. Le singulier est rare, mais non inusité, soit sous la forme italienne du singulier (*concetto*, par exemple chez Voltaire, cité par Robert), soit sous la forme *concetti* (chez Julien Green, cf. *Trésor de la langue franç.*), qui amènerait un pluriel francisé *concettis*, attesté chez Hugo (*Œuvres poétiques*, Pléiade, t. I, p. 703) et conforme au principe adopté par les *Rectifications* et, en plusieurs cas, par l'Académie (cf. Appendice, § 10).
5. **Scintiller** : prononcez *sin-ti-yé*. La prononciation *sin-til-lé* est surannée.
6. **Fatigant** : adjectif. À distinguer de *fatiguant*, participe présent.
7. **M'éblouissent**. (*Bon us.*, § 421 ; *N. gramm.*, § 359, a.)
8. **Convienne** : subjonctif dans une proposition relative exprimant un fait dont la réalité est douteuse. (*N. gramm.*, § 419, b.)
9. **Fasse**.
10. **Fasse, mette** (cf. note 2).
11. **De plain-pied** : au même niveau (ici, au figuré). À remarquer *plain* du lat. *planus* (cf. *plain-chant*).

223 Une révolution dans l'histoire de l'humanité

a) Depuis quelque vingt-cinq ans déjà, les historiens se sont rendu [1] compte de la présence de douzaines de peuples nouveaux venus [2] dans la grande famille humaine. Des États [3] sont nés par l'évolution de nations que nous avions négligé de bien connaître [4] : l'Afrique, l'Extrême-Orient, d'autres régions encore, quelque [5] éloignées qu'elles soient, font maintenant partie de notre vie. Des lieux que nous (*qualifier* indic. imparf. [6]) d'**exotiques** [a] se sont **intégrés** [b] dans nos préoccupations, et nos économistes se sont proposé d'en étudier les divers **potentiels** [c]. Parfois ces pays reçoivent notre aide et parfois aussi ils essaient [7] de venger les torts et les **exactions** [d] que, par la colonisation, ils ont subis dans le passé.

b) Quelles que soient nos opinions sur certains cas particuliers, on se **convainc** qu'un grand brassage de civilisations se développe et que l'Occident ne se trouve plus le centre de notre univers, si tant est qu'il l'ait [8] jamais été. Une révolution, apparentée à celle que **Copernic** [e] a provoquée en astronomie il y a quatre cents [9] ans, a lieu dans notre notion d'humanité. Quoi qu'ils [10] fassent, les hommes de notre temps ne sauraient rester accrochés à ces points de vue que les historiens antérieurs avaient choisis pour établir les plans de leurs travaux. Certes, il est difficile d'avoir une vision nette de la civilisation qui naîtra [4] et d'en percevoir clairement les **résonances** [11]. Puisse se confirmer l'espoir que les forces communes à tout le monde moderne finiront par trouver, dans chaque pays, la stabilité et l'équilibre d'un monde juste et pacifique.

D'après Jacques BARZUN (*Ce que l'homme a édifié*, Éditions Time-Life).

VOCABULAIRE

a) **Exotique** : qui n'appartient pas à nos civilisations de l'Occident.
b) **Intégrer** : incorporer dans un ensemble.
c) **Potentiel** (racine lat. *potens,* puissant) : capacité d'action, de production.
d) **Exaction** (lat. *exactio*, correspondant au verbe *exigere*) : action d'*exiger* ce qui n'est pas dû ou plus qu'il n'est dû, spécialement en parlant d'un agent public. — Le mot s'emploie aussi dans le sens, critiqué, de « acte de violence ».
e) **Copernic** : célèbre astronome polonais (1473-1543). La révolution dont il s'agit ici a consisté à démontrer le mouvement des planètes autour du soleil (la terre n'étant plus le centre de l'univers).

ORTHOGRAPHE ET GRAMMAIRE

1. **Rendu** : le complément d'objet direct est *compte*.
2. **Nouveaux venus** : devant un participe passé pris substantivement, *nouveau* s'accorde, sauf dans *nouveau-né*. (*Bon us.*, § 926, *b*, 7°.)
3. **État** prend la majuscule quand il signifie « nation formant un corps politique ».
4. **Connaître, naître**, ou *connaitre, naitre*, selon les *Rectifications* (cf. notre Appendice, § 4).
5. **Quelque**, dans l'expression *quelque ... que*, est invariable devant un adjectif ou un participe. (*Bon us.*, § 610, *b*, N.B., 1.)
6. **Qualifiions,** à distinguer de *qualifions,* indic. présent.
7. **Essaient** ou *essayent,* car on prononce la finale *-è* ou *-èy*. (*N. gramm.*, § 315, *b*, 3.)

8. **Si tant est que** est suivi normalement du subjonctif. (*Bon us.*, § 1100, a.)
9. **Quatre cents**, ou *quatre-cents*, selon les *Rectifications* (voir Appendice, § 8).
10. **Quoi que** : quelque chose que. Mais *quoique* (en un mot) : bien que.
11. **Résonance** (comme *assonance, consonance, dissonance*) : un seul *n* devant la finale *-ance*.

224 Une morale de l'acceptation

a) Que chacun de vous voie [1] d'un œil satisfait la part qui lui sera échue dans la vie. Quelle que soit sa carrière, elle lui donnera ses devoirs, une certaine somme de bien [2] à produire. Sa tâche sera plus ou moins **fatigante** [3] ; qu'il la remplisse sans **nonchalance**, et les sacrifices qu'il se sera imposés lui vaudront une satisfaction supérieure à **toute autre**. Qu'il la remplisse aussi sans envie contre ses émules [a]. Aucun de vous ne marchera seul dans le chemin ; d'autres (*concourir*, futur simple [4]) avec vous au même but [5] et (*conquérir*, futur simple [6]) peut-être, grâce à leurs talents ou à la fortune [b], des succès que vous croirez avoir mérités. (*Ne pas leur en vouloir*, impératif présent, 2ᵉ pers. du pluriel [7]) et, si vous avez fait tous les efforts que vous avez dû, (*ne pas vous en vouloir*, impér. prés. [8]) à vous-mêmes.

b) Le succès n'est pas ce qui importe ; ce qui importe, c'est l'effort, car c'est là, quoi qu'on en ait dit, ce qui dépend de l'homme et ce qui l'**ennoblit** [c]. L'accomplissement du devoir, voilà le véritable but [5] de la vie et le véritable bien. Abordez la vie avec cette conviction et, dans quelque condition que vous soyez [9] placés, vous vous y sentirez toujours dans l'ordre, associés aux desseins de la Providence [10], y **concourant** [4] librement par votre volonté, maîtres [11] de votre bonheur, sur lequel ni la fortune ni la malice des hommes ne (*pouvoir*, futur simple [12]) rien.

D'après JOUFFROY.

VOCABULAIRE

a) **Émule** : celui, celle qui cherche à égaler, à surpasser qqn en qqch.

b) **Fortune** : hasard.

c) **Ennoblir** (prononcer *an*) : élever moralement. À distinguer de *anoblir*, pourvoir d'un titre de noblesse (on confondait autrefois les deux verbes).

ORTHOGRAPHE ET GRAMMAIRE

1. **Voie** : la 3ᵉ personne du singulier du subjonctif présent se termine par *-e*, sauf *qu'il ait* et *qu'il soit*).

2. **Bien**, au singulier. C'est, en effet, *du bien* (et non *des biens*) qu'il s'agit de produire.

3. **Fatigant** : adjectif ; à distinguer de *fatiguant*, participe présent.

4. **Concourront, concourant** : *courir* et les verbes de sa famille n'ont deux *r* de suite qu'au futur simple et au conditionnel présent.

5. **But** : sauf quand il y a une liaison phonétique avec le mot suivant, on prononce *but'* ou, surtout au pluriel, *bu*.

6. **Conquerront**.

7. **Ne leur en veuillez pas**. On pourrait admettre aussi : *ne leur en voulez pas*. (*Bon us.*, § 812, h, Rem. 1.)

8. **Ne vous en veuillez pas**. Cf. note précédente.

9. **Soyez** : la 2ᵉ personne du pluriel du subjonctif présent se termine par *-iez*, excepté *que vous ayez, que vous soyez*.

10. Les noms qui désignent la Divinité prennent la majuscule.

11. **Maître**, ou *maitre*, selon les *Rectifications* (cf. Appendice, § 4).

12. **Pourront** : on peut accepter aussi le singulier. (*Bon us.*, § 441 ; *N. gramm.*, § 367, a.)

225 Un singulier effet de l'amour-propre

a) S'il est vrai que l'erreur des temps barbares ait été de rendre aux grands hommes un culte **superstitieux**, il faut convenir que, dans les siècles polis [a], (*certain*, faire l'accord convenable [1]) gens se sont plu à dégrader ces mêmes hommes, à qui nous devons notre politesse [a] et nos lumières. Quelques célèbres personnages que l'on nomme, une critique malveillante s'est donné pour tâche de les attaquer sans **trêve**. Les uns se sont évertués à nous persuader que Virgile [b] était un petit esprit ; d'autres se sont ri des admirateurs d'Homère [c]; quelques-uns ont insinué que Turenne [d] manquait de courage.

b) Il n'y a point d'opinion si **extravagante** qui ne se voie [2] soutenue par des partisans **butés** [e]. Ils sont légion, peut-on dire, ceux qui, sans aucune animosité [f] particulière, se sont fait remarquer par l'obligation qu'ils se sont imposée d'attaquer les grandes réputations, à seule fin peut-être d'affecter plus d'indépendance dans leurs sentiments. Les affirmations que n'aurait pas avancées l'envie la plus basse, un vain **amour-propre** les leur fait hasarder avec confiance, mais ils se sont trompés s'ils ont cru se distinguer par ces sentiments **bizarres**. Les détracteurs [g], les **Zoïles** [h] qu'il y a eu de tout [3] temps, la petitesse de leur esprit les a amenés à mépriser toute autre gloire que celle de combattre la gloire des autres.

D'après VAUVENARGUES.

> **VOCABULAIRE**

a) **Poli** : au sens vieilli de « civilisé, adouci par la culture ». De même, *politesse* a le sens vieilli de « culture qui adoucit les mœurs ».
b) **Virgile** : poète latin (1ᵉʳ siècle av. J.-C.).
c) **Homère** : poète grec, traditionnellement considéré comme l'auteur de l'*Iliade* et de l'*Odyssée* (IXᵉ siècle av. J.-C.).
d) **Turenne** : maréchal de France, tacticien célèbre (1611-1675).
e) **Buté** : qui se fixe, qui se tient à qqch. avec obstination.
f) **Animosité** : malveillance persistante.
g) **Détracteur** : celui qui rabaisse qqn ou qqch.
h) **Zoïle** : sophiste grec (IVᵉ siècle av. J.-C.), surnommé *le fouet d'Homère* parce qu'il s'est appliqué à relever les contradictions et les absurdités des poèmes homériques. Son nom est passé dans la langue pour désigner un critique envieux et malveillant.

> **ORTHOGRAPHE ET GRAMMAIRE**

1. **Certaines** *gens*.
2. **Voie** : lorsque le verbe principal est construit avec une négation, le verbe de la proposition relative se met d'ordinaire au subjonctif.
3. **De tout temps** : *de tous temps* est plus rare, mais ne serait pas fautif.

226 Les explorations sous-marines

a) De tous les domaines que notre planète a ouverts à la curiosité des explorateurs, le seul qui soit demeuré aujourd'hui presque ¹ entièrement inconnu est celui des **abysses** ² ou grandes profondeurs sous-marines, dont quelques-unes, telles que la fosse de l'archipel Tonga, dans le Pacifique, descendent jusqu'à neuf mille sept ³ mètres et **davantage au-dessous** du niveau de la mer.

Tout audacieuse qu'est ⁴ la recherche scientifique et quelques grands progrès qu'elle ait faits, nous ne connaissons bien, par l'observation directe, qu'une couche infime ⁽ᵃ⁾ des eaux marines, c'est-à-dire les quelques dizaines de mètres où se sont aventurés les **scaphandriers** ⁽ᵇ⁾.

Combien de trésors artistiques et de cargaisons précieuses les siècles qui se sont succédé n'ont-ils pas vus descendre au fond des océans ! Que de richesses de toutes sortes ⁵ gisent dans les vaisseaux que les **gouffres** (*fatal* pluriel ⁶) ont engloutis depuis que l'audace humaine s'est proposé de **sillonner** les mers !

b) Un jour peut-être, grâce aux progrès que la science et la technique auront faits, les ingénieurs (*naval* pluriel ⁷) construiront des engins permettant non seulement d'explorer les profondeurs sous-marines, mais encore d'y travailler. Il est possible que l'on ramène alors au jour les trésors et les richesses plongés dans les ténèbres de l'Océan [8].

En attendant que l'activité humaine puisse s'exercer à de si grandes profondeurs, les océanographes ont pris un très grand intérêt aux tentatives faites au moyen d'un engin approprié — **bathysphère** ou **bathyscaphe** [c] —, l'une par le professeur Piccard, qui a pu descendre, dans la mer Tyrrhénienne [9], jusqu'à trois mille cent cinquante [10] mètres, l'autre par le commandant Houot et l'ingénieur Willm, qui ont fait, au large de Dakar, une plongée de quatre mille cinquante [10] mètres. Vu les résultats qu'ont donnés ces explorations, plus d'un savant estime [11] que les **zones abyssales**, qu'on a longtemps supposées [12] impropres à l'existence des êtres organisés, renferment une **faune** [d] abondante et variée.

VOCABULAIRE

a) **Infime** : tout petit.

b) **Scaphandrier** : plongeur muni d'un *scaphandre*, appareil hermétiquement clos qui communique avec une pompe à air et permet au plongeur de séjourner un certain temps sous l'eau.

c) **Bathysphère, bathyscaphe** (mots formés avec le grec *bathys*, profond, et *sphaira*, sphère, ou *skaphê*, barque) : engins servant à l'exploration des profondeurs sous-marines.

d) **Faune** : ensemble des animaux d'un pays, d'une époque géologique.

ORTHOGRAPHE ET GRAMMAIRE

1. **Presque** : l'*e* final ne s'élide dans l'écriture que dans *presqu'île*.
2. **Abysse** : du lat. *abyssus*, grec *abyssos*, sans fond.
3. **Neuf mille sept** (ne pas introduire *et* devant *sept*) : les *Rectifications* proposent de mettre des traits d'union entre tous les éléments d'un numéral composé (*million* et *milliard* exceptés, en tant que noms). Cf. notre Appendice, § 8.
4. **Tout ... que** se construit traditionnellement avec l'indicatif. L'usage moderne autorise aussi le subjonctif. (*Bon us.*, § 1094.)
5. **De toutes sortes** : admettre aussi le singulier *de toute sorte*. (*Bon us.* § 615, *b*, 1°, Rem.)
6. **Fatals.**
7. **Navals.**
8. **Océan** : s'écrit par une majuscule quand il désigne l'ensemble des mers baignant les continents.
9. **Mer Tyrrhénienne**, comme *mer Noire*, etc. : on met une majuscule à l'adjectif accompagnant, comme terme caractéristique, un nom commun géographique (lui-même avec minuscule). Cf. *Bon us.*, § 99, *a*, 1°.
10. Voir la note 3.
11. **Estime** : malgré la logique mathématique, c'est *un savant* qui donne l'accord.

12. **Supposées** : participe passé suivi d'un attribut du complément d'objet direct ; d'ordinaire l'accord se fait avec ce complément s'il précède. Toutefois, dans certains cas, l'usage est un peu hésitant. (*Bon us.*, § 914 ; *N. gramm.*, § 371, Rem. 2.)

227 Les exercices orthographiques

a) J'ai **grand-peur** [1] que vous ne vous effrayiez [2] des épreuves **orthographiques** que vos **professeurs** se sont plu à vous imposer. Quoi que vous en disiez, quoique vous vous en plaigniez [2] peut-être, il est opportun qu'ils recourent [3] à ces exercices, qu'ils ont, non sans raison, estimés nécessaires à votre formation. L'expérience, non moins que la logique, me **convainc** que l'élève qui possède un certain **fonds** [a] d'intelligence résout assez aisément les difficultés les plus épineuses même dont on les a hérissés. Mais ceux qui, s'étant **enorgueillis** de leurs dispositions naturelles ou s'étant **accommodés** d'une certaine **nonchalance,** ont douté qu'il fallût travailler sans relâche pour parvenir au succès, se sont trouvés cruellement embarrassés.

b) Sache donc, candidat ému qui m'écoutes dicter ce pensum [b], que l'attention et la réflexion seules t'épargneront déjà maintes cacographies [c]. Si, plus généralement, tu songes aux épreuves, examens et concours que tu as l'intention d'affronter, et que tu (*vouloir*, à la forme convenable [4]) les préparer sérieusement, mets bien en pratique les **excellents** préceptes que livres et maîtres [5] à l'**envi** t'ont généreusement dispensés. Au surplus, quelques graves échecs que tu aies pu subir, ne te laisse pas décourager. Les obstacles seront envisagés et surmontés un à un ; quand la difficulté surgit, il faut que tu la (*vaincre*, à la forme convenable [6]), et tu le pourras si tu sais **discipliner** tes efforts, si tu déploies une énergie suffisante, si tu possèdes une volonté **méthodique.** On en a vu plus d'un qui (*se tirer*, passé composé [7]) d'une situation que l'on avait jugée [8] désespérée et qui, quelquefois [9] même, (*se trouver*, passé composé [10]) tout surpris des lauriers qui (pronom personnel à la forme convenable [11]) étaient échus.

> **VOCABULAIRE**

a) **Fonds** : sol d'une terre, d'un domaine. Au figuré, ce qu'une personne a d'essentiel dans ses qualités naturelles ou acquises.

b) **Pensum** : tâche donnée comme punition à un élève ; besogne ennuyeuse. Prononcer *pin-som'*.

c) **Cacographie** : façon d'écrire fautive (du grec *kakos,* mauvais, et *graphein,* écrire).

> **ORTHOGRAPHE ET GRAMMAIRE**

1. **Grand-peur** : l'orthographe ancienne *grand'peur* ne se justifie pas, il n'y avait pas d'*e* élidé et partant pas d'apostrophe à mettre. L'Académie a corrigé cette anomalie en 1932. (Cf *Bon us.*, § 529, Rem. 2 et Hist.)
2. **Effrayiez, plaigniez** : la 2ᵉ personne du pluriel du subjonctif présent se termine par *-iez*, sauf *que vous ayez, que vous soyez*.
3. **Recourent** : *courir* et les verbes de sa famille n'ont deux *r* de suite qu'au futur simple et au conditionnel présent.
4. **Veuilles** : subjonctif après *que* mis pour *si* dans une suite de propositions de condition. (*Bon us.*, §1099.)
5. **Maître**, ou *maitre*, selon les *Rectifications* (cf. notre Appendice, § 4).
6. **Vainques.**
7. **S'est tiré.** — Malgré la logique mathématique, c'est *un* qui détermine l'accord.
8. **Jugée** : participe passé suivi d'un attribut du complément d'objet direct ; d'ordinaire l'accord se fait avec ce complément s'il précède. Toutefois l'usage est un peu hésitant. (*Bon us.*, § 914 ; *N. gramm.*, § 371, Rem. 2.)
9. **Quelquefois**, en un mot, signifie « parfois ». *Quelques fois* en deux mots, signifie « un petit nombre de fois ».
10. **S'est trouvé.**
11. **Lui.** Cf. note 7.

228 Délices de la jeune saison

a) Déjà le brouillard se résout en perles sur les branches et les rayons du soleil font paraître ¹ plus **fraîches** ¹ les teintes **bleu clair** dont se colorent les hauteurs du ciel. Dès les premiers beaux jours, les perce-neige ² se sont empressées d'ouvrir leurs clochettes délicates. Quoique les giboulées ⁽ᵃ⁾ déploient parfois furtivement ⁽ᵇ⁾ quelques ombres sur les clartés **printanières**, la lumière rit à travers l'ondée ; à ce signe on se convainc que les **frimas** ⁽ᶜ⁾ et les tristesses de l'hiver (*s'en aller*, passé composé ³) et se sont **dissipés** sous le souffle des zéphyrs ⁴.

Les premières violettes qu'on a vues éclore au pied des haies, les corolles ⁵ jaune clair des jonquilles, les pétales festonnés des primevères, les **chatons** des saules douillettement **emmitouflés** ⁽ᵈ⁾ nous annoncent les floraisons nouvelles et leurs parfums **subtils**.

b) Les aubépines (*se vêtir*, indic. prés. ⁶) de blanc, l'herbe est constellée de pâquerettes (*frais éclos*, à la forme convenable ⁷), les ruisseaux courent ⁸ plus jaseurs et plus cristallins. Partout, les prés, les bois, les **coteaux**, les **collines** se sont habillés d'une tendre verdure. Il n'y a pas un coin de paysage qui ne soit embelli et où l'on ne voie ⁹ s'épanouir avec les fleurs la **gaieté** [10] de la jeune saison. Mille bruissements d'ailes, mille rumeurs joyeuses, mille chants d'oiseaux se croisent dans l'air aux **résonances** [11] légères ; de toute(s) part(s) monte l'hymne varié de la nature qui **ressuscite** [12]. Quelles délices [13] de respirer cette **atmosphère** si tiède où flottent des effluves [(e)] **embaumés** !

Bonjour, printemps ! Quels que puissent être les attraits de l'été ou les grâces **alanguies** [(f)] de l'automne, tu me plais plus que toute autre saison, parce que ta beauté, ton charme ramène dans tous les cœurs la joie et l'espérance.

VOCABULAIRE

a) **Giboulée** : pluie soudaine, de peu de durée, quelquefois mêlée de grêle et de neige.

b) **Furtivement :** à la dérobée.

c) **Frimas** (surtout au pluriel) : brouillard épais, froid et givrant ; parfois employé de façon plus vague pour symboliser les rigueurs de l'hiver.

d) **Emmitoufler** (prononcez : *an-mi-tou-flé*) (composé de *en* et de *mitoufle*, vieux mot signifiant « mitaine ») : envelopper moelleusement.

e) **Effluve** : émanation qui se dégage d'un corps quelconque.— Le mot est normalement masculin.

f) **Alangui** : languissant, affaibli.

ORTHOGRAPHE ET GRAMMAIRE

1. **Paraître, fraîche,** ou *paraitre, fraiche*, selon les *Rectifications* (cf. notre Appendice, § 4).

2. **Les perce-neige,** ou *les perce-neiges,* selon la règle générale des *Rectifications* (Appendice, § 7). Ce mot est féminin pour la plupart des dictionnaires ; toutefois l'usage est plutôt pour le masculin, que l'on admettra. (Cf *Bon us.*, § 466, b.)

3. **S'en sont allés.** (Pour la place de *en*, cf. *Bon us.*, § 656, b.)

4. **Zéphyr** (grec *zephyros*) : vent doux et agréable (mot poétique).

5. **Corolle,** ou *corole,* selon les *Rectifications* (Appendice, § 12).

6. **Se vêtent.** (Quelques auteurs conjuguent *vêtir* comme *finir :* cf. *Bon us.*, § 843.)

7. **Fraîches écloses.**

8. **Courent** : *courir* et les verbes de sa famille n'ont deux *r* de suite qu'au futur simple et au conditionnel présent. À remarquer : l'ancien infinitif *courre* (encore employé dans *chasse à courre*), du lat. *currere*.

9. **Voie** : la 3e personne du singulier du subjonctif présent se termine par *-e*, sauf *qu'il ait, qu'il soit*).

10. **Gaieté** : orthographe de l'Académie. L'ancienne graphie *gaîté* est encore dans certains dictionnaires.

11. **Résonance,** *assonance, consonance, dissonance* s'écrivent de nos jours par un seul *n*.

12. **Ressusciter** : prononcer *ré-su-si-té*.

13. **Quelles délices** ou *quel délice*.

229 Le vieux philosophe

Jeunes gens, dit le vieux **philosophe**, vous qui êtes l'espoir de l'avenir, si vous aimez la liberté et la paix, réfléchissez à ce qui les a si souvent ruinées. Méfiez-vous de cette triste erreur qui s'est plu à vous entretenir dans l'illusion **anesthésiante** [a] de la facilité égoïste ; examinez ces doctrines qui se sont **orgueilleusement** donné mission, tant de fois, de régénérer le monde. Quoi qu'aient pu prétendre les tenants [b] de maintes idéologies et quelle que soit l'autorité qu'ils se sont arrogée [c], considérez par vous-mêmes les problèmes qui se posent aujourd'hui à l'individu et au monde. L'esprit **moutonnier** ne produit que trop souvent la **dégénérescence** [d] de l'idéal, la docilité aveugle devient aisément **synonyme** de conformisme.

Vous ne fléchissez pas le genou devant la fortune, vous n'êtes point **accoutumés** à vous incliner sans **discernement** devant toutes les prescriptions qu'ont sanctionnées [e] les pouvoirs établis. **Ennoblissez** [1] cette indépendance légitime par le respect primordial d'autrui, de sa vie, de sa pensée et de toute autre liberté qu'il est non moins que vous en droit de réclamer. Au surplus, gardez-vous d'exalter [2] sans examen la gloire que la publicité a quelquefois value à des actions douteuses.

L'orateur était vieux. Mais il sut s'arrêter.

VOCABULAIRE

a) **Anesthésiant** : qui endort, qui suspend la sensibilité.

b) **Tenant** : partisan.

c) **S'arroger** : s'attribuer (un droit, une qualité, etc.) sans y avoir droit.

d) **Dégénérescence** : affaiblissement par altération, dégradation.

e) **Sanctionner** : approuver, confirmer.

ORTHOGRAPHE ET GRAMMAIRE

1. **Ennoblir** (prononcer *an-no-blir*) : rendre plus digne. À distinguer de *anoblir*, pourvoir d'un titre de noblesse. (On confondait autrefois les deux verbes.)

2. **Exalter** : du lat. *exaltare*, racine *altus*, haut. Donc, pas de *h*.

230 N'est-il bon bec que de Paris ?

a) Les Français, on ose le dire aujourd'hui, se sont longtemps complu dans ce préjugé que le poète Villon, dès le XVe [1] siècle, énonçait en des mots depuis lors passés en proverbe : « Il n'est bon bec que de Paris ». Sans doute a-t-on **quelquefois** [2] reconnu les mérites d'écrivains étrangers d'expression française ; sans doute une partie de la critique s'est-elle proposé de rappeler la **bizarrerie** de l'ostracisme [a] qui trop souvent frappe des œuvres dont le tort principal est de n'émaner point des cercles **orgueilleux** siégeant dans l'Hexagone. On se **convainc** cependant que certains repentirs sont tout autre [3] chose que des réparations ; ce sont plutôt même des trahisons, quand tels étrangers, édités et lus en France, se sont trouvés récupérés, c'est-à-dire **assujettis**, assimilés, parisianisés en quelque sorte, sans égard aucun pour leur spécificité d'origine.

b) Ces réflexions, que mille et une [4] expériences ont trop souvent confirmées, ne doivent pas paraître [5] décourageantes, car on constate depuis quelque temps que les milieux intellectuels français se sont révélés plus ouverts, et en tout cas [6] certainement moins **arrogants** qu'une poignée de mécontents n'avaient voulu le faire croire. Ce n'est d'ailleurs pas **tout à coup** [7] que se sont fait jour ces intérêts nouveaux, cette préoccupation des richesses culturelles particulières qu'ont **amassées** les Québécois, les Belges, les Suisses, les Maghrébins, tant d'autres encore. Quelques esprits généreux et clairvoyants avaient aperçu dès longtemps la nécessité de promouvoir les livres écrits en français hors de France. Leurs efforts ne se sont pas évanouis, non plus que ceux qu'a coûtés [5] à d'obstinés pionniers l'ambition de faire reconnaître [5] la notion capitale de francophonie.

Quelque solides que paraissent les valeurs singulières véhiculées par les écrivains français d'au-delà des frontières nationales, tout indiscutable que soit le génie de tel Africain, de tel Arabe, de tel Américain, de tel Européen non français, il demeure, hélas ! que la faveur des éditeurs parisiens ne leur est point acquise. Et pourtant, que ne se fait-il pas, parfois, au profit de minces gloires autochtones [b] qu'un jour, une heure, un instant même emporte au pinacle [c] pour les précipiter demain dans un oubli parfaitement justifié ?

VOCABULAIRE

a) **Ostracisme** (du grec *ostrakismos*, de *ostrakon*, coquille : les sentences étaient notées sur un morceau de poterie ainsi appelé) : en Grèce, bannissement prononcé à la suite d'un jugement du peuple ; décision d'exclure ou d'écarter quelqu'un, en politique ; par extension, hostilité d'une collectivité à l'égard d'un de ses membres.

b) **Autochtone** (du grec *autos*, soi-même, et *khthôn*, terre) : qui est issu du pays où il habite, qui n'est pas étranger.

c) **Pinacle** : sommet d'un édifice (spécialement du temple de Jérusalem) ; au figuré, situation élevée, haut degré d'honneurs.

ORTHOGRAPHE ET GRAMMAIRE

1. **XVe** ou *XVe*, avec la dernière lettre de l'ordinal écrit en lettres ; *XVième, Xvème, XVme* ne sont pas acceptés ; *XVè* et *XV°* sont absurdes. (Dans *1°* et *n°*, on a la dernière lettre de *primo* et *numéro*.)
2. **Quelquefois**, en un mot, signifie « parfois ». *Quelques fois,* en deux mots, signifie « un petit nombre de fois ».
3. **Tout autre** : tout à fait autre ; donc *tout* est adverbe et invariable.
4. **Mille et un** : représente un grand nombre imprécis ; quand il s'agit du nombre précis, il ne faut pas de *et*. — Selon la règle générale des *Rectifications,* on met des traits d'union dans les deux cas : cf. notre Appendice, § 8.
5. **Paraître, coûter, reconnaître,** ou *paraitre, couter, reconnaitre,* selon les *Rectifications* (cf. Appendice, § 4).
6. **En tout cas** : on admet aussi *en tous cas*.
7. **Tout à coup,** *tout à fait, tout à l'heure* s'écrivent sans traits d'union.

231 Sur le racisme

a) Je souhaite, en accord avec l'opinion publique quasi unanime, que tu **abhorres** [a] le racisme jusqu'à en détester l'ombre. Il importe que ta conduite ainsi que ton **langage** soient **constamment** sans équivoque en cette matière qui touche à l'essentiel de la dignité humaine. Je voudrais que tu sois extrêmement chatouilleux sur cet authentique point d'honneur, et que tu ne recoures [1] jamais, quelques désagréments que tu puisses en éprouver, à tels procédés d'une demi-complaisance qu'on appellerait mieux une demi-lâcheté. Tu as peut-être eu affaire [2] déjà à certains personnages **soi-disant** insoupçonnables qui, selon l'**occurrence** [b], affichaient ou occultaient leur pensée véritable, et qui reniaient même sans sourciller, pourvu qu'il en résultât quelque [3] avantage privé, politique ou diplomatique, des **opinions** qu'ils avaient **professées jusque-là.** Quoi qu'on en dise, il n'est rien que de telles gens puissent valablement avancer pour justifier ce manque grave envers la justice et le culte strict qui lui est dû.

b) Quant à [4] toi, tout autre doit être ton attitude : méprise les **faux-fuyants** [c]; que tes paroles, tes actes, tes démarches, ta vie tout entière fournisse l'illustration la plus nette de tes convictions ; range-toi **résolument** au nombre des honnêtes gens qui ne (*se départir,* indicatif présent [5]) pas, quelles que soient les circonstances et **ne fût-ce** qu'une seule fois en un moment critique, d'un respect intransigeant [d] à l'égard de toutes les races et de tous les peuples. On ne t'en fera pas accroire avec les théories périmées du nationalisme à tout crin [e], avec ces constructions pseudo-intellectuelles qui ont suscité naguère l'horrible accomplissement des cruelles missions d'intolérance qu'elles s'étaient impudemment [6] assignées.

Tu (*conquérir*, futur simple [7]) l'approbation des vrais [8] gens de bien, si en toutes occasions tu défends les valeurs les plus précieuses, celles qui réclament la justice et la liberté pour tous les hommes, quels qu'ils soient. Quelle confiance, d'ailleurs, voudrais-tu que l'on mette en une société où le peu d'estime et de bonne foi qu'on a montré à l'encontre de ceux qu'on appelle « étrangers » témoigne d'une fâcheuse déviation morale, tout à fait propre, au surplus, à engendrer d'odieuses **catastrophes** ?

VOCABULAIRE

a) **Abhorrer** (lat. *abhorrere*) : avoir en horreur.

b) **Occurrence** (dérivé de *occurrent*, lat. *occurrens*, partic. prés. de *occurrere*, courir vers) : circonstance, cas. Attention aux deux *c* et aux deux *r*.

c) **Faux-fuyant** : moyen détourné pour éviter de répondre, de s'expliquer, etc.

d) **Intransigeant** : qui ne *transige* pas, n'admet aucune concession, aucun compromis.

e) **À tout crin** : endurci, intransigeant. On écrit aussi *à tous crins*.

ORTHOGRAPHE ET GRAMMAIRE

1. **Recourrés** : *courir* et les verbes de sa famille n'ont deux *r* de suite qu'au futur simple et au conditionnel présent.

2. **Avoir affaire à** : on écrit moins souvent *avoir à faire à*, qui n'a rien d'illogique. (*Bon us.*, § 283, *e*, Rem.)

3. **Quelque** : l'*e* final ne s'élide dans l'écriture que dans *quelqu'un, quelqu'une*.

4. **Quant à** (du lat. *quantum ad*). À distinguer de *quand*, adverbe et conjonction de subordination.

5. **Départent.**

6. **Impudemment** (avec effronterie) : de *impudent*, donc *e* avant les deux *m*.

7. **Tu conquerras.**

8. **Gens**, suivi de la préposition *de* et d'un nom désignant une qualité, une profession, un état quelconque, veut au masculin tous les mots qui s'accordent avec *gens*. (*Bon us.*, § 477, Rem. 2; *N. gramm.*, § 162.)

232 Un partisan de la responsabilité personnelle

a) Il y a une chose dont de (*nombreux*, faire l'accord convenable [1]) gens, **soi-disant** réfléchis cependant, ne se sont rendu [2] compte qu'avec le temps : c'est que les hommes sèment eux-mêmes le bonheur ou le malheur qu'ils doivent récolter un jour. Il en est qui se sont **imaginé** que la ligne de notre existence est tout entière tracée d'avance et que, quoi que l'on fasse, quelques violents efforts que l'on oppose à son action, la fatalité nous entraîne ³ inéluctablement ⁽ᵃ⁾.

Tout autre est la vérité : nous sommes tous, quelle que soit notre position sociale, beaucoup plus les artisans de notre destinée que nous-mêmes ne l'avons cru. Ceux qui se sont ménagé les quelques instants qu'il leur a fallu pour dresser une sorte de bilan personnel et intérieur, se sont **aperçus** qu'à certains moments ils avaient, eux-mêmes, déterminé les bonheurs ou les malheurs de leur vie.

b) De toutes les illusions par lesquelles les hommes se sont laissé abuser, la plus dangereuse peut-être consiste à croire que nous sommes **en butte** ⁽ᵇ⁾ à des forces inconnues qui, s'étant combinées ou s'étant livré combat autour de nous, nous ôtent tout pouvoir de conduire notre vie.

Il semble que, par là, la **mythologie** se soit survécu dans l'esprit de certains hommes de notre temps. Combien en a-t-on vu, en effet, qui, dans la vieillesse même, sont restés fidèles au **mythe** ⁽ᶜ⁾ de la chance ! Ne les a-t-on pas entendus accuser ou bénir le sort des évènements ⁴ qui les avaient accablés ou favorisés ? Or on ne peut mettre en doute que nous n'ayons ⁵ souvent notre destin dans nos propres mains et que, si la réalité est dure ou agréable, nous ne nous la soyons ⁵ ordinairement créée et donnée ainsi à nous-mêmes.

D'après Jacques BAINVILLE.

VOCABULAIRE

a) **Inéluctablement** : avec une force à laquelle on ne peut résister.

b) **Etre en butte à** : être exposé à. (Dans cette expression, on a *butte* au sens « éminence de terre où l'on place une cible pour s'exercer au tir ».)

c) **Mythe** (grec *mythos,* récit, légende) : récit fabuleux contenant en général un sens allégorique. Se dit aussi (c'est le cas ici) d'une chose dont on entend parler, mais qu'on ne voit jamais.

ORTHOGRAPHE ET GRAMMAIRE

1. **Nombreuses.**
2. **Se sont rendu compte** : *rendu* invariable parce que le complément d'objet direct *compte* est placé après.
3. **Entraîner,** ou *entrainer,* selon les *Rectifications* (cf. notre Appendice, § 4).
4. **Évènement** : telle est la forme préférée par l'Académie depuis 1993 ; l'ancienne forme *événement* est encore citée cependant. Cf. Appendice, § 1.
5. **Ayons, soyons** : ce sont les deux exceptions à la règle selon laquelle la 1ʳᵉ personne du pluriel du subjonctif présent se termine par *-ions.*

233 Une météorite géante

a) Si nous avons essayé de nous représenter la circulation des astres sur leurs orbites (*respectif* ; à la forme convenable [1]), nous nous sommes **imaginé** peut-être qu'ils évoluaient sans frottement dans la solitude **impressionnante** du vide intersidéral [a]. Tout autre est la réalité, et la pluie de **météorites** [b] que notre **atmosphère** [2] reçoit tous les jours — et dont cette atmosphère nous protège en les **freinant** ou en les faisant éclater — en est une preuve **convaincante** [3]. Les espaces intersidéraux sont remplis d'une poussière de fragments de roches animés d'une vitesse prodigieuse. Quelques-uns de ces fragments ont conservé, même après avoir traversé notre atmosphère, une masse et une énergie énormes [4], provoquant [5], au point où s'est effectuée leur chute, des ravages dont nous ne nous serions guère doutés.

b) La météorite géante la plus récente est tombée le trente juin mil neuf cent huit [6], dans une forêt de la Sibérie centrale [c]. La **colonne** de feu qu'on a vue s'élever alors atteignit, tout étonnante que la chose paraît [7], une hauteur qu'on a évaluée à **quelque** vingt kilomètres. La chaleur en fut ressentie à soixante-cinq kilomètres et la lueur de l'explosion fut **aperçue** à huit **cent** cinquante kilomètres même. Telle fut la violence du choc atmosphérique qu'à plus de quatre cent cinquante kilomètres des clôtures tout entières furent arrachées et qu'à six **cents** kilomètres des hommes furent renversés dans une rivière. En même temps, toute une quantité de fines poussières s'étendaient [8] à quatre-vingt-cinq kilomètres de hauteur en une couche de nuages gris blanc. La masse de la météorite, que certains savants ont estimée à cinq ou six mille tonnes et **davantage**, était formée de fer ; cette masse énorme a d'abord éclaté en l'air et ses fragments, morcelés encore au contact du sol, se sont enfoncés profondément.

On frémit à la pensée des épouvantables ravages qu'eût **occasionnés** cette météorite si elle fût tombée sur quelqu'une [9] de nos grandes villes modernes.

VOCABULAIRE

a) **Intersidéral** (formé avec le lat. *inter* et *sidéral*, de *sidus, sideris*, astre) : qui existe entre les astres.
b) **Météorite** : tout ce qu'on désignait autrefois sous le nom d'*étoile filante* ou de *bolide*, c'est-à-dire matière solide provenant des espaces célestes et dont le poids varie de quelques milligrammes à un million de tonnes. Le mot est féminin.
c) Plus exactement : à Podkamennaya Tunguska, dans la région de Krasnoyarsk (bassin de l'Iénisséï).

ORTHOGRAPHE ET GRAMMAIRE

1. **Respectives** : le nom *orbite* est féminin.

2. **Atmosphère** : formé avec le grec *atmos*, vapeur, et *sphaira*, sphère. Le mot est féminin.
3. **Convaincant** : adjectif. À distinguer du participe présent *convainquant*.
4. **Énormes** : accord avec les deux noms.
5. **Provoquant** : participe présent. À distinguer de l'adjectif *provocant*.
6. **Mil** (pour *mille* dans les dates) **neuf cent huit** ou, plus rarement, *dix-neuf cent huit* (pas de *et* devant *huit* !). Selon la règle traditionnelle, on ne met de trait d'union dans les numéraux composés qu'entre les éléments inférieurs tous deux à cent ; selon les *Rectifications*, on les met entre les éléments quels qu'il soient (même s'il y a *et*), mis à part *million* et *milliard*, qui sont des noms. Cf. notre Appendice, § 8. Cela s'applique aux autres numéraux utilisés dans la suite du texte.
7. **Paraître**, ou *paraitre*, selon les *Rectifications* (cf. Appendice, § 4). D'autre part, on pourrait avoir le subjonctif *paraisse* après *tout ... que* (cf. *Bon us.*, § 1094).
8. **S'étendaient** : accord avec le complément du collectif. On pourrait admettre aussi l'accord avec le collectif. (*N. gramm.*, § 358.)
9. **Quelqu'une** : l'*e* final de *quelque* ne s'élide dans l'écriture que dans *quelqu'un, quelqu'une*.

234 Un discours exigeant [1]

a) La passion des choses élevées ! Voilà ce qui paraît [2] manquer de plus en plus à la société contemporaine. La plupart des gens, en effet, absorbés par les soucis matériels, s'appliquent presque [3] exclusivement à la poursuite ou à la préservation de la richesse. Combien en a-t-on remarqué aussi qui se sont abandonnés à la **mollesse** ou aux plaisirs vulgaires ! Que de **soi-disant** caractères on a vus abdiquer le goût [2] et la morale, la raison et l'honneur, la conscience et la foi, et cela, quelle que fût l'apparente solidité de leurs principes ! La littérature, l'art et la **philosophie** modernes [4] se sont laissés [5] aller à souscrire à des théories desséchantes ou **sceptiques** [a].

b) Opposons à ce triste déclin les hautes méditations de la pensée. Méprisant les demi-succès que nous ont valus peut-être quelques prétendus **chefs-d'œuvre** d'un talent sans aspirations élevées, faisons rentrer autant que nous le pouvons par nos exemples, par nos paroles, par notre activité tout entière, faisons rentrer dans les âmes qu'énervent [b] la mollesse ou le snobisme [c], cette recherche de la vraie grandeur, cet amour total de la vérité, ces généreux vouloirs qui font les êtres d'élite. Que nos travaux **désintéressés** soient à la fois une leçon et un encouragement pour ces jeunes gens qu'on dirait fatigués avant d'avoir combattu, découragés par des périls qu'ils n'ont pas courus, affamés de loisirs qu'ils n'ont pas mérités et résignés aux fausses joies d'une **tranquillité**, d'une sécurité **éphémère** [d]. Souhaitons-leur ces nobles ambitions dont les cœurs bien nés se sont fait

constamment une règle, souhaitons-leur ces **enthousiasmes** qui enfantent les sacrifices et transforment les mondes.

D'après MONTALEMBERT.

VOCABULAIRE

a) **Sceptique** : personne qui doute de tout ce qui n'est pas prouvé d'une manière évidente.

b) **Énerver** : priver de nerf, d'énergie (sens premier, vieilli aujourd'hui).

c) **Snobisme** : comportement des *snobs*, qui adoptent systématiquement les opinions, les manières d'être et de sentir qui ont cours dans certains milieux tenus pour distingués. Prononcer *-ism* et non *-izm*.

d) **Éphémère** (du grec *ephêmeros*, qui dure un jour, de *epi*, pendant, et *hêmera*, jour) : sens élargi, qui a peu de durée.

ORTHOGRAPHE ET GRAMMAIRE

1. **Exigeant** : adjectif (ou participe présent). Le nom correspondant est *exigence*.
2. **Paraître, goût**, ou *paraitre, gout*, selon les *Rectifications* (cf. notre Appendice, § 4).
3. **Presque** : l'*e* final ne s'élide dans l'écriture que dans *presqu'île*.
4. **Modernes** : accord indispensable avec l'ensemble des noms.
5. **Laissés** : ainsi orthographié, applique la règle générale des participes passés suivis d'un infinitif. Mais *laissé* a un rôle assez semblable à *fait*, qui est, lui, toujours invariable. Des grammairiens ont donc proposé que *laissé* soit traité de même (voir Littré) et cela a été adopté par les *Rectifications* (voir Appendice, § 9, ainsi que *Bon us.*, § 915).

235 Une découverte sensationnelle

a) Combien d'artistes, de **poètes** le Déluge n'a-t-il pas inspirés ? Si nous prétendions contester à la version biblique les droits exclusifs de premier témoignage qu'elle se serait arrogés [a] en représentant cette mémorable catastrophe, nous n'encourrions [1] pas aujourd'hui les foudres [2] redoutées des institutions et offices chargés de maintenir un héritage doctrinal jalousement préservé. Si nous reprochions à la gent [3] historienne le peu d'efforts qu'elle a déployé pour **développer** la critique de ce mythe dont s'est **nourrie** l'imagination des hommes pendant tant de siècles, nous ferions bon marché des lacunes inévitables de l'information que de nouvelles découvertes n'ont permis qu'assez **récemment** de combler, au prix de travaux difficiles et fort longs.

b) Depuis quelque cent cinquante [4] ans, une grande quantité de documents authentiques exhumés en Irak ont passionné nombre de spécialistes, qui s'en sont imposé l'étude la plus attentive. Le **décryptage** [b] de ces étonnantes archives exigeait des orientalistes qu'ils se fussent dès longtemps fait la main [c], qu'ils (*acquérir,* subjonctif plus-que-parfait [5]) la connaissance méticuleuse de l'histoire la plus reculée, qu'ils fussent initiés aux arcanes [d] de la plus vieille écriture, qu'ils pussent montrer une exceptionnelle expérience des grimoires [e] qui retracent les premiers âges de l'humanité. On n'a jamais pensé que pareille science pût s'improviser.

Nos Champollions [f] modernes se sont particulièrement penchés sur les textes que rédigeait, en Babylonie, cet antique historien décrivant, vers 1650 avant notre ère, le **cataclysme** qui a ravagé, **aux dépens** [6] des humains et des animaux, le monde alors connu. Son *Poème du Supersage,* dont il est fait grand cas chez les doctes [g], contient le plus ancien récit du Déluge actuellement repérable. Bien plus, ce récit n'est pas une **chronique** simplette, un exposé sans relief de faits et d'évènements [7], mais, au jugement d'un **assyriologue** [h] réputé, une œuvre riche, complexe et belle, où se discerne tout un système d'idées qui concernent l'univers et le destin de l'homme.

VOCABULAIRE

a) **S'arroger** : s'attribuer (un droit, une qualité, etc.) sans y avoir droit.

b) **Décryptage** : action de *décrypter,* traduire un message dont la clé ou le code ne sont pas connus. De *dé-* et du grec *kryptos,* caché.

c) **Se faire la main** : s'exercer.

d) **Arcane** : mystère, secret. Le mot est masculin.

e) **Grimoire** : ouvrage obscur, difficile à déchiffrer.

f) **Champollion** : égyptologue, qui fut le premier à déchiffrer les hiéroglyphes (1790-1832). — Ici, considéré comme type, et dans ce cas le nom peut prendre la marque du pluriel, mais l'usage est fort hésitant et l'invariabilité acceptable. (*Bon us.,* § 512, a.)

g) **Docte** : savant.

h) **Assyriologue** : spécialiste de l'Antiquité assyrienne, babylonienne. Il s'agit ici de Jean Bottéro (dans la revue *L'histoire,* février 1981, Le Seuil-La Recherche).

ORTHOGRAPHE ET GRAMMAIRE

1. **Encourrions** (conditionnel) : *courir* et les verbes de sa famille n'ont deux *r* de suite qu'au futur simple et au conditionnel présent.

2. **Foudres** : au pluriel, au figuré, condamnation. Féminin, comme au sens propre.

3. **Gent** (nom féminin) : race. Surtout employé dans des expressions plaisantes : *la gent historienne,* les historiens.

4. **Cent cinquante,** ou *cent-cinquante,* selon les *Rectifications* (cf. notre Appendice, § 8).

5. **Eussent acquis.**

6. **Aux dépens** : de la même famille que *dépenser.*

7. **Évènement** : graphie préférée par l'Académie depuis 1993, en application d'une règle générale ; mais événement est encore signalé. Cf. Appendice, § 1.

236 Civilisation et progrès

a) Les civilisations meurent quand les hommes qui les ont conçues et organisées se libèrent des disciplines fondées sur l'instinct de l'espèce, qui s'appelle aussi l'instinct de conservation. Plusieurs se sont demandé si nous ne sommes pas arrivés à un de ces moments **pathétiques** [a] de l'histoire où, après un temps de **paroxysme** [b], se consomme l'une de ces ruptures. Quoi qu'on [1] ait pu dire pour expliquer le phénomène, les civilisations, quelque [2] solides qu'elles aient paru, presque toujours se sont vues **péricliter** [c], puis disparaître [3] par la faute de ceux-là mêmes [4] qui les avaient placées sous leur garde ; ces **soi-disant** [5] gardiens des civilisations les ont laissées [6] se suicider.

b) Pour justifier notre croyance à un progrès indéfini, nous nous sommes attaqués, sans aucun **remords,** à tout ce qui, jusqu'aujourd'hui [7], établissait un équilibre entre les **exigences** [8] de l'homme et les lois essentielles de la nature. D'où la pollution, qui va **s'aggravant,** et les fléaux du même genre. Nous ne nous en sommes pas rendu [9] compte, mais, par excès de notre volonté de puissance, nous avons eu le tort de désorganiser ce qui constitue les assises [d] mêmes de notre existence. Pour consommer **davantage**, nous produisons en masse, négligeant [10] de considérer que cela peut mener à un détraquement **rédhibitoire** [e] de l'appareil de production. Notre faute est que nous dévorons ce qui est indispensable à la sauvegarde d'une juste stabilité, **voire** [11] de l'avenir de l'humanité, et, si nous ne venons pas à **résipiscence** [f], la catastrophe est à craindre. Le mal du siècle est de croire, contre tous les principes de la saine économie, que tout est possible.

D'après François CORTADE (dans le *Courrier de la Bourse*, 23 août 1972).

> **VOCABULAIRE**

a) **Pathétique** : qui émeut vivement, qui excite une émotion intense, souvent pénible.
b) **Paroxysme** : le plus haut degré (d'une maladie, d'un état morbide, d'une douleur, d'une passion).
c) **Péricliter** : aller à sa ruine, être en péril.
d) **Assises** : fondements, base.
e) **Rédhibitoire** : qui constitue un défaut, un empêchement absolus, radicaux.
f) **Résipiscence** (lat. ecclés. *resipiscentia*, retour à la raison ; racine *sapere*, être sage) : reconnaissance de sa faute, avec retour au bien.

ORTHOGRAPHE ET GRAMMAIRE

1. **Quoi que** : quelque chose que ; – *quoique,* bien que.
2. **Quelque** dans l'expression *quelque ... que* est adverbe et invariable quand il est placé devant un simple adjectif. (*Bon us.,* § 610, *b,* N.B. 1.)
3. **Disparaître**, ou *disparaitre,* selon les *Rectifications* (cf. notre Appendice, § 4).
4. **Mêmes** : marque ici l'identité ; il est donc adjectif et variable.
5. **Soi-disant** : invariable.
6. **Laissées** : forme appliquant la règle générale des participes suivis d'un infinitif (*Bon us.,* § 915 ; *N. gramm.,* § 377). Mais Littré considère que dans cette situation *laissé* peut rester invariable (comme *fait* l'est nécessairement). C'est aussi ce que préconisent les *Rectifications* (cf. Appendice, § 9).
7. **Jusqu'aujourd'hui** ou *jusqu'à aujourd'hui.* (*Bon us.,* § 1015, b, Rem. 3.)
8. **Exigence** : du lat. *exigentia.* Mais l'adjectif est *exigeant.*
9. **Rendu** : le compl. d'objet direct est *compte,* le participe *rendu* est donc invariable.
10. **Négligeant** : participe présent et gérondif, à distinguer de *négligent,* adjectif.
11. **Voire** : ne pas confondre avec le verbe *voir.* La conjonction *voire* signifie « et même ».

237 Une Parisienne en Asie

a) Quoi que l'homme fasse, quelques prodigieuses actions qu'il se soit proposées, quelques dangereux projets même qu'il ait formés, il est toujours tenté, quoiqu'il ne succombe pas toujours, de s'en **enorgueillir** sans mesure. Et il arrive qu'il (*se prévaloir,* subj. prés. [1]) effrontément [a] des plus sottes entreprises.

Tel n'est pas le cas, assurément, de cette exploratrice **hors de pair** [b] que fut Alexandra David-Néel, née à Paris en 1868 et décédée à Digne à l'âge de cent un [2] ans, ayant vécu une existence si mouvementée et si bien remplie qu'elle doutait parfois elle-même qu'on la crût lorsqu'elle écrivait le récit de ses aventures. Combien en avait-on vu, en effet, de femmes capables de concevoir et de mener à bien de pareilles prouesses [c], tel ce voyage du Tibet raconté d'un ton fort simple, et néanmoins captivant ? Accomplie à pied, en costume de **pèlerin**, la **sébile** [d] et le bâton en main, cette incroyable équipée lui valut en 1925, pour sa plus grande surprise, un premier prix **d'athlétisme** féminin.

b) Elle fut la première Européenne à pénétrer dans le monastère de Lhassa et à y séjourner ; au surplus, l'itinéraire qu'elle avait choisi pour y atteindre n'avait jamais été exploré. Devenir le premier, la première dans sa sphère, tel n'était pourtant pas le rêve qui hantait cette femme **exigeante** [3]. Et même, ce qu'elle eût pu être **censée** [e] ne faire que pour l'âpre goût de l'aventure et la soif de connaître [4], elle le faisait aussi, peut-être surtout, pour parachever l'initiation au **bouddhisme** et à la mystique qu'elle s'était déjà donnée. Loin d'elle, certes, le vain désir de s'**exhiber** ! Quand elle résout une difficulté, elle veut qu'on le sache : mais il s'agit d'information, et non de vantardise.

c) Le livre refermé, que d'épisodes on a vécus ! Ils n'en ont point tant fait, pourtant, pour **exalter** [5] le lecteur, que le tranquille courage de l'héroïne, la vivacité de l'écrivain, l'humour mêlé de sagesse qui (*conquérir,* indic. prés. [6]) l'esprit et le cœur tout ensemble et ne laissent jamais l'attention s'affaiblir. Quoi que ce soit dont il s'agisse, on s'émerveille **incessamment** [f]. Pas un jour, pas une heure, pas un instant sans doute, en ce long chemin, ne s'écoule sans qu'un péril menace ; nul relâche [7] possible, dans des régions inexplorées et interdites, hostiles aux étrangers de surcroît [4], et hantées, quelquefois, par des brigands. Ajoutez-y les rigueurs du climat, les tortures de la faim et de la soif. Que de péripéties ! Et que d'obstination, chez cet être indomptable qui écrit : « J'ai pour principe de ne jamais accepter une défaite, de quelque nature qu'elle puisse être et qui que ce soit qui me l'inflige » !

VOCABULAIRE

a) **Effrontément** : d'une manière *effrontée,* sans rougir, sans avoir honte de rien.

b) **Hors de pair** : sans égal. On dit aussi *hors pair.*

c) **Prouesse** : action de *preux,* acte de vaillance.

d) **Sébile** (prononcer *sé-bil*) : petite coupe qui sert à recueillir l'argent que sollicitent un mendiant, ici un pèlerin.

e) **Censé** (lat. *censere,* estimer, juger) : supposé, réputé. Ne pas confondre avec *sensé,* raisonnable, de bon *sens.*

f) **Incessamment** : sans cesse (langue littéraire) ; plus couramment, sans délai.

ORTHOGRAPHE ET GRAMMAIRE

1. **Se prévale.**
2. **Cent un** (et non *cent et un !*), ou *cent-un,* selon les *Rectifications* (cf. notre Appendice, § 8).
3. **Exigeant** : adjectif aussi bien que participe présent ou gérondif. Le nom correspondant est *exigence.*
4. **Connaître, surcroît,** ou *connaitre, surcroit,* selon les *Rectifications* (cf. Appendice, § 4).
5. **Exalter** : du lat. *exaltare,* racine *altus,* haut.
6. **Conquièrent.**

7. **Relâche** est masculin, pour l'Académie, au sens « interruption (dans quelque chose de pénible, dans un effort, dans une série de représentations théâtrales) », et féminin en termes de marine, « lieu où un bateau peut faire escale ». En fait, le féminin tend à se généraliser : cf. Robert et *Bon us.*, § 472, 16.

238 Sur la présence du passé

a) Si nous ne (*prévoir,* indic. imparf. [1]) pas les particularités de l'avenir, au moins dans une certaine mesure, nous serions sans doute **en butte** [a] aux reproches des historiens : un bon nombre d'entre eux, en effet, pensent que les fluctuations [b] des évènements [2] et des hommes sont plus ou moins déterminées, selon les régions et les milieux, par l'influence du passé.

Notre espèce humaine étant, dès l'origine, plus fragile que toute autre, comment eût-elle pu subsister si elle eût dû manquer des ressources [3] que l'expérience et la mémoire lui avaient values ? Dans un environnement non encore tout à fait maîtrisé [4], quiconque ne (*prévoir,* conditionnel présent [5]) pas les dangers immédiats et leurs répercussions [c] possibles resterait exposé à tous les aléas d'une existence toujours précaire. **Incessamment** [6] portés vers le futur par l'élan **incoercible** [d] qui a assuré notre suprématie dans le monde naturel, nous courrions [7] cependant, aujourd'hui encore, beaucoup de risques dans nos entreprises, quelque sophistiquées [e] qu'elles soient, si nous ne nous appuyions [8] sur les acquis **immémoriaux.**

b) La vie s'est compliquée, les besoins sociaux se sont accrus, et l'homme néanmoins a senti la nécessité de tenir compte de son passé. Des divers soutiens qu'il a fallu de tout temps [9] aux sociétés, le sentiment de la continuité est sans contredit l'un des plus constants. On le considèrera [10] même comme un facteur de cette civilisation qui s'est proposé de se rendre maîtresse [4] de l'avenir vers lequel elle est toute [11] orientée.

C'est parce que nos lointains aïeux se sont un jour imposé la règle de perpétrer moins d'actions violentes qu'ils ne s'en étaient sentis capables que les droits de l'homme ont pu, dans la suite des siècles, lentement émerger dans un monde toujours mieux préparé à les définir et à les codifier. Ayant créé les tabous [f] et les lois, les religions, les morales et généralement tout autre ensemble de concepts [g] et de préceptes propres à gouverner la conduite tant privée que publique, l'humanité a rendu possibles des progrès indéniables.

Et pourtant ! Ce progrès serait-il un **mythe** [h] ? Son **essor** [i] indéfini paraît [4] à beaucoup pure utopie [j]. Quant à la présence du passé, ne revêt-elle pas un visage redoutable, voire terrifiant, lorsqu'elle s'incarne en millions d'êtres affamés ou en proie aux violences les plus **exécrables** [k] que cette civilisation si fière d'elle-même n'est pas encore, hélas ! parvenue à conjurer ?

VOCABULAIRE

a) **Être en butte à** : être exposé à. (*Butte* « éminence de terre » a désigné un endroit où l'on plaçait une cible pour s'exercer au tir.)

b) **Fluctuation** : variation, défaut de fixité.

c) **Répercussion** : conséquence, choc en retour.

d) **Incoercible** : qu'on ne peut réprimer, contraindre (racine lat. *coercere*, contraindre).

e) **Sophistiqué** : complexe, mettant en œuvre des techniques de pointe.

f) **Tabou** : interdiction de caractère religieux.

g) **Concept** : idée, objet conçu par l'esprit.

h) **Mythe** : au sens figuré de « pure construction de l'esprit ».

i) **Essor** : élan d'un oiseau dans l'air ; au figuré, élan de l'esprit, libre développement.

j) **Utopie** : idéal, vue qui ne tient pas compte de la réalité.

k) **Exécrable** (prononcer *ègzé-*) : qu'on doit *exécrer*, avoir en horreur.

ORTHOGRAPHE ET GRAMMAIRE

1. **Prévoyions** : attention au *i* de la désinence *-ions* à la 1re personne du pluriel de l'indicatif imparfait.

2. **Évènement** : forme privilégiée par l'Académie depuis 1993 (et, dans les exemples, depuis 1992), *événement* restant signalé comme variante. Cf. notre Appendice, § 1, et la note 10 ci-dessous.

3. **Ressources** : la syllabe *re* se prononce comme dans *retour*.

4. **Maîtriser, maîtresse, paraître,** ou *maitriser, maitresse, paraitre*, selon les *Rectifications* (cf. Appendice, § 4).

5. **Prévoirait**.

6. **Incessamment** : sans cesse (langue littéraire) ; plus couramment, sans délai.

7. **Courrions** : conditionnel présent, à distinguer de *courions*, indicatif présent.

8. **Appuyions** : voir note 1.

9. **De tout temps** : on écrit aussi (mais moins souvent) *de tous temps*.

10. **Considèrera** : seule forme acceptée par l'Académie en 1992, avec élimination de *considérera*. C'est une règle générale : cf. Appendice, § 1, ainsi que la note 2 ci-dessus.

11. **Toute** : le sens étant « tout entière » ; mais *tout* est acceptable, avec le sens « tout à fait ».

239 Sur la médisance

a) D'où vient qu'aujourd'hui la médisance s'est rendue si agréable dans les entretiens et dans les conversations où elle s'est glissée ? Pourquoi l'a-t-on vue employer tant d'artifices et chercher tant de tours ? Cette habileté avec laquelle elle s'est insinuée, ces airs de **bonhomie** [1] qu'elle s'est donnés, ces bons mots qu'elle s'est plu à débiter, ces colères qu'elle a **exhalées** en reproches, ces équivoques (*malin,* à la forme convenable [2]) dont elle s'est applaudie, ces demi-blâmes mêlés de demi-louanges, ces (*clin d'œil,* pluriel [3]) qui parlent sans parler et qui disent bien plus que les paroles mêmes : pourquoi tout cela ? C'est que la bouche des médisants est remplie de malice, mais d'une malice que leur langue a déguisée et embellie, car les médisances qu'ils ont eu [4] à faire, on les leur a entendu [5] exprimer avec tant d'agrément et de plaisante **exubérance** [a] que l'on était charmé. Quoique ce fussent communément des mensonges, ces mensonges avaient des **résonances** [6] si séduisantes qu'ils ne laissaient pas de plaire et, par une funeste conséquence, de produire leurs pernicieux effets.

b) C'est ainsi que les médisants se sont assuré, dans les conversations du monde, les pouvoirs **exorbitants** [b] qu'ils se sont arrogés [c]; on les a entendus quelquefois [7] **notamment** se faire fort [8] de ruiner les réputations les plus solides même. Et pourtant, quelles gens vils et méprisables que les gens (*médisant,* à la forme convenable [9]) !

La médisance étant d'elle-même aussi lâche qu'elle est, nous n'aurions pour elle, en effet, que du mépris si nous la voyions [10] dans son naturel ; et voilà pourquoi elle s'est complu à se farder **hypocritement**, mais d'une manière qui l'a rendue encore plus odieuse aux yeux de (*tout,* à la forme convenable [11]) les honnêtes gens et plus criminelle aux yeux de Dieu.

D'après BOURDALOUE.

VOCABULAIRE

a) **Exubérance** (lat. *exuberantia,* racine *uber,* fertile), vitalité excessive.
b) **Exorbitant** (emprunté au partic. prés. du bas lat. *exorbitare,* dévier ; racine *orbita,* ornière) : qui sort des bornes.
c) **S'arroger** : s'attribuer (un droit, une qualité, etc.) sans y avoir droit.

ORTHOGRAPHE ET GRAMMAIRE

1. **Bonhomie** ou *bonhommie* (d'après *bonhomme*), selon les *Rectifications* (cf. notre Appendice, § 14).
2. **Malignes**. Le sens de l'adjectif est « méchant ».
3. **Ces clins d'œil**. Mais, selon Littré, on peut dire aussi, si l'on considère les deux yeux : *des clins d'yeux*.

4. **Eu à faire** : selon cette façon d'écrire, le pronom *que* est considéré comme complément d'objet direct de l'infinitif (celui-ci étant complément d'objet direct du participe) ; on peut aussi, mais cela est plus rare, considérer *que* comme objet direct du participe, *à faire* étant une sorte de complément adverbial. (Cf. *Bon us.*, § 915, Rem. 2 ; *N. gramm.*, § 377, Rem. 2.)

5. **Entendu** : *leur* n'est pas un complément d'objet direct, et *les* est complément d'objet direct de l'infinitif.

6. **Résonance**, *assonance, consonance, dissonance* s'écrivent de nos jours par un seul *n*.

7. **Quelquefois**, en un mot, signifie « parfois ». *Quelques fois,* en deux mots, signifie « un petit nombre de fois ».

8. **Fort**, dans *se faire fort de,* est invariable en genre. L'invariabilité en nombre, recommandée par l'Académie, est contestée par Littré. (*Bon us.*, § 303, *a*, Rem. 3.)

9. **Médisants**.

10. **Voyions** : attention à la finale ! La désinence de l'indicatif imparfait, à la 1re personne du pluriel, est toujours *-ions*.

11. **Tous les honnêtes gens.**

240 Une théorie du style au XVIIIe [1] siècle

a) Le style n'est que l'ordre et le mouvement qu'on a marqués dans ses pensées. Si on les a enchaînées [2] étroitement et qu'on les ait [3] serrées, le style devient ferme, nerveux et concis ; si on les a laissées [4] se succéder lentement et ne se joindre qu'à la faveur des mots, quelque séduisantes qu'en soient les **consonances** [5], le style sera diffus [(a)], lâche et traînant [2].

Mais, avant de chercher l'ordre dans lequel nous présenterons nos pensées, il faut que nous nous en soyons [6] fait un autre plus général et plus fixe, où nous ayons [6] arrêté les principales idées : c'est en marquant leur place sur ce premier plan que notre sujet (*circonscrire*, futur passif [7]) et que nous en connaîtrons [2] l'étendue ; si nous nous sommes rappelé **incessamment** [(b)] ces premiers **linéaments** [(c)], nous pourrons déterminer les justes **intervalles** séparant les idées principales et les remplir au moyen des idées accessoires que l'inspiration aura fait éclore.

b) La force du génie (*aidant,* à la forme convenable [8]), nous nous serons représenté toutes les idées générales et particulières sous leur véritable point de vue et nous aurons distingué les pensées stériles des idées fécondes. Pour peu qu'une matière soit compliquée, il est rare que nous la voyions [6] tout entière d'un seul coup d'œil ; il est rare aussi que, même après bien des **réflexions**, nous fouillions [6] **suffisamment** un sujet et que nous en saisissions tous les rapports. On ne saurait donc se dispenser de faire un plan.

S'ils ne se sont pas donné la peine d'en faire un, les meilleurs écrivains eux-mêmes s'égarent. Quelque brillantes que soient les couleurs qu'ils emploient, quelques séduisantes beautés qu'ils sèment dans les détails, comme l'ensemble choquera, l'ouvrage ne sera point construit et, quoi qu'on trouve d'admirable dans l'esprit de l'auteur, on pourra soupçonner qu'il manque de génie.

D'après BUFFON.

VOCABULAIRE

a) **Diffus** : qui exprime la pensée avec trop d'abondance et sans ordre.

b) **Incessamment** : sans cesse (sens littéraire) ; plus couramment, sans délai.

c) **Linéament** : ligne élémentaire, caractéristique d'un ensemble.

ORTHOGRAPHE ET GRAMMAIRE

1. **XVIIIe** ou *XVIIIe*, avec la dernière lettre de l'ordinal écrit en lettres ; *XVIIIme, XVIIIème, XVIIIième* ne sont pas reçus ; *XVIIIè* et *XVIII°* sont injustifiables. (Dans *n°, 1°*, on a la dernière lettre de *numéro, primo*.)

2. **Enchaîner, traînant, connaître**, ou enchainer, trainant, connaitre, selon les Rectifications (cf. notre Appendice, § 4).

3. **Ait** : subjonctif après *que* mis pour *si* dans une suite de propositions de condition. (*Bon us.*, § 1099.) La 3e personne du sing. du subj. prés. se termine par *-e*, excepté *qu'il ait* et *qu'il soit*.

4. **Laissées** : forme résultant de l'application de la règle générale du participe suivi d'un infinitif. Mais, à cause de la parenté avec *fait* (toujours invariable dans cette situation), certains grammairiens, ainsi que les *Rectifications*, préconisent l'invariabilité de *laissé* + infinitif. Cf. l'Appendice, § 9, ainsi que *Bon us.*, § 915.

5. **Consonance**, *assonance, dissonance, résonance* s'écrivent, de nos jours, par un seul *n*.

6. **Soyons, ayons, voyions, fouillions** : la 1re personne du pluriel du subjonctif présent se termine par *-ions*. Exceptions : *ayons, soyons*.

7. **Sera circonscrit**.

8. **Aidant** : participe présent invariable, en tant que prédicat d'une proposition absolue. (*N. gramm.*, § 353, *a*, 6°.)

241 La nation : une analyse idéaliste

a) À ceux qui se sont demandé ce que c'est qu'une nation, je suggèrerais [1] **volontiers** [2] les **réflexions** que voici. Une nation est une âme, un principe spirituel. Deux choses qui, à vrai dire, n'en font qu'une, constituent cette âme, ce principe spirituel. L'une et l'autre crée(nt), en effet, cette **atmosphère** morale que respire toute une communauté de consciences. L'une est dans le passé, l'autre dans le présent. L'une est la possession en commun d'un riche **legs** [a] de souvenirs, l'autre est le consentement actuel, le désir de vivre ensemble, la volonté de continuer à faire valoir les biens de toutes sortes [3] qu'on a hérités des (*aïeul,* pluriel [4]) et qu'on a reçus indivis [b].

L'homme ne s'improvise pas. La nation, comme l'individu, résulte [5] d'un long passé d'efforts, de sacrifices et de **dévouements.** Le culte des ancêtres est **certes** [2] des plus **légitimes** [6] : ce (*être,* indic. prés. [7]) les ancêtres qui nous ont faits ce que nous sommes. Un passé héroïque, des [8] grands hommes, de la gloire, voilà la base sur laquelle on (*asseoir,* indic. prés. [9]) une idée nationale.

b) Avoir des gloires communes dans le passé, une volonté commune dans le présent, avoir la fierté des grandes choses qu'on a accomplies ensemble, vouloir en faire encore plus qu'on n'en [10] a accompli et monter toujours **davantage** vers les cimes, voilà la condition qui, plus que toute autre, importe pour être un peuple. On aime en proportion des sacrifices qu'on s'est imposés ou qu'on a consentis, des maux qu'on a soufferts ; on aime la maison qu'on a bâtie, le champ ou la propriété qu'on a achetés [11] sur ses économies.

Dans le passé, un héritage de gloire et de regrets à partager ; dans l'avenir les mêmes (*idéal,* pluriel [12]) à réaliser ; avoir souffert, joui, espéré ensemble, voilà, quoi qu'en aient dit la politique ou la diplomatie, ce qui vaut mieux que des douanes communes et des frontières conformes aux idées stratégiques.

D'après Ernest RENAN.

VOCABULAIRE

a) **Legs** (altération de l'ancien mot *lais* (de *laisser*) par fausse étymologie, d'après *léguer*) (souvent prononcé *lèg',* en faisant entendre le *g* : quelques-uns prononcent encore *lè*) : don fait par testament ou par autre acte de dernière volonté. Au figuré, héritage.

b) **Indivis** (l's ne se prononce pas) : qui n'est point divisé, qui appartient en commun à plusieurs propriétaires.

ORTHOGRAPHE ET GRAMMAIRE

1. **Suggèrerais** : selon une règle générale adoptée par l'Académie depuis 1992 (cf. notre Appendice, § 1). On ne considèrera pas l'ancienne forme *suggérerais* comme une faute.
2. **Volontiers, certes** : avec l's adverbial. (*Bon us.,* § 923.)
3. **De toutes sortes** ou *de toute sorte.* (*Bon us.,* § 615, b, 1°, Rem.)
4. **Aïeux.**
5. **Résulte** : accord avec le premier sujet (*comme* garde toute sa valeur de conjonction de comparaison).

6. **Des plus légitimes** : après *des plus, des moins, des mieux,* l'adjectif se met ordinairement au pluriel (= *parmi les plus légitimes*). Cependant certains auteurs mettent le singulier. (*Bon us.*, § 954, *g.*)

7. **Ce sont les ancêtres**. (Archaïque ou familier : « *C'est* les ancêtres » ; cf. *Bon us.*, § 898, *a,* 3° ; *N. gramm.* § 361.)

8. **Des grands hommes** : on considère *grands hommes* comme une sorte de composé. On pourrait admettre aussi : *de grands hommes ;* dans ce cas, *grands* et *hommes* sont bien distincts l'un de l'autre. (*Bon us.*, § 569, *a,* 1°.)

9. **Assied** ou *assoit.* (L'infinitif est *asseoir,* ou *assoir* selon la *Grammaire de l'Académie* et selon les *Rectifications* : cf. Appendice, § 14).

10. On peut écrire aussi, sans *ne* explétif : *plus qu'on en a accompli.* (*Bon us.*, § 983, *d.*)

11. **Achetés** est préférable pour la clarté, mais *achetée* est accepté traditionnellement. (*Bon us.*, § 440.)

12. **Idéaux** : *idéals* ne correspond plus à l'usage habituel d'aujourd'hui. (*Bon us.*, § 504, *c.*)

242 Un patriotisme enthousiaste

a) La plupart des hommes sont capables des actes de courage que réclame une impérieuse [a] nécessité : on les a vus marcher au secours de leur pays quand les circonstances l'ont exigé ; mais s'ils sont inspirés par l'**enthousiasme** de leur patrie, de quels beaux mouvements ne se sentent-ils pas saisis ? Le sol qui les a vus naître [1], la terre de leurs (*aïeul,* pluriel [2]), la mer qui baigne les rochers, les longs souvenirs qui se sont succédé dans leur mémoire, tout se soulève autour d'eux et se résout dans un élan vers le combat ; leur âme est tout(e) [3] ardeur et tout amour. Dieu l'a donnée, cette patrie, aux hommes qui se sont juré de la défendre, aux femmes qui, pour elle, se sont imposé les sacrifices les plus pénibles sans s'être jamais laissé abattre par les dangers menaçant leurs frères, leurs époux et leurs fils.

b) Au souvenir des périls qu'a courus le pays, en présence de ceux qui sont près de [4] l'atteindre, un émoi et une fièvre intérieure [5] hâtent le cours du sang dans les veines ; chaque effort, dans une telle lutte, procède du **recueillement** le plus profond. L'on n'**aperçoit** [6] d'abord sur le visage de ces généreux citoyens que du calme : la dignité de leurs émotions s'**accommoderait** mal de l'**exubérance** [b] ou de la violence ; mais, dès que la sonnerie du clairon s'est fait entendre, on les a vus bouillir d'une noble impatience, leurs regards jadis [7] si doux, si prêts à le redevenir à l'aspect du malheur, se sont enflammés d'une volonté sainte et terrible. Ni la bataille ni le sang ne les (*faire,* passé composé [8]) frémir, car nul regret, nulle incertitude ne se mêle(nt) [9] plus alors aux résolutions les plus désespérées même ; et quand les hommes sont tout entiers dans ce qu'ils veulent, ils jouissent admirablement de l'existence, enflammés qu'ils sont par cette noble ardeur qu'on appelle l'enthousiasme et qui réunit plus que toute autre toutes les forces de l'âme dans le même foyer.

D'après Mme de STAËL.

VOCABULAIRE

a) **Impérieux** : à quoi on ne peut résister.

b) **Exubérance** (lat. *exuberantia*, racine *uber*, fertile) : trop-plein de vie qui se traduit dans le comportement, les propos.

ORTHOGRAPHE ET GRAMMAIRE

1. **Naître**, ou *naitre*, selon les *Rectifications* (cf. notre Appendice, § 4).
2. **Aïeux**.
3. **Tout** exprimant plénitude et renforçant un nom épithète ou attribut s'accorde avec ce nom ou reste invariable. (*Bon us.*, § 955, Rem. 2 ; *N. gramm.*, § 245, Rem. 1.)
4. **Près de** : sur le point de. À distinguer de *prêt à*, préparé, disposé à. (*Bon us.*, § 357, *b* ; *N. gramm.*, § 400, *e*, Rem. 1.)
5. **Intérieure** : l'accord avec le deuxième nom est préférable, l'émoi étant nécessairement intérieur, au contraire de la fièvre. Mais on ne considèrera pas comme fautif l'accord avec les deux noms.
6. **L'on n'aperçoit... que** : ne pas omettre la négation après *on* (cf. : *il n'aperçoit ... que*).
7. **Jadis** : l'*s* se prononce.
8. **Ne les ont fait frémir**, ou, quoique moins net, *ne les a fait frémir*. (*Bon us.*, § 441 ; *N. gramm.*, § 367, *a*.)
9. **Mêle(nt)** : quand *nul* est répété dans une série de sujets, le verbe s'accorde avec l'ensemble des sujets ou avec le dernier seulement. (*Bon us.*, § 443, *b*.)

243 La bande dessinée

a) Que le succès des bandes dessinées (*être*, présent, au mode convenable [1]) un phénomène digne d'intérêt, plus d'un historien, plus d'un critique l'affirment [2] fort **pertinemment** [a], ne doutant pas que la substance, les structures, les **mythes** et **archétypes** [b] même que ces productions véhiculent ne (*valoir*, subjonctif présent [3]) qu'on y consacre l'attention la plus sérieuse. Il y a longtemps que les plus perspicaces ne se sont plus laissé abuser par le caractère prétendument puéril ou populaire de ces ouvrages, nouveau [4] venus sur le marché de l'édition.

Ce que certains sont convenus d'appeler infra-littérature, ce que d'autres ont voulu même exclure du champ des études littéraires est enfin considéré comme une forme d'art à part entière. Quoi qu'aient pu dire maints **pamphlets**, il est tout à fait légitime de s'attacher à reconnaître [5] les particularités et les mérites esthétiques de la bande dessinée, moderne moyen d'expression, et des plus répandus [6].

b) Tout hermétique et imposante qu'elle paraît [5] quelquefois, la nouvelle critique n'a pas cru s'abaisser en scrutant ces mondes imaginaires coloriés. Les psychologues et les sociologues ne sauraient laisser échapper un tel **matériau** [7], aussi important qu'abondant. Les **psychanalystes** enfin déploieraient sans répugnance, à en juger par leurs publications, toutes les ressources des esprits les plus subtils pour **décrypter** [c] ces planches animées, ces textes en bulles ou **phylactères,** des messages bien plus complexes que nombre de gens ne l'avaient cru jusqu'alors.

On s'en **convainc** aujourd'hui, aucune résistance ne s'oppose plus à l'irrésistible armée des bandes dessinées. Ces engouements qu'on a vus se développer n'empêchent pas pourtant qu'une hiérarchie **exigeante** [8] se soit instaurée, elle-même garante de la qualité artistique dans un domaine aisément livré à l'anarchie ou aux intérêts mercantiles. Il faut une critique sans concession ni complaisance ; on n'en dira jamais assez l'utilité, la nécessité, qui éclate [9] aux yeux des amateurs les plus passionnés et les plus avertis. Cette discipline ne (*faillir,* futur simple [10]) pas à sa mission si elle s'impose les critères et les méthodes qui sont de règle dans l'étude des genres les plus difficiles.

Ainsi donc, lecteur invétéré [d] qui fais tes meilleures délices de ces grands albums illustrés, plus n'est besoin que tu (*conquérir,* subjonctif présent [11]), à force d'arguments, l'indulgence **condescendante** des doctes [e] et des sages : tu en surprendras plus d'un absorbé [12] dans ces mêmes albums, et qui ne cache point le plaisir qu'on y prend.

VOCABULAIRE

a) **Pertinemment** : ainsi qu'il convient, avec jugement. L'adjectif est *pertinent,* donc *e* aussi dans la finale *-emment.*

b) **Archétype** : type primitif ou idéal ; original qui sert de modèle. Le *ch* se prononce *k*.

c) **Décrypter** (racine grecque *kryptos,* caché) : découvrir le sens caché de.

d) **Invétéré** (racine latine *vetus,* vieux) : qui est tel depuis longtemps.

e) **Docte** : savant (ici, avec une nuance ironique).

ORTHOGRAPHE ET GRAMMAIRE

1. **Soit.** (*Bon us.,* §1072, *d* ; *N. gramm.,* § 424, *c*.)
2. **Affirment** : il y a plusieurs sujets (au contraire du cas envisagé dans la note 12).
3. **Vaillent.**
4. **Nouveau venus** : *nouveau* équivaut à un adverbe dans l'adjectif composé (*N. gramm.,* § 198, *c*).

5. **Reconnaître, paraître,** ou *reconnaitre, paraitre,* selon les *Rectifications* (cf. notre Appendice, § 4).
6. **Des plus répandus**, c'est-à-dire *parmi les plus répandus.* Mais le singulier *répandu* doit être accepté (= très répandu) : *Bon us.,* § 954, g.
7. **Matériau** : singulier refait d'après le pluriel *matériaux.*
8. **Exigeant** : participe présent ou adjectif verbal, s'écrit toujours par *-geant,* mais le nom est *exigence.*
9. **Éclate**, au singulier : *utilité* et *nécessité* forment une gradation.
10. **Faillira** : *Bon us.,* § 809.
11. **Conquières.**
12. **Absorbé** : malgré la logique mathématique, c'est *un* qui détermine l'accord.

244 L'infini dans les cieux

a) Au siècle dernier, vu les faibles moyens d'**investigation** [a] de la recherche scientifique, on pouvait à peine songer à déterminer la distance qui nous sépare des étoiles. Grâce aux progrès qu'on a vu faire à la technique, grâce à la précision extraordinaire des observations photographiques, l'astronomie moderne **résout** avec une surprenante exactitude des problèmes que l'on eût crus [1] à tout jamais insolubles.

Un des plus récents résultats qu'elle a obtenus [2] est la découverte de l'étoile (*le* ou *la* [3]) plus proche de nous, celle qu'on a dénommée Wolf 424. D'après les estimations faites il y a quelques années à l'observatoire de Chicago, cette étoile serait située à quelque trois mille quatre cent soixante-douze [4] millions de kilomètres de la Terre [5] ; ainsi, la lumière **parcourant** [6] trois cent mille kilomètres par seconde, notre imagination reste tout étonnée en se représentant les trois ans et huit mois qu'il a fallu à un rayon lumineux émis par cette étoile pour parvenir jusqu'à nous.

b) Quand nous songeons que la lumière de la Lune [5] met un peu plus d'une seconde un quart pour arriver à notre œil et celle du Soleil [5] huit minutes dix-huit secondes, les distances prodigieuses qui nous séparent des étoiles même les moins éloignées de nous effrayent [7] notre imagination. Mais si nous essayions [8] de nous représenter les énormes distances auxquelles sont situées certaines étoiles que les astronomes ont affirmé [9] être si éloignées que leur lumière met cent ans et **davantage** à nous parvenir, nous resterions tout confondus, et nous en serions réduits à nous contenter de quelques faibles comparaisons.

Ces distances, cependant, quelque prodigieuses qu'elles soient, paraissent peu de chose quand on les compare à celles qui nous séparent de certaines nébuleuses, dont la lumière ne nous arrive qu'après cinq cents [10] millions d'années. Vraiment les cieux, comme chante le Psalmiste [b], racontent la gloire de Dieu !

VOCABULAIRE

a) **Investigation** : recherche suivie sur quelque objet.

b) **Le Psalmiste** : l'auteur des Psaumes (livre de la Bible).

ORTHOGRAPHE ET GRAMMAIRE

1. **Crus** : participe passé suivi d'un attribut du complément d'objet direct : d'ordinaire l'accord se fait avec le complément d'objet direct s'il précède le participe. Toutefois, dans certains cas, l'usage est un peu hésitant. (*Bon us.*, § 914 ; *N. gramm.*, § 371, Rem. 2.)
2. **Obtenus** : l'accord se fait avec *résultats*. Pourtant, il n'est pas rare que, dans des constructions semblables, l'idée d'unité persiste dans l'esprit et amène le singulier : cf. *Bon us.*, § 425.
3. **La plus proche.**
4. **Trois mille ...** : selon la règle traditionnelle, on ne met des traits d'union dans les numéraux composés qu'entre les éléments qui sont l'un et l'autre inférieurs à cent ; selon les *Rectifications*, on mettrait des traits d'union entre tous les éléments, sauf avant et après *million* et *milliard*, qui sont des noms. Cette note vaut aussi pour les autres nombres de ce texte.
5. **Terre, Lune, Soleil** : dans l'usage courant, on écrit ces noms par la minuscule. Mais quand il s'agit de cosmographie, on met la majuscule.
6. **Parcourant** : *courir* et les verbes de sa famille n'ont deux *r* de suite qu'au futur simple et au conditionnel présent.
7. **Effrayent** (prononcé *é-frèy'*) ou *effraient* (prononcé *é-frè*).
8. **Essayions** : la 1re personne du pluriel de l'indicatif imparfait se termine par *-ions*.
9. **Affirmé** : le complément d'objet direct de *affirmé* est la proposition infinitive. (*Bon us.*, § 915, Exceptions, 3°.)
10. *Million* est un nom, et *cent* varie comme devant un nom. (*N. gramm.*, § 221, Rem. 3.) — Voir en outre la note 4.

245 La sociabilité chez les animaux

a) Une des choses qui ne laissent [1] pas d'étonner les naturalistes, c'est l'**entraide** et la sociabilité qu'ils ont vu manifester par de nombreuses espèces d'animaux. Les sauterelles, les papillons, les cigales se sont de tout temps [2] groupés en vastes associations ; il en est de même pour la plupart des oiseaux et pour de nombreux mammifères vivant à l'état libre, tels que les chevaux, les rennes, les castors, les éléphants. C'est que, plus une espèce s'est conformée à l'instinct de sociabilité, plus facilement elle s'est survécu à elle-même, et cela quelles que fussent sa taille ou son infériorité **physique.** Voyez la fourmi : nul aiguillon [3], nulle carapace ne l'arme(nt) [4] pour sa défense. Cependant les variétés de fourmis sont légion sur la surface du globe.

b) Plus impérieuse ^(a) d'ailleurs que toute autre, la nécessité de la **nourriture** pousse les animaux à vivre en société et à s'entraider. Observez deux fourmis appartenant à la même colonie : quand elles se rencontrent loin de leur **fourmilière**, l'une et l'autre se livre(nt), par des mouvements d'antennes qui sont un vrai **langage**, à une mystérieuse conversation. Si l'une a faim ou soif et que l'autre (*avoir*, à la forme voulue [5]) l'estomac plein, elle demande de la nourriture à la seconde. La fourmi, a-t-on prétendu, n'est point prêteuse. La vérité est tout autre, quoi qu'en ait dit le fabuliste : la fourmi sollicitée ne refuse jamais, elle écarte ses mandibules et régurgite ^(b) une goutte d'un fluide dont se repaît [6] aussitôt la fourmi affamée.

> **VOCABULAIRE**

a) **Impérieux** : irrésistible.

b) **Régurgiter** (lat. *re*, en arrière, et *gurges, gurgitis*, gorge) : faire revenir dans la bouche les aliments déjà avalés.

> **ORTHOGRAPHE ET GRAMMAIRE**

1. **Laissent** : l'antécédent de *qui* est *choses* : le verbe est donc au pluriel. (*Bon us.*, § 425 ; *N. gramm.*, § 362, c.) — *Ne pas laisser de* = ne pas manquer de.
2. **De tout temps** : on écrit aussi (mais moins souvent) *de tous temps*.
3. **Aiguillon** : prononcer comme *aiguille*.
4. **Arme(nt)** : quand *nul* est répété dans une série de sujets, le verbe s'accorde avec l'ensemble des sujets ou avec le dernier seulement. (*Bon us.*, § 443, b.)
5. **Ait** : subjonctif après *que* mis pour *si* dans une suite de propositions de condition. (*Bon us.*, § 1099.) — La 3e personne du singulier du subjonctif présent se termine par -*e*, excepté *qu'il ait* et *qu'il soit*.
6. **Repaît**, ou *repait*, selon les *Rectifications* (cf. notre Appendice, § 4).

246 Aspects de la littérature wallonne

Les Wallons [1], quoi qu'on en ait [2] dit, restent des Latins. Quelles que soient les brumes de mélancolie germanique qu'on a vues flotter **quelquefois** [3] dans leur rêverie [4], leur art comme leur littérature révèlent [5] la couleur et l'harmonie latines [6]. Il y a, dans la littérature wallonne, une émotivité, une sentimentalité parfois délicieuse [7], une verve de bon **aloi** ^(a), quelque faiblesse aussi, sans doute, pour les détails réalistes, voire ^(b) un peu crus, échappés de l'atelier ou de **l'échoppe** ^(c).

La littérature wallonne s'est surtout distinguée dans les genres lyrique et dramatique. Parmi les productions qu'elle a présentées au public, la comédie plus que toute autre a **recueilli** la faveur et le succès. Le peuple wallon va volontiers [8] au **théâtre**, et des troupes d'amateurs interprètent devant lui les **chefs-d'œuvre** des dramaturges du **cru** [d], dont le répertoire, dans la seule région de Liège [9], compte quelque mille ou quinze cents [10] pièces. Il faut mentionner aussi la narration en prose, qu'on a vu cultiver avec talent par quelques auteurs wallons.

Mais, tout appréciés qu'ont [11] pu être les comédies, les vaudevilles [e] ou les **saynètes** [f] de mœurs, quelques nombreux fervents que ces œuvres aient connus, les chansons en ont trouvé **davantage.** Plus d'une exprime [12] une exquise sentimentalité ou une raillerie des plus fines [13].

D'après Maurice WILMOTTE.

VOCABULAIRE

a) **Aloi** : titre d'un alliage ; au figuré, valeur d'une chose.
b) **Voire** : et même. À distinguer de l'infinitif *voir*.
c) **Échoppe** : petite boutique ordinairement adossée contre une muraille.
d) **Cru** : ce qui *croît* dans un certain sol, dans un terroir déterminé ; la région elle-même. Il ne faut pas d'accent circonflexe, malgré l'étymologie.
e) **Vaudeville** : pièce de théâtre entremêlée de couplets.
f) **Saynète** (de l'espagnol *sainete* et donc sans rapport avec *scène*) : petite pièce comique à deux ou trois personnages.

ORTHOGRAPHE ET GRAMMAIRE

1. **Wallon** : quoiqu'on entende souvent en France *va-lon*, les spécialistes français de la prononciation recommandent aujourd'hui de suivre l'usage local : avec une semi-voyelle, comme dans *watt*.
2. **Ait** : la 3ᵉ personne du singulier du subjonctif présent se termine par *-e*, excepté *qu'il ait* et *qu'il soit*.
3. **Quelquefois**, en un mot, signifie « parfois ». *Quelques fois*, en deux mots, signifie « un petit nombre de fois ».
4. **Leur rêverie** : on pourrait admettre aussi le pluriel.
5. **Révèlent**, au pluriel : la conjonction *comme* a le sens de *et*.
6. **Latines** : accord avec les deux noms.
7. **Délicieuse** : accord avec le dernier nom seulement ; *émotivité* et *sentimentalité* sont à peu près synonymes.
8. **Volontiers** : avec l'*s* adverbial. (*Bon us.*, § 923.)
9. **Liège** : conformément à l'arrêté du Régent du 17 septembre 1946, approuvant la délibération du Conseil communal de Liège du 3 juin 1946, il faut écrire officiellement *Liège*, avec l'accent grave (et non *Liége*, avec l'accent aigu). Comp. l'Appendice, § 1.

10. **Quinze cents**, ou *quinze-cents*, selon les *Rectifications* (cf. notre Appendice, § 8).
11. **Tout ... que** se construit traditionnellement avec l'indicatif. Mais l'usage moderne autorise aussi l'emploi du subjonctif. (*Bon us.*, §1094.)
12. **Exprime** : malgré la logique mathématique, c'est *un* qui règle l'accord.
13. **Des plus fines** : après *des plus, des moins, des mieux,* l'adjectif se met ordinairement au pluriel (= parmi les plus fines). Cependant certains auteurs mettent le singulier. (*Bon us.*, § 954, *g.*)

247 Le sentiment du beau

a) Tous les **philosophes**, et les plus profonds même, se sont vainement épuisés à donner du beau, cette splendeur que nous avons vue briller à notre âme plus encore qu'à nos yeux, une définition incontestable, qui embrassât [1] les mille objets divers sur lesquels nous nous sommes plu à contempler le rayonnement mystérieux qui s'appelle la beauté.

Platon [a] la dénomme la splendeur du vrai. Pour saint [2] Augustin [b], ce (*être,* indicatif présent [3]) l'unité, l'ordre et l'harmonie qui constituent la beauté. Certains maîtres [4] de la science **esthétique** [c] se sont accordés à distinguer le beau réel et le beau idéal. Pour imparfaite et dépassée qu'elle puisse paraître [4], cette théorie garde au moins un intérêt historique, comme témoignage des **tâtonnements** de l'homme dans un domaine plein d'embûches [4] et des plus difficiles [5].

b) Le beau réel, considéré dans la nature créée, ce serait la beauté qui est dans les choses, soit **physiques**, soit intellectuelles, soit morales.

Quelles âmes, et parmi les moins sensibles même, ne se sont pas laissé toucher par la mystérieuse impression de beauté, en face de la splendeur des cieux étoilés, ou des magnifiques élans des monts dressant à des quatre ou cinq mille [6] mètres de hauteur leurs **cimes** altières, ou de l'Océan [7] dont les flots vert foncé font retentir **incessamment** leurs cent mille [6] voix profondes ?

Quelque **sublimes** que soient ces spectacles de la nature physique, tout éclatante qu'est [8] leur beauté, celle des choses de l'intelligence paraît [4] plus haute. Le soleil a-t-il jamais lui de plus de feux qu'on n'en [9] a vu étinceler dans les hommes de génie ?

c) Plus haut encore que cette beauté intellectuelle, il faudra mettre la beauté morale, le rayonnement de la vertu, de l'héroïsme, du désintéressement, de l'amour.

Et **au-delà**, au-dessus de ce beau réel en ses trois formes, on place le beau idéal. Les beautés créées, quelles qu'elles soient, sont défectueuses par quelque [10] endroit, et, comme aucune beauté imparfaite et périssable ne nous suffit, notre pensée et nos rêves s'élancent vers une beauté plus achevée, modèle parfait de toute beauté créée.

Quoi qu'il en soit des doctrines, une chose est certaine : tout faible, coupable et malheureux qu'il puisse [8] être, l'homme n'a jamais cessé de penser, de juger, de vivre et de mourir même en fonction d'une perfection qui n'existe nullement dans son expérience quotidienne. N'est-ce pas là le plus grand mystère ?

VOCABULAIRE

a) **Platon** : philosophe grec (429-347 av. J.-C.).
b) **Saint Augustin** : philosophe et théologien de langue latine (354-430).
c) **Esthétique** : relatif au sentiment du beau.

ORTHOGRAPHE ET GRAMMAIRE

1. **Embrassât** : le verbe de la proposition relative est au subjonctif parce que la réalité du fait est en cause ; cf. *vainement*.
2. **Saint** ne prend pas la majuscule et ne se joint pas par un trait d'union au nom qui suit quand il s'agit du saint lui-même. Mais on met la majuscule et le trait d'union quand il s'agit d'une localité, d'une fête, d'un édifice, etc.
3. **Ce sont l'unité, l'ordre et l'harmonie**. On pourrait admettre *c'est*. (*Bon us.*, § 898, *a*, 3° : *N. gramm.*, § 361, *b*, 4°.)
4. **Maître, paraître, embûche**, ou *maitre, paraitre, embuche*, selon les *Rectifications* (cf. notre Appendice, § 4).
5. **Difficiles** : adjectif au pluriel après *des plus* (= parmi les plus), mais le singulier se trouve aussi. (*N. gramm.*, § 203, *d*.)
6. **Cinq mille, cent mille,** ou *cinq-mille, cent-mille*, selon les *Rectifications* (cf. Appendice, § 8).
7. **Océan** : s'écrit par une majuscule quand il désigne l'ensemble des mers qui baignent les continents.
8. **Tout ... que** se construit traditionnellement avec l'indicatif. Mais l'usage autorise aussi l'emploi du subjonctif. (*Bon us.*, §1094.)
9. **Plus ... qu'on n'en a vu** : on pourrait écrire aussi, sans *ne* explétif : « qu'on en a vu ». (*Bon us.*, § 983, *d*.)
10. **Quelque** : l'*e* final ne s'élide dans l'écriture que dans *quelqu'un(e)*.

248 La campagne de Russie

a) En juin **mil** [1] huit cent douze, la Grande Armée[a], forte de quelque sept cent mille hommes, deux cent mille chevaux et douze cents canons, s'était avancée **au-delà** du Niémen, cherchant la rencontre dans laquelle les Français s'étaient proposé d'anéantir les forces du tsar [b] Alexandre. Mais les Russes, temporisant [c] adroitement, s'étaient **constamment** dérobés.

La bataille de la Moskova [d] n'avait rien décidé et, quoiqu'une épouvantable **canonnade** leur eût tué bien du monde, les Russes se trouvaient prêts à [2] reprendre la lutte. Les Français ne furent pas plus tôt [3] entrés dans Moscou que le gouverneur russe Rostopchine [e] livra aux flammes la cité, d'où la population tout entière s'était enfuie : après quelques heures, Moscou ne fut plus que décombres fumants.

b) La prise de la ville fut beaucoup moins décisive que l'empereur ne l'avait espéré, et, après trente-quatre jours d'attente, Napoléon dut se résoudre à la retraite. On n'arriva [4] à Smolensk que pour y trouver une effroyable disette : des compagnons d'armes qu'on avait vus combattre côte à côte sur les champs de bataille se disputèrent férocement, telles [5] des bêtes affamées, le peu de vivres qui restait dans la ville.

On dut reprendre la marche dans un désordre, une confusion extrême, Ney protégeant aux arrière-gardes le triste convoi. On atteignit la Bérézina [f]; dans la rivière, couverte de glaçons flottants, périrent trente-cinq mille infortunés. Arrivée sur le Niémen, la Grande Armée se trouvait réduite à trente mille combattants. Napoléon lui-même, comprenant l'étendue du désastre, l'avait abandonnée en secret.

VOCABULAIRE

a) **La Grande Armée** : c'est ainsi qu'on appelle l'armée de Napoléon.

b) **Tsar** : nom donné aux anciens souverains de la Russie. (La forme *czar* est polonaise.)

c) **Temporiser** : différer d'agir pour attendre un moment favorable.

d) **Moskova** (on a écrit aussi *Moskowa*) : rivière de Russie, qui arrose Moscou.

e) **Rostopchine** : c'est le père de la comtesse de Ségur.

f) **Bérézina** (on écrit aussi *Berezina*) : petite rivière de Russie, affluent du Dniepr.

ORTHOGRAPHE ET GRAMMAIRE

1. **Mil** au lieu de *mille* dans les dates : cf. *N. gramm.*, § 223, Rem. 1. — Dans les numéraux composés, l'usage traditionnel est de ne mettre un trait d'union qu'entre les éléments tous deux inférieurs à cent ; les *Rectifications* préconisent d'en mettre entre tous les éléments (*million et milliard* exceptés, car ce sont des noms) : cf. notre Appendice, § 8. Cela vaut pour les autres numéraux de ce texte.

2. **Prêt à** : préparé à. À distinguer de *près de*, sur le point de.

3. **Ne ... pas plus tôt ... que** : l'usage est hésitant ; on écrit aussi : « ne ... pas plutôt ... que ». (*Bon us.*, § 927, N.B.)

4. **On n'arriva ... que** : ne pas omettre la négation après *on* ; cf. *il n'arriva que*.

5. **Telles** : s'accorde normalement avec le nom qui suit (c'est son sujet) ; mais l'usage est un peu hésitant et certains auteurs écriraient *tels*, en accordant avec le nom qui précède. (*Bon us.*, § 248, a, 4°.)

249 L'écureuil

a) L'écureuil n'est qu'à demi [1] sauvage ; sa gentillesse, son enjouement [a], l'innocence de ses mœurs [2], sont (*charmant,* faire l'accord convenable [3]) et mériteraient qu'on (*épargner,* au mode et au temps convenables [4]) ce joli petit animal, qui n'est ni carnassier ni nuisible, quoiqu'il saisisse quelquefois [5] des oiseaux. Il est propre, très éveillé et des plus alertes [6] ; ses yeux brun sombre sont pleins de feu ; il a la **physionomie** fine, et sa gracieuse **silhouette** est encore rehaussée par une belle queue en panache.

Toute [7] autre espèce de quadrupède [8] vit ordinairement à terre ; sa vie à lui est tout autre : il est presque [9] **incessamment** en l'air et, par sa légèreté, il approche [b] de la **gent** [c] ailée, ce **sémillant** [d] animal, de même que les oiseaux, demeure [10] sur la **cime** des arbres, et il n'est pas rare qu'il parcoure [11] toute une forêt en sautant de l'un à l'autre.

b) L'écureuil ne s'engourdit pas, comme le loir [e], pendant l'hiver ; il est en tout temps [12] très éveillé. S'il vous **aperçoit** et qu'il vous voie [13] marcher vers l'arbre où il se tient, il sort aussitôt de sa petite **bauge** [f]; avec prestesse, **étonnamment** souple, il appuie son élan sur les branches qui ploient, et disparaît [14] en un clin d'œil. Il se **nourrit** généralement de fruits ; les noisettes, les glands, les **faines** [g] qu'il a ramassés en automne, il les cache dans le creux de quelque [15] arbre et en fait une provision à laquelle il (*recourir,* au futur simple [16]) pendant la mauvaise saison.

Durant les journées chaudes, les écureuils se tiennent à l'abri dans leur domicile, mais vers le soir, ils en sortent pour manger, et souvent, pendant les nuits d'été, on les a entendus crier en courant et en s'ébattant **à l'envi** [h] sur les arbres.

D'après BUFFON.

VOCABULAIRE

a) **Enjouement** : gaieté douce et gracieuse.

b) **Approcher de** : ressembler à.

c) **Gent** : race. *La gent ailée* : les oiseaux.

d) **Sémillant** : extrêmement vif.

e) **Loir** : petit mammifère rongeur, qui reste engourdi pendant l'hiver.

f) **Bauge** : gîte (ou gite, selon les *Rectifications*) fangeux du sanglier. Le mot est dit ici, par extension, de la retraite de l'écureuil.

g) **Faine** (orthographe de l'Académie) : fruit du hêtre.

h) **A l'envi** : à qui mieux mieux.

ORTHOGRAPHE ET GRAMMAIRE

1. **À demi** : locution adverbiale, invariable, et qui n'est pas suivie d'un trait d'union.
2. **Mœurs** : la prononciation *meur* est plutôt vieillie ; dans l'usage ordinaire, on fait entendre l's, quoique ce soit l's du pluriel.
3. **Charmants**.
4. **Épargnât** ou *épargne*. (*Bon us.*, § 869, d ; *N. gramm.*, § 346, Rem. 4.)
5. **Quelquefois**, en un mot, signifie « parfois ». *Quelques fois*, en deux mots, signifie « un petit nombre de fois ».
6. **Des plus alertes** : après *des plus, des moins*, l'adjectif se met ordinairement au pluriel (= *parmi les plus alertes*). Cependant certains auteurs mettent le singulier. (*Bon us.*, § 954, g).
7. **Toute** n'est pas ici un adverbe, au contraire de la ligne suivante.
8. **Quadrupède** : prononcez *kwa-dru-pèd'*.
9. **Presque** : l'*e* final ne s'élide dans l'écriture que dans *presqu'île*.
10. **Demeure** : accord avec *animal*, la locution *de même que* gardant pleinement la valeur comparative.
11. **Parcoure** : la 3ᵉ personne du sing. du subjonctif présent se termine par -e. Exceptions : *qu'il ait, qu'il soit*. — *Courir* et les verbes de sa famille n'ont deux *r* de suite qu'au futur simple et au conditionnel présent.
12. On écrit aussi (mais moins souvent) *en tous temps*.
13. **Voie** : subjonctif après *que* mis pour *si* dans une suite de propositions de condition. (*Bon us.*, §1099.) Pour la terminaison, voir la note 11. .
14. **Disparaître**, ou *disparaitre*, selon les *Rectifications* (cf. notre Appendice, § 4).
15. **Quelque** : l'*e* final de *quelque* ne s'élide dans l'écriture que dans *quelqu'un(e)*.
16. **Recourra**. Voir la note 11.

250 Une évocation romantique

Figurons-nous être, au déclin du jour, dans l'immense **cathédrale** gothique. Un trouble vague, une religieuse émotion nous (*envahir*, indicatif présent [1]) à l'aspect des vastes nefs, des gigantesques piliers dont les sommets se perdent dans les ombres (*croissant*, à la forme convenable [2]). Bientôt la nuit éteint les derniers bruits, un silence mystérieux nous **enveloppe** de toute(s) part(s). Tandis [3] que les ténèbres peu à peu se sont emparées des nefs tout entières, les minutes se sont écoulées sans que les rêveries auxquelles nous nous sommes laissés [4] aller (*s'en apercevoir*, subjonctif plus-que-parfait [5]).

Tout à coup [6], dans la profondeur du sanctuaire, une lumière (*éclore*, passé composé [7]), puis une autre, puis une autre encore. Les lignes harmonieuses de l'édifice, les courbures des arcs, les plantes, les animaux qu'ont taillés dans la pierre les « imagiers » [a] du **Moyen Âge** [8], se sont animés d'une vie étrange, et les suaves vapeurs (*flottant,* à la forme convenable [9]) dans l'**atmosphère** tout illuminée en ont **accru** l'émouvante impression.

Soudain la voix tour à tour majestueuse, **caressante**, sévère, de l'orgue monumental s'est fait entendre ; ses accords doucement ou **puissamment rythmés** se sont succédé et se sont fondus, entrelaçant sous les voûtes [10] frémissantes des accents et des **résonances** [11] variés, que l'heureuse acoustique [b] du vaisseau [c] a curieusement **amplifiés** et auxquels notre piété s'est plu à mêler le murmure intérieur de la prière.

VOCABULAIRE

a) **Imagier** : peintre, sculpteur, au Moyen Âge.

b) **Acoustique** : qualité d'un local du point de vue de la propagation du son. À remarquer : *acoustique* est féminin.

c) **Vaisseau** : espace que forme l'intérieur d'une église, d'une salle de théâtre, etc.

ORTHOGRAPHE ET GRAMMAIRE

1. **Envahit** : les deux sujets sont à peu près synonymes.

2. **Croissantes.**

3. **Tandis :** l'*s* ne se prononce pas.

4. **Laissés** : application de la règle générale concernant l'accord du participe passé suivi d'un infinitif. Mais *laissé* est fort proche de *fait*, qui, lui, est toujours invariable dans cette situation. Aussi divers grammairiens, dont Littré, sont-ils favorables à l'invariabilité de *laissé* ; de même, les *Rectifications*. Cf. notre Appendice, § 9, ainsi que *Bon us.*, § 915.

5. **S'en fussent aperçus.**

6. **Tout à coup**, *tout à fait, tout à l'heure* s'écrivent sans traits d'union.

7. **Est éclose.** Mais on pourrait admettre aussi *a éclos*.

8. **Moyen Âge** (avec des majuscules, et sans trait d'union) : orthographe adoptée par l'Académie en 1992. En 1932, elle écrivait *moyen âge* (sans majuscules).

9. **Flottant.**

10. **Voûte,** ou *voute*, selon les *Rectifications* ; cf. l'Appendice, § 4.

11. **Résonance** s'écrit de nos jours par un seul *n* ; de même *assonance, consonance, dissonance*.

251 Pour la rhétorique : propos d'un théoricien dogmatique

a) L'abus de la **rhétorique** (a) doit-il en faire condamner l'usage ou méconnaître ¹ l'utilité ? Si quelqu'un (b) a dit que la vraie éloquence se moque de l'éloquence, faut-il que nous l'en croyions ² sur sa parole ? Prétendrons-nous peut-être qu'on écrit toujours assez bien quand on parvient à se faire entendre ? Je ne sache pas, en ce cas, de **palefrenier** (c) qui n'y réussisse tout aussi bien que les académiciens mêmes, quoique d'une tout autre façon.

Que vous le (*vouloir,* subj. prés. ³) ou non, dès que vous vous mêlez d'écrire, il est indispensable que vous vous astreigniez ⁴ à observer les règles du **langage** littéraire. Le mépris ou le dédain de la rhétorique ne se tolèrent que chez ceux qui se garderont toujours d'écrire, fût-ce contre la rhétorique, puisqu'on en fait dès que l'on écrit.

b) Il est vrai qu'il faudrait s'entendre sur ce mot même de rhétorique. La rhétorique est l'ensemble des règles et des lois qu'on a vu observer par les maîtres ¹ dans l'art d'écrire. Ces règles ou ces lois, les théoriciens les ont expliquées dans leurs traités, et les Quintilien, les Aristote, les Boileau(d), par exemple, se sont plu à les exposer avec soin. **Quant aux** ⁵ raisons qu'il y aura toujours de faire cas de cet art, elles sont fondées, car ce n'est rien d'aussi futile (e) et d'aussi puéril qu'on l'a cru **quelquefois** que d'apprendre à écrire. C'est incontestablement tout autre chose qu'une frivolité et il se pourrait même que ce fût quelque chose d'essentiel.

« C'est trop peu estimer le public de ne prendre pas la peine de se préparer quand on traite avec lui », comme le déclare celui des deux Balzac (f) dont on a si bien dit qu'il avait fait faire sa « rhétorique (g) » à la prose française. C'est pour soi, mais c'est aussi pour les autres qu'on écrit ; nous ne devons aucunement déguiser pour eux les choses que nous avons pensé ⁶ être la vérité ; quand nous les leur avons présentées d'une manière qui ne heurtât pas trop rudement leurs oreilles, leurs habitudes et leurs convictions, nous n'avons fait assurément que les efforts que nous avons dû ⁷.

D'après Ferdinand BRUNETIÈRE.

VOCABULAIRE

a) **Rhétorique** : étude des techniques de l'art oratoire ou, plus généralement, de l'expression littéraire, comme le dit le texte plus loin.
b) Pascal (*Pensées,* éd. Brunschvicg, 4).
c) **Palefrenier** : celui qui est chargé de panser les chevaux.
d) **Quintilien** (prononcé *kwin-ti-lyin* ou *kin-*) : écrivain latin du Iᵉʳ siècle de notre ère, auteur d'une *Institution oratoire.* **Aristote** : philosophe grec (IVᵉ siècle av. J.-C.). Il a écrit, entre autres ouvrages, une *Rhé-*

torique. **Boileau** : critique français (XVIIᵉ siècle) ; il a écrit notamment un *Art poétique*.

e) **Futile** : frivole, de peu d'importance.

f) C'est *Jean-Louis Guez de Balzac* (XVIIᵉ siècle). Le second, c'est *Honoré de Balzac* (XIXᵉ siècle).

g) **Rhétorique** : a ici le sens d'apprentissage de la rhétorique telle qu'elle est définie dans la note a) ; c'était aussi la fonction principale de la classe du même nom.

ORTHOGRAPHE ET GRAMMAIRE

1. **Méconnaître, maître**, ou *méconnaitre, maitre*, selon les *Rectifications* ; cf. notre Appendice, § 4.
2. **Croyions** : la 1ʳᵉ personne du pluriel du subjonctif présent se termine par *-ions*, excepté *que nous ayons, que nous soyons*.
3. **Vouliez**.
4. **Astreigniez** : la 2ᵉ personne du pluriel du subjonctif présent se termine par *-iez*. Exceptions : *que vous ayez, que vous soyez*.
5. **Quant à** (du lat. *quantum ad*) : ne pas confondre avec *quand*, adverbe et conjonction de subordination.
6. **Pensé** : le complément d'objet direct de ce participe est la proposition infinitive qui suit. (*Bon us.*, § 915, Exceptions, 3° ; *N. gramm.*, § 377, Exceptions, 2°.)
7. **Dû** : le complément d'objet direct de *dû* est l'infinitif *faire* sous-entendu (*que* est le complément de cet infinitif). *Bon us.*, § 913 ; *N. gramm.*, § 374.

252 Le théâtre du monde

a) Le monde est un **théâtre** où se déroulent, dans un continuel changement à vue [a], les mille et un [1] actes divers du drame et de la comédie humaine. Dans un **décor accommodé** aux évènements [2], une troupe **hétéroclite**, mue par les ressorts d'une **psychologie** compliquée, noue, **concurremment** [3] avec la machinerie des faits quotidiens, une intrigue sans cesse changeante. Des acteurs et des **comparses** [b] de tout âge et de toute condition étalent sur la scène un curieux **bariolage** : les haillons et les **oripeaux** [c] y côtoient le **velours** et le **brocart** [d]; des ministres y **ont affaire** [4] à des **lazzaroni** [e]; des hommes d'État [5] et des **magnats** [f] de l'industrie y coudoient des **trafiquants** et des gagne-petit [g]; bref, la misère y fait avec le luxe un contraste brutal.

b) La politique, la finance, les idéologies [h] sociales mènent le jeu [i] : ce sont elles qui, **à l'envi** [j], commandent les bravos, organisent les brouhahas [k], chuchotent les **apartés** [l], lancent à la cantonade [m] leurs consignes, harcellent [6] de **brocards** [n] leurs adversaires, déchaînent [7] les sifflets et les **lazzi** [o]. Telle est parfois l'**effervescence** qu'elle monte au

paroxysme [p], que la troupe tout entière s'**affole** et qu'il devient impossible de discerner si les chœurs chantent juste, si les **ballets** suivent le **rythme** et si l'orchestre **ne détonne** [q] pas.

On ne fait nul relâche [8] : chaque jour, chaque heure amène de nouvelles péripéties [r], que d'habiles **impresarios** [s] se sont donné pour tâche d'**inonder** de lumière ou d'envelopper d'ombre et de mystère. Tantôt c'est une sombre tragédie aux **imbroglios** [t] **pathétiques**, tantôt c'est une comédie tout(e) [9] émaillée de **facéties** [u] ou de gais **quiproquos** [v], tantôt c'est une farce [w] ou une **bouffonnerie** qui soulèvent dans le public une hilarité des moins **raffinées** [10].

Ainsi, secouée par les rires ou par les sanglots, **ballottée** entre la tristesse et la **gaieté** [11], passe la vie humaine sur la scène du monde.

> **VOCABULAIRE**

- a) **Changement à vue** : changement de décor à la vue des spectateurs.
- b) **Comparse** : personne qui n'a qu'un rôle muet.
- c) **Oripeaux** : vieux habits dont un reste de clinquant fait ressortir l'usure.
- d) **Brocart** : étoffe de soie brochée d'or ou d'argent.
- e) **Lazzarone** ou *lazarone* : homme du bas peuple de Naples. Prononciation et pluriel à l'italienne : *la-dza-ro-né, des lazzaroni,* — ou à la française : *la-za-ron', des lazzarones,* ce qui irait dans le sens des *Rectifications* (cf. notre Appendice, § 10).
- f) **Magnat** (prononcez *mag'-na*) : gros capitaliste.
- g) **Gagne-petit** : celui dont le métier rapporte peu de chose. Ne varie pas au pluriel, selon la tradition. L'Académie (1996) considère que le mot tombe sous l'application des *Rectifications* (cf. notre Appendice, § 6, c) : *un gagnepetit, des gagnepetits*.
- h) **Idéologie** : théorie, développement sur des idées abstraites.
- i) **Jeu** : allusion au sens ancien de « pièce de théâtre » (cf. le *Jeu de saint Nicolas,* de Jean Bodel).
- j) **À l'envi** : à qui mieux mieux.
- k) **Brouhaha** : bruit confus qui s'élève dans une assemblée nombreuse.
- l) **Aparté** : ce qu'un acteur est censé se dire à lui-même sans que l'entendent les autres acteurs qui sont en scène.
- m) **À la cantonade** : en s'adressant ou en semblant s'adresser, vers la coulisse, à un personnage hors de la scène.
- n) **Brocard** : raillerie piquante.
- o) **Lazzi** (prononcez *la-dzi* ou, à la française, *la-zi*) : propos bouffons. *Lazzi* est un pluriel italien ; mais l'Académie signalait déjà en 1932 le pluriel *lazzis,* et les *Rectifications* préconisent *un lazzi, des lazzis,* ce qui est d'ailleurs déjà bien installé dans l'usage. Cf. l'Appendice, § 10, et *Bon us.,* § 523, *a*.
- p) **Paroxysme** (grec *paroxysmos,* racine *oxys,* aigu) : le plus haut degré.

q) **Détonner** : sortir du ton. À distinguer de *détoner*, faire explosion.

r) **Péripétie** : changement de situation dans une action dramatique, un récit.

s) **Impresario** (prononcer *in-pré-sa-rio*, et non *-za-*), ou *imprésario* selon les *Rectifications* (cf. l'Appendice, § 2) : chef d'une entreprise théâtrale (sens ancien). Le pluriel *impresarii* est une pédanterie inutile.

t) **Imbroglio** (prononcez *in-brog-lio* ou, mieux, *in-bro-lio*) : embrouillement.

u) **Facétie** (prononcez *fa-sé-si*) : grosse plaisanterie.

v) **Quiproquo** (prononcez *ki-pro-ko*) : erreur qui fait prendre une personne, une chose pour une autre.

w) **Farce** : pièce de théâtre bouffonne, d'un comique bas et grossier.

ORTHOGRAPHE ET GRAMMAIRE

1. **Mille et un** : pour désigner un grand nombre imprécis ; pour un nombre précis, on dit *mille un*. D'autre part, les *Rectifications* préconisent l'emploi généralisé du trait d'union dans les numéraux composés (*million* et *milliard* mis à part, en tant que noms) : cf. l'Appendice, § 8.

2. **Évènement** : forme privilégiée par l'Académie depuis 1992 ; elle signale cependant encore la variante *événement*. Cf. Appendice, § 1.

3. **Concurremment** : dérivé de concurrent (racine latine *currere*, courir), donc *e* devant les deux *m*, malgré la prononciation.

4. **Avoir affaire à** : la graphie *avoir à faire* se rencontre assez souvent, et elle n'est pas injustifiable (*Bon us.*, § 283, *e*, Rem.).

5. **État** prend la majuscule quand il signifie « nation organisée politiquement ».

6. **Harcellent**, ou *harcèlent*, selon Littré et selon les *Rectifications*, qui prônent une règle générale (cf. Appendice, § 3).

7. **Déchaîner**, ou *déchainer*, selon les *Rectifications*, qui prônent ici aussi une règle générale (cf. Appendice, § 4).

8. **Relâche** : masculin, pour l'Académie, quand le nom signifie « interruption (dans une situation pénible, un effort, dans une série de représentations théâtrales) », mais féminin quand il signifie « endroit où un bateau peut faire escale ». Cependant, le féminin tend à se généraliser dans l'usage : cf. Robert et *Bon us.*, § 472, 16.

9. **Tout émaillée** : entièrement émaillée. *Toute émaillée* : émaillée dans son étendue entière.

10. **Des moins raffinées** voulait dire primitivement « parmi les moins raffinées ». Certains auteurs prennent *des moins* comme synonyme de *très peu* et écriraient donc *raffinée*. (*Bon us.*, § 954, *g*.)

11. **Gaieté** : on a écrit *gaîté*, encore dans certains dictionnaires.

253 Le lauréat

a) Vous plairait-il de nous suivre ? Nous évoquerons **succinctement** [1] l'importance extraordinaire qu'on accorda jadis, dans une de nos petites villes, au succès d'un étudiant **exceptionnel**. Quoiqu'il semble aujourd'hui bien banal, le retour dans ses foyers d'un jeune et brillant docteur constituait, au dix-huitième [2] siècle, l'un de ces évènements [3] mémorables qu'on a **constamment** vu fêter avec éclat dans les communautés tout [4] à la joie de pouvoir s'**enorgueillir** d'un illustre enfant.

Ne parlons même pas des cérémonies qu'on avait organisées dans la cité universitaire elle-même. La bourgade natale voulait encore **accueillir** dignement le lauréat et les festivités s'y multipliaient **à l'envi** [a]. Au son des trompettes et des timbales [b], une foule en liesse admirait une splendide cavalcade où figuraient des militaires, des écoliers, des jeunes gens déguisés à l'espagnole, à la mauresque [c], **voire** [5] des hommes sauvages tels qu'on pouvait les imaginer en ce temps-là. Les neuf Muses même ne manquaient point au cortège. Les spectateurs s'ébaudissaient [d] : toujours les bonnes gens se sont plu à de telles merveilles et se sont volontiers rappelé ensuite l'atmosphère **féerique** de ces manifestations à la fois **solennelles** et bon enfant [6]. Vraiment, quel couronnement pour ce garçon récemment sorti victorieux des savantes disputes philosophiques, des **différends** intellectuels **suscités** à plaisir pour que s'y déploient toutes les ressources [7] d'un esprit subtil !

b) Sur la grand-place [8], l'on a **accommodé** un magnifique arc de triomphe. On aperçoit bientôt les autorités qui viennent complimenter le héros : que de belles choses se disent, bien flatteuses et fleuries, sinon **dithyrambiques** [e] ! Il semble qu'on ait pour ce jour mis de côté toutes les **acrimonies** [f] et les **rancœurs** : rien ne détonne [9] dans l'**exubérant** enthousiasme qui célèbre l'enfant prodige de la cité.

Cérémonie de gratitude à l'église, discours renouvelés, cadeaux, force **banderoles** et inscriptions : quel faste, quelle mise en scène ! Gageons que le **bénéficiaire** ne l'oublia pas de sitôt ; il lui restait, d'ailleurs, maints témoignages durables [10] de son triomphe : les beaux esprits ne s'étaient-ils pas évertués [g] à composer des **chronogrammes** [h], tant latins que français, pour perpétuer le souvenir de l'honneur insigne qui rejaillissait sur la communauté tout entière ?

(D'après un article de Jean MARTIN dans *Wavriensia*, 1981. n° 3)

VOCABULAIRE

a) **À l'envi** : à qui mieux mieux.

b) **Timbale** : instrument à percussion, sorte de tambour.

c) **Mauresque** : propre aux *Maures* ; à l'époque dont il s'agit, on désignait par *Maures* les habitants du nord de l'Afrique. On écrit aussi *moresque*.
d) **S'ébaudir** : s'égayer, se réjouir (vieux mot).
e) **Dithyrambique** : qui appartient au *dithyrambe*, éloge enthousiaste, parfois excessif.
f) **Acrimonie** : mauvaise humeur qui s'exprime par des propos acerbes ou hargneux.
g) **S'évertuer** : faire tous ses efforts, se donner beaucoup de peine.
h) **Chronogramme** (grec *khronos*, temps, et *gramma*, lettre) : inscription où le relevé des lettres qui sont également des chiffres romains fournit une date, par addition.

ORTHOGRAPHE ET GRAMMAIRE

1. **Succinctement** (prononciation ordinaire : *suk-sint'-man*) : brièvement, en peu de mots. Attention au *c* devant le *t*.
2. **Dix-huitième**, ou XVIIIe ou $XVIIIe$, ces deux formes gardent la dernière lettre de l'original écrit en lettres ; mais $XVIIIième$, $XVIIIème$, $XVIIIme$ ne sont pas admis, et encore moins les absurdes $XVIII\grave{e}$ ou XVIII°. (Dans 1°, n^o, on a la dernière lettre de *primo, numéro*.)
3. **Évènement** : forme privilégiée depuis 1992 par l'Académie, qui signale pourtant encore *événement* (cf. notre Appendice, § 1).
4. **Tout** : invariable comme adverbe complément de *à la joie*. Cependant *toutes* est possible, mais le sens est différent.
5. **Voire** : et même. À distinguer de l'infinitif *voir*.
6. **Bon enfant** : syntagme nominal employé adjectivement, normalement invariable. (*N. gramm.*, § 200, *b*.)
7. **Ressources** : prononcez *re-sours'*.
8. **Grand-place** : avec trait d'union ; l'apostrophe est d'une orthographe désuète et non justifiée historiquement. (*Bon us.*, § 529, Rem. 2 et Hist.)
9. **Détonner** (avec deux *n*) : ne pas être dans le *ton*, en harmonie. À distinguer de *détoner*, exploser avec bruit.
10. **Maints témoignages durables** : on admettra aussi le singulier, car *maint* s'emploie au singulier ou au pluriel sans différence de sens (*Bon us.*, § 614.)

V

EXAMENS ET CONCOURS [1]

254 Un intérieur américain (texte à corriger)

La cuisine d'Olga, me parait au premier coup-d'œil en tout point identique aux cuisines Françaises. Seuls m'étonne les dimensions collosalles du frigidère électrique. Blanc, miroitant, le poitrail bombé, le nombrile affecté d'un long levier métalique, il semble un poste de commandes pour quelque expérience atomique. Ayant fait basculé le levier et tirer à moi la porte épaisse du coffre-fort. je suis instantanément sédui par un paysage de nourriture gelé. Des boites de conserves dressées en muraille, reproduisent à si méprendre, la silhouète des buldings. Un giguot exeptionnel, drappé dans une gelée blonde, voisines avec quels que fromages pâsteurisés. Quatres bouteilles de lait compact montent la garde autour d'une botte de radis géant. Des lampes invisibles versent à l'ensemble une clartée d'aurore boréal. Mon émerveillement attendri mes hotes.

Henri TROYAT.
(Bruxelles, Caisse générale d'épargne et de retraite,
concours de promotion de commis, 1983.)

---

1. La plupart des dictées de cette section sont antérieures aux *Rectifications* du Conseil supérieur de la langue française et à l'édition en cours du Dictionnaire de l'Académie ; les innovations orthographiques introduites par ces deux documents sont décrites dans l'Appendice qui termine notre volume. Il eût été anachronique de les introduire dans les textes et fort lourd de les décrire dans des notes.
Une des dictées (le n° 293) a été rédigé par son auteur dans la « nouvelle » orthographe, ce qui ne veut pas dire qu'il considérait l'ancienne orthographe comme fautive. Pour d'autres textes récemment choisis, les responsables nous ont déclaré qu'ils acceptaient les deux façons d'écrire ; nous le signalons chaque fois.

255 Texte à corriger

Un autre champion, conteur de coupons, interompait parfois sa tâche fastidieuse pour pousser quelques rugissement. Il immitait à merveille le lion de la Metro Goldwyn. Faut il dire que ses colègues l'encourragait dans son numéro qui était particulièrement aprécié dans le calme de l'après-midi. Mais un jour, il le prit mal. Saisissant au collet le copain qui lui demandait une réedition de ce cri sauvage, il le sortit par la fenêtre et lui intima l'ordre de fair, lui, le lion. Notre home avait une force herculéenne et sa victime, qui devint un grand personage dans la maison, était à l'époque plûtot fluette. Suspendue dans le vide, au deuxième étage, l'intéressé poussa d'abord un timide borborygme qui, sous l'injonction de notre hercule, devient un rugissement de plus en plus autenthique. Vingt ans plus tard, son immitation était encore parfaitement valable.

(Bruxelles, Crédit communal, examen d'entrée, 1981.)

256 Comment on luttait contre l'incendie

a) À Rome, la légion des vigiles était divisée en sept cohortes, lesquelles protégeaient chacune un secteur. Celui-ci était formé ordinairement par une zone urbaine et une zone rurale ; cette dernière étant plus vaste, le corps de garde se trouvait aux portes de la Ville. Investis du pouvoir de police, ces vigiles faisaient des rondes en patrouille.

Les empereurs qui se succédèrent montrèrent autant d'intérêt au corps des vigiles que son créateur et en renforcèrent l'effectif. Des organisations similaires furent créées dans les autres grandes villes.

Au Moyen Âge, la lutte contre le feu revêt un caractère essentiellement préventif. Les tours qui dominaient les villes et où veillaient les guetteurs n'étaient pas destinées principalement à surveiller les environs pour voir si aucun ennemi n'approchait. Leur rôle était de donner l'alarme et de sonner le tocsin afin que la population se précipite pour éteindre le feu ou du moins limiter les dégâts.

b) On affirme parfois que l'origine des quartiers urbains est la division de la ville en quatre parties : en sonnant une, deux, trois ou quatre fois, le guetteur indiquait immédiatement la partie de la ville vers laquelle devaient se diriger les sauveteurs, ce qui faisait ainsi gagner des minutes précieuses.

Ceux-ci disposaient de peu de moyens : tout au plus quelques seaux dont on jetait le contenu, non sur le foyer lui-même, mais surtout sur les maisons voisines, afin d'éviter la propagation du sinistre.

Le problème de l'approvisionnement en eau fut toujours grave. L'efficacité des premières pompes étant limitée, nos ancêtres furent amenés à mettre au point une technique de lutte contre les feux : si le sinistre se révélait important, on laissait brûler ce qui brûlait et on abattait les matériaux environnants non encore atteints. Il ne restait plus qu'à noyer les décombres qui brûlaient encore et à diriger les jets des seringues ou pompes à bras vers les éventuelles flammèches portées par le vent sur les bâtiments plus éloignés.

(Ville de Namur, recrutement d'un pompier, 1987.)

257 La photographie

Quel que soit ton métier, exerce-le en y mettant tout ton cœur. Les photographes se sont considérés, autrefois, comme des magiciens transposant sur la plaque sensible — ou plus tard la pellicule — l'image-souvenir, quasi impérissable, des faits de la réalité. Le photographe apparaît aujourd'hui plus artiste qu'artisan. Certes, les appareils sophistiqués ont beaucoup simplifié la mise au point et autres réglages, le flash a remplacé l'éclair au carbure ou au magnésium, les films hypersensibles notent les moindres fluctuations de lumière, le téléobjectif permet des prises très réussies à longue distance, mais tant vaut le photographe, tant vaudra l'appareil. C'est au maître de choisir le moment fatidique pour transposer sur la pellicule un site pittoresque au coucher du soleil, c'est à lui de percevoir le meilleur angle de vision, d'opter pour la couleur ou le noir et blanc, de pratiquer tel ou tel procédé dans le développement. Et c'est à ce niveau que les vrais photographes se sont montrés de véritables artistes dont les réussites font l'objet d'expositions comme s'il s'agissait d'œuvres picturales dues au pinceau de grands peintres.

(Ville de Tournai, recrutement d'un photographe, 1987.)

258 La vérité

L'intelligence humaine est sans cesse à la recherche de la vérité ; chaque fois que nous la faisons servir contre la vérité, nous la profanons, nous la déshonorons.

Le mensonge est peut-être la pire des lâchetés morales, c'est un des vices les plus affreux et les plus malfaisants. Essayez d'imaginer une société, petite ou grande, ne fût-elle que de deux personnes, où chacun mentirait, mentirait sans cesse en paroles ou en actions : il n'y aurait plus de confiance possible, plus de vie en commun possible. Au contraire, une société où chacun aurait pour la vérité un respect sans limites et mettrait son honneur à ne jamais mentir serait un vrai paradis.

(Ville de Liège, recrutement d'un ouvrier photocomposeur, 1988.)

259 La fraude fiscale

On a appris que les revenus fraudés ou sous-estimés auraient représenté, pour ledit exercice d'imposition, quelque vingt et un pour cent du total des revenus et que la perte correspondante de recettes fiscales se serait élevée à quelque trois cent vingt milliards de francs. L'économie souterraine véhiculerait quant à elle des montants équivalant à dix-sept centièmes du produit national brut.

Même si cela n'a rien à voir avec des activités illégales, il n'est pas tout à fait inintéressant de prendre en compte la valeur du travail domestique et de savoir qu'existent des distorsions considérables entre la réalité concrète et l'image qu'en donnent les statistiques de la comptabilité nationale.

Il est évident qu'existent de sérieuses présomptions de fraude si les dépenses sont supérieures à ce que permettraient les revenus.

Plus on serre l'étau, plus diminuent les matières taxables, étant entendu que les contribuables les plus riches ont non seulement davantage de moyens de frauder mais aussi davantage d'intérêt à le faire. Quoi qu'il en soit, tout renforcement de l'inquisition fait fuir la matière imposable vers l'étranger ou vers les circuits parallèles, avec cette circonstance aggravante qu'une fois évadés, les capitaux ne rentrent pas facilement au bercail.

(*Ville de Namur, recrutement d'un agent de police, 1987.*)

260 Soir antique

Mégalopolis jouissait du crépuscule. Bien que le soir gris et roux eût à peine touché les toits de tuiles où s'éveillaient les pigeons, la vie, qu'avait repoussée dans les frais vestibules la touffeur du plein jour, ruisselait dans tout le corps de la ville. Les fileuses de laine avaient porté leur tabouret sur le pas des portes ; après avoir arrêté leur roue, les potiers s'étaient essuyé les doigts à leur tablier de cuir ; un vent subtil avait enlevé des guirlandes de jeunes filles et les avait poussées vers le carrefour de l'Épi, où un vieux savetier faisait danser la jeunesse ; les maquignons flattaient l'encolure des chevaux ; des tanneurs passaient, enveloppés d'une pulpe d'odeur violente ; les peseurs d'épices avaient mis les volets aux boutiques. Allégées des amphores et des cruches, les fontaines où, durant toute la soirée, s'étaient succédé les femmes de la ville, s'étaient enfin secouées des grappes grésillantes de bavardes.

L'odeur même — odeur d'ail et d'huile chaude — chantait le soir et le repos.

D'après Jean GIONO.
(*Ville de Tournai, recrutement d'un agent de police, 1985.*)

261 Un brossage de cheveux

Le long de la chevelure défaite, la brosse descend avec un bruit léger, qui tient du souffle et du crépitement. A peine arrivée en bas, très vite, elle remonte vers la tête, où elle frappe de toute la surface des poils, avant de glisser derechef sur la masse noire, ovale couleur d'os dont le manche, assez court, disparaît presque entièrement dans la main qui l'enserre avec fermeté.

Une moitié de la chevelure pend dans le dos, l'autre main ramène en avant de l'épaule l'autre moitié. Sur ce côté (le côté droit) la tête s'incline, de manière à mieux offrir les cheveux à la brosse. Chaque fois que celle-ci s'abat, tout en haut, derrière la nuque, la tête penche davantage et remonte ensuite avec effort, pendant que la main droite — qui tient la brosse — s'éloigne en sens inverse. La main gauche — qui entoure les cheveux sans les serrer, entre le poignet, la paume et les doigts — lui laisse un instant libre passage et se referme en rassemblant les mèches à nouveau, d'un geste sûr, arrondi, mécanique, tandis que la brosse continue sa course jusqu'à l'extrême pointe. Le bruit, qui varie progressivement d'un bout à l'autre, n'est plus alors qu'un pétillement sec et peu nourri, dont les derniers éclats se produisent une fois que la brosse, quittant les plus longs cheveux, est en train déjà de remonter la branche ascendante du cycle, décrivant dans l'air une courbe rapide qui la reporte au-dessus du cou, là où les cheveux sont aplatis sur l'arrière de la tête et dégagent la blancheur d'une raie médiane.

À gauche de cette raie, l'autre moitié de la chevelure noire pend librement jusqu'à la taille, en ondulations souples. Plus à gauche encore le visage ne laisse voir qu'un profil perdu. Mais. au-delà, c'est la surface du miroir, qui renvoie l'image du visage entier, de face, et le regard — inutile sans doute pour la surveillance du brossage — dirigé en avant comme il est naturel.

Alain ROBBE-GRILLET (*La jalousie*, Édit. de Minuit).
(*École provinciale de police du Brabant, brevet de candidat commissaire, 1987.*)

262 Le cimetière des voitures

Ce chemin, infréquenté depuis des années, finit par se perdre complètement et je tournerai en rond une bonne heure au milieu des fougères, des ronces et d'un tas de plantes dont le nom, pour l'heure, importe peu. Le vieux avait raison, me dis-je. Personne ne passe jamais ici. Par contre, à mi-chemin, dans une vague clairière, je tombe sur un cimetière de voitures. Elles sont là, dans le silence de la forêt, entassées, renversées, avec tous les tons du fer et de la rouille. Le spectacle est si curieux que je pose un instant mon sac pour flâner au milieu des carcasses disloquées. En plusieurs d'entre elles, la nature a repris partiellement le dessus : des fougères, des digitales, des prunelliers sauvages poussent au milieu d'un moteur, à travers une portière ou un toit éventré. Maigre victoire : l'acier reste l'acier et aucune plante, aucun insecte vorateur ne viendront jamais à bout de ces carcasses. Car ces voitures, fragiles et éphémères quand elles doivent rouler (puisqu'elles sont destinées à être remplacées), deviennent brusquement inusables, immortelles, dès qu'elles ne servent plus à rien. Elles n'ont pas comme nous un squelette friable. Elles ne sont pas poussière pour retourner à la poussière et aucun prophète automobiliste, aucun dieu motorisé n'a jamais dit aux voitures : vous n'êtes que scorie et vous retournerez à la scorie. Pourtant, quand on les regarde de près, ainsi éventrées, dépouillées de leurs forces vives, de leur substance motrice (et, en les regardant ainsi, je pensais à ces instants passés sur l'asphalte des routes à me pencher sur les milliers d'animaux tués par ces voitures, en me disant : piètre revanche que de voir maintenant ces monstres réduits à l'état de fossiles éternels), quand on regarde de près leurs entrailles rouillées, exsangues dans le vent comme charognes rouges, on leur trouve d'étranges ressemblances avec les corps d'êtres vivants : ces yeux vides des phares, ces nerfs des circuits électriques dont les fils arrachés serpentent ici et là, ces intestins des housses. Mais de tous ces viscères aucun jamais ne pourra se décomposer, ne subira les transformations salutaires de la mort. Les voitures mortes ignorent les métamorphoses de la pierre ou du bois et leur métal inerte ne connaît pour destin que cette absurde, cette inutile pérennité.

Jacques LACARRIÈRE *(Chemin faisant,* Fayard, édit.).
(École provinciale de police du Brabant, brevet de candidat commissaire, 1988.)

263 Gordes

Sous la vive lumière de Provence, Gordes. c'est d'abord une découverte : dominé par son église et son puissant château, le village accroche ses maisons au rebord abupt du plateau de Vaucluse.

L'homme a habité le pays de Gordes depuis des temps très reculés ainsi qu'en témoignent les bories, ces constructions de pierre sèche parsemant alentour le maquis d'oliviers et de chênes verts.

Mais c'est autour du château que s'est édifié le village médiéval ; ruelles enchevêtrées au flanc raide de la falaise, lourdes maisons de pierre agrippées au rocher et semblant jaillir de lui, caves creusées dans le roc au gré des fantaisies du terrain, mystère des passages obscurs. parfois couverts, qu'on rase des deux épaules, étroits escaliers aux marches inégales, voûtes béant à ras de terre. Au charme sévère et rustique du moyen âge se juxtapose le raffinement des nobles demeures des seizième et dix-septième siècles : portes et frontons sculptés, fenêtres à meneaux, balcons à consoles. Au hasard des rues, styles et ornements diffèrent, se mettant mutuellement en valeur.

La ville connut l'animation bruyante d'une riche cité vouée aux arts et au négoce, célèbre par ses tanneries, sa pierre réfractaire, l'élevage du ver à soie et le tissage de la précieuse étoffe, la culture de l'olivier et de la garance. Puis vinrent le déclin, et l'oubli. Les nobles désertèrent la cité où l'eau manquait, les artisans émigrèrent. Et la dernière guerre vint ajouter à la ruine.

Mais les artistes redécouvrirent Gordes, et la vie y a repris sous le signe de l'art et de l'artisanat. Le château délabré a retrouvé sa splendeur, et ses mâchicoulis abritent aujourd'hui les mouvances multicolores d'une avant-garde picturale déjà presque classique. Car, dans ce lieu prédestiné où formes et couleurs atteignent à la perfection dans une naturelle harmonie, le paradoxe est la moindre des choses.

(*Ville de Liège, concours de promotion au grade de commissaire adjoint, 1980.*)

264 La sortie de la première auto

La première sortie de Ford au volant de sa voiture débuta par un incident dramatique. Il avait complètement oublié que la porte du hangar où il l'avait construite était beaucoup trop petite pour la laisser passer.

S'emparant d'une hache, Ford fit un trou dans le mur du fond, balaya les débris et sortit triomphalement à l'air libre et sous la pluie qui commençait à tomber.

Il enfila la rue, où les passants s'arrêtèrent, ébahis, pour contempler cet engin bizarre. Crachant et hoquetant, la voiture bondissait sur les pavés irréguliers, puis elle s'arrêta au beau milieu de la chaussée : un ressort avait sauté de l'une des soupapes.

C. LARSEN.
(*Ville de Lille, concours de conducteur mécanicien, 1987.*)

265 Les Landes

De temps en temps on aperçoit la silhouette d'un pâtre sur ses échasses, inerte et debout comme un héron malade. Des chevaux libres paissent à demi cachés dans les herbes. Au passage du convoi, ils relèvent brusquement leurs grands yeux effarouchés et restent immobiles, inquiets du bruit qui a troublé leur solitude. L'homme n'est pas bien ici, il y meurt ou dégénère ; mais c'est la patrie des animaux, et surtout des plantes. Elles foisonnent dans le désert, libres, sûres de vivre. Nos jolies vallées bien découpées sont mesquines auprès de ces espaces immenses, lieues après lieues d'herbes marécageuses ou sèches, plage uniforme où la nature troublée ailleurs et tourmentée par les hommes, végète encore ainsi qu'aux temps primitifs avec un calme égal à sa grandeur. Le soleil a besoin de ces savanes pour déployer sa lumière ; aux exhalaisons qui montent, on sent que la plaine entière fermente sous son effort ; et les yeux remplis par les horizons sans limite devinent le sourd travail par lequel cet océan de verdure pullulante se renouvelle et se nourrit.

Hippolyte TAINE.
(Ville de Tournai, recrutement d'un conducteur, 1985.)

266 Les maux de la Wallonie

Du dehors parvenaient des nouvelles alarmantes. Les maux de la Wallonie s'aggravaient. On parlait chômage, pénurie. Les traditionnelles réserves de charbon s'épuisaient. Les manufactures de draps perdaient des commandes. Dans les forges on ne forgeait plus et dans les fonderies on ne fondait plus. Les machines à vapeur, autrefois célèbres dans le monde, ne trouvaient plus d'acquéreurs. Des engins fabriqués à bas prix ailleurs les concurrençaient. Verreries, cristalleries, papeteries, fermaient. On mettait à pied les manœuvres, les saisonniers et les apprentis. On congédiait des lamineurs et des métallos. Les licenciements augmentaient. L'inactivité touchait même l'industrie la plus ancienne et la plus florissante : celle des armes. Là, on renvoyait dans leurs foyers des ouvriers connus pour leur savoir et leur ponctualité. On remerciait des contremaîtres et des chefs d'équipe et jusqu'au personnel décoré de l'ordre du travail. De Huy à Visé, de Verviers à Waremme, toutes les entreprises étaient menacées. Les statisticiens leur trouvaient un nombre trop grand d'employés et pas assez d'emplois. Malgré cela, chaque année, il se présentait de nouveaux candidats au travail. L'inquiétude, le désarroi gagnaient les populations. Des mouvements de protestation s'esquissaient, la colère grondait.

Conrad DETREZ.
(Ville de Liège, examen
pour le recrutement de commis techniques, 1981.)

267 Phrases à corriger

S'il avait été averti plutôt de cet événement, le Collège des bourgmestres et échevins n'eut pas dû arêter les décomtes finaux. Il eut pu réclamé entretemps d'avantage d'informations de la part du service intéressé.

Ils se sont tout-à-fait arogés le droit de controller la gestion dans les moindres détails, en se dispansant de toute tuttelle.

Concièrges, orphèvres ou carrossiers ne sont pas à l'abri de pots de vins.

Quelles que syniques que puisse vous paraître les conclusions de ce procès verbal, vous devez nécessairement y donner fois à priori.

Pour éviter le retour au Conseil de dossier pour lesquels l'offre retenue par le Collège est supérieur au montant aprouvé par le Conseil, s'en pour autant le déppasser de plus de dix pour cents ni exéder le crédit budgétaire disponible, il est proposé de ne plus solliciter l'acord ultérieur du Conseil pour l'adaptation du crédit et la fixation du montant de l'emprunt a contracter.

Pour terminer en clain-d'œil, les garde-malades, les gardes-champêtres et le secrétaire-adjoint « ont-ils besoin », indiféremment, d'un trait d'union ?

(Ville de Namur, examen de commis, 1981.)

268 À propos des loisirs

Les hommes ne sont pas encore habitués aux loisirs. Si la semaine de travail était ramenée à trois ou quatre jours, comment serait utilisé le temps libre ainsi offert ? Une enquête récente aux Etats-Unis est révélatrice à ce propos : parmi les personnes qui ont été interrogées, trente-deux pour cent seulement pensaient que la réduction du temps de travail et l'augmentation des loisirs seraient bien accueillies dans le public parce que cette mesure rendrait les gens plus heureux.

Et les autres ? Il faut croire qu'ils pensent encore que ces loisirs sont des morceaux de vie laissés libres par le travail, que ces loisirs sont à employer pour récupérer les forces physiques qui sont perdues.

Pourtant, des vacances nous sont offertes. Elles sont de plus en plus longues et dès qu'elles sont là, tous, nous sommes en souci : comment va-t-on les remplir ? Les uns se précipitent sur les routes, les autres s'emploient à divers travaux chez eux. En réalité, la liberté est souvent mal utilisée. Nous sommes novices dans l'art des loisirs.

Les vacances sont faites pour nous permettre le repos, bien sûr, mais aussi le dépaysement, la connaissance du monde, le contact et la création avec d'autres.

(Ville de Verviers, examen de dactylo-expéditionnaire, 1980.)

269 Incendie dans un puits de pétrole

Le feu s'en donne à cœur joie. L'alizé porte à des centaines de mètres vers l'ouest un panache de fumée et des flammes qui sèchent la terre et la font craquer. Le vent souffle dur en ce moment, mais le mugissement de la colonne de feu, qui s'élève dans le ciel en redressant des débris de ferraille, est plus fort que le sien. Le derrick est cassé en deux par le milieu, il s'est couché complètement, écrasant de sa masse incandescente le compresseur et les tréteaux où les ouvriers déposent leurs gamelles et leurs vestes en arrivant au travail. Puis la flamme a tordu le squelette de la tour et maintenant la redresse à la verticale... Un peu plus loin, le feu s'est accroché aux camions dont les citernes ont éclaté.

Cinq tonnes d'eau répandues sur l'incendie de pétrole et d'essence n'ont fait que l'aviver. Deux bouquets de feu qui par comparaison semblent dérisoires complètent le spectacle du désastre.

À l'abri du cataclysme, debout dans le vent, deux Indiens accrochés l'un à l'autre regardent le feu en hurlant, dans leur dialecte, des mots qui signifient mort et peur. L'Américain au visage ensanglanté et boueux n'a pas besoin de comprendre leur langue pour savoir cela. Quatorze de leurs camarades sont restés dans le feu. Ils se sentent devenir fous. Lui aussi.

Georges ARNAUD (*Le salaire de la peur*).
(France, concours externe pour le recrutement de commis de ministère, 1981.)

270 La grande décharge

Une fois de plus, les prophètes avaient parlé dans le désert. Les cris d'alarme poussés dans les années 70 n'avaient pas été entendus et si, en ce dernier quart du XXe siècle, on marchait régulièrement sur la Lune, la Terre dans son entier avait fini par ressembler à un dépôt d'immondices que les peuples suffoqués avaient amèrement baptisé « La Grande Décharge ».

Aucun continent n'avait été épargné et telle région de France qui passait naguère pour riante et fertile avait vu, en l'espace de quelques années, ses rivières se tarir et son agriculture étouffer sous l'amas des détritus. Dans les villes, c'était pis encore. L'amoncellement des déchets avait rendu l'air irrespirable et, par millions, les citadins avaient été contraints de s'égailler dans ce qui avait été jadis la campagne.

Mais, lorsqu'ils étaient parvenus, au prix d'efforts considérables, à rejoindre quelque trou et à s'y fixer, il ne leur était plus possible d'en sortir en raison des carcasses de véhicules abandonnés qui obstruaient les routes et les sentiers. Ainsi, entourés d'une muraille de résidus dont l'épaisseur décourageait toute tentative de percée, survivaient-ils en assiégés.

Rita KRAUS (*La grande décharge*).
(France, concours interne pour le recrutement de commis de ministère, 1981.)

271 L'école et la vie

Apprendre aux gosses à lire et à écrire est une chose, c'est important, mais ce n'est pas suffisant. J'avais toujours eu de l'école, de son rôle, et de celui du maître une idée plus élevée. À mes yeux, c'est à l'école communale que les enfants prennent la mesure du monde et de la société ; après, quels que soient leur métier, leur orientation, c'est trop tard, le pli est pris. S'il est bon tant mieux, mais s'il est mauvais il n'y a plus rien à faire.

Dans un pays arriéré comme ici, avec la vie que j'avais eue, ce qui me paraissait essentiel, c'était de leur ouvrir l'esprit à la vie, c'est-à-dire de faire éclater les barrières dans lesquelles ils étaient enfermés, de leur faire comprendre que la terre est ronde, infinie et diverse et que chaque individu, qu'il soit blanc, noir ou jaune, a le droit — et le devoir — de penser et de décider par lui-même. J'avais autant appris par la vie que par les études, c'est la raison pour laquelle je n'ai jamais pu juger mes élèves uniquement sur le résultat de leurs devoirs, mais aussi sur la manière dont ils se comportaient dans la vie de tous les jours. Par exemple, je ne leur ai jamais caché que tous autant qu'ils étaient ils n'échapperaient pas à la réalité sociale et que, au bout du compte, ils devraient travailler pour gagner leur vie.

Émilie CARLES (*Une soupe aux herbes sauvages*).
(*France, concours interne pour le recrutement de commis de ministère, 1981.*)

272 Au cinéma (texte à corriger)

S'était un interminable film santimental, une histoire bête à pleurer. Je commençais à m'ennuyé, à maudir la pluie, le cinéma, le public. Et voilà qu'à ce moment l'image disparaît. Un odeur chimique ce répant dans la salle et quelqu'un cri : « au feu ! »

Je fais un bon par-dessus les banquettes. L'obscurité n'est pas totale : quelques petites lampes de secours verse sur la multitude une lueure de mauvais rêve. Un énorme cri confus s'élève, comme une tornade. Je trébuche dans un escalier, je perd mes lunettes, j'enfonce mes coudes et mes genous dans une épaisse pâte humaine, j'écarte, des deux points, un visage obscur qui me mord, j'aperçoi une femme portant un gosse à boue de bras ; je suis porté de couloir en couloir et, tout d'un cou, l'air du dehors, humide est chaud, une foule qui fuse et prend la cource.

(*France, concours pour l'admission à l'emploi de jeunes facteurs, 1981.*)

273 L'avion

Déchiqueté, rompu, l'avion gisait sur le ventre dans la neige, telle une bête blessée à mort. Le nez de l'appareil s'était aplati contre un butoir rocheux. L'une des ailes, arrachée, avait dû glisser le long de la pente. L'autre n'était plus qu'un moignon absurde, dressé, sans force, vers le ciel. La queue s'était détachée du corps. Deux larges trous béants, ouverts dans le fuselage, livraient à l'air des entrailles de tôles disloquées et de fers tordus. Une housse de poudre blanche coiffait les parties supérieures de l'épave. Par contraste, les flancs nus et gris, labourés, souillés de traînées d'huile, paraissaient encore plus sales. La neige avait bu l'essence des réservoirs crevés.

Même mort, l'avion n'était pas chez lui dans la montagne. Tombé du ciel dans une contrée de solitude vierge, il choquait la pensée comme une erreur de calcul des siècles. Au lieu d'avancer dans l'espace, il avait reculé dans le temps. Construit pour aller de Calcutta à Londres, il s'était éloigné du monde d'aujourd'hui pour aboutir à un coin de planète qui vivait selon une règle vieille de cent mille ans.

(France, concours pour l'admission à l'emploi de sténodactylographe au ministère des Postes et Télécommunications, 1981.)

274 En cour d'assises

À sept heures et demie du matin, on est venu me chercher et la voiture cellulaire m'a conduit au Palais de Justice. Les deux gendarmes m'ont fait entrer dans une petite pièce qui sentait l'ombre. Nous avons attendu, assis près d'une porte derrière laquelle on entendait des voix, des appels, des bruits de chaises et tout un remue-ménage qui m'a fait penser à ces fêtes de quartier où, après le concert, on range la salle pour pouvoir danser. Les gendarmes m'ont dit qu'il fallait attendre la Cour et l'un d'eux m'a offert une cigarette que j'ai refusée. Il m'a demandé peu après « si j'avais le trac ». J'ai répondu que non. Et même, dans un sens, cela m'intéressait de voir un procès. Je n'en avais jamais eu l'occasion dans ma vie : « Oui, a dit le second gendarme, mais cela finit par fatiguer. »

Après un peu de temps, une petite sonnerie a résonné dans la pièce. Ils m'ont alors ôté les menottes. Ils ont ouvert la porte et m'ont fait entrer dans le box des accusés. La salle était pleine à craquer. Malgré les stores, le soleil s'infiltrait par endroits et l'air était déjà étouffant. On avait laissé les vitres closes. Je me suis assis et les gendarmes m'ont encadré. C'est à ce moment que j'ai aperçu une rangée de visages devant moi. Tous me regardaient : j'ai compris que c'étaient les jurés...

Albert CAMUS (*L'étranger*, Gallimard, édit.).
(France, concours pour le recrutement d'adjoints administratifs, 1980.)

275 L'auteur et son personnage

Il se crée, entre un auteur et ses personnages, des liens affectifs, à plus forte raison si la collaboration a duré cinquante ans.

Je lis dans certains journaux que je me suis pris moi-même pour créer le personnage de Maigret, que celui-ci donc ne serait qu'une sorte de copie.

Je m'inscris en faux. Lorsque j'ai écrit les premiers Maigret, je ne savais pas qu'il y en aurait d'autres. Dans les tout premiers, il ne jouait qu'un personnage épisodique. Ensuite il a été surtout une silhouette : grand, gras et lourd, s'imposant surtout par sa placidité.

Ni au physique, ni au moral, cette description ne s'accorde avec mon caractère.

Plus tard, Maigret est devenu moins sympathique. Que je lui aie donné, à mon insu, certaines de mes idées, certains détails de mon comportement, c'est possible.

Mais jamais, il n'a été moi. Je le quitte sur les rives de la Loire où il doit être à la retraite, comme moi-même. Lui bêche son jardin, joue aux cartes avec les gens du village et va à la pêche à la ligne.

Moi, je continue à exercer le seul sport qui me soit encore permis : la marche.

Je lui souhaite une heureuse retraite, comme la mienne est heureuse.

Nous avons assez travaillé ensemble pour que je lui dise un adieu quelque peu ému.

Georges SIMENON (*Des traces de pas*).
(France, concours pour le recrutement d'adjoints administratifs, 1981.)

276 Un rude hiver

Le mauvais temps s'est abattu sur le sud-est de la France, privant des régions entières d'électricité et de téléphone. Ce ne sont pas les collégiens qui s'en plaindront. Collège privé et collège public les ont renvoyés, à peine arrivés, dans leurs foyers : les salles de classes n'étaient pas chauffées. Là où on le pouvait, on a redécouvert l'usage des cheminées. Sur le plateau, au-dessus du bourg, les pompiers ont chaussé leurs skis pour aller, au prix d'une randonnée de huit kilomètres, livrer du pain et du lait à des fermiers isolés par la neige. Il est vrai que rares sont les fermes où l'on manque de nourriture. Un peu partout en Ardèche, en cette saison, on vient de tuer le cochon. Derrière toutes les fenêtres, on regarde tomber la neige. Grasse ou fine, lourde ou légère, la couche, en quarante-huit heures, a atteint près d'un mètre cinquante dans certains villages.

D'après le Monde, 1er février 1986.
(Ville de Lille, concours d'employé de bibliothèque, 1988.)

277 Accord du participe passé

1. Nous, juge de paix soussigné, sommes convaincu des bonnes intentions que le ledit prévenu a montrées le vingt-quatre mai mil neuf cent douze.

2. Claire est rentrée précipitamment dès que vous l'avez eu résolument quittée.

3. Les quatre-vingts ans qu'elle a vécu n'ont pas été assombris par des difficultés pécuniaires.

4. Dites-moi, oubliez-vous les efforts et les peines que ce travail m'a coûtés ?

5. En une demi-heure, classez les feuilles ci-annexées, le document ci-inclus et la copie du contrat qui a été conclu.

6. Nous [nous de modestie] avons enquêté nous-même pendant maintes années.

7. Les vingt-cinq minutes que j'ai marché m'ont paru longues.

8. Exceptées par erreur, ces sommes doivent être rajoutées.

9. Chers amis, on vous a avertis des dangers que vous n'aviez pas aperçus.

10. Pour obtenir ces laisser-passer [ou *laissez-passer*], que de difficultés j'ai rencontrées !

(Bruxelles, Communauté économique européenne,
perfectionnement professionnel, 1980.)

278 Un problème de nettoyage

Il y a vraiment des gens qui n'ont pas de chance.

Un jour un homme est arrivé chez grand-mère. Je me rappelle que c'était pendant les vacances. Elle habitait sa petite maison de campagne, au bord de la forêt.

Monsieur Padebol était vendeur d'aspirateurs. Il parlait tellement bien et vite qu'il était impossible de l'arrêter. Quand nous sommes rentrés de notre promenade, nous l'avons trouvé debout au milieu du tapis du salon. Il était en train de présenter son appareil :

— Croyez-moi, Madame, cette machine est extraordinaire. Elle est belle, elle ne prend presque pas de place, elle est vendue avec cent sacs de rechange. Tout cela est compris dans son prix...

Grand-mère essayait bien de temps en temps de couper la parole au bavard. Mais il n'y avait rien à faire. Quand il a vu que nous nous cachions le visage pour rire, il a couru à la cuisine, a pris la poubelle et a renversé le sac sur le tapis.

Là nous nous sommes arrêtés de rire. Il a essuyé ses mains sur son pantalon en disant :

— Je promets que je mangerai tout cela, si mon appareil ne nettoie pas le tapis en trente secondes.

En allant vers la cuisine, grand-mère ne disait rien. Elle est revenue avec une fourchette, un couteau, le sel et le poivre.

— Allez-y, a-t-elle dit au monsieur, et bon appétit ! Votre machine n'y arrivera pas... Nous n'avons pas l'électricité.

(Grand-duché de Luxembourg, examen d'admission dans l'enseignement secondaire, juin 1986.)

279 La cachette

Cinq enfants entrent dans la cave d'une vieille maison. Ils y découvrent une porte avec une grosse serrure. Tom, le chef de la bande, essaie de l'ouvrir. Il pousse de toutes ses forces. Enfin, la clef tourne.

Les enfants descendent le petit escalier. Heureusement, Tom a sa lampe de poche. Il voit six chaises et un buffet de cuisine. Il l'ouvre et trouve des boîtes de sucre, des boîtes de lait, de fruits... Dans un tiroir, il y a un vieux journal. Tom lit la date : le 10 novembre 1943.

Tout à coup, dans le noir, Anne a peur et demande : « Vous croyez que des voleurs se cachent ici ? » Tom réfléchit et lui dit : « C'était une cachette. Pendant la guerre, les gens y sont descendus. Et à la fin de la guerre, personne n'a pensé à enlever les provisions. Comme on va s'amuser ! Il nous faut de la lumière. Demain j'apporterai une lampe et puis nous essuierons la poussière des murs et du plafond. Nous avons trouvé ici une bonne cachette pour nous rencontrer les jours de pluie. »

La bande promet de se retrouver le lendemain à quatre heures et d'apporter de nouvelles provisions pour faire un petit repas. Tom ferme la porte à clef et les enfants rentrent heureux.

(Grand-duché de Luxembourg, examen d'admission dans l'enseignement secondaire technique, juillet 1988.)

280 Un regard dans la nuit

Cette nuit était épaisse, matérielle. Elle me présentait une masse sans fissure. On n'y distinguait rien, pas même le tronc colossal des arbres auxquels mon corps flottant était encore suspendu. Rien ne bougeait.

Je ne sais, dans ces conditions, pourquoi mon attention fut attirée à gauche, car le noir y était aussi compact que partout ailleurs. Mais il en venait quelque chose : et, malgré moi, quoiqu'on ne pût y discerner la moindre forme, je tournai la tête de ce côté...

Et alors, j'eus peur jusqu'au sang.

Il y avait là un regard. Pas des yeux. Des yeux, je ne les aurais pas vus ; mais un regard. Il me fixait. Un regard personnel, qui peu à peu créait autour de lui son visage. Car, soit qu'il fût formé par mon épouvante, soit qu'il sortît réellement avec lenteur des ténèbres, un vrai visage commençait à apparaître. Un visage moulé dans une sorte de chair noire, prise à la matière même de l'ombre. Un visage osseux, muet ; la figure fatale d'un homme qui se formait à la hauteur de mon propre visage. (...)

À mesure qu'il se formait, mon épouvante se changeait en une glaciale certitude, et le désordre de mes sens tombait jusqu'à une peur blanche et lucide qui me dépouillait de toute ma force.

Henri BOSCO (*Le mas Théotime*, Gallimard, édit.).
(*Bruxelles, École royale des Cadets, admission, 1981.*)

281 Berthe

Elle se retourna sur son grabat et ne put s'empêcher de gémir, tant son corps était endolori ; il n'était que plaies, hématomes, contusions. Du bout de ses doigts, elle tâta prudemment les profondes entailles ouvertes par les mâchoires des menottes ; entre deux interrogatoires, les blessures n'avaient pas le temps de se refermer et la douleur lui sciait les poignets...

Les gens du village avaient tous entendu parler des camps de concentration et tous avaient été horrifiés par les photos que les journaux leur avaient révélées, mais aucun n'avait imaginé le spectacle qu'offrait Berthe quand elle descendit du train.

Et les vivats et les bravos qu'ils s'étaient promis de pousser dès son apparition moururent sur leurs lèvres quand une petite vieille décharnée, qui ressemblait à Jean-Édouard, descendit péniblement du wagon. Trente-quatre kilos d'os, qui flottaient dans une robe trop ample, et que surmontait un petit visage creusé, auréolé de cheveux blancs et si courts qu'on apercevait la peau du crâne.

Elle les regarda, haussa imperceptiblement les épaules comme pour dire : « Eh oui, c'est comme ça ! » Puis parla enfin.

— En voilà du monde ! dit-elle d'un ton clair.

Et le son de sa voix, qu'ils reconnurent, les soulagea. Alors, tandis que Jean-Édouard courait vers elle, les applaudissements éclatèrent. Et c'est portée en triomphe sur les épaules de son frère et de Léon que Berthe sortit de la gare.

Claude MICHELET (*Les palombes ne passeront plus*, Laffont, édit.).
(Huy, Institut d'enseignement supérieur pédagogique, paramédical et économique de l'État, 3e normale, examen de sortie, juin 1988.)

282 La vipère

L'été craonnais, doux mais ferme, réchauffait ce bronze impeccablement lové sur lui-même : trois spires de vipère à tenter l'orfèvre, moins les saphirs classiques des yeux, car, heureusement pour moi, cette vipère, elle dormait.

Elle dormait trop, sans doute affaiblie par l'âge ou fatiguée par une indigestion de crapauds. Hercule au berceau étouffant les reptiles : voilà un mythe expliqué ! Je fis comme il a dû faire : je saisis la bête par le cou, vivement. Oui, par le cou et, ceci, par le plus grand des hasards. Un petit miracle en somme et qui devait faire long feu dans les saints propos de la famille.

Je saisis la vipère par le cou, exactement au-dessus de la tête, et je serrai, voilà tout. Cette détente brusque, en ressort de montre qui saute hors du boîtier — et le boîtier, pour ma vipère, s'appelait la vie —, ce réflexe désespéré pour la première et pour la dernière fois en retard d'une seconde, ces enroulements, ces déroulements, ces enroulements froids autour de mon poignet, rien ne me fit lâcher prise. Par bonheur, une tête de vipère, c'est triangulaire (comme Dieu, son vieil ennemi) et monté sur cou mince, où la main peut se caler. Par bonheur, une peau de vipère, c'est rugueux, sec d'écailles, privé de la viscosité défensive de l'anguille. Je serrais de plus en plus fort, nullement inquiet, mais intrigué par ce frénétique réveil d'un objet apparemment si calme, si digne de figurer parmi les jouets de tout repos. Je serrais. Une poigne rose de bambin vaut un étau. Et, ce faisant, pour la mieux considérer et m'instruire, je rapprochais la vipère de mon nez, très près, tout près, mais, rassurez-vous, à un nombre de millimètres suffisant pour que fût refusée leur dernière chance à des crochets tout suintants de rage.

Elle avait de jolis yeux, vous savez, cette vipère, non pas des yeux de saphir comme les vipères de bracelets, je le répète, mais des yeux de topaze brûlée, piqués noir au centre et tout pétillants d'une lumière que je saurais plus tard s'appeler la haine et que je retrouverais dans les prunelles de Folcoche, je veux dire de ma mère, avec, en moins, l'envie de jouer (et, encore, cette restriction n'est-elle pas très sûre !).

Hervé BAZIN (Vipère au poing, Grasset, édit.).
(Bruxelles, École normale Berkendael, études de régent littéraire, 2e année, 1981.)

283 Petit matin de chasse

L'aube éclairait vaguement le balcon de roches où il attendait que la forêt devînt distincte. Au-dessous de lui le fourré vivait ; des frôlements, de brusques départs, quelques craquements secs de branches montaient jusqu'à lui, assourdis par l'épaisseur de la rosée en suspension dans l'air. Il ne bougeait pas. Le vent était bon, toute la forêt était souple et ruisselante, il avait appuyé la carabine sur la pierre et chauffait dans ses poches ses mains glacées, en écoutant. Là-bas, au-delà du chemin des Romains, la cerf roux venait de lancer pour la deuxième fois un brame d'appel, un inconsolable cri de solitude auquel répondit, sur le versant opposé, le hurlement d'une autre vigie. Il y eut un court silence pendant lequel la clarté sale du petit matin fit surgir les lisières, puis à cent mètres à peine, dans le cœur du fourré, éclata le mugissement qui cinq jours auparavant avait répondu au garde le cri du plus ancien désespoir, un brame très bref qui n'appelait ni ne provoquait personne, qui attendait la rémission du jour — puis tout se tut : il était donc là, il disait seulement qu'il était là, comme s'il avait voulu que le chasseur jouât sa dernière carte. Sans attendre que le ciel s'éclairât davantage il déverrouilla sa lunette, l'enveloppa d'un lainage et la rangea dans son sac avec ses jumelles, laissa le sac près de la rangée de douilles vides fichées dans la fente de la souche comme une bizarre flûte de Pan et plongea sans aucun bruit dans un brouillard de fougères molles jusqu'à l'endroit de la lisière marqué à mi-hauteur d'homme par le trou noir d'une entrée. Il attendit longtemps, sans aucun geste, sachant que la rosée qui perlait sur son visage et ses mains diluait son odeur, la mêlait aux pourritures des bois morts et aux fades moisissures des feuilles décomposées, en même temps qu'elle étendait sur lui la senteur des écorces ouvertes, des mousses retournées, des champignons écrasés, des résines, du suint porté par les biches. Il n'était plus qu'une souche dans la forêt, au-dessus de laquelle le jour finit par se lever.

Pierre MOINOT (Le guetteur d'ombre, Gallimard, édit.).
(Jodoigne, École normale primaire Reine de la Paix, 1981.)

284 Une lettre de Patricia, Mireille et Nicole

Monsieur le Professeur,

Nous nous sommes posé toute une série de questions que nous aimerions vous soumettre. Quoique nous soyons régulièrement contrôlées quant à notre orthographe, vous multipliez exercices et dictées censés nous apporter un précieux bagage pour notre avenir professionnel et notre culture générale. Mais y a-t-il un intérêt quelconque à pratiquer ce genre d'activité ? Ne serait-ce pas plutôt une tracasserie uniquement destinée à satisfaire une espèce de sadisme propre au métier des marchands de participes passés ?

Nous nous sommes interrogées sur la pertinence de notre requête. Nous avons pris la précaution de consulter quelques camarades de classe. Ceux-ci, après s'être concertés et s'être rendu compte du bien-fondé de notre lettre, ne se sont pas opposés à notre démarche, qu'ils ont même vivement approuvée, et ils nous ont encouragés à vous écrire, quoi qu'il en advienne. En effet, ils comprennent aisément qu'on puisse proposer quelque exercice de trigonométrie dont le bénéfice pour notre intellect n'est pas à démontrer. De même, ils conviennent que la gymnastique développe harmonieusement le corps. Et quels que soient les cours de langues vivantes, quelque difficiles d'ailleurs qu'ils puissent être, leur utilité semble aller de soi dans notre univers où priment la communication et les contacts internationaux.

Mais voilà que vous nous infligez ces championnats d'orthographe ! Combien d'heures avons-nous travaillé, étudiant des règles de grammaire assommantes ! Et ces interminables listes d'exceptions qu'il nous a fallu apprendre par cœur, cela est-il bien raisonnable ? On en a assez, on n'a plus envie de ces excès. Pourquoi tant de haine dans un monde déjà si cruel ?

En attendant votre réponse et avec l'espoir que vous pourrez justifier ces tortures mentales, nous vous adjurons néanmoins de croire, Monsieur le Professeur, que notre contestation est tout amicale.

Patricia, Mireille et Nicole, élèves de sixième.

(Enghien [Belgique], championnat d'orthographe du Collège Saint-Augustin, 1994.)

285 De l'histoire à l'histoire littéraire

L'histoire

Qu'est-ce que ces quatre-vingts ou même ces cent ans d'une vie à l'égard des siècles qui se sont succédé ? Admettons que, vu la facilité actuelle des communications, on parcoure précipitamment l'étendue tout entière de plusieurs États, cette surface ne représenterait qu'un point par rapport à l'univers.

L'histoire nous ouvre les touts des siècles et des régions. Elle nous montre les actions que des hommes ont accomplies et la gloire qu'elles leur ont value, les qualités qui les ont unis ainsi que les défauts et les faux-fuyants par lesquels ils se sont nui.

Nous conclurons que l'histoire, concurremment avec l'éthique et la philosophie, forme notre esprit critique. (D'après Rollin.)

Un exemple : Napoléon

Quant à Napoléon, cet empereur arrogant au masque romain, ce chef d'armée combatif qui a gagné presque autant de batailles qu'il en a livré, prodiguant çà et là secours et encouragements, cet homme agressif qui a constamment professé que, quelque pressantes et provocantes que paraissent les exigences de la destinée, les possibilités demeurent quasi infinies, cet aventurier reste l'un des plus étonnants génies qu'il y ait eu dans l'histoire.

À cause des antécédents de l'empereur, certaine ont souhaité que l'accusé Napoléon fût absous. Néanmoins, dans deux mille ans ou davantage, peut-être l'ère napoléonienne ne sera-t-elle qu'une péripétie du début du XIXe siècle. Peut-être enfin, cette lumière que l'on a vue apparaître dans une île du Levant pour s'éteindre dans une île du Couchant, le Petit Caporal ne sera-t-il qu'une figure mythique. (D'après J. Bainville.)

Un exemple littéraire : Racine répond aux détracteurs de « Britannicus »

De tous les ouvrages que j'ai donnés au public, il n'y en a point qui m'ait attiré plus de résonances exubérantes ni plus de censeurs que la tragédie de « Britannicus ». Quelques grands efforts que j'aie faits pour travailler cette pièce, il semble qu'autant, en dramaturge exigeant, je me suis appliqué à la rendre bonne, autant certaines gens se sont efforcés de la décrier : il n'y a point de cabale qu'ils n'aient machinée, point de critique dont ils ne se soient avisés.

Je n'ai pas présenté élégamment un soi-disant Néron trop cruel. Si mes détracteurs avaient relu Tacite, ne fût-ce que des passages succincts, ils se seraient aperçus de leur erreur exorbitante : cet historien, en effet, nous convainc que, si Néron a été quelque temps un bon empereur, il a toujours été un très méchant homme. Il est vrai aussi que le peu de discipline que le peuple avait gardé avait produit une anarchie plus lamentable encore que des auteurs ne l'ont affirmé. (D'après Racine.)

D'après Maurice GREVISSE (*Cours de dictées françaises*, 7e éd., n°s 139, 129 et 145).
(*Bruxelles, Facultés universitaires Saint-Louis,*
1re année de la candidature en philologie romane, juin 1996.)

Les *Rectifications* du Conseil supérieur de la langue française sont admises.

286 Dictée de revision

a) Les Ricains, quelque divers qu'ils soient et quoi qu'on en pense, hantés continûment par les vestiges qu'ont laissés les empires disparus, ont construit assidûment il y a quelques décennies, quelques grands efforts qu'il leur en coûtât, un édifice dans lequel ils ont enfermé des objets qui leur ont paru dignes d'attester, dans cinq mille ans et davantage, le genre de vie et le degré de civilisation qu'ont connus les hommes du **vingtième** siècle.

b) Ainsi, en mil neuf cent trente-neuf **après Jésus-Christ**, une **compagnie** a-t-elle enfoui une espèce d'énorme vase rempli d'une collection hétéroclite : des stylos-feutres, des portemines, des attrape-mouches, une charrue, des tourne-disques, des ex-voto, des micros polyvalents, des prie-Dieu, des pèse-lettres, deux mille **francs belges**, cent quatre-vingts **francs français** et vingt et un **francs suisses**, quatre-vingt-dix-huit **litres** d'eau-de-vie, des tam-tam(s), des nénuphars, tout Madame de Sévigné, toute « La Chartreuse de Parme », tous les « Caractères » de la Bruyère et des exemplaires du « Vadémécum de la nouvelle orthographe ».

(Bruxelles, Facultés universitaires Saint-Louis,
1re année de candidature en philologie romane, Noël 1995.)

La revision portant notamment sur les abréviations et symboles, les étudiants devaient utiliser ceux-ci pour les passages imprimés en gras. D'autre part, les *Rectifications* du Conseil supérieur de la langue française sont admises.

287 Une grand-mère française et ses petits-enfants russes

Ainsi, nous devinâmes les larmes cachées de notre grand-mère et pressentîmes l'existence dans son cœur de ce lointain amoureux français qui avait précédé notre grand-père Fiodor. Oui, d'un officier fringant de la Grande Armée, de cet homme qui avait glissé dans la paume de Charlotte l'éclat rugueux du « Verdun ». Cette découverte nous troublait. Nous nous sentîmes unis à notre grand-mère par un secret auquel personne d'autre dans la famille n'avait peut-être accès. Derrière les dates et les anecdotes de notre légende familiale, nous entendions sourdre, à présent, la vie dans toute sa douloureuse beauté.

Le soir, nous rejoignîmes notre grand-mère sur le petit balcon de son appartement. Couvert de fleurs, il semblait suspendu au-dessus de la brume chaude des steppes. Un soleil de cuivre brûlant frôla l'horizon, resta un moment indécis, puis plongea rapidement. Les premières étoiles frémirent dans le ciel. Des senteurs fortes, pénétrantes montèrent jusqu'à nous avec la brise du soir.

Nous nous taisions. Notre gand-mère, tant qu'il faisait jour, reprisait un chemisier étalé sur ses genoux. Puis, quand l'air s'était imprégné de l'ombre ultramarine, elle releva la tête, abandonnant son ouvrage, le regard perdu dans le lointain brumeux de la plaine. N'osant pas rompre son silence, nous lui jetions de temps en temps des coups d'œil furtifs : allait-elle nous livrer une nouvelle confidence, encore plus secrète, ou bien, comme si de rien n'était, nous lire, en apportant sa lampe à l'abat-jour turquoise, quelques pages de Daudet ou de Jules Verne qui accompagnaient souvent nos longues soirées d'été ? Sans nous l'avouer, nous guettions sa première parole, son intonation. Dans notre attente — attention du spectateur pour le funambule — se confondaient une curiosité assez cruelle et un vague malaise. Nous avions l'impression de piéger cette femme, seule face à nous.

Cependant, elle semblait ne pas même remarquer notre présence tendue. Ses mains restaient toujours immobiles sur ses genoux, son regard fondait dans la transparence du ciel. Un reflet de sourire éclairait ses lèvres...

Peu à peu nous nous abandonnâmes à ce silence. Penchés par-dessus la rampe, nous écarquillions les yeux en essayant de voir le plus de ciel possible. Le balcon tanguait légèrement, se dérobant sous nos pieds, se mettant à planer. L'horizon se rapprocha comme si nous nous élancions vers lui à travers le souffle de la nuit.

C'est au-dessus de sa ligne que nous discernâmes ce miroitement pâle — on eût dit des paillettes de petites vagues sur la surface d'une rivière. Incrédules, nous scrutâmes l'obscurité qui déferlait sur notre balcon volant. Oui, une étendue d'eau sombre scintillait au fond des steppes, montait, répandait la fraîcheur âpre des grandes pluies. Sa nappe semblait s'éclaircir progressivement — d'une lumière mate, hivernale.

Nous voyions maintenant sortir de cette marée fantastique les conglomérats noirs des immeubles, les flèches des cathédrales, les poteaux des réverbères — une ville ! Géante, harmonieuse malgré les eaux qui inondaient ses avenues, une ville fantôme émergeait sous notre regard...

Soudain, nous nous rendîmes compte que quelqu'un nous parlait depuis déjà un moment. Notre grand-mère nous parlait !

— Je devais avoir à l'époque presque le même âge que vous. C'était en hiver 1910. La Seine s'était transformée en une vraie mer. Les Parisiens naviguaient en barque. Les rues ressemblaient à des rivières, les places à de grands lacs. Et ce qui m'étonnait le plus, c'était le silence...

Sur notre balcon, nous entendions ce silence sommeillant de Paris inondé. Quelques clapotis de vagues au passage d'une barque, une voix assourdie au bout d'une avenue noyée.

La France de notre grand-mère, telle une Atlantide brumeuse, sortait des flots.

Andreï MAKINE (*Le testament français*, Mercure de France, édit.)
(*Université catholique de Louvain, 1re année de la candidature en philologie romane, juin 1996.*)

Les *Rectifications* du Conseil supérieur de la langue française sont admises.

288 Au-delà des choses

Depuis près d'un demi-siècle, il se servait de son esprit comme d'un coin pour élargir de son mieux les interstices du mur qui de toute part nous confine. Les failles grandissaient, ou plutôt le mur, semblait-il, perdait de lui-même sa solidité sans pour autant cesser d'être opaque, comme s'il s'agissait d'une muraille de fumée au lieu d'une muraille de pierre. Les objets cessaient de jouer leur rôle d'accessoires utiles. Comme un matelas son crin, ils laissaient passer leur substance. Une forêt remplissait la chambre. Cet escabeau, mesuré sur la distance qui sépare du sol le cul d'un homme assis, cette table qui sert à écrire ou à manger, cette porte qui ouvre un cube d'air entouré de cloisons sur un cube d'air voisin, perdaient ces raisons d'être qu'un artisan leur avait données pour n'être plus que des troncs ou des branches écorchés comme des saints Barthélemy de tableaux d'église, chargés de feuilles spectrales et d'oiseaux invisibles, grinçant encore de tempêtes depuis longtemps calmées, et où le rabot avait laissé çà et là le grumeau de la sève. Cette couverture et cette défroque pendue à un clou sentaient le suint, le lait, et le sang. Ces chaussures qui bâillaient au bord du lit avaient bougé au souffle d'un bœuf étendu sur l'herbe, et un porc saigné à blanc piaillait dans la graisse dont le savetier les avait enduites. La mort violente était partout, comme dans une boucherie ou dans un enclos patibulaire. Une oie égorgée criaillait dans la plume qui allait servir à tracer sur de vieux chiffons des idées qu'on croyait dignes de durer toujours. Tout était autre : cette chemise que blanchissaient pour lui les sœurs Bernardines était un champ de lin plus bleu que le ciel, et aussi un tas de fibres rouissant au fond d'un canal. Ces florins dans sa poche à l'effigie du défunt empereur Charles avaient été échangés, donnés et volés, pesés et rognés mille fois avant que pour un moment il les crût siens, mais ces virevoltes entre des mains avares ou prodigues étaient brèves comparées à l'inerte durée du métal lui-même, instillé dans les veines de la terre avant qu'Adam eût vécu. Les murs de brique se résolvaient en boue qu'ils redeviendraient un jour. L'annexe du couvent des Cordeliers où il se trouvait raisonnablement au chaud et au couvert cessait d'être une maison, ce lieu géométrique de l'homme, abri solide pour l'esprit encore plus que pour le corps. Elle n'était tout au plus qu'une hutte dans la forêt, une tente au bord d'une route, un lambeau d'étoffe jeté entre l'infinité et nous. Les tuiles laissaient passer la brume et les incompréhensibles astres. Des morts par centaines l'occupaient et des vivants aussi perdus que des morts : des douzaines de mains avaient posé ces carreaux, moulé ces briques et scié ces planches, cloué, cousu ou collé : il eût été aussi difficile de retrouver l'ouvrier encore bien vivant qui avait tissé ce pan de bure que d'évoquer un trépassé. Des gens avaient logé là comme un ver dans son cocon et y logeraient après lui. Bien cachés, sinon tout à fait invisibles, un rat derrière une cloison, un insecte taraudant du dedans une solive malade voyaient autrement que lui les pleins et les vides qu'il appelait sa chambre...

Marguerite YOURCENAR (L'œuvre au noir, Gallimard, édit.).
(Université catholique de Louvain, 1re année de la candidature en philologie romane, juin 1986.)

289 Voyage silencieux à travers nous

L'une après l'autre, il passa et repassa devant ses yeux les radiographies que lui avait léguées avant de disparaître son ami Miguel, ces mêmes radiographies que le docteur avait considérées avec tant de dédain et négligées comme si, en toute hypothèse, elles appartenaient à une époque révolue... Il fallait apprendre à lire ces planches miniaturisées, ce collage infradermique, comme on interroge son destin dans le marc de café. Afin de mieux déchiffrer les rébus qu'elles proposaient, il les appliqua contre le carreau de la fenêtre : ainsi la lumière du jour éclairait les blancs et durcissait les ombres de cette géographie nocturne qu'aucun astre, mort ou éclipsé, n'irradiait plus. Randonnée secrète au centre de soi-même. Il ne savait comment s'aventurer entre les marais et les cratères, les deltas et les archipels d'une planète qu'un cataclysme occulte semblait avoir martyrisée. Nagasaki intime, mi-ossuaire, mi-charnier. Sombres vallées où, dans une brume sanglante, étincelaient des braises noires, des cristaux de chair, des fougères vitrifiées. Dans cette jungle de muqueuses arborescentes, ce maquis de boyaux dentelés, s'était livrée une bataille sans merci. Contractures grimaçantes, convulsions pétrifiées, fractures molles, implosions organiques, sourde apocalypse...

Toujours selon de nouvelles clefs, d'autres points de référence, Jaime s'acharnait à décrypter comme des tableaux mi-abstraits, mi-figuratifs, dans cette nuit du corps traversée d'éclairs éblouissants. Théâtre d'ombres encageant un bestiaire antédiluvien. Abîmes où planaient des sauriens ailés, des méduses florales, des papillons laineux. Anneaux d'un serpent enroulé sur soi-même, tentacules d'une pieuvre suicidée. Serre d'orchidées carnivores. Pipe-line aux tubulures piquetées de rouille. Aberrante pièce montée. Bric-à-brac de chambres à air déchiquetées... Choisissant de se guider d'après l'obélisque de l'épine dorsale, il reconstitua pièce par pièce le clavier des côtes, les dentelles du pancréas, les reins en forme de courges. Mais il se fourvoyait... Il fallait de nouveau reconstituer le puzzle. Envisager d'autres lectures de ces hiéroglyphes...

La radiographie n'était que le daguerréotype d'un minuscule et immense travail de mort...

Jaime se dit que dans ces images, ce qui frappait le plus, c'était leur silence.

Pierre MERTENS (Terre d'asile. Le Seuil, édit.).
(Cuesmes [Belgique, Hainaut],
Concours provincial d'orthographe, 1989.)

290 Arrivée dans l'île

La houle déchaînée ouvrait des crevasses sous la tôle, noyait les hublots d'un liquide gris-noir [sic] et baveux. Au soir, un soleil bas, presque rouge, ensanglanta les nuages. Et sous l'orgue de ce ciel déchiqueté, tel un long serpent bleuté, s'illumina le cordon des falaises. Ce fut la première image de l'île, ce fut aussi l'instant d'une très longue secousse. Jamais je n'aurais pu croire que l'horizon prît un jour cette forme aux boucles interminables émergeant dégoulinantes du fond de l'océan. Et je mesurais soudain le temps parcouru depuis ma première rencontre avec Pierre [...]. Sur ses lèvres, l'île ressemblait à un songe, un été lointain, une vague rémanence. Je crois qu'en me quittant il m'avait parlé du ciel, ce ciel tumultueux et fou, toujours en débâcle, ce même ciel qui ouvrait sous mes yeux ses écritures affolées, ses gouffres et ses présages.

La mer devenait plus calme à mesure que nous nous rapprochions des côtes. Peu de lumières au port [...]. Au pied d'un enchevêtrement de grues, quelques silhouettes derrière la barre noire du môle. Nous longeâmes les flancs d'un énorme porte-conteneur qui barrait l'entrée du port, puis l'homme d'équipage me héla et m'enjoignit de rejoindre la cabine.

Ce qu'il appelait la cabine était un réduit tiède, à fond de cale, où j'avais à peine la place pour m'asseoir. J'y sentis les à-coups de l'accostage, puis des pas allant et venant au-dessus de moi parmi les jurons assourdis du marinier. De l'autre côté de la coque, derrière le clapotement doux de la vague, un moteur vrombissait à intervalles, des câbles crissaient au milieu d'appels très brefs, claquant comme ceux des traqueurs dans la brume.

Le silence et le froid tombés depuis longtemps. Minuit, peut-être. Un homme m'aveugle de sa lampe-torche. Il ramasse mon sac et me fait signe de le suivre. Il est courtaud, sa silhouette gonflée par un énorme manteau noir. Devant nous, sur l'esplanade, la lueur des luminaires fait dans le froid des taches sphériques irisées de brun sale.

François EMMANUEL (La nuit d'obsidienne, Les Éperonniers, édit.).
(Bruxelles et Mons, Championnats nationaux d'orthographe, 1996.)

Les *Rectifications* du Conseil supérieur de la langue française sont admises par le jury, mais elles ne sont pas obligatoires.

291 Un orfèvre mosan à Constantinople

Cette histoire, les murs de l'atelier en ont les oreilles rebattues. Elle appartient à la période lointaine où l'artisan hutois quitta le pays mosan avec quelques compagnons pour aller à la rencontre de ses confrères byzantins. Un voyage qu'il n'était pas près d'oublier. Constantinople entrecroisait les chemins du monde. On trouvait là une profusion de races et de langues, un trafic hallucinant de denrées et de gens, une fertilité de l'art et de l'esprit.

Dans cette ville riche, rien n'était assez beau ni assez cher pour parer les jolies femmes. Délaissant l'orfèvrerie sacrée au profit du bijou d'apparat, maître François se fit embaucher par un joaillier du cru. Il connut des années fastes qui lui permirent de racheter une boutique et de prospérer davantage. Il aurait passé le reste de son existence dans ce monde raffiné si son goût pour les objets précieux n'avait crû avec sa fortune et ne l'avait focalisé sur un diamant extraordinaire. Les tractations avec son propriétaire, un marchand grec, durèrent des mois. Le jour où la pierre passa dans ses mains, alors qu'il regagnait sa boutique tout frémissant de bonheur, il eut l'impression d'être pris en chasse par des voleurs. Il s'enfonça dans les souks pour semer ses poursuivants. Rentré dans ses quartiers, il tremblait de tous ses membres. Cette panique ne le quitta plus. Il se mit à voir des bandits partout. Le moindre coup de vent dans une tenture ravissait son souffle et le laissait blême comme un mort. Sa suspicion finit par d'étendre aux gens qu'il côtoyait alors que même personne dans son entourage n'était au courant de son acquisition. Craignant pour sa pierre et pour sa vie, il vécut des heures terribles, n'osant plus franchir le pas de sa porte, sursautant au moindre craquement, ne sachant où dissimuler ce joyau d'un éclat trop vif, allant même jusqu'à l'ingurgiter à la hâte un jour où quelqu'un fit irruption à l'improviste dans la pièce où il ébauchait une monture destinée à recevoir la pierre.

Bernard TIRTIAUX (*Le passeur de lumière*, Denoël, édit.).
(Lessines [Belgique], Championnats nationaux d'orthographe, 1996.)

Les *Rectifications* du Conseil supérieur de la langue française sont admises par le jury, mais elles ne sont pas obligatoires.

292 Imagination enfantine

Jean admira l'éventail d'une ferme : écurie, habitation, grange, remise et fournil déployés. Le débit de boissons avérait son enseigne : « À la grande paix ». À cette auberge de peu d'apparence succéda l'atelier du charron ; les bretelles du charron lui pendaient sur les cuisses et, mains dans les poches, il tétait sa pipe.

Les gens de l'endroit prêtaient fort peu d'attention aux passants et, tranchant par là sur les autres campagnards, ne les saluèrent point. Si Paul, le portefaix nain, avait retrouvé son assiette, Jean songea que, blâmant *in petto* leur indifférence, il les qualifiait de « bandes d'oursons, bêtes reculées ».

À la fin de ce hameau étiré, la futaie prit sa revanche, halliers sans faille, énormes troncs pressés, feuillées se joignant par-dessus la chaussée ; les deux garçonnets jumeaux pareillement vêtus de jersey rouge et qui jouaient tristement sur le dernier seuil, tout pâles, n'avaient jamais dû voir le soleil ni les taches immenses qu'il fait sur la terre.

Jean ne pouvait se décider à marcher de l'avant. Baliveau, il avait pris racine sous la voûte végétale. Et sa mère s'éloignait, raide comme des fiançailles hollandaises. Paul, c'est à peine si on le discernait encore, au fin bout de la chaussée, pas plus gros qu'un bousier traînant sa pilule, poursuivre au bord du fossé la randonnée cahotante qui allait réduire sa taille jusqu'à celle d'une puce avant de l'engloutir dans un vallonnement. Nonobstant l'angoisse d'une solitude qu'il voyait se parfaire lente et sûre au milieu de cet enfer d'écorce, l'enfant demeurait fiché, planté, sans décision. Et ce n'est qu'après avoir, machinal, cueilli le jet de souche du bouleau le plus proche qu'il put se mettre brusquement à la course, pareil au renard mal piégé emportant dans sa fuite le fil du collet.

Ayant couru beaucoup, il dépassa Romaine, et Paul, à chaque foulée, regagnait un pouce en hauteur et en largeur. Quand l'ouvrier fut près de sa taille d'homme, Jean, nageant dans une buée de sueur, balança s'il reprendrait souffle auprès de lui ou s'il poursuivrait le galop. Le nabot, frappant dans ses mains — la brouette restait suspendue aux épaules par la sangle — l'encouragea : « Allez, allez ! » Cinglé par des images véloces, l'enfant n'hésita plus : jetant sur les bagages le rameau qu'il avait gardé, il accéléra, coudes au corps, dents serrées, nez ouvert.

Il ne voyait pas la forêt s'éclaircir, les arbres rajeunir, les flaques de lumière s'élargir sur la drève, il courait le Tour de France. Il courait, cuisses nues, mains au guidon, au long des voies triomphales ou torturantes. Il escaladait les montagnes, dévalait dans les plaines à tombeau ouvert, roulait la caisse sur les pavés du Nord, toussait dans la poussière de la Crau et là-bas, groupés autour d'un mas, les taureaux de Camargue le regardaient filer.

Louis SCUTENAIRE (*Les vacances d'un enfant*, Édit. Jacques Antoine).
(Bruxelles, Championnats nationaux d'orthographe, 1989.)

293 Une affaire de famille

Orgueilleuses et courroucées, mes deux sœurs sillonnaient le pays tous azimuts, sans enthousiasme mais assidument et fervemment, dans une quelconque carriole héritée de feu leurs arrière-grands-parents. Elles étaient à la recherche de quelques ecclésiastiques à l'esprit retors et aux cheveux noir de jais qui, autrefois, s'étaient faits complices de charismatiques brigands tout-puissants et s'étaient proposé de voler à ma famille une mallette renfermant une série d'objets qui lui étaient chers, notamment des taille-crayons roses, des plats en pyrex blancs ou crème, des jarres fuchsia, une bague de vingt-cinq carats et, surtout, un philtre d'amour entièrement lyophilisé. Quoi qu'il en soit, et quelle que soit la façon dont les choses se sont passées, les brigands réussirent leurs manigances... Nos affaires, ils se les sont partagées ! Quel casse-tête ! Comment vous dire les pleurs et les soucis que cette histoire m'a coutés ?

Quelque trente ans avaient passé depuis que ma famille s'était vu amputer de ses biens et, quelque indulgente soit-elle, s'était abandonnée au désespoir et à une colère insatiable ! Mais mes deux sœurs, je les ai toujours connues décidées et exigeantes ! Ensemble, quoique leurs vêtements soient tout en lambeaux après les cinq-mille kilomètres qu'elles avaient déjà parcouru, elles s'étaient imposé de continuer les recherches et s'étaient imaginé pouvoir retrouver nos trésors !

Et un jour, en effet, quelque chose, inconsciemment, leur dit d'arrêter expressément leur voiture pour écouter des voix qui, derrière la porte d'un presbytère, parlaient haut et qui, tout à leur rhétorique, ne s'étaient pas rendu compte de leur arrivée. Elles oublièrent les qu'en-dira-t-on et collèrent leur oreille à la porte. Voici ce qu'elles purent décrypter des quelques paroles qu'elles ont recueillies : « Qu'il remette tous ces objets à leur place ! Dites-le-lui ! Quelqu'un pourrait, très vraisemblablement, découvrir cachés derrière cette plinthe les objets et le breuvage d'amour déshydraté que nous avons volés ! Ces trésors doivent valoir aujourd'hui plus que les six-cent-mille-huit-cent-vingt francs qu'ils ont valu jadis ! Nous nous ferions lyncher ! » Notre philtre ! Nos trésors ! Ils étaient là ! Mes sœurs elles-mêmes n'en ont pas cru leurs oreilles.

Quel qu'ait été leur subit désarroi, elles entrèrent et tout de suite reconnurent, sans scepticisme aucun, les cleptomanes au teint blafard. Plus d'un était devenu vieillard rhumatisant. Eux, dès qu'ils les ont vues, ils se sont souvenus d'elles, mais ils se sont abstenus de s'enfuir et se sont reproché leurs fautes. Ou plutôt, ces fautes, c'est mutuellement qu'ils se les sont reprochées, quelles qu'elles soient ! Ils se sont reconnu tous les torts qu'on a voulu ! En fin de compte, des objets, ils nous en ont rendu plus qu'il ne nous en ont volé !

(Namur, Institut supérieur provincial, secrétariat de direction, option langues, examen de 1re année, juin 1994.)

Dictée appliquant les *Rectifications* du Conseil supérieur de la langue française. Mais, évidemment, les correcteurs acceptaient l'« ancienne » orthographe.

VI

JEUX [1]

294 Dictée dite « de Mérimée » faite à une réunion du château de Saint-Cloud[2] (1868)

Pour parler sans ambiguïté, ce dîner à Sainte-Adresse, près du Havre, malgré les effluves embaumés de la mer, malgré les vins de très bons crus, les cuisseaux de veau et les cuissots de chevreuil prodigués par l'amphitryon, fut un vrai guêpier.

Quelles que soient, quelque exiguës qu'aient pu paraître, à côté de la somme due, les arrhes qu'étaient censés avoir données la douairière et le marguillier, il était infâme d'en vouloir pour cela à ces fusiliers jumeaux et malbâtis, et de leur infliger une raclée, alors qu'ils ne songeaient qu'à prendre des rafraîchissements avec leurs coreligionnaires. Quoi qu'il en soit, c'est bien à tort que la douairière, par un *contresens*[3] exorbitant, s'est laissé entraîner à prendre un râteau et qu'elle s'est crue obligée de frapper l'exigeant marguillier sur son omoplate vieillie.

---

1. Les dictées de cette section ont été écrites avant qu'aient été publiées les *Rectifications* du Conseil supérieur de la langue française (1990) et le premier volume de la neuvième édition du Dictionnaire de l'Académie (1992). Les innovations introduites dans ces deux documents sont décrites dans l'Appendice qui termine notre ouvrage. Les textes ici réunis montrent combien elles sont à la fois justifiées et modérées.
2. On rapporte (c'est sans doute une légende) que Napoléon III fit, dans cette dictée, 45 fautes, l'Impératrice 62, Alexandre Dumas 19, Octave Feuillet 24, le prince de Metternich 3 seulement.
3. En 1868, selon l'orthographe de l'Académie, on écrivait *contre-sens, phthisie* et *un excédant*.

Deux alvéoles furent brisés ; une dysenterie se déclara, suivie d'une *phtisie*.

« Par saint Martin ! quelle hémorragie ! » s'écria ce belître.

À cet événement, saisissant son goupillon, ridicule *excédent* de bagage, il la poursuivit dans l'église tout entière.

295 Une aventure

Il y a quelque vingt ans, rappelle-toi, mon cher Hippolyte, nous pagayions, rhétoriciens frivoles, sur un ruisseau des bords de la Méditerranée, tandis que les scarabées faisaient luire leurs élytres dorés sur les lauriers-tins et les lauriers-sauce, d'où tombaient des pétales amarante et fanés.

Trois dames patronnesses, fort irascibles et cachottières, aussi exigeantes qu'agressives et combatives, marmottaient et marmonnaient à l'envi sur les terre-pleins, où le zéphyr faisait flotter des banderoles de gaze bleu clair. Leur langage détonnait, et il eût été difficile, en cette occurrence, de s'accommoder de leur persiflage fatigant. Aussi, quelque parfaits gentlemen que fussent la demi-douzaine de philanthropes en jaquette qui sirotaient là des cocktails[1] en lisant leurs journaux, sous le patronage d'un vieux professeur à tête de sphinx, psychologue et philatéliste à la fois, ils exhalèrent quelques plaintes. Une querelle s'ensuivit. Ces dames s'époumonant et leur colère étant montée au paroxysme, les soi-disant philosophes désespérèrent de les voir venir à résipiscence et quittèrent les lieux en montrant ironiquement le triptyque de la Bonté, de la Sagesse et de la Prudence, qui décorait le corridor.

Nous-mêmes, un peu embarrassés par cette échauffourée, nous cherchâmes une atmosphère rafraîchissante et qui fût davantage propice au repos. La campagne nous accueillit. Là croissaient des acacias, des cornouillers, des groseilliers, des dahlias pourpres et des chrysanthèmes poivrés ; non loin, dans la tranquillité des champs, paissaient deux cents moutons, quatre-vingts bœufs aux mufles humides et deux cent six juments, tant rouannes qu'alezanes, sous la garde d'un pasteur boiteux, qui portait en bandoulière, au bout d'une lanière de cuir de buffle, une gourde rustique.

À l'auberge, Hyacinthe, toujours plein de bonhomie, nous servit des hors-d'œuvre, puis les quelques couples d'œufs que nous avions demandées, puis un levraut aux échalotes arrosé de malvoisie parfumée[2].

Chacun paya son écot et nous revînmes à Chalon-sur-Saône, où nous retrouvâmes nos chambres aux résonances familières : nous caressions du regard nos plinthes bleu de roi, nos béryls et nos agates, nos bibelots de

---

1. Prononcez : *kok-tèl*.
2. *Malvoisie* est féminin pour Littré, mais masculin pour d'autres, comme Robert.

marqueterie et de tabletterie. Il nous semblait être partis depuis l'an mille[1].
Malgré les praticiens homéopathes et allopathes, nous retrouvâmes aussi,
hélas ! et à quel période ? toi, tes rhumatismes, et moi mon emphysème.

296 La dictée du « diable »

Les Français disputent à l'envi de leur orthographe. Qu'elle ait
fâcheuse réputation, on n'en saurait douter. Qu'on n'en conclue pas qu'elle
est illogique. Quelques problèmes qu'elle pose (et ils sont nombreux), quelles
que soient les difficultés qu'elle soulève, quelque embrouillées qu'en paraissent les règles, elle n'exige qu'un peu de travail et de méthode. Les grammairiens ne se sont pas seulement donné la peine de la codifier : ils se sont
plu à la rendre accessible. Quoi qu'on en ait pu dire, le travail auquel ils se
sont astreints n'a pas été inutile. Les efforts qu'il a coûtés, les recherches
qu'il a nécessitées ne doivent pas être sous-estimés.

Que ce soit ignorance ou laisser-aller, beaucoup trop d'élèves tombent sans remords dans les traquenards de l'écriture. On hésite maintes fois
avant d'écrire les infinitifs accoter, accoster, agrandir, agripper, aggraver,
alourdir, aligner, alléger, apurer, aplanir, aplatir, appauvrir, etc. On
s'embrouille fréquemment dans les suffixes : ceux par exemple d'atterrir et
amerrir ; de tension et rétention ; de remontoir et promontoire ; de prétoire
et vomitoire ; de vermisseau, souriceau, lapereau, bicot et levraut ; de trembloter, toussoter, crachoter, frisotter, ballotter, grelotter ; de gréement,
dévouement, repliement, éternuement, braiment, châtiment ; de gaiement,
gentiment, éperdument, ambigument, dûment, crûment, etc.

Qu'on ne croie pas ces distinctions injustifiées. Quoiqu'on n'en voie
pas toujours la raison sur-le-champ, on n'en saurait vraiment diminuer le
nombre qu'aux dépens de la clarté. Hormis quelques-unes, elles ne sont
dues qu'au souci de distinguer graphiquement les particules homonymes.
Les quelque quatre mille familles de mots qui figurent dans notre lexique
sont, au surplus, régulières. Le radical y apparaît constamment sous la
même forme. Certaines font néanmoins exception : celles notamment où
l'on trouve les mots baril, baricaut ; combattant, combatif ; cantonade,
cantonal ; charroyer, charretée ; encolure, accolade ; déshonorer,
déshonneur ; irascible, irrité ; occurrence, concurrence ; follement,
affolement ; prud'homie, prudhommesque ; persifler, sifflotement ; insuffler,
boursouflure ; consonance, dissonance ; imbécile, imbécillité, etc. Quant
aux désinences verbales, elles sont parfois difficiles à appliquer. Sachons
écrire sans hésitation celles de l'impératif (va, cueille, tressaille), du subjonctif
(que nous criions, fuyions, ayons, soyons), du futur (j'avouerai, tu concluras,
il nettoiera, j'essuierai, tu tueras, nous mourrons, vous pourrez), du présent
(je revêts, tu couds, il geint, je répands, tu feins, il résout, je harcelle, tu

---

1. Il faut aussi admettre l'orthographe *l'an mil*. (*Bon us.*, § 876.)

râtelles, il martèle, je cachette, tu époussettes, il furète, j'écartèle, tu halètes, il cisèle, etc.).

Ce texte, où l'on n'a voulu citer que des mots du vocabulaire courant, montre que notre orthographe est souvent compliquée, voire ambiguë, sinon arbitraire. Mais elle est inséparable de la langue. Même les écrivains lui restent attachés. Ils sont pourtant, plus que d'autres, en butte à ses tracasseries, c'est-à-dire plus souvent exposés à tomber dans ses chausse-trapes. Quoi qu'en pensent ses détracteurs, elle est affaire, tout à la fois, de réflexion et de mémoire. Ses subtilités même(s) imposent une salutaire discipline. Quels que soient les efforts qu'elle exige, il faut bien qu'on l'acquière. N'est-elle pas, comme le dit Sainte-Beuve, « le commencement de la littérature » ?

René THIMONNIER (*Code orthographique et grammatical,* Hatier, édit.).

297 Dictée-piège de Maurice Druon

Chaque année, dans les maisons d'éducation de la Légion d'honneur, la générale Catroux (qui est en littérature le poète France de Dalmatie) demandait à un écrivain de composer une dictée accumulant les difficultés orthographiques comme, au siècle précédent, celle de Prosper Mérimée. Maurice Druon s'est livré à ce périlleux exercice. Sa dictée, dont nous donnons ci-dessous le texte, comporterait, au dire de son auteur, une trentaine de pièges. Jugez vous-même !

Nous parcourions, à l'entour des Baux-de-Provence, le pays baussenc où de tout temps se sont succédé les poètes occitans. En quête d'un mas, tombât-il en ruine, qui convînt à nos ressources pécuniaires, nous nous étions assuré l'aide d'un autochtone fringant, excellant, selon les ouï-dire et autres on-dit, aux affaires extravagantes, tels le drainage des résurgences dans les zones aquifères et l'asepsie des entreprises séricicoles. Nous croyions en l'effet convainçant de son esbroufe et de son bagou pour le cas où nous louerions un gîte et conclurions un bail emphytéotique.

Le quidam nous mena, de cimes en thalwegs, jusque dans un vallonnement, au diable vauvert, où naguère il avait chassé à vau-vent, et où croissaient yeuses, myrtes et cytises, et des cistes agrippés au roc schisteux, et même un marronnier d'Inde aux thyrses violacés ou amarante.

Un bâtiment décrépi s'élevait sur un terre-plein jonché de tuileaux rose pâle et de faîtières ébréchées. Une vieille catarrheuse, sans appas mais non sans acné, portant besicles, sarrau dégrafé et socques cloutés, entrebâilla l'huis et nous invita, d'un sourire auquel manquaient trois dents, à pénétrer dans une salle tout abîmée communiquant de plain-pied avec des absidioles décorées d'haltères noirs, pendus là comme des ex-voto.

Dans l'office contiguë, la malpeignée nourrissait une chèvre bréhaigne, deux agneaux nouveau-nés couchés sur des bat-flanc, un jars, un verrat et quelques canards d'Inde.

— Cette métairie, nous expliqua-t-elle d'une voix tout heureuse, date des époques mêmes des schismes ariens. Je la tiens de feu ma trisaïeule la diaconesse, qui s'en était arrogé les droits en avance d'hoirie. Je me suis constitué une retraite par la cession sous seing privé de la nue-propriété ; un bailleur de fonds, ancien quincaillier du bailliage, est depuis quelque temps mon débirentier.

— Au temps pour moi, dit notre gardian, les yeux dessillés sur-le-champ.

Contrecarrés par le plus de contretemps et contrordres possible, nous quittâmes ce repaire de cathares.

Maurice Druon, de l'Académie française
(dans les *Nouvelles littéraires*, 21 sept. 1967).

298 Trois fureteurs insolites

En achetant des biens à des ayants droit sans le sou, cette antiquaire s'était constitué un fonds hétéroclite hors pair. En avait-on vu défiler, à la queue leu leu, des dilettantes et des marchands de tout acabit fascinés par son bric-à-brac, voire son capharnaüm ! Pêle-mêle se trouvaient rassemblés là des crédences, des bonheurs-du-jour, des maies berrichonnes, des poêlons, des coquemars, et même des astragales abîmés qu'elle s'était laissé fourguer par des maîtres chanteurs.

Jusque-là s'étaient succédé des clients si extravagants qu'elle était à cent lieues de penser qu'on pût l'épater encore ! Un jour pourtant, trois m'as-tu-vu patibulaires s'étaient introduits presque en catimini dans sa boutique exiguë...

Aussitôt, le moins bizarre avait interpellé l'antiquaire, se déclarant à la recherche de ciels de lit rococo qu'il s'était représentés garnis de pampilles violacées... Pendant ce temps, ses acolytes, lorgnant des chlamydes défraîchies, s'en étaient drapés, puis s'étaient déhanchés devant des psychés sans tain. Trouvant cocasses deux mouflons borgnes empaillés et trois hiboux naturalisés qui cohabitaient, ils les avaient frénétiquement époussetés jusqu'à ce qu'une figuline en équilibre précaire s'écrasât sur les ex-voto d'un lieu saint rhodanien.

Les recherches s'étant déroulées couci-couça, leur compère s'était rabattu sur deux planisphères jaunis qu'il paya comptant.

Tout ébaubie et toute soulagée, l'antiquaire regarda s'éloigner ce trio d'olibrius dans une carriole tintinnabulante !

(Texte établi par Micheline Sommant
pour les Championnats d'orthographe de France, 1986.)

299 Une boutique de confection

Pour donner à son neveu un semblant d'occupation, Mamitate lui a procuré un emploi de sous-commis dans son magasin. Il se conforme avec la meilleure grâce aux indications détaillées de Bernadette sur qui repose la charge de l'affaire et qui marque à Frédéric une défiante condescendance. On voit bien que Mamitate n'a plus guère le goût de débiter des gaines et des soutiens-gorge. Ce qui l'attache encore à son commerce, c'est la faculté qu'il lui donne de prendre langue avec les pratiques. Tous les maux qu'une vie précipitée inflige aux citadins trouvaient une espèce d'exutoire à *La Nouvelle Héloïse*. Mamitate affectait de compatir aux souffrances dont les clientes se consumaient, les consolant, à grand renfort de paroles mellifues, de l'enkystement de leur pylore ou de l'incroyable chute de leurs organes les plus chers. Bernadette s'efforçait de convaincre ces monuments d'infortune que les sous-vêtements ou les petits ensembles de *La Nouvelle Héloïse* convenaient le mieux au monde à des personnes si fermes contre les mauvais hasards de l'existence. Toutes, cependant, montraient un bel embonpoint. Elles abominaient leur graisse exubérante ou leur culotte de cheval en s'empiffrant qui d'un millefeuille, qui d'une religieuse *(La Nouvelle Héloïse* jouxtait une pâtisserie). Alors, pour remplacer la robe de haute griffe dans laquelle leur fessier multiple ne tenait plus, Bernadette allait quérir la secrète merveille qui les dédommagerait, et bien davantage, d'avoir perdu la silhouette divine à cause de quoi des jeunes gens du plus grand avenir s'étaient entr'égorgés. « Nous devrions nous spécialiser dans les femmes fortes », soupirait-elle. Quelques-unes remarquaient Frédéric : « Ah, voilà le grand neveu ! Alors, il se fait à la vie de Paris ? Vous ne trouvez pas que ses cheveux sont un peu longs ? — Pas plus longs que les chanteurs yé-yé ! — Ah, bon ! il est yé-yé ? — Pas du tout, c'est un poète. »

Richard JORIF (Le navire Argo, Édit. François Bourin).

300 Les incorrigibles

Elles se sont proposé de les tromper
Ils se sont senti le courage de résister
Alors ils se sont accusés mutuellement
Ils se sont cherché querelle
Ils se sont arrachés de nos mains
Ils se sont découvert la tête et disputé le terrain
Ils se sont abandonnés à la colère
Et se sont blessés à la tête
Ensuite ils se sont cherchés longtemps
Ils se sont découverts en ma présence

Ils se sont écorché le visage et lié les jambes
Ils se sont jeté des pierres et percé le ventre
Ils se sont élevé par leurs exploits un monument impérissable
Et finalement ils se sont exprimé leurs sentiments
Ils se sont avoué leurs torts réciproques
Ils se sont érigé des statues
Ils se sont persuadé tout ce qu'ils ont voulu
À ce spectacle elles se sont tranquillisé l'esprit
Elles se sont même piqué la peau
Mais par des lectures dangereuses elles se sont à nouveau troublé le cerveau
Et secrètement elles se sont vendu plusieurs objets
Alors ils se sont écorchés dans les broussailles
Ils se sont cassé le cou
Ils se sont blessé les doigts
Ils se sont jetés dans l'eau
Ils se sont liés d'amitié
Ils se sont arraché des larmes
Ils se sont cassés comme verre
Ils se sont épargnés l'un l'autre
Voyant cela elles se sont proposées comme modèles de douceur
Elles se sont données en spectacle
Ils se sont encore sentis assez courageux pour résister
Ils se sont exprimés en termes choisis
Puis ils se sont soustraits au supplice
Ils se sont érigés en juges
Elles se sont tranquillisées peu à peu
Un peu plus tard elles se sont troublées à ma vue
Par indiscrétion elles se sont vendues
Cette fois ils se sont percés à coups d'épée
Et payés de raison.

Roland DUBILLARD
(cité par Michel Laclos, dans le *Figaro*, 22 juillet 1981).

Appendice

Les rectifications du Conseil supérieur de la langue français et la neuvième édition du Dictionnaire de l'Académie française

Comme il a été dit ci-dessus dans la préface, la neuvième édition du Dictionnaire de l'Académie française est en cours de publication : étaient imprimés, en juin 1996, le premier tome (1992) et huit fascicules, allant jusqu'à *grammaire*. L'Académie tient compte, sauf oublis accidentels, des rectifications proposées par le Conseil supérieur de la langue française, qu'elle avait approuvées à l'unanimité en 1990. La nouvelle édition de ce recueil de dictées ne pouvait négliger de prendre cela en considération, dans le texte et les commentaires. Mais il semble nécessaire de donner une vue d'ensemble de ces rectifications, surtout parce que l'Académie ne les présente pas d'une manière uniforme : les unes, en quelque sorte imposées, sont enregistrées « à titre définitif », dit-elle, dans les articles eux-mêmes, soit comme forme unique, soit comme variante ; les autres, considérées comme permises, et même recommandées, selon le titre qu'elles reçoivent *(recommandations)*, font l'objet de listes séparées auxquelles les articles renvoient par un signe conventionnel.

Dans la présentation systématique [1] qui va suivre, les formes entérinées « à titre définitif » pour les premières lettres de l'alphabet sont imprimées en gras ; quant à la suite, on ne peut établir *a priori* les décisions de l'Académie. Pour ce qui n'est pas en gras, la nouvelle forme est permise, et même recommandée, comme on vient de le voir. Mais il est évident que les formes « anciennes » ne doivent pas être tenues pour fautives, même quand elles sont abandonnées tout à fait par l'Académie : on ne saurait pénaliser ceux qui continuent à appliquer une règle changée depuis si peu de temps.

---

1. L'Association pour l'application des recommandations orthographiques (APARO), 29, rue du Serpentin, 1050 Bruxelles, a publié, sous le titre *Vadémécum de la nouvelle orthographe*, une brochure de douze pages donnant la liste complète des mots rectifiés.

1. Devant une syllabe contenant un *e* muet, on écrit *è* et non *é*.

Cette règle, déjà appliquée dans la plupart des cas, est étendue aux mots suivants : **abrègement, affèterie, allègement, allègrement, assèchement, cèleri** (« on écrit aussi *céleri* », dit l'Acad.), **complètement** (comme nom ; l'adverbe s'écrivait déjà ainsi), **crèmerie** (« on écrit aussi *crémerie* », Acad.), **crènelage, crèneler, crènelure** (pour ces trois mots, l'Acad. fait la même remarque que pour *crèmerie*), **dérèglementation, empiètement, évènement, évènementiel** (ou *événement, événementiel*, Acad.), **fèverole**, hébètement, règlementer et autres dérivés de *règlement*, sècheresse, sècherie, sènevé, **vènerie** (Acad., t. I, p. X), ainsi qu'aux futurs et aux conditionnels des verbes qui ont un *é* à l'avant-dernière syllabe de l'infinitif, **ce que l'Académie applique aux 94 verbes qui sont dans ce cas**, indiquant pour chacun : « se conjugue comme *alléger* » ou « comme *céder* », c'est-à-dire **j'allègerai, j'allègerais, je cèderai, je cèderais**.

Cela s'applique aussi à la fin des formes verbales quand il y a inversion du pronom *je* : *aimè-je, dussè-je, eussè-je, puissè-je*, etc.

EXCEPTIONS. *a)* les préfixes *dé-* et *pré-* : *démesuré, prélever*, etc. ; *b)* les *é* initiaux : *échelon, édredon*, etc. ; *c) médecin, médecine*.

2. Dans une syllabe ouverte (c'est-à-dire qui se termine par une voyelle), le son *é* doit s'écrire *é* et non *e*.

Cette règle, déjà appliquée ordinairement, est étendue aux mots suivants : **asséner, bélître** (ou *bélitre*, cf. § 4), **bésicles, démiurge, gélinotte**, québécois, recéler, recéper et dérivés, réclusionnaire, réfréner, sénescence, sénestre. Dans les mots d'emprunt : **allégro** et **allégretto** (« on trouve aussi **allegro, allegretto** », dit l'Acad.), **artéfact**, braséro, candéla, chébec, **chéchia, cicérone** (comme variante de **cicerone** pour l'Acad.), **critérium** (« on trouve aussi **criterium** », ajoute l'Acad.), **décrescendo**, déléatur, délirium trémens, désidérata, diésel, édelweiss, etc.

3. Dans les verbes terminés à l'infinitif par *-eler* et *-eter*, le *e* du radical se change en *è* quand la syllabe suivante contient un *e* muet :

Il amoncèle, il amoncèlera ; le moteur cliquète ; la glace se craquèle ; il étiquète, il étiquètera ; etc. Cela vaut aussi pour les dérivés en *-ement* : *amoncèlement*, **cliquètement, craquèlement, craquètement**, etc. ; pour ces trois derniers noms, l'Acad., moins prudente que pour les verbes, accepte les nouvelles graphies « à titre définitif » ; elle ajoute cependant pour deux d'entre eux : « On écrit aussi **cliquettement, craquellement**. »

EXCEPTIONS. *Appeler, jeter* et les verbes de leur famille redoublent le *l* ou le *t* devant une syllabe contenant un *e* muet : **j'appelle, j'appellerai** ; **je jette, je jetterai**.

4. L'accent circonflexe ne se met plus sur les lettres *i* et *u* :

Abime, assidument, connaitre, il connait, cout, etc.

EXCEPTIONS. *a)* Les mots qu'il convient de distinguer de leurs homonymes : le participe passé *dû* ; les adjectifs *mûr* et *sûr* (au sens « certain ») ; le nom *jeûne* ; les formes du verbe *croître* (ou *croitre* [1]) qui, sans cela, seraient identiques à des formes du verbe *croire* ; la 3e personne du singulier du subjonctif imparfait (sinon identique à la 3e personne du passé simple) ; — *b)* les 1res et les 2es personnes du pluriel du passé simple.

5. Le tréma est placé sur la lettre *u* dans les adjectifs féminins *aigüe, ambigüe, contigüe, exigüe* et dans les noms *ambigüité*, etc. ; *besaigüe, cigüe*.

Il est ajouté sur le *u* dans les diverses formes du verbe *argüer* et dans les noms *gageüre, mangeüre, rongeüre, vergeüre*.

6. Le Conseil supérieur de la langue française recommande le remplacement du trait d'union par la soudure dans divers cas, les uns pouvant se formuler sous forme de règles générales, les autres s'exprimant sous forme d'énumérations. Le principe général est que l'on soude les éléments quand la relation entre ces éléments n'est plus perceptible aux usagers du français, quant au sens et/ou quant à la syntaxe ; mais ce principe n'est pas toujours facile à appliquer. D'autre part, le Conseil propose la soudure de quelques composés pour d'autres raisons.

a) La règle peut être présentée comme générale pour les mots d'origine onomatopéique ou expressive : *blabla, bouiboui, coincoin*, **froufrou** (ou **frou-frou**), etc.

b) De même pour les composés empruntés à d'autres langues : *un apriori* (pour *a priori*), *baseball, basketball, blackout, bluejean, chowchow, covergirl, cowboy, fairplay*, **folklore**, etc.

c) Mots inanalysables dont le premier élément est un verbe à l'origine. Les *Rectifications* citent : *d'arrachepied, boutentrain, chaussetrappe* (voir aussi § 14), *à clochepied, coupecoupe, crochepied, croquemadame, croquemonsieur*, **croquemitaine** (comme variante de **croque-mitaine**), *croquemort, croquenote, passepasse, piquenique, poussepousse, tapecul, tirefond, tournedos, vanupied*. L'Académie ajoute *gagnepetit*.

d) Mots inanalysables dont les éléments sont nominaux ou adjectivaux. Les *Rectifications* citent : *arcboutant, autostop, autostoppeur, bassecontre, bassecour, bassecourier, basselisse, basselissier, bassetaille, branlebas, chauvesouris, chèvrepied, cinéroman, hautecontre, hautelisse, hautparleur, jeanfoutre, lieudit, millefeuille, millepatte, millepertuis, platebande, potpourri, prudhomme, quotepart, sagefemme, saufconduit, téléfilm, terreplein, vélopousse, véloski, vélotaxi.*

e) Mots divers cités dans les *Rectifications* : *brisetout*, **faitout**, *fourretout, mangetout, mêletout, risquetout* ; *passe-partout* ; *porteclé, portecrayon, portemine, portemonnaie, portevoix* ; *tirebouchon* ; *couvrepied* (cf. aussi § 7).

Voir aussi § 15.

---

1. Selon les principes et selon la version approuvée en juin 1990, *croitre* s'impose ; le document définitif, créant une exception gratuite, maintient *croître*. Ce document écrit aussi, fâcheusement : « Les adjectifs *mûr* et *sûr* ne prennent un accent circonflexe qu'au masculin singulier » ; on ne voit pas la justification de cette remarque.

7. Les noms composés formés, avec trait d'union, d'un verbe ou d'une préposition suivis d'un nom prennent la marque du pluriel au second élément quand et seulement quand le nom composé lui-même est au pluriel.

Cette règle étant générale, je ne cite que les formes enregistrées par l'Académie « à titre définitif » : **un accroche-cœur, des accroche-cœurs ; un allume-cigare, des allume-cigares ; un appuie-main, des appuie-mains ; un appuie-tête, des appuie-têtes** (pour ces deux mots, l'Acad. « tolère qu'on mette la marque du pluriel », s. v. *appuie-bras*) ; **un attrape-mouche, des attrape-mouches ; un couvre-pied** (« on écrit aussi **un couvre-pieds** », ajoute l'Acad.)**, des couvre-pieds ; un cure-dent, des cure-dents ; un cure-oreille, des cure-oreilles ; un essuie-main, des essuie-mains ; un essuie-pied, des essuie-pieds ; un fume-cigare, des fume-cigares ; un fume-cigarette, des fume-cigarettes ; un garde-barrière, des garde-barrières ; un garde-bœuf, des garde-bœufs ; un garde-boue, des garde-boues** (comme variante de **des garde-boue**) ; **un garde-chasse, des garde-chasses** (comme variante de **des garde-chasse**) ; **un garde-chiourmes, des garde-chiourmes ; un garde-côte, des garde-côtes ; un garde-feu, des garde-feux ; un garde-magasin, des garde-magasins ; un garde-malade** (ou *-malades*)**, des garde-malades ; un garde-marteau, des garde-marteaux ; un garde-meuble, des garde-meubles** (local ou personne) ; **un garde-pêche, des garde-pêches ; un garde-voie, des garde-voies ; un gâte-métier, des gâte-métiers ; un gâte-pâte, des gâte-pâtes ; un gâte-sauce, des gâte-sauces ; un gobe-mouche, des gobe-mouches ; — un à-pic, des a-pics**.

Pour les composés avec *garde-* qui désignent des personnes, l'Académie, à l'article *garde* III, refuse de condamner et de considérer comme fautive la conception traditionnelle qui voyait dans ce cas *garde* comme un nom et le faisait varier au pluriel.

EXCEPTIONS. Le second élément reste invariable s'il commence par une majuscule (*prie-Dieu*) ou s'il est accompagné de l'article (*trompe-l'œil*).

8. Les numéraux composés, cardinaux ou ordinaux, sont unis par des traits d'union :

Deux-cent-mille-deux-cent-vingt-et-un.

Million et *milliard*, étant des noms, ne sont ni suivis ni précédés d'un trait d'union.

9. Le participe passé *laissé* suivi d'un infinitif reste invariable :

Tu les as laissé partir. Ils se sont laissé mourir de faim.

10. Les noms empruntés à d'autres langues font leur pluriel à la française.

La règle étant générale, je ne cite que les formes enregistrées par l'Académie « à titre définitif » : **allégrettos, allégros, barmans, cherrys, coachs, condottieres** (« parfois **condottieri** ») ; selon les *Rectifications*, un *condottière*, des *condottières*), **conquistadors** (« ou **conquistadores** »), **crescendos,**

décrescendos, emporiums (« ou ***emporia*** »), ***extremums, ferrys*** (« ou ***ferries***»), ***flashs, gentlemans*** (comme variante de ***gentlemen***), ***goldens*** ; — **un cannelloni, des cannellonis ; un confetti, des confettis ; un graffiti** (« on a employé ***graffito*** »), ***des graffitis***.

L'Académie attribue aussi au Conseil supérieur de la langue française un pluriel *auburns*, mais, à ma connaissance, le Conseil ne s'est pas occupé des adjectifs.

11. La finale *-ier* est remplacée par *-er* dans *joailler, marguiller, quincailler* et dans les féminins *ouillère* (terme de viticulture), *serpillère*.

12. La finale *-olle* est remplacée par *-ole* :

Barcarole, bouterole, corole (et *corolaire*), *fumerole, girole, grole, guibole, lignerole, mariole, muserole, rousserole, tavaïole, trole.*

EXCEPTIONS : *colle*, ainsi que les féminins *folle* et *molle*.

13. Simplification de consonnes doubles pour indiquer qu'il s'agit d'un *e* sourd (ordinairement appelé muet) dans *dentelière, interpeler, prunelier* et *lunetier*.

L'Académie attribue aussi au Conseil *aigreté*, que je ne vois pas dans le rapport de celui-ci et qui est contestable.

14. Rectification de mots particuliers :

Les participes passés *about* et *dissout* ;

Les infinitifs *assoir, rassoir, sursoir* (et le futur et le conditionnel : *je sursoirai*, etc.) ;

Les mots suivants, avec leurs dérivés éventuels et, pour les verbes, les diverses formes de leur conjugaison : **appâts** (comme variante de **appas**), **bisut** (« on écrit aussi **bisuth** », ajoute l'Acad.), *bonhommie, boursouffler, cahutte, charriot*, **chausse-trappe** (*chaussetrappe* dans les *Rectifications* : cf. § 6), *combattif* et *combattivité, cuisseau* (pour *cuissot*), **déciller** (variante donnée à la fin de l'article **dessiller**), *douçâtre*, **embattre** et **embattage** (« on écrit aussi, moins bien, **embatre, embatage** », ajoute l'Acad.), *exéma, guilde, homéo-, imbécilité, innommé, levreau, nénufar, ognon, pagaille, persiffler, ponch* (pour *punch*, boisson), *prudhommal, prudhommie, relai, saccarine, sconse* (pour *skunks*), *sorgo, sottie* (pour *sotie*), *tocade, ventail* (pour *vantail*).

15. Le rapport du Conseil supérieur de la langue française comporte une quatrième partie qui s'adresse, non pas aux usagers, mais aux auteurs de dictionnaires. Certaines des propositions qui y sont faites sont enregistrées par l'Académie, mais ici aussi de manière variable. Nous nous limitons à la partie publiée du Dictionnaire.

a) Soudure des mots dont le premier élément est *contre*.

— Avec suppression du *e* final et du trait d'union quand le second élément commence par une voyelle : *contrallée* ; avec suppression du trait d'union quand le second élément commence par une consonne : *contrecourant*.

86 mots rejoignent ainsi les 50 mots déjà agglutinés dans l'édition de 1932 : **contrordre** (pour lequel l'Acad. a ajouté en 1992 : « on écrit aussi **contre-ordre** »), **contresens**, etc. Il suffira de citer les deux seuls qui échappent à la soudure : *contre-amiral* (pour la petite histoire, à la demande des intéressés) et *contre-ut*.

b) Soudure des mots dont le premier élément est *entre*.

Avec suppression du *e* final et de l'apostrophe quand le second élément commence par une voyelle, avec suppression du trait d'union quand le second élément commence par une consonne. Pour deux mots, l'Académie présente les deux formes en privilégiant celle qui n'est pas agglutinée : « **entre-deux** ou **entredeux** », « **entre-temps** ou **entretemps** ». Pour vingt-deux autres, c'est l'inverse : « **s'entraimer** — on écrit aussi *s'entr'aimer* » ; « **entrebande** — on écrit aussi **entre-bande** » ; inutile de les énumérer, puisqu'ils rejoignent les mots déjà soudés en 1932 et les mots ajoutés en 1992 seulement sous la forme soudée. Par conséquent, pour tous les composés en *entre-*, l'agglutination est acceptée par l'Académie « à titre définitif ».

Une seule exception : *l'entre-deux-guerres*.

c) Soudure des composés dont le premier élément est une forme savante, ordinairement terminée par la voyelle *-o*.

On en relève 27 dans les listes jointes par l'Académie au volume et aux fascicules parus : *alcalinoterreux, autoaccusation, autoallumage, autoamorçage, bronchopneumonie, cardiovasculaire*, etc. Mais le corps du Dictionnaire en donne d'autres uniquement sous la forme soudée : **audiovisuel, autoportrait,** etc. Je ne vois ni la possibilité de donner des listes complètes, ni même leur intérêt : faute d'avoir trouvé dans les choix de l'Académie un principe directeur, convient-il d'encombrer cette petite étude de mots appartenant à des terminologies spécialisées étrangères à un ouvrage comme celui-ci, d'autant plus qu'on trouvera dans les autres dictionnaires, aussi avec des divergences, une foule de mots du même type ?

d) Pour mettre fin à l'hésitation entre *-oter* et *-otter*, on écrira avec un seul *t* les verbes qui dérivent de noms en *-ot* et ceux qui ont le suffixe verbal *-oter* :

Garroter, auquel l'Académie joint *garrotage* ; — *bouloter, cachoter* (auquel l'Acad. joint *cachoterie, cachotier*), *frisoter* (auquel l'Acad. joint *frisotis*), etc.

16. Les listes que l'Académie présente comme fondées sur les propositions du Conseil supérieur de la langue française contiennent quelques mots que je ne vois pas dans le rapport du Conseil.

a) Remplacement des digrammes Æ et Œ par *é* : *althéa, cécal, cécum*, outre **et cetera** (« on trouve aussi **et caetera** », ajoute l'Acad.) ; — *acélomate, célacanthe* et quatre autres mots en *cél-*. Ce n'est pas une mauvaise idée, mais il faudrait sans doute l'appliquer plus largement.

b) Corrections diverses, assez justifiées : **avonculaire** pour **avunculaire**, à cause de la prononciation ; **capoc** pour **capok** et **kapok** ; **caracul** pour **karakul** ; **embéquer** pour **embecquer**.

André Goosse

Table des matières

Préface 5
Avant-propos 11

I
PRESSE

1. Comment les anciens Égyptiens voyaient la mort *(Égypte)* 13
2. Les difficultés de la démocratie en Afrique *(La gazette)* 14
3. Le Québec défend sa langue
   (Bulletin du Conseil de la langue française) 14
4. À quoi peut servir un terrain de golf enneigé
   (Vingt-quatre heures) 16
5. Les enfants de parents divorcés *(La cité)* 17
6. Un grand concours européen pour la rénovation des villes
   (Le nouveau quotidien) 18
7. Une ville qui a perdu le nord *(Le devoir)* 19
8. Notre langage nous engage *(L'ethnie française)* 20
9. L'Égypte aux portes du XXIe siècle *(Al-Ahram hebdo)* 22
10. Les piqûres de guêpes *(Femme pratique)* 23
11. Rome *(Le Figaro)* 25
12. Une Canadienne revendique son appartenance à la francophonie
    (Vie Richelieu) 25
13. Un charbonnage au début du XIXe siècle : le Grand-Hornu
    (Intermédiaire) 27
14. La magie comme sujet d'étude *(Invitation au folklore)* 28
15. Le Sénégal va mieux *(Jeune Afrique)* 29
16. Dans la paix des bois *(Journal de Genève)* 30
17. Controverses autour de l'automobile *(Journal Touring-Secours)*. 32
18. Un professeur de français découvre Québec
    (Langues et terminologies) 33
19. Vivre au village *(La libre Belgique)* 34
20. Un Allemand à Paris en été 1789 *(Lire)* 35
21. Les bébés en savent plus que l'on ne croyait
    (Magazine littéraire) 36

22. L'orthographe (*Revue des postes belges*) 37
23. La pyramide du Louvre *(Le monde)* 38
24. Comment se débarrasser de ses déchets ? *(La presse)* 39
25. Les poètes égyptiens de langue française *(Qui-vive international)* 40
26. Un réfugié sur deux est un enfant *(Réfugiés)* 41
27. Les fils d'Abraham (*La revue générale*) 44
28. Le choix d'une tondeuse à gazon *(Test-Achats magazine)* 45
29. Les méfaits de l'amiante et les compagnies d'assurances
    (*Le canard enchaîné*) 46
30. Plaidoyer pour les services publics (*Diagnostic*) 48

II
LITTÉRATURE

31. Les arbres (Fénelon) 51
32. L'enfant triste (Fr. Jammes) 51
33. Voisinage (A. France) 52
34. Un enfant se réveille dans la nuit (A. Memmi) 53
35. Les feuilles mortes (Th. Gautier) 53
36. Coucher de soleil au désert (P. Loti) 54
37. La rentrée (Fr. Carco) 55
38. Passage des saisons (J. Romains) 56
39. Les fleurs de magnolia (J. de Lacretelle) 57
40. Le chanteur ambulant (H. Krains) 57
41. Ce coin de terre t'appartient (M. Bedel) 59
42. Le guêpier et la ruche (G. Duhamel) 60
43. En plein ciel (P.-H. Simon) 61
44. Le pouvoir des mots (A. Maurois) 62
45. Paysage de Lorraine (M. Barrès) 63
46. Portrait de l'avare Grandet (H. de Balzac) 64
47. Tante Martine (H. Bosco) 65
48. La cathédrale de Malines (V. Hugo) 66
49. Saison des foins, saison des blés (E. Fromentin) 67
50. Namur (F. Desonay) 68
51. Un paradis pour les oiseaux (R. Ikor) 70
52. Le canal et son quai (E. Jaloux) 70
53. Le repas des travailleurs (A. Chamson) 71
54. Un très beau jardin (V. Larbaud) 72
55. Les vieux souliers (M. Tournier) 74
56. Delphine, Marinette et le chien aveugle (M. Aymé) 74
57. Le grenier (P. Gaxotte) 75
58. Les fenêtres de Rotterdam (M. Thiry) 76
59. Les oies sauvages (R. Bazin) 77
60. La vraie grandeur de l'homme (G. Duhamel) 78
61. Mariette aime conserver (H. Bazin) 79
62. La verrue de Monsieur Ratin (R. Toepffer) 81

63. Insomnie en avion (Fr. Bastia) 82
64. Maurice Béjart (L. S. Senghor) 83
65. Quand le printemps s'annonce, au Québec (L. Hémon) 84
66. Un désir d'enfant (Fr. Jammes)..85
67. Message printanier (A. Theuriet) 86
68. Les jouets en bois (R. Barthes) 87
69. Condor défendant son nid (M. Genevoix) 88
70. Quand tante Madeleine chantait (J. Guéhenno) 89
71. Initiation à la poésie (Fr. Jammes) 90
72. Misères de la société au Moyen Âge (H. Taine) 91
73. Souvenir d'enfance (J. Michelet) 93
74. Souvenir d'été (J. Chessex) 94
75. L'homme dans la nature (J. Rostand) 94
76. La conscience (Chateaubriand) 96
77. Les faucheurs (R. Bazin) 97
78. La fête du printemps (A. de Prémorel) 97
79. L'arrivée à l'hôtel (S. de Beauvoir) 99
80. Un prodigieux génie (Chateaubriand) 99
81. La peur d'affronter la nuit (G.-E. Clancier) 100
82. Une grande forge au XIXe siècle (A. Daudet) 101
83. Travaux champêtres (Ph. Hériat) 102
84. Retour à l'art du vitrail (É. Zola) 103
85. La mère (Dr. Chraïbi) 105
86. Dans la foule (C. Laye) 106
87. À propos d'un biberon (M. Yourcenar) 106
88. Les gens de l'hospice (G. Roy) 107
89. Portrait d'une Américaine (P. Highsmith) 108
90. Le chien rêve (G. Vladimov) 109
91. L'homme de la pampa dans le métro (J. Supervielle) 110
92. L'étranger (Ch.-F. Ramuz) 111
93. Nefertiti et son scribe (A. Chedid) 112
94. Villes inhumaines (Éd. Glissant) 114

III
GRAMMAIRE

95. **Féminin des noms.** Les progrès de la science 117
96. **Pluriel des noms.** Une apologie de la vie rustique 118
97. **Pluriel des noms propres.** Les grands classiques français 120
98. **Pluriel des noms composés.** Portrait d'Asthène 121
99. **Féminin des adjectifs.** La maison paternelle 123
100. **Numéraux.** La pollution des eaux 124
101. *Id.* Les visiteurs (Montesquieu) 125
102. ***Quelque, tout, même.*** La bonne éloquence au XVIIe siècle 127
103. *Id.* Sur le goût des collections 128
104. *Id.* Conseils d'un homme méthodique 130

105. **Verbes en -cer,-ger, -yer, etc.** La petite rivière 131
106. *Id.* Passage de grues 132
107. **Conjugaison de certains verbes en -ir,-oir, -re**
     La Campine 133
108. **Deuxième personne du singulier de l'impératif.**
     Pour bien écrire 135
109. **Participe passé : règles générales.** Mes vieux livres d'images 136
110. *Id.* Frugalité des anciens Romains 137
111. *Id.* Néron 138
112. *Id.* La langue française 140
113. *Id.* Pour les archéologues de l'an six mille 141
114. **Participe passé suivi d'un infinitif.**
     Les globules blancs du sang 142
115. **Participe passé des verbes pronominaux.**
     Les six cents Franchimontois 143
116. *Id.* Un idéal : la force d'âme 145
117. **Participe passé : récapitulation.** L'inondation 146
118. *Id.* Idéologie à l'époque classique : les grands hommes
     au service de l'État 147
119. *Id.* Les héros de la paix 149
120. *Id.* Un jardin cher à Jean-Jacques Rousseau 150
121. *Id.* Une morale stoïcienne au XVIIIe siècle 151
122. *Id.* Sur les grands hommes : une admiration méfiante 153
123. *Id.* Les craintes de Denys l'Ancien 154
124. *Id.* Une visite aux ruines du Colisée 155
125. *Id.* L'héritage du passé 157
126. *Id.* La tour penchée de Pise 158
127. *Id.* Une des causes de la décadence de Rome 159
128. *Id.* La goutte d'eau 161
129. **Accord du verbe.** La grêle 162
130. *Id.* Optimisme et volontarisme au XIXe siècle 163
131. *Id.* Séduction de l'histoire 164
132. *Id.* La vie aux champs 166
133. *Id.* Le repas d'une couleuvre 167

IV
RÉCAPITULATIONS

134. Sur les mœurs balnéaires 169
135. Une promenade pédagogique 170
136. Un apologue de l'Inde 172
137. Une qualité de l'honnête homme selon le XVIIe siècle : le naturel 173
138. La télévision et l'homme politique 174
139. Le bûcheron 175
140. Les demi-savants 176
141. Les danses des moucherons 177

142. Hiver en Ardenne 178
143. Binche et son carnaval 179
144. Le ciel étoilé 180
145. Dans les Pyrénées 181
146. L'araignée 183
147. Un fastueux banquet 184
148. Une invasion de sauterelles 185
149. Considérations sur le bonheur 186
150. La loi du travail : un discours moral sous la IIIe République 187
151. Les images dans le monde d'aujourd'hui 189
152. La cigale et les insectes assoiffés 190
153. Vacances paisibles 191
154. La poule 193
155. Les Ardennes 194
156. La toute petite gare 195
157. La Hesbaye 196
158. Village natal 197
159. Un conte bleu 198
160. Pensées de novembre 199
161. Information et connaissance 200
162. L'automne 201
163. Au moulin 203
164. Nuages du soir 204
165. Brouillards du matin 205
166. Le jardin après la pluie 206
167. Le « management » 207
168. Tableau rustique 208
169. Les premiers habitants de la vallée de la Meuse 209
170. L'incendie de la meule 211
171. Conseils à une voyageuse novice 212
172. La civilisation des tours 213
173. Belle saison 214
174. Solidarité 216
175. Un précieux patrimoine 216
176. L'enfant et la vitesse 218
177. Le génie inventif de l'homme 219
178. Magie de la lecture 219
179. Napoléon 220
180. Diogène le Cynique 222
181. Un curieux projectile 223
182. Une mère à son fils 224
183. La vie au fond des océans 225
184. L'histoire au siècle classique : un art 226
185. Justice et charité : un aspect de la morale au XIXe siècle 227
186. Un poisson qui se noie 229
187. Une plante carnivore 230

188. Une civilisation des loisirs 231
189. L'oiseau-mouche 233
190. Un tableau idyllique 234
191. L'épée de Damoclès 235
192. Liberté, égalité, fraternité 236
193. La patrie chez les Anciens 238
194. Sur l'enseignement de la littérature 239
195. Imitation et création 240
196. La justification du fabuliste 242
197. Premières lectures 243
198. L'Empire romain ruiné par les Barbares 244
199. Quelques anecdotes de l'Antiquité 245
200. Les ascensions dans les montagnes 246
201. La forêt des Ardennes 247
202. La gloire et la réputation : définitions d'un philosophe
et moraliste au XIXe siècle 249
203. Éloge de l'amitié 250
204. La poésie des machines au début de l'ère industrielle 251
205. Les cloches 252
206. Pasteur 254
207. Le pèlerin de la paix 255
208. Un art de vivre en société 257
209. Témoignage d'un historien 258
210. L'avarice 259
211. Une mystique du travail 260
212. Charlemagne...261
213. Pourquoi écrit-on ? 262
214. La critique 263
215. Les capacités du cerveau humain 265
216. L'hirondelle 266
217. Sur la prééminence de la philosophie 267
218. Pierre le Grand 269
219. Retour à l'artisanat 270
220. Corneille, ou la passion de l'héroïsme 272
221. L'art de la conversation 273
222. Un idéal en littérature : le sublime familier 274
223. Une révolution dans l'histoire de l'humanité 275
224. Une morale de l'acceptation 277
225. Un singulier effet de l'amour-propre 278
226. Les explorations sous-marines 279
227. Les exercices orthographiques 281
228. Délices de la jeune saison 282
229. Le vieux philosophe 284
230. N'est-il bon bec que de Paris ? 285
231. Sur le racisme 286
232. Un partisan de la responsabilité personnelle 287

233.	Une météorite géante	289
234.	Un discours exigeant	290
235.	Une découverte sensationnelle	291
236.	Civilisation et progrès	293
237.	Une Parisienne en Asie	294
238.	Sur la présence du passé	296
239.	Sur la médisance	298
240.	Une théorie du style au XVIIIe siècle	299
241.	La nation : une analyse idéaliste	300
242.	Un patriotisme enthousiaste	302
243.	La bande dessinée	303
244.	L'infini dans les cieux	305
245.	La sociabilité chez les animaux	306
246.	Aspects de la littérature wallonne	307
247.	Le sentiment du beau	309
248.	La campagne de Russie	310
249.	L'écureuil	312
250.	Une évocation romantique	313
251.	Pour la rhétorique : propos d'un théoricien dogmatique	315
252.	Le théâtre du monde	316
253.	Le lauréat	319

V
EXAMENS ET CONCOURS

254.	Un intérieur américain (H. Troyat)	321
255.	Texte à corriger	322
256.	Comment on luttait contre l'incendie	322
257.	La photographie	323
258.	La vérité	323
259.	La fraude fiscale	324
260.	Soir antique	324
261.	Un brossage de cheveux (A. Robbe-Grillet)	325
262.	Le cimetière des voitures (J. Lacarrière)	325
263.	Gordes	326
264.	La sortie de la première auto (C. Larsen)	327
265.	Les Landes (H. Taine)	327
266.	Les maux de la Wallonie (C. Detrez)	328
267.	Phrases à corriger	328
268.	À propos des loisirs	329
269.	Incendie dans un puits de pétrole (G. Arnaud)	329
270.	La grande décharge (R. Kraus)	330
271.	L'école et la vie (É. Carles)	331
272.	Au cinéma	331
273.	L'avion	332
274.	En cour d'assises (A. Camus)	332

275. L'auteur et son personnage (G. Simenon) 333
276. Un rude hiver 333
277. Accord du participe passé 334
278. Un problème de nettoyage 334
279. La cachette 335
280. Un regard dans la nuit (H. Bosco) 336
281. Berthe (Cl. Michelet) 336
282. La vipère (H. Bazin) 337
283. Petit matin de chasse (P. Moinot) 338
284. Une lettre de Patricia, Mireille et Nicole 339
285. De l'histoire à l'histoire littéraire 339
286. Dictée de revision 341
287. Une grand-mère française et ses petits enfants russes (A. Makine) 341
288. Au-delà des choses (M. Yourcenar) 343
289. Voyage silencieux à travers nous (P. Mertens) 344
290. Arrivée dans l'île (Fr. Emmanuel) 345
291. Un orfèvre mosan à Constantinople (B. Tirtiaux) 346
292. Imagination enfantine (L. Scutenaire) 346
293. Une affaire de famille 347

VI
JEUX

294. Dictée dite de Mérimée 349
295. Une aventure 350
296. La dictée du « diable » (R. Thimonnier) 351
297. Dictée-piège de Maurice Druon 352
298. Trois fureteurs insolites (M. Sommant) 353
299. Une boutique de confection (R. Jorif) 354
300. Les incorrigibles (R. Dubillard) 354

Appendice : Les rectifications du Conseil supérieur de la langue française
  et la neuvième édition du Dictionnaire de l'Académie française 357
Table des matières 363